国家社科基金
GUOJIA SHEKE JIJIN HOUQI ZIZHU XIANGMU
后期资助项目

秦简礼俗思想研究

夏利亚 著

中华书局

图书在版编目（CIP）数据

秦简礼俗思想研究/夏利亚著. —北京：中华书局，2025.9. —
ISBN 978-7-101-17325-3

Ⅰ. K892.26；K877.5

中国国家版本馆 CIP 数据核字第 2025FQ0274 号

书　　　名	秦简礼俗思想研究	
著　　　者	夏利亚	
丛 书 名	国家社科基金后期资助项目	
责任编辑	罗华彤	
文字编辑	陈　乔	
封面设计	毛　淳	
责任印制	管　斌	
出版发行	中华书局	
	（北京市丰台区太平桥西里 38 号　100073）	
	http://www.zhbc.com.cn	
	E-mail：zhbc@zhbc.com.cn	
印　　　刷	三河市宏盛印务有限公司	
版　　　次	2025 年 9 月第 1 版	
	2025 年 9 月第 1 次印刷	
规　　　格	开本/710×1000 毫米　1/16	
	印张 23　插页 2　字数 350 千字	
国际书号	ISBN 978-7-101-17325-3	
定　　　价	128.00 元	

国家社科基金后期资助项目出版说明

后期资助项目是国家社科基金设立的一类重要项目,旨在鼓励广大社科研究者潜心治学,支持基础研究多出优秀成果。它是经过严格评审,从接近完成的科研成果中遴选立项的。为扩大后期资助项目的影响,更好地推动学术发展,促进成果转化,全国哲学社会科学工作办公室按照"统一设计、统一标识、统一版式、形成系列"的总体要求,组织出版国家社科基金后期资助项目成果。

全国哲学社会科学工作办公室

目　录

序　言 …………………………………………… 杨国荣 1
凡　例 ……………………………………………………… 1

第一章　绪论 ……………………………………………… 1
　第一节　研究对象 ……………………………………… 5
　第二节　研究涉及的其他秦简 ………………………… 29
　第三节　研究涉及的楚汉简帛 ………………………… 36
　第四节　研究资料的使用 ……………………………… 44
　第五节　研究思路、方法和意义 ……………………… 44
第二章　秦简生育、婚姻、死亡礼俗思想 …………… 48
　第一节　秦简礼俗思想的社会生活背景及统一前
　　　　　楚人思想概况 ………………………………… 48
　第二节　楚地秦人的生育观及统一的影响 …………… 60
　第三节　楚地秦人的婚姻家庭观及统一的影响 ……… 102
　第四节　楚地秦人的死亡观及统一的影响 …………… 120
第三章　秦简鬼、神、怪礼俗思想 …………………… 143
　第一节　秦人观念中的鬼神及其形象 ………………… 143
　第二节　楚地秦人礼俗思想中的鬼及统一的影响 …… 156
　第三节　楚地秦人礼俗思想中的神及统一的影响 …… 182
　第四节　楚地秦人礼俗思想中的怪及统一的影响 …… 215
第四章　秦简时间、空间、出行礼俗思想 …………… 234
　第一节　秦简"行"的含义 …………………………… 234
　第二节　秦简"行"的种类 …………………………… 237
　第三节　秦简出行及其礼俗思想 ……………………… 238
　第四节　小结 …………………………………………… 272

第五章　秦简"梦"礼俗思想 …………………………………… 274

　第一节　关于"梦" ……………………………………………… 274

　第二节　梦的制造者 …………………………………………… 280

　第三节　禳梦之术 ……………………………………………… 284

　第四节　秦简梦占及其礼俗思想 ……………………………… 286

　第五节　小结 …………………………………………………… 290

第六章　秦简礼俗思想的发展和演变 …………………………… 293

　第一节　云梦、天水地区择吉礼俗思想 ……………………… 293

　第二节　云梦、天水地区生育礼俗思想 ……………………… 295

　第三节　云梦、天水地区巫鬼礼俗思想 ……………………… 296

　第四节　云梦、天水地区死亡、梦占等礼俗思想 …………… 298

　第五节　秦简礼俗思想发展演变的特点和规律 ……………… 300

　第六节　小结 …………………………………………………… 306

第七章　结论 ……………………………………………………… 309

附　录 ……………………………………………………………… 314

主要参考文献 ……………………………………………………… 329

后　记 ……………………………………………………………… 355

序　言

作为夏利亚的博士后导师，我大致见证了《秦简礼俗思想研究》从讨论选题、修改成文到博士后出站答辩评为优秀；由获得博士后面上资助到获得国家社会科学基金后期资助项目的整个过程。现在由出版社正式出版，这使我十分欣慰。

从研究的内涵看，这一成果无疑具有重要价值。这一点也得到国家社科基金盲审专家的一致认可，如其中二位指出："可谓填补了目前学术研究的空白，推进了秦简思想的研究。""迄今为止，利用出土秦简对秦代礼俗思想进行研究的专著还没有一部，本成果具有真补空白的意义。"这种评语并非虚言。秦朝短祚，秦始皇当政时又"焚书坑儒"，致使秦史料匮乏，直接影响了相关研究。秦简保存了很多古书，内容丰富，多为传世文献所未见。因此秦简的出现，无疑弥补了秦研究方面史料的缺憾。以往对秦思想史的研究，多依据战国后期诸子百家思想及"汉承秦制"逻辑，根据秦自身的材料来研究秦国和秦王朝思想状况的文章很少，而立足《日书》，结合所有秦简及年代相近的楚、汉简牍帛书对秦礼俗思想进行系统研究的论著，学界至今尚付阙如。传统中国社会注重礼俗，礼中有俗，俗中有礼，礼和俗相三依存、胶着，双向地增强了精英文化与民间文化的互渗。从礼俗互动中阐明思想的发展脉络，是抓住了中国思想史的本土特色。迄今为止，秦简已出土十一种，凡四万二千余枚，年代与之相近的楚、汉简牍帛书中也有丰富的礼俗内容，为礼俗思想研究提供了丰厚的研究资料，从中挖掘、分析秦时的礼俗思想，无论对于民俗史还是思想史，都很有意义。

该书在研究方法上注重探索。除了运用共时比较和历时比较相结合的研究方法，较熟练地运用王国维先生提出的"二重正据法"，综合利用出土文献、传世文献进行研究外，还创新性地加入了实地田野调查的内容，形成了"三重证据法"。田野调查有助于了解秦礼俗思想在今天的消亡和传承情况，并由此总结礼俗思想发展演变的规律，其结论对加强民族团结、建设和谐社会也有积极的现实意义。这种以出土文献为研究对象,结合传世文献和田野调查研究古代思想发展演变的方法,扎实可靠,无疑推进了相关领域的研究,值得肯定和提倡。

除绪论和结语外,该书研究主题集中在秦简礼俗思想,诸如婚姻、生育、死亡、鬼神、祭祀、占梦等诸多内容都有较系统深入的讨论。对秦简中的生育、婚姻、死亡,精灵、神灵、鬼怪,时间、空间、运动,占梦等礼俗也叙述得较充实饱满。也不乏创见,如研究指出:"秦人没有正常死亡的观念。秦简'日书人群'的死亡观,重生慎死思想合于儒家观念,相信人死为鬼、鬼能赏善罚暴的观念又合于墨家思想,然其死亡能给生人带来好处和危害的观念,却是儒、释、道诸家所不曾涉及的。由此或可说,礼俗思想是各学派思想产生的土壤,但它又有自己的特点。从这个意义上说,民众思想影响了精英思想,是精英思想的本源,而精英思想是民众思想的提炼和升华"等等。

礼既与政治、伦理的体制相关,也以当然之则为内容:在社会交往过程中,考察传统的礼学思想,关注其中的规范性观念。作为规范系统,礼属于当然之则,涉及社会领域的不同方面:从日常生活,到政治践行,从个体的饮食起居,到人与人之间的交往,几乎所有相关事宜,礼都提出了具体的规定。以规范为内容,礼包含目的意蕴,后者又以肯定人的存在价值为前提,与之相联系,礼(规范)既关注人与人之间的和谐相处,也指向合理社会秩序的建构,在这一意义上,"做什么"与"是什么"彼此交融。相应于人的行为(做事)过程,礼同时涉及手段,并以"如何做"为关注之点。从内容看,传统之礼对"如何做"作了多方面的考察,其中呈现的首先是行为的方式、程序。作为行为的规范,礼本身并不具有终极的意义,其存在关乎多重根据。从根本上说,礼乃是得之现实而又还治现实,其规范作用(当然之义)无法与实然与必然分离,但同时,礼又蕴含人的价值理想,从而有别于单纯的自然法则。礼的不同根据包含着实质的意义,其变通则体现了对规范形式的扬弃。广而言之,作为当然之则的礼难以回避实质与形式之辨。在礼与乐、礼与情、礼与理等关系中,礼的实质之维与形式方面得到具体的彰显。该书基于竹简,对礼的以上内涵作了多方面具有实证意义的考察,深化了对礼的理解。

总之,该书对于深化和拓展竹简研究、推进秦汉思想史研究,充分了解秦汉时期西北地区的风俗民情、推进民俗史研究等,都有较高的学术价值和理论意义。在研究主题及其内容的发掘上,也极富创新意义,有较大的社会应用价值。

2024 年 10 月 9 日

凡　例

一、关于释文和注释

1. 释文

释文尽可能采用通行字体。原简中已削去的废字，用〇表示。原简表示分段、空格的符号"·"和"｜"通常不再保留。凡缺字和不可辨识的文字，可判定字数的用□代表，不能判定的用◇标示。【　】指根据残笔和文意补足的内容。〚　〛指根据文意或他本可以确切补出的阙文。简文中的重文、合文通常在释文中直接写出，注释中并不另加说明。释文或读为字可疑的后面加"（?）"，若有另一可能性较大的释文，则标为"（? 某）"。确认的错字随文注出正确字，写在〈　〉内。对释文中有些词句的理解，如果有与已公开发表论著意见不同者，为理解句意起见，均予以考证，给出自己见解，以"夏按"标明。引用的释文，读为某字（即通假字、古今字）可以确定的，直接给出，若非必要，不再给出本字。

A 表示简牍正面，B 表示背面。其余关涉的符号按照整理小组所定标识处理。夏家台楚简的简号标记比较特殊，其《日书》简是按编连、缀合整理后的顺序编号，简号对竹简残断状况有所反映，如 1-2 表示第 1 枚简的第 2 个残片。岳山秦牍的编号用阿拉伯数字表示。分栏用壹、贰、叁等表示，牍文中的分列用Ⅰ、Ⅱ、Ⅲ等表示。

2. 注释

解释词义时，先释整体，如有必要再释局部。解释对象后面用逗号。

注释术语：读为某，释通假字。当，表明是注释者的判断。疑、似，表明出于推测。指，解释文中义。意谓，释整体意思。

二、关于部分资料的简称（按音序排列）

1. 北大秦简—北简
2. 敦煌本梦书—敦煌梦书

3. 胡家草场西汉简—胡简

4. 湖南长沙马王堆汉墓帛书—马帛

5. 甲骨文合集—合集

6. 九店楚简—九简

7. 孔家坡汉简—孔简

8. 马王堆汉墓帛书—马帛

9. 甲种《日书》/《日书甲种》—日甲

10. 乙种《日书》/《日书乙种》—日乙

11. 说文解字—说文

12. 天水放马滩秦简—放简

13. 王家台秦简—王简

14. 夏家台楚简—夏简

15. 岳麓书院藏秦简—岳简

16. 岳山秦墓木牍—岳牍

17. 中国古代的梦书—梦书

18. 周家台秦简—周简

三、其他

文中所引释文,因数量颇多,不再一一标明出处,皆统一在参考文献处显示。涉及睡简词义的引用,凡没有特别标明出处的,皆源自睡虎地秦墓竹简整理小组编《睡虎地秦墓竹简》,北京:文物出版社 1990 年。

第一章　绪论

　　本书所说的秦包括春秋战国时的秦国和秦始皇统一六国后建立的秦王朝时期。即从秦立国的公元前 770 年到公元前 206 年秦王朝灭亡,凡五百六十四年。当时遗留下来的实物文字资料主要有石刻文字、金文、印章、封泥文字、陶文、漆器、帛书文字、简牍文字等①。本书的研究对象关涉已公布的所有秦简牍文字资料,其他年代相近的西汉、楚简牍帛书等相关出土资料,讨论时也会有所涉及。

　　简与牍,是纸张未发明和未普遍使用之前用于书写文字的主要材料。简,其字形最早见于战国石鼓文,形如"𥳑"②。《说文·竹部》:"简,牒也。"其本义为竹简,即古代书写了文字的狭长竹片③。牍,字形最早见于《说文》,如"牘"。《说文·片部》:"牍,书版也。"段注:"牍,专谓用于书者。"本义就是书写所用的木版④。《论衡·量知》曰:"截竹为筒,破以为牒,加笔墨之迹,乃成文字。大者为经,小者为传记。断木为椠,析之为板,力加刮削,乃成奏牍。"可知简为竹质,牍为木质,皆为书写材料。"窄者为简,宽者为牍。前者多用于书写书籍、律令、重要公文,后者多用于普通文书、账簿及私人信件。"⑤到了汉代,已将"简牍"两字混用,无论竹质、木质的书写材料,皆可称为"简"。如《急就章》颜注曰:"牍,木简也。"因此,从今天的角度说,简牍是对我国古代遗存下来的写有文字的竹简和木牍的概称,并非只有竹为简、木为牍,竹、木既可为简也可为牍⑥。本书采用概称之说,即一般情况下,无论竹质还是木质的书写材料都混称为"简"或"简牍",不仅包括竹简、木简,也包括竹牍、木牍。只在需要区分时以"简"或

---

①裴锡圭《文字学概要》,北京:商务印书馆 2005 年,第 52 页。
②徐无闻《甲金篆隶大字典》,成都:四川辞书出版社 1991 年,第 287 页。
③李学勤《字源》,沈阳:辽宁人民出版社 2013 年,第 391 页。
④李学勤《字源》,沈阳:辽宁人民出版社 2013 年,第 629 页。
⑤王祖龙《楚书法史》,武汉:湖北美术出版社 2016 年,第 257 页。
⑥郑有国《简牍学综论》,上海:华东师范大学出版社 2008 年,第 22 页;何双全《简牍》,兰州:敦煌文艺出版社 2004 年,第 2 页。

"牍"称之。

礼,其古字为"豊","礼(禮)"为今字。豊,甲骨文有 等形,皆从壴从珏。《说文·豊部》:"豊,行礼之器也。从豆,象形。"夏按,从"豊"的甲骨文字形看,并不从"豆"。篆文从"豆"是形体讹变的结果。卜辞"玉"字写作 , 字即"珏",指合在一起的两块玉; 或 为鼓之初文,隶定作"壴"①。古人祭祀神灵时,玉和鼓乐为不可或缺之物。因此,"豊"在甲骨卜辞中意思是"祭品"②。引申之,则"奉神人之事通谓之礼"③。《说文·示部》:"礼,履也。所以事神致福也。"表达的也是"祭品"之意④。综上可知,"礼"的本义为祭祀神灵的祭品,目的在于求神灵庇佑,获得福报。可见,"礼"一开始就是和神灵祖先信仰密切联系在一起的,是原始宗教的产物,带有很强的功利性。从这个角度说,"礼"又是古人欲望的产物,然其根源在于对大自然神秘力量的无力、无知和敬畏。

当然,作为"礼"之本义的"祭品"本身,并不包含等级差别、阶级关系,更无所谓官方、民间的区分。但是具体的祭祀活动是有等级身份区别的,所以礼的形式和内容就突出了君臣、上下、父子、兄弟、亲疏、尊卑、贵贱等关系⑤。《礼记·乐记》有云:"礼者,天地之序也……序,故群物皆别。"又《曲礼上》:"夫礼者,所以定亲疏,决嫌疑,别同异,明是非也。"《礼记·坊记》:"礼者,因人之情而为之节文,以为民坊者也。"郑玄注曰:"此'节文'者,谓农有田里之差,士有爵命之级。"⑥意谓"制定礼仪,使行之有度。"⑦可知礼是顺应人情制定的,用来节制人行为的标准和规范。显然,这是立足礼的作用所作的解释。

《礼记·礼器》曰:"礼也者,合于天时,设于地财,顺于鬼神,合于人心,理万物者也。"《礼记·丧服四制》也有类似说法:"凡礼之大体,体天地,法四时,则阴阳,顺人情,故谓之礼。"这里"礼"作为协调天地万物、鬼

---

①于省吾《甲骨文字诂林》第3册,北京:中华书局1996年,第2772页。
②于省吾《甲骨文字诂林》第3册,北京:中华书局1996年,第2788页。
③王国维《观堂集林·释礼》卷六,北京:中华书局1959年,第291页。
④商务印书馆(香港)有限公司《汉语大词典》2.0版光盘,礼字条言礼的本义为"敬神",所据为《仪礼》条款,晚出。
⑤李万鹏、姜文华《中国礼俗概说》,《民俗研究》1989年第1期,第93页。
⑥[清]阮元《十三经注疏》,北京:中华书局2009年。
⑦[宋]司马光《资治通鉴精华(上)》,傅春晓译注,沈阳:辽宁人民出版社2018年,第115页。

神、人心的规范和标准，被提到至高无上的地位。《礼记·曲礼》更有关于"礼"功能的具体描写："道德仁义，非礼不成。教训正俗，非礼不备。分争辩讼，非礼不决。君臣、上下、父子、兄弟，非礼不定。宦学事师，非礼不亲。班朝治军，莅官行法，非礼威严不行。祷祠祭祀，供给鬼神，非礼不诚不庄。"可以说，在古代，"礼"是天地、万物、人间各类事务的主宰和根本，是古人生活的行事准则、规范、仪式，甚至说是信仰，它规定和支撑着古人的生活和思想。其思想基础建立在对鬼神、天命的信仰上，"国之大事，在祀与戎"，正是这种情况的反映。

俗，甲骨文无此字，西周中期的"五祀卫鼎"写作"俗"①。《说文·人部》言："俗，习也"，本义为习惯②。"习"为"習"的简化字。"習"甲骨文写作"習"③，意谓重复出现的动作行为。"俗"意同"习"，指相沿积久而形成的风气、习惯。《书·君陈》："狃于奸宄，败常乱俗，三细不宥。"《孟子·公孙丑上》："纣之去武丁未久也，其故家遗俗，流风善政，犹有存者。"表明"'俗'并非出于某个君主的意愿，也不由国家的权利认定，而是民间自然生成的社会行为"④。这种自然生成的社会行为，以一种自觉自愿的形式发挥着对社会的约束和控制作用，具有传承性和规范性。从哲学层面看，俗是一个族群特有的思想文化起点，是一个民族思想文化的源头⑤。

礼在俗的基础上产生。杨向奎说："礼起源于原始社会的风俗习惯，在当时，人们有一系列的传统习惯，作为全体氏族成员在生产、生活的各种领域内遵守的规范。等到阶级和国家产生后，贵族们利用其中某些习惯加以改造和发展，逐渐形成各种礼仪，作为稳定阶级秩序和加强统治的一种制度和手段。"⑥礼的制定常吸收俗的内容，但"礼并非俗的简单移植，而是经过社会实践的检验、完善后，经过筛选而成；人为的礼则要从许许多多生活所需的'规矩'中，选择那些和维护社会既有秩序稳定有关的部分，加以规范（制订）和美化（文饰）"⑦。也就是说，"礼"源于"俗"，是阶级和国家产

---

①徐无闻《甲金篆隶大字典》，成都：四川辞书出版社1991年，第554页。
②李学勤《字源》，沈阳：辽宁人民出版社2013年，第712页。
③于省吾《甲骨文字诂林》第3册，北京：中华书局1996年，第1852页。
④刘志琴《礼俗互动是中国思想史的本土特色》，《东方论坛》2008年第3期。
⑤陈勤建《中国民俗学》，上海：上海人民出版社2017年，第32页。
⑥杨向奎《宗周社会与礼乐文明》（修订本），北京：人民出版社1997年，第235页。
⑦许嘉璐《论民族文化的雅与俗》，《北京师范大学学报（社会科学版）》2003年第4期。

生后，从"俗"中分化并进一步规范的产物。从此，"礼"也由指祭祀神灵祖先的祭品或祭祀行为，扩大为指具有一定强制性的社会行为规范。

　　总之，析言"礼""俗"，它们都是一种社会行为规范，其区别在于礼是从天人之际的感悟中得出，由官方制定，具有一定的强制性，是阶级社会的产物；而俗源于人们积久的生活习惯，是自然形成的，具有约定俗成性。混言"礼俗"，是与"礼仪制度相对而言的礼仪习俗。"①礼仪制度简称礼制，由国家制定，用于国礼，相当于我们前文析言之"礼"。国礼一直沿用《周礼》提出的吉礼、凶礼、宾礼、军礼、嘉礼"五礼"体例。与之相对而言的礼俗，相当于前文所言之"俗"，用于平常百姓家，朱熹称之为"家礼"。朱熹《家礼》一书涉及冠、婚、丧、祭诸礼。国礼中的吉礼、凶礼、嘉礼与之相关。《管子·权修》有大礼、小礼之说，注释言："礼之大者在国家典章制度，其小者在平民日用居处行习之间"，所言正是礼制和礼俗。如前文所言，礼在吸收、规范俗的基础上形成，它们在一定的条件下可以互相转化。所谓"礼失而求诸野"说的正是这个意思。因此，礼和俗是相互依附和渗透的。鉴于此，本书对礼（礼制）、俗（礼俗）行为合二为一地看待，不作硬性区分，即凡礼仪和习俗行为统称为礼俗，内容涉及日常生活各方面。而不管它属于"大礼"还是"小礼"（所谓礼制中规定的礼和礼俗中的礼也常常混杂难分），来自官方还是民间。当然，从研究对象看，本书更多涉及庶民阶层，"礼俗"之含义更倾向于上文所言作为家礼的部分。

　　这里所说的思想，不是指诸子百家的言说等精英思想，而是指立足于礼俗角度来考察的，秦人社会的日常的基本的思维方式以及他们的心像。也就是葛兆光先生所说的"一般知识、思想与信仰"②，它"真正地在人们判断、解释、处理面前世界中起着作用……这个知识、思想与信仰世界的延续，也构成一个思想的历史过程……"③本书的研究立足于湖北云梦的睡

---

①李万鹏、姜文华《中国礼俗概说》，《民俗研究》1989 年第 1 期，第 93 页。
②"指的是最普遍的、也能被一定知识的人所接受、掌握和使用的对宇宙间现象与事物的解释，这不是天才智慧的萌发，也不是深思熟虑的结果，当然也不是最底层的无知识人的所谓'集体意识'，而是一种'日用而不知'的普遍知识和思想……这些一般知识、思想与信仰的传播不只是通过精英和经典之间的互相阅读、书信往来、共同讨论，而是通过各种最普遍的途径……这种传播的范围远远超过经典系统，而这些传播的途径又恰恰是任何一个精英都会经历的，所以，他可以成为精英与经典思想发生的真正的直接的土壤与背景。"葛兆光《中国思想史导论——思想史的写法》，上海：复旦大学出版社 2004 年，第 15—16 页。
③葛兆光《中国思想史导论——思想史的写法》，上海：复旦大学出版社 2004 年，第 14 页。

虎地秦简和甘肃天水的放马滩秦简。前者主要代表楚地秦人思想,后者反映故秦人思想。还涉及其他秦简及年代相近的楚汉简牍帛书,重点是其中关涉礼俗思想的《日书》部分。"《日书》的性质是占卦、卜时、择日,内容包括天文、历法、音律、占卦、巫卜、五行、建除诸学说,是一部综合性文化典籍……是研究先秦及秦文化的重要资料。"①专门从事这种时日占验的人被称为"日者"。"日者"一词在战国初期已见用,《墨子·贵义》:"子墨子北之齐,遇日者。日者曰:'帝以今日杀黑龙于北方,而先生之色黑,不可以北。'子墨子不听,遂北。至淄水,不遂而反焉。"

《日书》包含的内容及思想很多流传至今,是"真正在社会生活中延续并直接起作用的"一般性的普遍性的知识与思想②,通过对这种一般性、普遍性的知识和思想的整体考察,可以梳理出时人的礼俗思想。并通过楚地秦人与故秦人相关礼俗思想的对比,探讨楚亡国后,在被秦占领、始皇统一的背景下,在这个思想文化激荡融合的特定时期,楚地秦人礼俗思想受秦影响、与故秦人思想融合的情况等,从而考察始皇败亡的礼俗思想方面的原因;考察大融合背景下,礼俗思想的影响因素,找出不因政治干预、历史发展而改变的礼俗思想,追究其原因,了解民众想法,为今天建设和谐社会等提供参考。

第一节　研究对象

睡虎地秦墓竹简(下称"睡简")出土于楚故地,其主体部分反映的是秦时楚人的思想。天水放马滩秦简(下称"放简")出土于秦故地,反映的是故秦人的礼俗思想。区分的需要,我们称睡简所反映思想的人群为楚地秦人,放简所反映思想的人群为故秦人。本书的研究以睡简和放简为主,联系其他年代相近的楚汉简帛等进行礼俗思想的探讨,下面对这些简牍帛书的内容简单加以介绍。

一、湖北云梦睡虎地秦简

1975 年 12 月,湖北省云梦县睡虎地 11 号秦墓出土了竹简 1155 枚(另

---

①何双全《天水放马滩秦简综述》,《文物》1989 年第 2 期,第 30 页。
②葛兆光《中国思想史导论——思想史的写法》,上海:复旦大学出版社 2004 年,第 15 页。

有残片 80 枚),4 号墓出土了两件写有家书的木牍。这些简牍保存较好,字迹清晰,仅少数残断。简文为墨书秦隶,有的两面均有墨书文字,大部分只书于篾黄上。具体内容有如下 10 种:①《编年记》;②《语书》;③《秦律十八种》;④《郊律》;⑤《秦律杂抄》;⑥《法律答问》;⑦《封诊式》;⑧《为吏之道》;⑨《日书》甲种;⑩《日书》乙种。其中,《语书》《郊律》《封诊式》《日书》是简上原有标题,其余几种为整理小组根据内容拟定。据简文内容,又可分为五大类①:

A.《编年记》,凡 53 枚。逐年记述了秦昭襄王元年(前 306 年)至秦始皇三十年(前 217 年)秦统一六国的战争过程及其他重大事件,是秦国的大事记和墓主喜的生平及有关事项②。

B.《语书》,凡 14 枚。正文为秦南郡郡守腾于秦始皇二十年(前 227 年)四月初二发给本郡各县、道的一篇文告。文书的内容反映了当时政治军事斗争的激烈和复杂。

C.法律文书。是睡简的主要内容,占本批简的一半以上,可分为五部分:

a.《秦律十八种》(下称《十八种》),凡 201 枚。对照《郊律》和《十八种》现有各种法律的条文内容,可知《十八种》的每一种大约都不是该律的全文,抄写者只是根据需要摘录了十八种秦律的一部分。具体是③:

《田律》《廐苑律》:是关于农田水利、山林保护、牛马饲养方面的法律。

《仓律》《金布律》:对国家粮食的贮存保管和发放、货币流通、市场交易等所做的规定。

《关市律》:关于管理关和市的法律。

《工律》《工人程》:关于官营手工业及其生产定额和工人管理的法律。

《均工》:关于调度手工业劳动者的法律。

《徭律》《司空律》:关于徭役征发、工程兴建和刑徒监管的法律。

《军爵律》《置吏律》:关于军爵赏赐、官吏任免的法律。

《效》:关于检验官府物质财产的法律。

《传食律》:关于驿传依据身份供给饭食的法律规定。

---

①赵化成、高崇文《秦汉考古》,北京:文物出版社 2002 年,第 225 页。
②藤田胜久《〈史记〉战国史料研究》,上海:上海古籍出版社 2008 年,第 102 页。
③睡虎地秦墓竹简整理小组编《睡虎地秦墓竹简》,北京:文物出版社 1990 年,第 19 页。

《行书律》:关于公文传递的法律。

《内史杂》:关于掌治京师的内史职责的各种规定。

《尉杂》:关于廷尉职责的规定。

《属邦》:关于管理少数民族官吏职责的规定。

b.《效律》,凡 60 枚,是一篇首尾完整的律文。详细规定了核验县和都官物质账目的一系列制度,特别规定了度量衡器误差的限度。

c.《秦律杂抄》,凡 42 枚。内容繁杂,可能是根据需要摘录或概括的一些秦律条文。许多律文涉及军事,其中关于军官任免、军队训练、战场纪律、后勤供应、战后赏罚的规定是研究秦兵制的重要资料。

d.《法律答问》,凡 210 枚。简文采用问答形式,对秦律的一些条文、术语做了明确解释,具有法律效力。是研究秦诉讼制度的珍贵资料。

e.《封诊式》,凡 98 枚,简文共分 25 节。其中《治狱》《讯狱》居于卷首,阐述了对官员审理案件的要求。其余各条大多是供官吏处理各类案件时参考执行的调查、检验、审讯的程序及文书格式。案例多为关于盗牛、盗马、盗钱、逃亡、逃避徭役、杀伤及不孝等方面的内容。

D.《为吏之道》,凡 51 枚。简文多以四字为句,记录了官吏的日常用语,内容为官吏必须遵守的一些道德规范与办事原则。简的第五栏有韵文八首,是时人舂米时歌唱的一种曲调。第五栏末尾处,附有两条颁布于魏安釐王二十五年(前 252 年)内容为严格限制入赘与商贾活动的魏国法律。

E.《日书》两种,甲种凡 166 枚。竹简两面书字,字小而密;乙种凡 257 枚(除残简),残断较甚。简文写于篾黄面,字体较大。主要内容皆为选择出行、裁衣、建房时日及预测诸事吉凶等,通篇充满了鬼神观。充分表现了楚人重鬼神而轻政治的社会现象①。

根据墓中出土的其他历史文物和年号、竹简内容及书中多处避秦始皇名讳推知,墓葬及该批简的书写年代当不会晚于秦始皇三十年(前 217 年)②。季勋说:"'廿年四月丙戌朔丁亥,南郡守腾谓县、道啬夫',据历朔推算是秦始皇二十年(前 227 年)四月二日。简中几处讳'正',改写为

---

① 何双全《天水放马滩秦简甲种〈日书〉考述》,《考古》1989 年第 2 期。
② 孝感地区第二期亦工亦农文物考古训练班《湖北云梦睡虎地十一号秦墓发掘简报》,《文物》1976 年第 6 期,第 9 页。

'端',也证明这是秦始皇时期的文件。"①

夏按,由《编年记》可以确定睡虎地墓为秦代墓,但从其出土的简牍(即睡简)内容看,涉及的抄写年代当不一致。《语书》为避嬴政名讳,有改"正"为"端"例,因其年"廿年四月丙戌朔丁亥"为公元前 227 年,此时秦始皇尚未统一列国,因此只能说避的是秦王的名讳而非秦始皇,为战国秦简。其他简,皆用"民""百姓"不用"黔首",用"殹"不用"也",用"辠"不用"罪",除《语书》外皆直书"正月"而不避名讳。又据"毋曰邦门曰都门"②,也即统一后不能说"邦门"应该说"都门",但睡简有 3 处"邦门"③。据《编年记》,秦早在公元前 278 年就已经占领了云梦安陆地区,属南郡下辖。此时离秦始皇统一六国还有 57 年。也就是说,其他各简很可能即在这个时候所抄写(战国晚期)。

另外,在 4 号秦墓中还整理出土木牍二枚。其中一枚保存完好,字迹清晰,二百余字;另一枚保存较差,下段残缺,一百余字。木牍皆以墨书隶体写于两面,文字内容为黑夫与惊写给家人的书信,主要叙述他们从军到淮阳一带的情况及索求衣物。它们是我国现存最早的家书,信中还写到战国晚期秦统一中国的战事,是很重要的资料④。

(一)睡虎地秦简礼俗思想研究综述⑤

我们研究的礼俗思想涉及日常生活的方方面面,具体包括婚丧嫁娶、生老病死、鬼神信仰等。学者关于秦简礼俗思想的系统研究尚无,有关术数或信仰等方面的研究比较零散且主要集中在睡虎地秦简。下面对这些研究进行梳理,以有益于本书的探索。

数术　饶宗颐的《秦简中的五行说与纳音说》,利用《日书》证明先秦时代已经形成了五行三合局和五行纳音说,是日书研究的重要发现⑥。其

---

①季勋《云梦睡虎地秦简概述》,《文物》1976 年第 5 期,第 1 页。

②游逸飞《里耶 8-461 号"秦更名方"选释》,简帛网 http://www.bsm.org.cn/? qinjian/6056.html,2013 年 8 月 1 日;也见于魏斌《古代长江中游社会研究》,上海:上海古籍出版社 2013 年。

③无"都门"。"邦门"皆在《日书》,甲种 2 处,乙种 1 处。

④参见湖北孝感地区第二期亦工亦农文物考古训练班《湖北云梦睡虎地十一座秦墓发掘简报》,《文物》1976 年第 9 期,第 53 页。

⑤本部分内容参考了夏利亚《〈睡虎地秦墓竹简〉三十六年来研究综述》,《古籍整理研究学刊》2013 年第 1 期。

⑥饶宗颐《秦简中的五行说与纳音说》,《古文字研究》第十四辑,1986 年。

后刘乐贤的《五行三合局与纳音说——读饶宗颐先生〈秦简中的五行说与纳音说〉》对其观点进行了补充和订正①。刘乐贤的《楚秦选择术的异同及影响——以出土文献为中心》一文，从术数角度考察，认为楚、秦两地使用的选择术同出一源，但具体方法存在较大差异，后世流行的一些重要选择方法都可能出自秦系选择术。秦系选择术对后世的影响远远超过楚系②。郑刚的《〈睡虎地秦简日书疏证〉导论》对日书中出现的神煞名进行了解释③。张铭洽《云梦秦简〈日书〉占卜术初探》一文，对睡简中涉及建除家、丛辰家、天人家、太一家、堪舆家、历家、五行家等的数术内容进行了梳理分析④。李学勤的《睡虎地秦简中的〈艮山图〉》《睡虎地秦简〈日书〉盗者章研究》分别阐述了"艮山篇"和"盗者篇"的数术含义⑤。金良年《云梦秦简〈日书〉"啻"篇研究》一文，从五行寄生十二宫的角度阐释了"啻"篇的内涵和数术原理。认为"啻"当读为"帝"，后世盛称的五行寄生十二宫之说至少在战国时候已形成。他的《"五种忌"研究——以云梦秦简〈日书〉为中心》，则是对栽培农作物宜忌的源流、数术原理进行的分析⑥。刘信芳《〈日书〉四方四维与五行试探》，从五行角度阐释了《日书》中的数术名词⑦。刘增贵的《秦简〈日书〉中的出行礼俗与信仰》，对秦汉以前出行的时日禁忌、方位信仰、出行仪式、祸祟防卫、行神崇拜等问题进行了详细的疏释，重点破解出行宜忌的数术原理，是研究秦出行礼俗的重要文章⑧。连邵名《云梦秦简〈诘〉篇考述》对《诘》篇中的鬼神名称与作祟方式，"神鬼九道"与《诘》篇中的鬼神及其驱鬼方术等进行了详细探讨⑨。杜林渊《从秦简〈日书〉看战国时期的相宅术》，结合放马滩秦简《日书》中"修造择吉"的内容，分析了战国时期的"相宅术"。认为它包含了后世"相宅"的所

①刘乐贤《五行三合局与纳音说——读饶宗颐先生〈秦简中的五行说与纳音说〉》，《江汉考古》1992年第1期。

②刘乐贤《楚秦选择术的异同及影响——以出土文献为中心》，《历史研究》2006年第6期。

③郑刚《〈睡虎地秦简日书疏证〉导论》，广州：中山大学硕士学位论文1989年。

④张铭洽《云梦秦简〈日书〉占卜术初探》，《文博》1988年第3期。

⑤分别见于《文物天地》1991年第4期；《庆祝饶宗颐教授七十五岁论文集》，香港：香港中文大学中国文化研究所1993年。

⑥二文分别见于《中华文史论丛》第51辑，1993年；《史林》1999年第2期。

⑦刘信芳《〈日书〉四方四维与五行试探》，《考古与文物》1993年第2期。

⑧刘增贵《秦简〈日书〉中的出行礼俗与信仰》，《中研院史语所集刊》第72本第3分2001年。

⑨连邵名《云梦秦简〈诘〉篇考述》，《考古学报》2002年第1期。

有内容,为后世"相宅"术奠定了基础,体现了一种功利性和敬天顺时的特点①。吕亚虎的《出土简帛资料所见出行巫术浅析》,对早期先民有关出行除道、行途驱邪、行宿卫身以及增强足力等信仰作了初步分析,并揭示了此类习俗的巫术性本质。其博士论文《战国秦汉出土文献所见巫术研究》②,对《日书》的巫术内容、仪式、方法等有较详细的梳理分析。宋艳萍《先秦秦汉丧葬习俗中的数术行为》考察了先秦秦汉时期数术行为在丧葬习俗中的表现、地位,并对数术行为存在的社会原因、思想文化基础及社会意义进行了探究③。闫喜琴的《秦简〈日书〉涉禹出行巫术考论》,在对涉禹出行巫术即禹步、禹须臾、禹符进行阐释的基础上,解释了禹的行为被先秦巫师所遵行的原因④。董涛的《秦汉简牍〈日书〉所见"日廷图"探析》,分析了秦汉简牍《日书》中常见的"日廷图",认为它很可能是对具有神秘主义特征的规矩和准绳形状的模拟,是一种实用性极强的图形,包含有复杂的时间和空间系统,使用时就是靠时间和空间的位置及其关系判断吉凶⑤。

衣食住行 台湾学者蒲慕州的《睡虎地秦简〈日书〉的世界》一文,全面梳理了日书中有关衣食住行的迷信与禁忌,是较早研究日书社会生活的长文⑥。贺润坤的《从〈日书〉看秦国的谷物种植》,认为秦国当时的主要谷物是禾麦而非传统认为的菽粟,并对秦国谷物种植的区域、主次,以及战国末期谷物种植的主次提出初步看法。其《云梦秦简〈日书〉所反映的秦国社会阶层》一文,对秦的阶级状况、统治阶级和被统治阶级进行了梳理;《云梦秦简〈日书〉所反映秦人的衣食状况》一文,对中下层秦人服饰的质地、式样、品种和色彩,饮食的地点、种类、副食和肉食的状况进行了探索⑦;王子今的《睡虎地秦简〈日书〉秦楚行忌比较》,在比较秦、楚两地的出行禁忌后指出:秦人的出行活动较为频繁,故秦人行忌宽于楚人;楚地水路行忌少于陆路,说明楚地水运重于陆运。他的另一篇论文《睡虎地秦〈日

①杜林渊《从秦简〈日书〉看战国时期的相宅术》,《文博》2007年第5期。
②先后见于《江汉论坛》2007年第11期;陕西师范大学博士学位论文2008年。
③宋艳萍《先秦秦汉丧葬习俗中的数术行为》,《管子学刊》2008年第2期。
④闫喜琴《秦简〈日书〉涉禹出行巫术考论》,《中国史研究》2011年第4期。
⑤董涛《秦汉简牍〈日书〉所见"日廷图"探析》,《鲁东大学学报(哲学社会科学版)》2013年第5期。
⑥蒲慕州《睡虎地秦简〈日书〉的世界》,《中研院史语所集刊》第62本第4分册,1993年。
⑦分别见于《文博》1988年第3期;《江汉考古》1995年第1期;《江汉考古》1996年第4期。

书〉所见行归宜忌》，则考察了日书中的行归宜忌，指出秦时出行已经具有非常重要的意义，而"大行""远行"等远程交通活动，也已日渐频繁。出行的严格禁忌，又反映了当时不利于交通发展的消极历史条件①。晏昌贵《楚秦〈日书〉所见的居住习俗》，对跟居住有关的概念进行了阐释，对居室房舍环境的选择、禁忌时日等进行了探索②。涉及交通情况的重要论文还有：熊铁基《秦代的邮传制度——读云梦秦简札记》③，高敏《秦汉时期的亭》《秦汉邮传制度考略》④等。魏道明《从简牍资料看秦的家庭结构》指出秦时的家庭类型中，核心家庭与扩大家庭是同时并存的，而且扩大家庭是家庭结构中的主导模式⑤。

生婚病死　王桂钧《〈日书〉所见早期秦俗发微》一文，根据睡简，认为秦人是一神崇拜和泛灵禁忌，尚武、尚自由，豪放洒脱。婚仪相当简单而草率。贞节观念普遍淡薄等⑥。吴小强《试论秦人婚姻家庭生育观念》《〈日书〉与秦社会风俗》等文，对秦代婚姻家庭问题展开了深入研究。其《秦人生育意愿初探》分析了中下层秦人的生育意愿和状况，指出秦人多子多福、重男轻女、希望孩子健美的生育观和望子成龙的社会心理。他的《从云梦秦简看战国秦代人口再生产类型》一文，分析了战国秦代人口再生产过程的基本特征和阻遏秦人口扩大再生产的因素等。其《秦简〈日书〉与秦汉社会的生命意识》及《秦简〈日书〉与秦汉时期的生殖文化》二文，都阐述了秦汉时代优胜劣汰、自强不息的生命意识，指出秦汉时期重视婚配男女在体质、年龄方面的和谐，重视受精受孕过程的禁忌，重视胎养胎教和幼教幼育，并揭示了秦汉社会的优生意识的时代价值特征⑦。赵浴沛的《睡虎地秦墓简牍所见秦社会婚姻、家庭诸问题》及《从秦简〈日书〉看秦代婚姻和家庭人际关系》二文，都较系统地讨论了秦社会中婚姻的形成与解除、家庭形态、家庭财产、家庭关系等问题，指出秦社会家庭制度以一夫一妻制的单

---

①分别见于《秦文化论丛》第 2 辑，西安：西北大学出版社 1993 年；《江汉考古》1994 年第 2 期。
②晏昌贵《楚秦〈日书〉所见的居住习俗》，《民俗研究》2002 年第 2 期。
③熊铁基《秦代的邮传制度——读云梦秦简札记》，《学术研究》1979 年第 3 期。
④分别见于《云梦秦简研究》，北京：中华书局 1981 年；《历史研究》1985 年第 3 期。
⑤魏道明《从简牍资料看秦的家庭结构》，《青海师范大学学报（哲学社会科学版）》1993 年第 1 期。
⑥王桂钧《〈日书〉所见早期秦俗发微》，《文博》1988 年第 4 期。
⑦分别见于《中国史研究》1989 年第 3 期；《文博》1990 年第 2 期；《江汉论坛》1989 年第 11 期；《西北大学学报（哲学社会科学版）》1991 年第 2 期；《广州师范学院学报（社科版）》1997 年第 1 期；《简帛研究》第 3 辑，南宁：广西教育出版社 1998 年。

婚制为主,也存在一夫多妻的复婚制,秦代婚姻中的夫妻关系存在着和睦恩爱、感情不和、分居、离异等状况;家庭构成以夫妻子女型的核心家庭为常见,规模较小。在家庭中,人们关心子女的数量、性别、健康状况和未来的职业,希望子女富和贵,也表明时代的总特征带来了社会身份变化的可能性①。高兵的《从〈睡虎地秦简〉看秦国的婚姻伦理观念》,提出秦国的婚姻伦理观念分为官方和民间两个层面。官方的婚姻伦理观念是提倡"男女有别",主要体现在国家行政权力和法律规定之中。民间的婚姻伦理观念一是重功利、轻伦理的婚姻价值观;二是重视夫妻互爱,但仍是夫尊妻卑②。杨小英的《睡虎地秦简与秦楚婚俗研究》,以睡简中与婚嫁有关的简文为主,结合传世文献及其他民俗材料,对当时背景下中下层民众的婚姻习俗以及观念等进行探讨。如:婚姻中丈夫与妻子的思想观念,妇女在社会家庭中的地位与作用,休妻、再婚制度等;对整个秦简所反映出的婚姻居室形态和居室结构问题等也有所涉及③。宁江英《秦及汉初家庭结构研究》利用简牍材料梳理了秦家庭人口政策的演变轨迹,在认可秦人以两代人组成的小家庭为家庭构造的主流形式说的基础上,指出秦还大量存在三世或四世同堂现象,这说明商鞅变法期间用强制手法要求父子异居的政策到秦朝已经松弛甚至废弃不用,官府开始认可成年父子同居④。宋艳萍《先秦秦汉丧葬习俗中的数术行为》梳理了日书中的葬日选择术,指出先秦秦汉时期人们重生厚死的生死观⑤。朱玲、杨峰的《睡虎地秦简〈日书〉医疗疾病史料浅析》,则是对《日书》中涉及的医学方面的内容进行的初步梳理,研究认为《日书》中的相关内容具有较大的医学史价值,反映了早期医学在社会一般民众中的形态⑥。

　　民俗信仰方面的研究,吴小强的《论秦人宗教思维特征》及《论秦人的多神崇拜特点》,分别探讨了秦人的宗教思维特征和多神崇拜特点⑦。沈

①分别见于《中国社会经济史研究》2003年第4期;《河南师范大学学报(社科版)》2005年第2期。

②高兵《从〈睡虎地秦简〉看秦国的婚姻伦理观念》,《烟台师范学院学报(哲学社会科学版)》2005年第4期。

③杨小英《睡虎地秦简与秦楚婚俗研究》,武汉:武汉大学硕士学位论文2006年。

④宁江英《秦及汉初家庭结构研究》,《西安财经学院学报》2009年第4期。

⑤宋艳萍《先秦秦汉丧葬习俗中的数术行为》,《管子学刊》2008年第2期。

⑥朱玲、杨峰《睡虎地秦简〈日书〉医疗疾病史料浅析》,《中国中医基础医学杂志》2007年第5期。

⑦分别见于《江汉考古》1992年第1期;《文博》1992年第4期。

刚的《睡虎地秦简〈日书〉所见的秦时民间信仰活动探微》,指出秦时的祠祀活动频繁,地域分布广泛,祠祀对象丰富,主要集中在人鬼和地祇两个系统。巫在当时社会中的活动仍十分活跃。秦政府对消极的民间信仰有着一定限度的干预①。张富春的《先秦民间祈财信仰研究——以睡虎地秦简〈日书〉为中心》,从祭祀与祈财、婚育与祈财、宅居与祈财三个方面大致勾勒了先秦民间祈财信仰的面貌②。何飞燕的《出土文字资料所见先秦秦汉祖先神崇拜的演变》也有关涉秦时祖先神崇拜现象的分析③。

　　总的来说,关于睡简《日书》的研究,涉及数术、生育、居住、社会阶层、谷物种植、出行禁忌、民间信仰、衣食状况、婚姻家庭伦理观念、生育观念等方面,为本研究提供了有益的参考。但涉及礼俗的论著,并未见思想方面的考察,关于时间、梦占方面的礼俗及思想考察也皆付之阙如,而且比较明显的一个问题是,学人往往利用睡简日书来探讨整个秦人的日常或信仰等,而睡简更多反映的是楚人的生活、信仰等,其礼俗思想等情况与故秦地秦人并不完全相同,很有必要在研究时加以区分。已因此,本书在研究时把使用睡简日书、生活在楚国故地,后来被秦统一的楚人称为"楚地秦人"。而把使用放简日书、原来就是秦子民的秦人称为"故秦人"。在不做区别的情况下,则统称为"秦人"。

　　(二)睡虎地秦简日书的内容归属

　　因为本书的研究主要是在秦故地礼俗和楚地礼俗的对比中展开,而睡简的内容既有属于秦,也有属于楚的,故很有必要对其内容所属进行梳理,以利于研究的进行。

　　睡简日书有甲、乙二种。因为甲种有《秦除》、乙种有《秦》篇,竹简的题目即表明其为反映故秦礼俗思想的篇章;而甲种《岁》篇又载有秦、楚月名相互对照的条文,甲种题目为《除》的部分篇章又可与《九店楚简》相关内容印证,故而使学界对睡简日书的部分内容归属争论不已。刘信芳最早指出:"秦简《日书》中有《除》篇 730—742 简(13 简),896—920 简(25

①沈刚《睡虎地秦简〈日书〉所见的秦时民间信仰活动探微》,《西安财经学院学报》2009 年第 1 期。
②张富春《先秦民间祈财信仰研究——以睡虎地秦简〈日书〉为中心》,《四川大学学报(哲学社会科学版)2005 年第 6 期。
③何飞燕《出土文字资料所见先秦秦汉祖先神崇拜的演变》,西安:陕西师范大学博士学位论文2010 年。

简),《岁篇》793—796 简(4 简);《嫁子篇》1092—1095 简(4 简),788—792 简(5 简);《毁弃》篇 840—842 简(3 简),以及 1015 简(1 简);《土忌》篇 833—835 简(3)简;《到室》篇 865—868 简(4 简),六篇计 62 简的主要内容原属楚国《日书》。"也就是说,除此 62 简,余皆为秦《日书》。其立论根据除了以出现楚月名为准外,还以月份的排列顺序为据,认为"对照表上栏《岁》篇用的是楚月名,秦人若要使用《岁》篇选日以定吉凶从达,则必须要将秦历月序换算成(楚)月名,方可使用"①。并由此认为《岁》篇后的四简是由楚国《日书》录出而改成序数月名的结果。其余几篇归为楚日书的原因也多立足秦楚月份排列顺序的对照及月名的换算。

　　夏按,假定刘氏推理方法及结论完全正确,则《秦除》及《玄戈》等篇为反映故秦礼俗思想的简无疑。那么,《秦除》以"正月"开头,《玄戈》以"十月"开头言各月建除是怎么回事? 也就是说,秦简月份的排列并没有明显遵循的规律,然用月份换算的方法也实迂曲。其实,睡简日书多反映故楚人思想,此结论因九店楚简的出土得到证明。据李零《读九店楚简》,睡简内容多可与之对照。如九简相宅、朝夕启闭、岁、行、裁衣等篇分别与睡简之相宅、朝夕启闭占方向吉凶、岁、归行、衣等篇内容相似。李零还据此解决睡简日书建除、丛辰内容所属问题:"楚除包括甲种《除》篇的前一种和乙种首篇复合日名中的第一套名称,同于九店楚简,这是主体;秦除包括甲种《秦除》和乙种《徐(除)》篇,则是附录。丛辰也分两种,一种是甲种《除》篇的后一种和乙种首篇复合日名中的第二套名称,同于九店楚简,是楚国的丛辰;一种见于甲种《稷(丛)辰》和乙种《秦》,则是秦国的丛辰。"②甲种《稷(丛)辰》的确和乙种《秦》涉及的八个日名对应,那些没有与九简对应的部分,从睡简所反映的信奉赤帝、重商意识、婚姻习俗、生殖信仰,尤其是多神崇拜观念和信巫鬼、重祭祀的风尚等等内容看,"大都与文献记载及出土文物所反映的楚人意识和习尚相契合,而关于秦人生活的文献资料和考古资料却罕有印证"。因此,"与其说云梦秦简《日书》是以秦《日书》为基础而杂糅楚《日书》以成,莫如说它是以楚《日书》为基础而杂糅秦《日书》以成"③。何双全也指出:"《放》简是纯秦《日书》,《睡》简是纯楚《日

①刘信芳《秦简中的楚国〈日书〉试析》,《文博》1992 年第 4 期,第 49、52 页。
②李零《读九店楚简》,《考古学报》1999 年第 2 期,第 144 页。
③蔡靖泉《楚文化在秦统治时期的存在和影响》,《江汉考古》1997 年第 1 期,第 58 页。

书》，尽管有秦的成分，但主体不同于秦，它代表的是秦代楚人的思想。"①
另，从睡简日书甲、乙两种明确指出"秦除""秦"，楚除却仅用"除"来表示
也可看出，其抄写者差不多是默认没有明确标出属国的是属于反映楚俗
的简。

综上，睡简日书主要反映的是楚地秦人的风俗习惯、礼俗思想。除甲
种《秦除》《稷（丛）辰》和乙种《徐（除）》《秦》篇外的日书中的篇章（用于
研究故秦人的礼俗思想），都可定性为楚文化的反映，用于研究楚故地秦人
的礼俗思想状况。文中提及睡简，除非特别说明，皆指代表楚文化的部分。
当然，睡简中的秦律是秦统治的产物，为研究秦法或相关思想所用。放简
出土于秦故地，用于研究故秦人的礼俗思想。

二、甘肃天水放马滩秦简

1986 年 6 月，甘肃天水放马滩 1 号秦墓出土了 460 枚竹简。简文皆以
古隶体书写于篾黄面上，又带小篆书韵。出土时编绳已无，次序散乱，无篇
题。整理者根据内容和竹简形制将之分为《日书》甲、乙种和《墓主记》。

甲种《日书》共 73 枚。内容可分 8 种：①《月建》；②《建除》；③《亡
盗》；④《人月吉凶》；⑤《男女日》；⑥《生子》；⑦《禹须臾行》；⑧《忌》。

乙种《日书》共 379 枚。内容有 20 余种，前 7 章与甲种同，其他另有：
《门忌》《日忌》《月忌》《五种忌》《入官忌》《天官书》《五行书》《律书》《巫
医》《占卦》《牝牡月》《昼夜长短表》《四时啻》等。这部《日书》包括天文、
历法、音律、占卦、巫卜、五行、建除等内容。所涉对象上及天，下及地，特别
突出的是讲人及与人相关的社会、政治、经济、生活等情况，反映了秦人重
政治而轻鬼神的社会状况，是纯粹的秦文化典籍。其与睡简《日书》数量
基本相等、内容基本相同、时代相近，故命之为《日书》。它们是保存最完
整的两部秦《日书》。

《墓主记》共 8 枚，系邦丞向御史呈奏的"谒书"，叙述一个名丹的人死
而复生的事和过去的经历。准测丹为 1 号墓的墓主，所以把这部分内容定
为《墓主记》。李学勤通过释读简文并和《搜神记》比较，认为《墓主记》与
《搜神记》等志怪小说相类："放马滩中的这则故事，情节不如《搜神记》的

---

①何双全《天水放马滩秦简综述》，《文物》1989 年第 2 期，第 30—31 页。

曲折,但仍可视为同类故事的滥觞。"①整理者又据 1 号墓出土竹简的内容,推测墓主生前是一个军人,曾参加过战役,是官府知晓的人物,后因杀人犯罪而受刑,很可能正因此被流放于放马滩②。《墓主记》抄自当时日者占家手中的巫书,内容除言天道鬼神外,更多是关涉人事的条文,是研究当时社会和思想文化的重要文献③。

在"放马滩秦简"中,《日书》是主要部分。所包含的内容极其丰富,是研究当时社会政治、文化、思想、民俗以及农业、人口、人民生活的原始资料。

（一）放马滩秦简研究综述

放简出土至今(2023 年)已 37 年有余,因除《墓主记》外,内容皆为日书,除了网站论文,知网上相关论文(包括硕博论文)仅 86 篇,且基本是字词考释类文章。下面从放简释文刊发始对其研究情况进行简单介绍。

释文面世　放马滩秦简共有 460 枚,《甘肃天水放马滩战国秦汉墓群的发掘》一文首先对其情况进行了介绍。该文提供了《墓主记》的第 1、3、4 枚的释文,然无图片④。同期何双全发表的《天水放马滩秦简综述》虽公布了《墓主记》的全部图片(8 枚),然仅提供了前 4 枚简的释文;《日书》部分也仅公布了第 1—32 枚的图片和相关 6 枚简的释文⑤。至 1989 年的《天水放马滩秦简甲种〈日书〉释文》才公布了日书甲种 73 枚的全部内容,然无句读及相关图版⑥。《墓主记》比较完整的释文发表在《文物》1990 年第 4 期李学勤的《放马滩中的志怪故事》一文中,然也缺第 6 和第 8 枚简内容。2001 年由初师宾主编的《中国简牍集成》一书在第一册公布了《日书》甲种 1-16,乙种 223—240 枚的图片,第四册公布了甲种的全部释文。乙种释文仅在有关文章中涉及一小部分⑦。2009 年 8 月,《天水放马滩秦简》一书由

---

①李学勤《放马滩中的志怪故事》,《文物》1990 年第 4 期。

②赵化成、高崇文《秦汉考古》,北京:文物出版社 2002 年,第 228 页;何双全《天水放马滩秦简综述》,《文物》1989 年第 2 期。

③何双全《天水放马滩秦简综述》,《文物》1989 年第 2 期。

④田建、何双全《甘肃天水放马滩战国秦汉墓群的发掘》,《文物》1989 年第 2 期。

⑤何双全《天水放马滩秦简综述》,《文物》1989 年第 2 期。

⑥秦简整理小组《秦汉简牍论文集》,兰州:甘肃人民出版社 1989 年。

⑦初师宾《中国简牍集成》,兰州:敦煌出版社 2001 年。

中华书局出版①。该书公布了放马滩 1 号秦墓出土的全部简牍的图片及释文，为深入研究放简内容提供了宝贵资料。

考校商榷　最早对放简甲种《日书》进行系统研究的文章当属何双全的《天水放马滩秦简甲种〈日书〉考述》，该文从出土和整理、编册、分类及定名、简册制度、文字与语言、内容概观等几个方面对《日书》甲种的 73 枚简进行了考述。施谢捷的《简帛文字考释札记》，利用《文物》《书法》等刊物刊发的原简图版，对甲种《日书》释文存在的一些较为明显的疏漏进行了校正②。刘信芳针对《天水放马滩秦简综述》中的一些字词释读、断句问题提出质疑，认为"人月"当为"入月"，"四听日"当为"四法（废）日"等③，这两篇文章都使甲种《日书》释文的准确性得到很大提高。

2009 年，《天水放马滩秦简》一书的出版推动了对放简的研究，简帛网迅速出现了多篇考释类论文，如：吕亚虎的《〈天水放马滩秦简〉识小一则》《〈天水放马滩秦简〉缺、误字订补几则》《〈放简〉简序重排二则》《读〈天水放马滩秦简〉札记二则》《读〈天水放马滩秦简〉小札》④；方勇的《读〈天水放马滩秦简〉小札（一）》⑤；晏昌贵的《放马滩秦简中的〈大禹〉逸文》《放马滩秦简乙种〈日书〉有关五音的简文》⑥；赵岩的《放马滩秦简日书札记二则》⑦；曹方向的《读〈天水放马滩秦简〉小札》⑧；刘净的《读放马滩简小札》⑨等等。期

---

① 甘肃省文物考古研究所《天水放马滩秦简》，北京：中华书局 2009 年。

② 分别见于《秦汉简牍论文集》，兰州：甘肃人民出版社 1989 年；《简帛研究》第 3 辑，南宁：广西教育出版社 1998 年。

③ 刘信芳《〈天水放马滩秦简综述〉质疑》，《文物》1990 年第 9 期。

④ 吕亚虎《〈天水放马滩秦简〉识小一则》，简帛网 http://www.bsm.org.cn/show_article.php? id=1167，2009 年 11 月 3 日；吕亚虎《〈天水放马滩秦简〉缺、误字订补几则》，简帛网 http://www.bsm.org.cn/show_article.php? id=1166，2009 年 10 月 31 日；《〈放简〉简序重排二则》，简帛网 http://www.bsm.org.cn/show_article.php? id=1164，2009 年 10 月 28 日；《读〈天水放马滩秦简〉小札》简帛网 http://www.bsm.org.cn/show_article.php? id=1159，2009 年 10 月 24 日。

⑤ 方勇《读〈天水放马滩秦简〉小札（1）》，简帛网 http://www.bsm.org.cn/show_article.php? id=1156，2009 年 10 月 17 日。

⑥ 晏昌贵《放马滩秦简中的〈大禹〉逸文》，简帛网 http://www.bsm.org.cn/show_article.php? id=1154，2009 年 10 月 13 日；《放马滩秦简乙种〈日书〉有关五音的简文》，简帛网 http://www.bsm.org.cn/show_article.php? id=1146，2009 年 9 月 22 日。

⑦ 赵岩《放马滩秦简日书札记二则》，简帛网 http://www.bsm.org.cn/show_article.php? id=1153，2009 年 10 月 10 日。

⑧ 曹方向《读〈天水放马滩秦简〉小札（1）》，简帛网 http://www.bsm.org.cn/show_article.php? id=1156，2009 年 10 月 3 日。

⑨ 刘净《读放马滩简小札》，简帛网 http://www.bsm.org.cn/show_article.php? id=982，2009 年 1 月 24 日。

刊也不断有论文出现,但集中在释文考订和疑难字词的考释上,如:吕亚虎《〈天水放马滩秦简〉校读札记》①,李志文、张显成《放马滩秦简〈日书〉乙种疑难字词校读》,刘信芳《秦简"丹而复生"与"泰原有死者"合论》,方勇、于昕睿《读天水放马滩秦简札记三则》②等。

　　论著方面,王子今的《睡虎地秦简日书甲种疏证》、吴小强《秦简日书集释》等基础研究书籍的出版,为其他学科进行相关研究提供了很好的参考资料③。2013年《〈天水放马滩秦简〉集释》出版④,图像清晰,与释文一一对应,是当时关于放简图文注释最为完整的一本书。2014年,陈伟主编的《秦简牍合集(肆)》收入该简。该书既有对放简的发现、整理和资料发表情形的概述,也有相关的释文、注释与图录等,注释收入各家最新意见并下按语,博采众长,结论科学客观,为迄今为止研究放简最新最全的参考资料⑤。文字解读等基础研究的不断推进,为其他学科从事相关研究提供了可能。

　　民俗信仰　迄今仅见3篇,其中2篇为硕士论文:程博丽的《试论放马滩秦简〈日书〉所见之民间信仰》、贾振北的《放马滩秦简所见秦人社会民生俗信研究》,前者从出行、宅居、祠祀,生子、娶妻、丧葬等方面探讨放简涉及的民间信仰;后者从秦人的生育、婚嫁、疾病疗治、丧葬、农事生产、出行、土工建筑等方面入手对放简民生信仰进行研究⑥。姜守诚的《放马滩秦简〈志怪故事〉中的宗教信仰》一文,从信仰角度,对数字"三"、公孙强的身份、白狐的作用、柏丘折射的空间观念、白茅的辟邪功能等进行了探讨⑦。

　　其他。蒋文《事鬼指南:也谈放马滩简旧所谓"志怪故事"的文本性质》,结合北大秦简中的《泰原有死者》,认为"志怪故事"的性质是一种经过包装的指导生人如何事奉死人的实用性文书⑧。曹旅宁《从天水放马滩秦简看秦代的弃市》一文⑨,则是根据放简资料,对秦的弃市作出新的结

①《西安财经学院学报》2010年第3期。
②分别见于《简帛》2020年第2辑;《考古与文物》2020第6期;《湖南省博物馆馆刊》2021年　辑。
③分别见于武汉:湖北教育出版社2003年;长沙:岳麓书社2000年。
④兰州:甘肃文化出版社2013年。
⑤武汉:武汉大学出版社2014年。
⑥分布见于上海:复旦大学硕士学位论文2013年;西安:陕西师范大学硕士学位论文2016年。
⑦《世界宗教研究》2013年第5期。
⑧《古典文献研究》2021第3期。
⑨《广东社会科学》2000年第5期。

论。李菁叶的硕士论文《睡虎地与放马滩秦简〈日书〉生死问题研究》,是从古文字学角度梳理两简对生死问题的关注①。另外还有《甘肃放马滩"秦简"中的养生与体育符号》《放马滩秦简日书〈占病祟除〉与投掷式选择》《睡虎地秦简与放马滩秦简〈日书〉中的十二兽探析》《放马滩秦简日书所见"土忌"神煞考释》②等。

纵观睡简和放简以上成果,可知学者系统阐述秦简礼俗思想的论著尚无,关于秦时思想研究的论著,其关注点也几乎都在思想家身上,也就是说关注的是精英思想。一部思想史就是一部思想家的思想史,正如刘志琴所言:"中国思想史研究,多以西方思想史为参照,致力于精英思想研究,殊不知礼俗社会的存在,以礼化俗的教化使命,推动了精英思想的社会化,有关礼俗思想、日用之学等富有中国特色的命题,留下了大量的文献资料,至今尚未得到充分的发掘。研究中国思想史,应该突破观念史的局限,贴近社会生活考察⋯⋯"③本着这样的原则,本书立足出土资料,联系传世文献,从以日书为代表的民间文化形态角度,以睡简和放简为主,结合目前可见的所有秦简及年代相近的楚、汉简帛,对秦的礼俗思想进行系统研究。试图以礼俗思想为视角,探讨秦王朝迅速败亡的原因,民族融合对礼俗思想的影响等。目力所及,该选题应是首次。

(二)放马滩秦简年代归属④

1989 年发表的《甘肃天水放马滩战国秦汉墓群的发掘》一文指出:放马滩墓地"时代上限在战国晚期,秦始皇统一以前。下限为西汉初文景时期。早期墓为秦墓,晚期墓为汉墓";"竹简《日书》,是继湖北云梦睡虎地之后的第二批秦《日书》,时代或比睡虎地秦简稍早"。其断代主要依据有二:一是根据出土《墓主记》中"八年八月""邦丞""邦守""三年⋯⋯北出赵氏之北"等记载,判断该文所涉"八年"当为秦始皇八年。"三年"很可能指庄襄王三年。二是通过比对,该墓出土的陶器和铜器,皆与其他战国早期秦墓出土的器物特征相合⑤。也就是说,整理小组结论是放简为秦始皇

①重庆:西南大学硕士学位论文 2012 年,第 55 页。

②分别见于《敦煌研究》2005 年第 6 期;《文物》2011 年第 5 期;《南都学坛》2011 年第 5 期;《简帛研究》2016 年第 1 期。

③刘志琴《礼俗互动是中国思想史的本土特色》,《东方论坛》2008 年第 3 期,第 7 页。

④本部分内容曾在 2023 年 7 月在广西召开的中国训诂学会学术年会上宣读。

⑤田建、何双全《甘肃天水放马滩战国秦汉墓群的发掘》,《文物》1989 年第 2 期,第 10、31 页。

统一前简。然此后对该说法争议不断,迄无定论。下面在梳理几种说法的基础上,提出商榷意见。

1. 关于放马滩秦简年代的各种说法

1)秦始皇统一前简

1990年,李学勤先生在讨论放马滩秦简之《墓主记》时,重新考察释文,把该文开头"八年"纠正为"卅八年",据此推测"从放马滩一号墓的地理位置和出土器物看,系战国末至秦代的秦墓,在这段时期内,秦君只有昭王一人有三十八年。秦昭王三十八年相当于公元前269年"。也即该故事书写年代应在秦昭王三十八年(前269年)之前①。然在2009年甘肃省文物考古研究所出版的《天水放马滩秦简》中,关于《志怪故事》的纪年②,整理者说:"2008年6月得以机会使用红外线仪再次察看原简,确证'卅'为污点,非文字,所以'八年八月己巳'是正确的。"因此,该书基本沿用简报结论,认为:"放马滩秦墓的时代早至战国中期,晚至秦始皇统一前。其中一号墓的下葬时代约在公元前239年以后。"③也就是说,明确放马滩秦简为秦始皇统一前简。

2)可能为汉简

程少轩先生对以上说法提出疑问,依据主要是认为放简乙种《日书》有二处"黔首"用例应该用"民",属因政令强改。故"这批竹简属于'秦简'的可能性非常大,但也不能完全排除晚至汉初属于'汉简'的可能性"④。

3)秦始皇统一后简

日本学者海老根量介(下称"海氏")也根据放简中"罪"和"辠"、黔首、"殹"和"也"的使用情况,指出:根据"罪"字的使用情况,可以确定放马滩秦简是秦统一以后抄写的。但乙种《日书》中还使用"辠"字,这暗示它是秦代统治者将"辠"改换成"罪"后不久抄写的……其抄写年代不太可能晚到汉代。放马滩秦简确实是"秦简",但不是战国秦的抄本,而是秦代的

---

①李学勤《放马滩简中的志怪故事》,《文物》1990年第4期,第45页。
②整理小组根据李学勤先生的意见,把《墓主记》更名为《志怪故事》,其后又有"《丹》篇"说法,本书仍取李学勤先生意见。
③甘肃省文物考古研究所《天水放马滩秦简》,北京:中华书局2009年,第128页。
④程少轩《放马滩简式占古佚书研究》,上海:复旦大学博士学位论文2011年,第7—8页。

抄本①。2014 年出版的《秦简牍合集(肆)》,整理者发现日书乙种还使用几个比较古旧的字,结合"黔首"使用情况,认为"日书乙种似当抄写于秦统一后不久,甲种的抄写更在其后。"②"秦统一之后的一段时间,'皋'字还在行用。从这个角度看,放马滩日书甲、乙两种均书于秦统一之后的可能性比较大。"③从结论看,合集其实是与海老根量介的意见一致,认为放简为秦统一后简。

综上,第一种观点年代判断的主要依据为《志怪故事》,因最初推测其所记人物"丹"为 M1 墓主,所以把这部分内容定名为《墓主记》④,年代也基本据其所记判断。剥离该篇对年代判断的影响,则第一种观点的判断依据剩下出土的随葬品。后两种观点主要是依据简文内容推断年代⑤。然,通观简文内容,对后二者的论据有颇多疑问,愚以为尚有商榷的余地。

2. 对以上观点所涉论据的辩正

1)关于"黔首"问题

程氏最有力的证据便是认为乙种 262+267 简的"黔首心"当为"民心";乙种 272 简之"黔首"本为"民"字,如此才与下句韵律合。之所以写成"黔首",是因政令强改所致。为明其理,录其原文所涉简文如下⑥:

乙 262+乙 267:大昌:言殹。贞在大吕,阴阳溥(抟)气,翼凡□□,居□其心,牝牡相求,遂得其音,后相得殹,康于黔首心。其奈(祟)大再(?)及原。卜疾人,不死;取妇嫁女,吉。

乙 272:蕤宾:听殹,别颛上事殹,外壄(野)某(谋?)殹。贞在蕤宾,唐虞始訢,帝(帝)尧乃韦(围)九州,以政(正)下黔首,斩伐冥₌(冥冥),杀剟牢₌(牢牢—寥寥)。

程氏言:"这些卦辞一般四字一句,且多押韵。'康于黔首心'显系改

---

①(日)海老根量介《放马滩秦简抄写年代蠡测》,《简帛》第 7 辑,上海:上海古籍出版社 2012 年,第 159—170 页。

②陈伟《秦简牍合集(肆)》,武汉:武汉大学出版社 2014 年,第 5 页。

③陈伟《秦简牍合集(壹)》,武汉:武汉大学出版社 2014 年,序言第 4 页。

④何双全《天水放马滩秦简综述》,《文物》1989 年第 2 期。

⑤孙占宇《放马滩秦简乙 360-366 号"墓主记"说商榷》一文指出篇中所记"丹"这一人物为墓主的可能性不大,篇题可按内容拟为"丹"或"祠鬼"(《西北师大学报(社会科学版)》2010 年第 5 期)。

⑥引文参考陈伟《秦简牍合集(肆)》,武汉:武汉大学出版社 2014 年,第 182—183 页。除繁体改为简体,简序提前外,其余部分皆与作者原文同。

自四字句'康于民心'。'以政(正)下黔首',本应与上句'贞在蕤宾,唐虞始欣'押韵,因此'黔首'也系改自'民'。把原本四字一句的卦辞改得参差不齐且不合韵脚,很可能是由于秦始皇二十六年下令改'民'为'黔首'。倘此推断不误,则竹书抄写年代一定是秦统一以后了。"①

夏按,放简"黔首"共出现8处,其中甲种2,乙种6。除程氏认为的2处,海先生认为还有5处应该是由"人"或"人民"强改成"黔首","因为抄写者把这些词机械地改为'黔首',才出现了'入黔首'这种意思不通的词"②。

那么,就有下面的疑问:1.设若二位所言皆是,8处"黔首"有7处都属强改,那么还有1处如何解释?③ 2.既说是"机械性"把"人"或"人民"改为"黔首",何以放简用"人"(无"人民"连用现象)的其他地方(共113处,2处用为"奴隶"义)没有"机械性"改掉?

又,如果为统一后简,斯时秦始皇已"更名民曰黔首"④,"民"已不指奴隶,而是指平民百姓。那么,一则不当出现"民"字,因为已改为"黔首";再则不当有"奴隶"之意存在,因为已用来指平民百姓。然放简还有"民"没被改为"黔首",且还指"奴隶"的条文⑤。如⑥:

> 甲21:收:可以民、马牛、畜生(牲),尽可,及入、禾稼,可以居处。
>
> 乙22:收:可以民、马、牛畜生尽可,及入禾粟,可以居处。

不仅如此,还有泛指民众的条文:

> 乙158:中;壬癸雨,大水,禾粟邦起,民多疾。
>
> 乙279:贞在毋射,禹以成略,溉既溉成,乃吉。民申皋人,在此忧心,贞身右苛疵,忧心中中(＝)……

---

① 程少轩《放马滩简式占古佚书研究》,上海:复旦大学博士学位论文2011年,第7—8页。下划线系后加。

② (日)海老根量介《放马滩秦简抄写年代蠡测》,《简帛》第7辑,上海:上海古籍出版社2012年,第165页。

③ 即《日书乙种》124:凡黔首行、远役,毋以甲子、戊辰、丙申,不死必亡。

④ [汉]司马迁撰《史记·秦始皇本纪》,[宋]裴骃集解,北京:中华书局2009年,第239页。

⑤ 陈伟《秦简牍合集(肆)》(武汉:武汉大学出版社2014年)中,该二处释文"民"皆释为"氏",注曰意思同"人"(11页)。夏按,一则,传世文献及其他秦简未见"氏"用为"人"义;再则,查对原简,该字为"民"的可能性更大,而与"氏"相差甚远。故我们取信最初整理小组释文。

⑥ 释文用最早版本。甘肃省文物考古研究所《天水放马滩秦简》,北京:中华书局2009年。

夏按,即使说前二条的"民"释文可疑,可以忽略。那么,既然说放简所见"黔首"由"民"改来,为什么后二条泛指民众的"民"没被改呢?

愚以为,这种"黔首"和"民"并存现象不能说明什么问题。因为战国时期,"黔首"和"民"本就经常混用无别,如《吕氏春秋·振乱》:"天子既绝,贤者废伏,世主恣行,与民相离,黔首无所告愬。"《韩非子·忠孝》:"古者黔首悗密蠢愚,故可以虚名取也。今民儇诇智慧,欲自用,不听上。"王子今在考察放简上述"入黔首"条文后认为:"关注秦统一之前已见'黔首'称谓的事实,似不能排除'黔首'称谓早先即在秦地通行的可能。""可知'黔首'的使用,战国时期可能亦不限于秦地。"①放简的这些简文也正说明了此点。

而且,在宣布"更名民曰黔首"之后,秦正式文告中依然有并不使用"黔首"者。如秦始皇二十八年(前219年)泰山刻石:"亲巡远方黎民",有"黎民"称谓。赵高建议秦二世:"明主收举余民,贱者贵之,贫者富之,远者近之,则上下集而国安矣。"又使用"余民"一词。总之,秦统一后官方文书仍可见"黔首"与"百姓""民""天下之民"并说的情形②。因此,单据"黔首"确定年代是不可靠的。

另外,"民"本就有"奴隶"义,秦简依然保留该义。如睡简《日甲》023正贰:"收日,可以入人民、马牛、禾粟,入室取妻及它物。"既然"民""黔首"二词常混用,"民"有"奴隶"义,"黔首"有"奴隶"义当也在情理之中(否则怎么混用无别)③,上有简文为证:

> 放简《日甲》016:平日,可取妻、祝祠、赐客。可以入黔首。作事吉。

> 放简《日乙》014:建日,良日也。可为啬夫。可以祝词,可以畜六生,不可入黔首。

此二处"黔首"皆指奴隶。李解民在《民和黔首——兼评秦始皇"更名民曰黔首"》一文中也指出,战国时期的秦国黔首指不能服冠的无爵平民

---

① 王子今《说"黔首"称谓》,《出土文献研究》第11辑,上海:中西书局2012年,第180页。

② 王子今《说"黔首"称谓》,《出土文献研究》第11辑,上海:中西书局2012年,第185—186页。

③ 秦简"人"也有"奴隶"义。如:睡简《日书》甲014正贰:可以入人、媾冠、乘车。有为也,吉。《日书》甲081正贰:戊子,不利出入人。男子龙庚寅,女子龙丁。因此,说"黔首"有"奴隶"义也在情理之中。

和徒役,亦用以指整个平民阶层①。而"徒役"身份所指,虽争议颇多,但结合放简,"奴隶"也在其列当无问题。因此,海先生说"'黔首'这个词似乎没有'奴隶'的意思"②,是可商榷的。

睡简确无"黔首"一词,其意皆以"民""百姓"表示。如睡简《为吏之道》019壹:"善度民力",而岳简壹03正有"善度黔首力",改"民"为"黔首",显然是《史记·秦始皇本纪》所记:"二十六年……更名民曰黔首"政令所致。放简"民""黔首"同时在用,且"黔首""民"还保留有"奴隶"之义,若是统一后简,"黔首"已不当有"奴隶"之意。故据此疑其年代或在秦统一之前。也可知此二词本就一直在使用,秦始皇择其一罢了③。

再论程氏的两处证据。夏按,其所涉《贞在黄钟》卦辞,并非四言律诗,不是严格的四字句,也并非一定要押韵,且韵脚并不一致。具体来说,"贞在大吕"句,其前皆四字,第八句出现五字,即"康于黔首心";"贞在蕤宾"句,前二句为四个字,从第三句开始分别为六、五、四、四、五、四字,并不整齐。就押韵而言,前者第4、6、8句押韵(心、音、心)。后者则是1、2句押一个韵(宾、訢),3、4句押另一个韵(州、首)。其下的"贞在林钟"与之相似,为2、3句押一个韵(来、财)。而"贞在夷则"条,为1、2、3、4、6、7句押韵(德、则、德、啬、德)。所涉文句皆长短不等,押韵并无规律,且不统领全句。本就是参差不齐的句子,韵脚随意,但求上口,也符合民间用书的特点。因此,靠韵脚说话并不可信。从上述情况看,程氏所言"以政(正)下黔首",并不是非要与上句押韵,与其前句"帝尧乃围九州","首""州"不也正押韵么?

总之,由上种种,可知说"黔首"由"民"而改实在勉强,不足为据。从使用情况看,二词战国时期皆可指奴隶或平民百姓,然"平民百姓"义最为常用。尤其"黔首"一词,很少用来指称"奴隶"。且秦为水德尚黑,"黔"有"黑"义,概因此,秦始皇在整饬文字时,才选其表示"平民百姓"。

---

① 李解民《民和黔首——兼评秦始皇"更名民曰黔首"》,《文史》第23辑,北京:中华书局1984年。
② (日)海老根量介《放马滩秦简抄写年代蠡测》,《简帛》第7辑,上海:上海古籍出版社2012年,第164页。
③ 未见甘肃一地有战国时期简牍出现,无法对比。《商君书》中也无"黔首"一词。大词典最早例也为《礼记》,故而无法判断该词的发源地,只能从秦始皇政令推断其或为故秦人用语。

2）关于"辠"和"罪"

海先生说："放马滩秦简《日书》既然使用'罪'字，其抄写年代应该在秦统一以后，而不可能早到战国时期。但值得注意的是，《日书》乙种也使用'辠'字。'辠'与'罪'之所以同时出现在同一批出土文献中，当是因为虽然秦代统治者已下令用'罪'字来代替'辠'字，但抄写者写'辠'字的习惯一时改不过来，<u>有时不小心写'辠'字</u>。"①

夏按，放简"辠"字共出现 10 处，皆在乙种。甲种仅 1 处（第 14 简）用 zuì 的地方，写作"罪"。《秦简牍合集（肆）》利用红外线扫描，可辨识出乙种的第 15 简用的是"辠"不是"罪"②。具体如：

放简《日甲》14：除日，逃亡，不得，瘅疾，死。可以治啬夫，可以瘢言。君子除<u>罪</u>。

放简《日乙》015：除日：逃亡不得，瘅疾死。可以治啬夫，可以彻言，君子除<u>辠</u>。

总之，放简用"辠"10 处，用"罪"仅 1 处。如果说是"有时不小心"，那似乎也应该是"不小心"在仅有 1 例的"罪"而不是有 10 处的"辠"。又，海先生说："代替'辠'来用的'罪'字应该是在秦统一天下、'皇帝'这个称号被创造以后才出现的。"③夏按，出土文献目前的确尚未发现"罪"表示犯罪义的用法，但传世文献早就有涉。如《易·解》："雷雨作，解，君子以赦过宥罪。"孔颖达疏："罪谓故犯。"《左传·襄公三年》："绛无贰志，事君不辟难，有罪不逃刑。其将来辞，何辱命焉？"徐灏因此指出："辠、罪古字通。见于经传者不可枚举，<u>亦非秦人始改用之</u>。窃谓辠从辛者，辛即辛（罪）也，自当为声。"④今人赞同该说法的也很多⑤。因此，如前所述，"罪"和

---

①（日）海老根量介《放马滩秦简抄写年代蠡测》，《简帛》第 7 辑，上海：上海古籍出版社 2012 年，第 161 页。

②陈伟《秦简牍合集（肆）》，武汉：武汉大学出版社 2014 年，第 38 页。海先生因为简牍不清楚，"暂且相信原释文，认为《日书》乙种第 15 号简壹也用'罪'字"（第 161 页）。

③（日）海老根量介《放马滩秦简抄写年代蠡测》，《简帛》第 7 辑，上海：上海古籍出版社 2012 年，第 161 页。

④［清］徐灏《说文解字注笺》卷十四下，收入《续修四库全书》编纂委员会：《续修四库全书》第 227 册，上海古籍出版社 1995 年版，第 110 页。

⑤（日）白川静《字统》，东京：平凡社 1994 年，第 343—344 页；白冰《论金文刑罚系列字》，载《汉字文化》2006 年第 2 期。

"辠"当跟"民"和"黔首"一样,原本皆为秦地常用词,只是后来官方进行规范,因"辠"似"皇"而二取一,选取"罪"罢了。就像现在的汉字规范,都是从已有的汉字中选取,未见有临时创造的字形流传。因此,说"罪"是秦统一天下、"皇帝"称号被创造以后才出现的,颇不可信。

3)关于"殹"和"也"

海先生之所以讨论这两个字,是想确定放简的年代。理由是"殹"乃具有秦国特色的语末助词,而东方诸国语末助词用"也"。大西克也先生认为:最晚在二世皇帝元年,秦却把"殹"修改为"也",于是"也"得到了标准语的地位,继承到汉代。海先生指出:《日书》甲种有35例'殹',没有'也';《日书》乙种有171例'殹'与2例'也'①;《志怪故事》有3例'殹',没有'也'。'殹'的使用例远比'也'多。根据大西先生的研究,放马滩秦简在战国秦到秦代抄写的可能性最大。""推测《日书》乙种中的2例'也'来自六国系统的抄本,本来就是这样写的,后来秦人在抄写这个占法的时候,把大部分的'也'都改为'殹',但不小心忘记改换那两个'也'。"②

海先生的两个"不小心",思路颇不一致。对于"辠"和"罪"字,前者10处,后者1处。前者多,后者罕见。海先生说是抄写者写"辠"字的习惯一时改不过来,"不小心"写的(若"小心"则都当为"罪"字)。而对于"殹"和"也",也是前者多(依其言共有209处),后者少(2处),却说后者是不小心忘改了(若"小心"则都是"殹"字)。

夏按,之所以称为"不小心",通常是指多数中出现了少数意外情况。不小心错的,只能是少数,不小心了10处,实难以理解。即便不小心出错的是少数,因此说"也"(2处)是不小心所致也不可信。根本原因还不在于其全是猜测,而在于抄写者在这种原则性问题上出现疏忽的可能性几乎没有。"罪"代替"辠"实为政令,且秦法严酷,禁止私学、以法为教、以吏为师,受过教育会写字的人实属罕见,这种情况下怎么可能有"不小心"的情况发生?即使发生,因为竹简可以刮削修改,完全可以刮掉重写,没有必要给自己增加"违法"的风险。因此,海先生之猜测很难令人信服。

---

① 夏按,据《合集》释文,乙种有3例"也",分别为乙275简1处,277简2处。皆在《贞在黄钟》篇。
② (日)海老根量介《放马滩秦简抄写年代蠡测》,《简帛》第7辑,上海:上海古籍出版社2012年,第167、169页。

3."更名方"里的证据

2009 年,张春龙、龙京沙发表《湘西里耶秦简 8—455 号》一文[①],记录了秦始皇统一后书同文涉及的部分更名情况。其中有"毋曰邦门曰都门"一栏,意思是不要称邦门,称都门[②]。也就是说,统一前所说"邦门",统一后要改成"都门"。如放简《日乙》023 有《邦门》条:"北门:利为邦门。"

此外,放简并不避秦始皇名讳,"正月"简文涉及 19 处,无一称"端月"者[③]。更不避"政"本字,涉 4 处。如放简《日乙》016:"不周门:其主富,临邦政。"

事实上,从里耶秦简 8-455 更名方看,虽没明言,但显然秦始皇统一后是不能用"邦"字的,因为统一前的"邦",统一后多改成了"郡"或"都"。除了上文所提"毋曰邦门曰都门"外,它如:

> 第二栏第二十四列 骑邦尉为骑都尉
> 第二栏第二十五列 郡邦尉为郡尉
> 第二栏第二十六列 邦司马为郡司马

以上所改,皆指向不用"邦"字。而放简用"邦"字达 14 处。

为明所指,前述内容用表格表示如下:

	日书甲种	日书乙种	总计
黔首	2	6	8
民	1	3	4
皇	0	10	10
罪	1	0	1
殹	35	171	206
也	0	3	3

[①]张春龙、龙京沙《湘西里耶秦简 8-455 号》,《简帛》2009 年第 4 辑,第 12—13 页。后该简号改为"8-461",被称为"秦更名方"(游逸飞《里耶 8-461 号"秦更名方"选释》,简帛网 http://www.bsm.org.cn/? qinjian/6056.html,2013 年 8 月 1 日)。

[②]毋曰邦门曰都门,游逸飞《里耶 8-461 号"秦更名方"选释》结合睡简《日书》甲种中的《出邦门》篇、《法律答问》简 160:"火延燔里门,当赀一盾;其邑邦门,赀一甲"等内容,认为"邦门"为古老说法,该句当理解为"不要称'邦门',称'都门'"。

[③]周简秦二世元年木牍正面壹有:"端月癸卯大。"岳简 0627 有:"端月丁未。"皆为始皇统一后简。

续表

	日书甲种	日书乙种	总计
邦门	0	1	1
邦	0	14	14
正月	2	18	20
政	1	3	4

从上表各字的使用数量看,主要证据皆指向统一前,而引发争议的"民""罪""也"数量都极少。由战国时期"黔首"与"民"已共存,秦始皇取其一推理,这种情况只能说明当时处于两种写法并存阶段。而这个阶段,从"黔首"尚保留有"奴隶"义判断,并非指秦始皇统一初期,或比战国晚期更早。此结论的得出还在于取信整理小组对墓葬和随葬品年代的判断。前述整理小组判断年代的依据有二,既然据《墓主记》判断年代不可靠,那么,还有据"陶器和铜器的特征"一项。整理小组有言:"断定时代既要以纪年为依据,同时又要进行出土器物的排比……从出土器物的排比看,有早也有晚,但都在战国中期至晚期这一段之内……出土陶器中的罐、壶、釜三种器型,与陕西西安大白杨、清涧李家崖、凤翔高庄、林潼上焦村等地战国秦墓的同类器物非常相像。铜带钩、铜璜、毛笔、笔管、博局图等与云梦睡虎地第3、4、5、9、11号墓所出完全相同。半两货币与西长安张堡秦窖藏所出中样半两相同。因此,放马滩秦墓的时代早至战国中期,晚至秦始皇统一前。其中1号墓的下葬时代约在公元前239年以后。"[1]而放简的书写年代自然早于墓葬年代,为秦始皇统一前简。

4. 不可忽视的木板地图

对于放简年代的确定,诸家皆忽视了该墓出土的木板地图的价值。地图中级别较高的一个地名为"邦丘","是战国时秦国邦县的所在地"。"它的绘成时代早于墓葬时代,当应在公元前239年之前,属战国中期的作品。"[2]地图的绘制时代早于墓葬年代是毋庸置疑的,但不会去之太远。"邦县约在战国以后改称上邦县。"[3]按,因地图的实用性,战国中期绘制的

---

[1]甘肃省文物考古研究所《天水放马滩秦简》,北京:中华书局2009年,第128页。
[2]甘肃省文物考古研究所《天水放马滩秦简》,北京:中华书局2009年,第131页。
[3]雍际春《天水放马滩木板地图研究》,兰州:甘肃人民出版社2002年,第115页。

地图,历经战国晚期,到秦统一"邦县"已改为"上邦县",地图上还是"邦县"没有改的可能性不大。一则政治不允许,再则木板地图削改便利,没必要冒政治风险。因此,该地图的使用时间不可能延伸到统一后,最大的可能还是在同一时期(即战国)尚未更名前使用。其存在从另一个角度证明了放简的时间不可能是统一后,整理小组对放简年代的判断最为可信。

5. 余论

或需提醒研究者考虑的是,放简作为从秦故地发掘而出的简牍,而且皆为中下层群众使用的日书,除了内容方面反映故秦人特点外,用词、用语等方面肯定有自己的独特之处①,说其保留着秦始皇统一前用字用词原貌当不为过。所以,在与其他地区出土的秦简对比研究时应该考虑此点。又,秦始皇规范用字,在用"黔首""也""罪"整齐之前,秦故地这些词使用情况如何,目前并没有更多证据。放简这些词同时出现,或许正说明这些词在秦故地本就是这样用的,秦始皇规范用词时择其一而已。故而,在年代的判定无法通过文字记录明确的情况下,以出土器物为依据当更为可靠。

第二节　研究涉及的其他秦简

除了睡简和放简,本书的研究还涉及其他九种秦简,下面以这些简牍出土或发现的时间为序,对其内容进行简介。

一、四川青川郝家坪木牍

1979 年 2 月至 1980 年 7 月间,四川省青川县郝家坪第 50 号战国墓中出土了两枚战国晚期的木牍。其一残损严重,字迹无法辨识;另一两面皆墨书秦隶,残损较少,字迹清晰,正面为秦武王二年(前 309 年)颁布,由丞相甘茂等修定的《更修田律》,牍文叙述了新令颁行的时间及过程,共计121 字;背面记载不除道日干支,字迹残蚀严重,墨书四行,仅能略通大意,共计 33 字。

按牍文称"王"不称"帝",不讳"正"字可判断其下限当在秦始皇称帝

①从放马滩秦墓的葬俗不同于湖北地区看(譬如木板压在尸身上),这点应该是毋庸置疑的。

之前；据牍文所称"丞相戊"，结合《史记·秦本纪》秦国在公元前 309 年
"初置丞相"的记载和该墓出土的半两钱，确定牍文上限当在秦武王二年
（前 309 年）。

　　这片木牍，反映了秦武王时期田律的某些具体内容，记录了秦统一前
田制变化的史实及整治田亩的具体规定，为研究先秦田律，探索商鞅变法
及先秦的土地制度提供了重要材料①。

二、湖北江陵岳山秦牍

　　1986 年 9 月 4 日至 10 月 12 日，湖北江陵岳山发掘的第 36 号秦墓出
土了木牍两枚。为两面墨书，内容皆为日书，有：水良日、土良日、木良日、
火良日、玉良日、金良日、人良日、牛良日、马良日、羊良日、犬良日、猪良日、
鸡良日、祠大父良日、祠门良日、祠灶良日、衣良日、衣忌、五服忌等。

　　根据出土器物的组合形式与器型特征，整理小组认为墓葬年代上限当
在秦统一六国之前，下限应在秦末②。

三、湖北云梦龙岗秦简

　　1989 年 10 月至 12 月间，湖北省云梦县龙岗发掘的第 6 号秦墓中出土
竹简约 150 余枚，木牍一方，记录了秦统一后颁布的法律。整理者根据内
容将其分为五类：《禁苑》《弛道》《马牛羊》《田赢》《其它》。其中《禁苑》所
见最多，凡 60 余枚，主要是禁苑管理的若干规定；《弛道》是关于弛道、弩
道、甬道管理的法律，也是目前了解秦汉驰道及其相关问题的唯一实物资
料。《马牛羊》属于管理马牛羊的规定；《田赢》是关于田赢赋税的法律。
《其它》涉及宦者、追盗贼等法律。

　　整理者根据文中用"黔首"不用"百姓"，用"罪"等情况，判断龙简较睡
简为晚。主要的法律条文行用于秦始皇二十七年（前 220 年）至秦二世三
年（前 207 年）十四年间。至于墓葬年代，自比律文颁发年代晚，初步定为
秦代末年③。

──────────

①以上内容参见李昭和等《青川县出土秦更修田律木牍——四川青川县战国墓发掘简报》，《文
　物》1982 年第 1 期。
②参见王崇礼《江陵岳山秦汉墓》，《考古学报》2000 年第 4 期。
③刘信芳、梁柱《云梦龙岗秦简综述》，《江汉考古》1990 年第 3 期，第 80 页。

出土木牍原位于墓主腰部,牍文为墨书秦隶,两面书写,字迹清晰。内容为一份司法文书抄本,述墓主名"辟死",曾被错判为城旦,经乞鞫重审后,辟死免为庶人,错判之官吏被论罪。是迄今所见冥判辞牍唯一例证[①]。

四、湖北江陵扬家山秦简

1990 年 12 月,湖北江陵扬家山 135 号秦墓出土了 75 枚竹简,绝大多数保存完好。简文为墨书秦隶,字迹清晰,均写于篾黄一面。内容为遣策,详尽记载了墓中的随葬物品,为研究秦代文字以及随葬器物名称提供了重要的实物资料。

该墓无纪年材料出土,发掘者根据葬制、随葬物品的特征等指出:"扬家山 135 号墓有一般秦墓所共同的一些特点,同时又保留了楚墓的一些文化因素,因此,我们推定此墓的年代属秦,其上限不会超过公元前 278 年(秦拔郢),下限在西汉以前。"[②]发掘简报详细介绍了该墓的时代、葬制与出土器物。然仅附六枚竹简,且无具体释文。

五、湖北江陵王家台秦简

1993 年 3 月,湖北江陵王家台 15 号墓地出土了 813 枚秦简,竹简出于棺内足端,保存较差。简文呈黄褐色,为墨书秦隶,写于篾黄一面,其内容大致可分为五类:《易占》《效律》《政事之常》《日书》《灾异占》。

《易占》皆以易卦开头,其后为卦名及解说之辞。所见卦名与今本《易》有同有异。解说之辞多采用古史中的占筮之例,与今本《易》的说辞不同。另有一类以"邦有……"开头的简,记录了一些异常的自然现象及所兆示的邦国灾难。此类简为以前所未见[③]。据研究,《易占》卦名下的卦辞,有许多与保留在古书中的《归藏》佚文相同。故有的学者据此推断,王家台出土的秦简《易占》为《归藏》,它的出土证明传本《归藏》非伪书,传世文献对《归藏》的有关记载并非无稽之谈。王明钦《王家台秦墓竹简概述》中则直接称《易占》为《归藏》。

《效律》内容与云梦睡虎地秦墓竹简的《效律》相同,但书写顺序有异。

①李均明《古代简牍》,北京:文物出版社 2003 年,第 55 页。
②参见刘德银《江陵扬家山 135 号秦墓发掘简报》,《文物》1993 年第 8 期。
③参见刘德银《江陵王家台 15 号秦墓》,《文物》1995 年第 1 期。

王家台秦简《日书》数量最多,内容十分丰富,主要有《建除》《稷辰》《启门》《启闭》《置室》《生子》《病》《疾》《死》《易忌》《日忌》等。其中《建除》《梦占》《门》的部分内容与睡简的《秦除》《日书》等内容有交叉。《病》述不同时辰患病的吉凶;《日忌》述一至三十日之吉凶及马、牛、羊、鸡、豕的良日与忌日。

《灾异占》竹简内容用小篆体书写,竹简保存差,无法拼联。其内容多谈自然界的灾变、人与动植物的异常现象,以此预言国家的存亡和君民的祸福①。

另有木牍一枚,出于棺内头端。字迹模糊,内容不详。发掘者根据出土的器型和竹简内容判断此墓的相对年代上限不早于公元前278年"白起拔郢",下限不晚于秦代。该墓出土的简牍材料内容丰富,有的为首次发现,对于秦的法律、数术、易学、文字研究等都有十分重要的价值②。

六、湖北沙市周家台秦简

1993年6月,湖北沙市周家台30号秦墓出土了竹简389枚,木牍一枚。整理者根据竹简的长短及各卷叠压情况,分之为甲、乙、丙三组。

甲组凡247枚,内容为二十八宿占、五十段占、戎磨日占、五行占、产子占和秦始皇三十六年(前211年)及三十七年(前210年)的历谱。乙组凡68枚,为秦始皇三十四年(前213年)的历谱。丙组凡74枚,有医药病方、日书及农事等内容。后整理者又根据竹简的内容,将三组竹简重新组合为《历谱》《日书》《病方及其它》三种。

木牍一枚,墨书隶体,两面书字,正面为秦二世元年(前209年)的历谱,背面书该年十二月份的日干支等。下葬年代略晚于秦始皇三十年③。简文中提到的孤虚法当为目前所见文献有关孤虚的最早记录。

七、湖南龙山里耶秦简

2002年6月3日至27日,湖南省文物考古研究所在湖南龙山里耶古城址1号井清理出了37000余枚秦简(包括残简和削衣在内)。内容是秦

---

①王明钦《王家台秦墓竹简概述》,《新出简帛研究》,北京:文物出版社2000年,第26—36页。
②参见刘德银《江陵王家台15号秦墓》,《文物》1995年第1期。
③湖北省荆州市周梁玉桥遗址博物馆《关沮秦汉墓简牍》,北京:中华书局2001年。

朝洞庭郡迁陵县政府档案,涉及当时社会的各个层面,有人口、土地、赋税、吏员、刑徒的登记及其增减和原因,仓储管理和粮食俸禄发放,道路、邮驿、津渡的管理和设备添置,兵器的管理和调配,中央政府政令的转达和执行,民族矛盾、民事纠纷的处理等。涉及秦的内史、南郡、巴郡、洞庭郡、苍梧郡等①。

整理者综合考古发掘中其他材料的时代特征,以及简文中的纪年"廿五年、卅七年和二世元年、二年"等,判断当属秦始皇二十五年(前 222 年)至秦二世元年(前 208 年)的竹简。秦帝国仅维持了 15 年(前 221—前 207年),而里耶秦简纪年从公元前 222 年至公元前 208 年,记事详细到月、日,十几年连续不断,内容极为丰富。里耶秦简还记载有 2200 年前的乘法口诀表,经专家考证,是中国最早的乘法口诀表,给世界算术史的研究提供了一份珍贵的实物资料②。

八、湖南岳麓书院藏秦简

2007 年 12 月,湖南大学岳麓书院从海外抢救回了 2098 枚秦简,其中字迹、形状较为完整的有 1300 余枚。此外,2008 年 8 月,香港一位不愿留名的收藏家还将其所购藏的少量秦简共 76 枚(比较完整的有 30 余枚)无偿地捐赠给了岳麓书院。因此,《岳麓书院藏秦简》(下称"岳简")共有 2174 个编号。其绝大多数为竹简,仅少量木简,文字皆抄写于蔑黄一面。经初步分析,其抄写风格至少有八种以上,显然系多位抄手所写。经整理,这批秦简共分为七大类:

1.《质日》,共 160 枚,大部分竹简保存完好。内容和形制都与湖北《关沮秦汉墓简牍》中的《历谱》相同。

2.《为吏治官及黔首》,凡 80 余枚。内容和形制都与睡简中的《为吏之道》基本相同。

3.《占梦书》,凡 48 余枚,是有关梦占的内容。与睡简《日书》中记载具体某一天的梦占内容大异,是对所梦对象的占语式解读。且还有几枚是

①湖南省文物考古研究所等《湖南龙山里耶战国—秦代古城一号井发掘简报》,《文物》2003 年第 1期。

②参看向顺荣《21 世纪考古惊世大发现——里耶古城》,西宁:青海人民出版社 2003 年,第 48—32 页。

关于梦占的理论阐述,故命之为《占梦书》。为迄今为止所知最早的占梦书文献。

《占梦书》与前述二类一起,收入《岳麓书院藏秦简(壹)》①,这三类内容最初被分别暂命名为《日志》《官箴》《梦书》。

4.《数》,凡 236 余枚。有上中下三道编绳。该部分内容后收入《岳麓书院藏秦简(贰)》②。其算题有些是独有的,有些也见于张家山汉简《算术书》或《九章算术》。据《数》内容判断,它是一部非经典型的实用算法式数学文献抄本。最初该部分被命名为《数书》③。

5.《奏谳书》,凡 245 枚,为"奏谳类"法律文献。该部分内容收入《岳麓书院藏秦简(叁)》④。该书根据这类简的材质、书写体裁等情况将其分为四类。每类并没有具体的类名,所包含案例的数量和内容各不相同。残简另辟为第五类。

6.《秦律杂抄》《秦令杂抄》。这二部分内容最初被暂命名为《律令杂抄》⑤。内容皆为秦法律条文,既有秦律,也有秦令,还有具体事项类的决事比,达 1200 枚。整理小组据简的形制、文字特征和简背划痕等信息将其分别收入《岳麓书院藏秦简(肆)》《岳麓书院藏秦简(伍)》《岳麓书院藏秦简(陆)》《岳麓书院藏秦简(柒)》四册书中⑥。

据研究,此简可能出自湖北一郡守之墓。从质地、书写风格和秦简中的纪年"二十五年,六月朔,六月,丙辰"推断,这批秦简大致写成于秦始皇统一六国前后。简中有"州陵郡、清河郡"这两个历史材料上从未记载过的新郡名称,此发现有望改写目前"秦朝 48 郡"的论断⑦。

九、北京大学藏秦简牍

2010 年初,香港冯燊均国学基金会出资抢救了一批流失海外的秦简,

①朱汉民、陈松长《岳麓书院藏秦简(壹)》,上海:上海辞书出版社 2013 年。
②朱汉民、陈松长《岳麓书院藏秦简(贰)》,上海:上海辞书出版社 2013 年。
③陈松长《岳麓书院所藏简综述》,《文物》2009 年第 3 期,第 85 页。
④朱汉民、陈松长《岳麓书院藏秦简(叁)》,上海:上海辞书出版社 2013 年。
⑤陈松长《岳麓书院所藏简综述》,《文物》2009 年第 3 期,第 76 页。
⑥皆由上海辞书出版社出版发行。
⑦李兰香《秦朝不止 48 郡　岳麓书院秦简发现两个新郡》,《长沙晚报》2008 年 4 月 22 日,http://www.xinhuanet.com/chinanews/2008-04/22/content_13051144.htm。

并捐赠北大。本批简牍包括 10 卷 762 枚竹简（其中约 300 枚为双面书写）、21 枚木简、6 枚木牍、4 枚竹牍、1 枚木觚，字体都是秦隶，只有很小一部分近于篆书。内容包括《从政之经》《教女》《公子从军》《泰原有死者》《隐书》《酒令》《秦始皇三十一年质日》《秦始皇三十三年质日》《日书杂抄》《祠祝之道》《杂祝方》《算书丙种》《成田》《田书》《九九术》《佣作文书》《病方》《道里书》《禹九策》等，其中除"田书"为原有标题外，其余篇名皆为整理小组据内容所拟。

据考证，其中的两卷"质日"书，分别是秦始皇三十一年（前 216 年）、三十三年（前 214 年）的日历。此外，一枚竹简的背面发现了"卅一年十月乙卯朔庚寅"的纪年，虽其中干支抄写有误，但这一年仍可判定为秦始皇三十一年。根据以上情况，并参考简牍内容，初步判断这批简牍抄写年代约在秦始皇时期。从竹简中《从政之经》及《道里书》之类的文献看，这批简牍的主人应是秦的地方官吏①。简牍中有一篇记载当时水陆交通路线和里程的文献，文中多次出现"安陆""江陵"等地名，由此推测这批简牍可能出自今天的湖北孝感或荆州地区。

北京大学藏秦简牍（下称"北大秦简"）有一枚木牍记叙了一位死而复生的人，讲述死者的好恶以及安葬、祭祀死者时的注意事项等，体裁和内容与甘肃天水放马滩秦简中的《志怪故事》相似，凡 160 余字。对研究中国早期志怪类小说的起源和民间丧葬习俗很有价值。

数术、方技类文献在北大秦简中占了不小的分量。这批简牍中的数术文献，可分为质日、日书、数占和祠祝四大类。日书主要包括《占雨》《见人》《行》《占闻》等篇章②。其中"占闻""占雨"两种在已公布的秦汉《日书》资料中前所未见。方技类文献主要有医方和祝由术，这些医方所用多是常见的动植物、食物甚至人畜便溺，类似民间偏方，且用药多与祝由术相结合，用禹步并加祝祷，反映出上古时期"巫医不分"的状况。另有 12 枚属于祝由术的木简，内容包括"乞媚道""乞愿""塞鼠'等，其中"乞媚道"之法，可与《史记》《汉书》记载的汉代后宫争宠故事相印证。还有几枚竹木

---

① 朱凤瀚等《北京大学藏秦简牍概述》，《文物》2012 年第 6 期，第 65 页。
② 陈侃理《北大秦简中的方术书》，《文物》2012 年第 6 期，第 90、91 页。

简记录了民间祭祀祝祷的仪式①。2023 年,《北京大学藏秦简牍(全五册)》由上海古籍出版社出版发行。其中前四册分类收入竹简内容,先是简牍图片,然后是释文。第五册收录的则是北大秦简室内清理发掘报告。

综上可知,到目前为止,已发现秦简牍 11 种,约 42972 余枚。内容涉及秦律、秦令、日书、遣策、算术、药方、墓主记、文学等方面。从目前公布的情况看,秦简中秦律的内容占绝大多数,日书次之,然后是药方、算术等。其中睡虎地秦简、放马滩秦简、岳山秦简、王家台秦简、周家台秦简、岳麓书院藏秦简、北大秦简这七种秦简因为皆涉日书,因此与本书的研究密切相关,其他几种简牍帛书,有为本书相关研究提供参考的作用。

第三节　研究涉及的楚汉简帛

为了进行纵向的对比,研究还涉及年代早于秦的楚简和略晚于秦的西汉简牍,选择这些简的主要原因是这些简牍中皆有日书内容,便于同类对比。

一、楚简

(一)湖北江陵九店楚简

1978 年,江陵九店公社砖瓦厂(现更名为纪南第二砖瓦厂)在雨台大队的施家洼建厂取土时,陆续发现一些楚墓。1981—1989 年进行挖掘,共发掘墓葬 600 座。其中西周晚期墓一座,东周墓 596 座。东周墓的 56 号墓出土有《日书》简,总计 205 枚,其中完整和较完整的 35 枚,余均残断。字数约 2700 个(包括残损不清的字),可辨字 2332 个。年代为战国晚期早段,墓主身份为庶人。其中,第 13 至第 124 号简,记录的是数术方面的内容,与云梦秦简《日书》性质相同②。《江陵九店东周墓》一书附录二为李家浩先生所作《江陵九店五十六号墓竹简释文》,文后附有墓 56 出土第102—122 简的图片。

①王庆环《北大秦简牍整理发现中国最早数学理论论述》,《光明日报》2010 年 10 月 25 日 http://www.chinanews.com.cn/cul/2010/10-25/2609393.shtml。

②湖北省文物考古研究所《江陵九店东周墓》,北京:科学出版社 1995 年,第 1、414、339 页。

(二)湖北荆州夏家台楚简

2014 年 12 月,为配合荆州中学新校区的建设工程,荆州博物馆对位于湖北省荆州市荆州区郢城镇荆北村的夏家台墓地进行了考古发掘。M106 出土了一批战国竹简,内容包含《诗经·邶风》《尚书·吕刑》和《日书》等三篇,文字书写各具特色,字形也存在一定差异。目前《日书》释文已经发布。

《日书》简完整者约 40 支,墨书写于竹黄面,为典型的楚简字体。内容可分为四部分:

第一部分:简 1 至 4,总述"凡十月又二月之吉日辰"所利与"凶日辰"所不利之事,如出征、行旅、娶妻、嫁女、建后、立王、见君公、入货、畜马牛等。

第二部分:简 4 至 37,按十二个楚月名的顺序,详细指明各月中的吉凶日辰(即干支)及其凶象。每个月的内容再分为三节。1. 每个月将十天干分为四组确定吉凶。2. 每个月中的大凶日和少凶日,又各自分为五段(以 6 天为一段)以明确凶象。3. 每个月将十二地支分为四组确定吉凶:①子、辰、申,②丑、巳、酉,③寅、午、戌,④卯、未、亥。

第三部分,仅有简 38,为"制裳"的日干支禁忌。

第四部分,有简 39、40 两简,为某些星宿运行的位置关系①。

通过与望山、包山楚简和睡简月名的对比,整理者指出,夏家台楚简《日书》兼具楚、秦文化的因素,大概反映了战国时期楚国腹心区域楚秦文化的交融②。

二、汉简

(一)甘肃居延汉简

1972 年至 1974 年,胡文辉先生在甘肃居延(甲渠侯官)新出汉简中发现一枚《日书》残简,原文如下:"◇五月不肥命,天候在中,五月移徙吉凶,西北殷光。◇□功□□□◇。吏卒失亡,正北吉昌。"(破城子探方五 57A)

---

① 田勇、蒋鲁敬、赵晓斌《荆州夏家台 106 号楚墓出土战国简〈日书〉》,《简帛》第 22 辑,上海:上海古籍出版社 2021 年。

② 田勇、蒋鲁敬《荆州夏家台 M106 出土战国楚简〈日书〉概述》,中国文化遗产研究院《出土文献研究》第 19 辑,上海:中西书局 2020 年。

此简文字书写分作四段,胡先生认为当按分段自上而下竖读(按原简是自右而左横读),后面几句当读作:"……五月移徙吉凶,吏卒失亡,西北殷光,正北吉昌……"其认为这枚残简属于日书的理由是与睡简《日乙》《嫁子□》基本一致。据其所载新莽时期的年号推断,这枚《日书》残简也应当和"破城子探方五"的其他简文一样,大约写成于西汉晚期至新莽这段时期之内①。

(二)湖南长沙马王堆汉墓帛书

1973 年 12 月,湖南长沙马王堆三号汉墓发掘出土了大量帛书和竹简。帛书共 12 万余字,大部分是已失传了一二千年的古佚书。根据同时出土的一件有纪年的木牍,可确定该墓年代为汉文帝前元十二年(前 168 年)②。帛书内容涉及古代思想、军事、天文、历法、地理、术数、方技等方面。其中数术方面的内容有:《篆书阴阳五行》《隶书阴阳五行》《五星占》《天文气象杂占》《出行占》《木人占》《符箓》《神图》《筑城图》《园寝图》《相马经》等。"为研究战国时期礼仪、伦理道德、岁时活动、人生习俗以及经济民俗提供了珍贵资料。"③

帛书字体分篆、隶两种,不是一人一时的写本。抄写年代处于秦始皇统一文字以后,汉字由篆向隶演化的过渡阶段。具体说来,篆体抄写年代约在汉高祖刘邦十一年(前 196 年,乙巳)左右。隶书字体的帛书,根据五星行度中的年表已列到汉文帝三年(前 177 年)推定,抄写年代约在汉文帝初年左右④。

(三)安徽阜阳双古堆汉简

1977 年 7 月 1 日至 8 月 8 日,安徽省阜阳博物馆在阜阳县双古堆 M1 中发现竹简⑤,包括《仓颉篇》《诗经》《周易》《年表》《大事记》《杂方》《作务员程》《行气》《相狗经》《辞赋》《刑德》《日书》等十多种书籍及三块做书籍篇题用的木牍。根据出土器物上有"女(汝)阴侯"及漆器铭文纪年最长为"十一年"等材料,确认墓主是西汉第二代汝阴侯夏侯灶。故阜阳汉简的下

①胡文辉《居延新简中的〈日书〉残文》,《文物》1995 年第 4 期,第 56—57 页。
②晓菡《长沙马王堆汉墓帛书概述》,《文物》1974 年第 9 期,第 40 页。
③刘德仁《中国民俗史籍举要》,成都:四川民族出版社 1992 年,第 11 页。
④晓菡《长沙马王堆汉墓帛书概述》,《文物》1974 年第 9 期,第 43 页。
⑤王襄天、韩自强《阜阳双古堆西汉汝阴侯墓发掘简报》,《文物》1978 年第 8 期,第 12 页。

限不得晚于文帝十五年(前165年)。关于《刑德》《曰书》的竹简约有百余片,内容多为星象、天文与人间活动吉凶的关系,如"日辰星皆大凶,不可祭祀、作土事、起众、益地"(《曰书》)。"战不出三年将死;东北胜,得地;东胜□"(《刑德》)。另有干支表残片,"可能是《曰书》或《刑德》的附属"[①]。

(四)湖北江陵张家山汉简

1983年12月至1984年1月,荆州地区博物馆配合砖瓦厂取土工程,清理了湖北江陵张家山三座(编号分别为247、249、258)西汉初年的古墓,三座墓皆出土有竹简,其中M247出简最多,达一千多支,且保存尚好,字迹明晰可辨。其他两墓所出较少,残断也较甚,共1236枚(不含残片)[②]。内容以汉律为主,其他有《奏谳书》《盖庐》《脉书》《引书》《算数书》《曰书》、历谱、遣策数种。根据对墓葬所出竹简材料观察,其年代上限为西汉初年,下限不会晚于景帝[③]。《曰书》出自M249,原元书题,因其内容与睡简《曰书》大体相仿,暂如此加题。M247和M258都出土有竹简历谱,为迄今考古发现中最早。据已清理出的材料推算,M247的年代在吕后至文帝初年,M258则在文帝前元五年(前175年)或稍后[④]。M247出土竹简的释文已发表,M249竹简的日书部分仅从荆州博物馆彭浩先生的报告中稍有了解,其报告云:"日书以建除为主要内容,其中又分有若干小标题,其下是具体的阐说,包括择日、吉凶、禁忌等方面的事例。它们比睡虎地的《曰书》要更简省。"[⑤]

(五)湖北江陵张家山M336汉简

1985年秋和1988年初,荆州博物馆又先后发掘清理了张家山M127、M136两座汉墓,再次出土一批竹简,共1130支。前者出土300余支,保存情况较差,其中残断竹简约130余支。后者出土829支竹简,仅有少数残断。竹简文字皆为《曰书》,内分若干小标题,如"祠曰""八者八风"等,标

①阜阳汉简整理组《阜阳汉简简介》,《文物》1983年第2期,第21—23页。
②张家山二四七号汉墓竹简整理小组《张家山汉墓竹简(二四七号墓)(释文修订本)》,北京:文物出版社2006年,第1页。
③荆州地区博物馆《江陵张家山三座汉墓出土大批竹简》,《文物》1985年第1期,第3—8页。
④张家山汉墓竹简整理小组《江陵张家山汉简概述》,《文物》1985年第1期,第14—15页。
⑤彭浩《湖北江陵出土前汉简牍概述》,收入大庭修编《汉简研究的现状与展望》,大阪:关西大学出版部1993年,第108页。转引自工藤元男《睡虎地秦简所见秦代国家与社会》,广濑熏雄、曹峰译,上海:上海古籍出版社2010年,第150页。

题下为具体内容,包括择日、吉凶、禁忌等事,与云梦睡虎地出土日书大致相同。从 M127 陶器组合中灶的出现推断,其下葬年代略晚于 M247 的吕后时期,大致可定在汉惠帝时期。M136 出土的竹简中有"七年质日"历谱,经考证为汉文帝前元七年(前 173 年)历谱,为该墓的断代提供了可靠证据。下葬年代的上限为汉文帝前元七年,下限不晚于汉文帝前元十三年(前 167 年)①。

2022 年 9 月,《湖北江陵张家山 M336 出土西汉竹简概述》一文发表,尾注指出所涉 M366 即 M136。指出整理后该墓有竹简 827 枚,包括七种书卷,分别为《功令》、汉律十六章、彻谷食气、《盗跖(跖)》、祠马谋、《七年质日》和遣册。《功令》《盗跖(跖)》和《七年质日》是原有篇名,另四种由整理者拟定②。该文对 M366 出土竹简情况进行了介绍,并给出了部分释文。

(六)湖北随州孔家坡汉简

1999 年—2001 年,湖北省文物考古研究所和随州市文物局配合砖瓦厂取土,对位于随州市北郊 2 公里处的孔家坡墓地进行了勘探与发掘,发现并发掘墓葬 16 座。2000 年 3 月,在发掘中 M8 出土一批竹简及木牍。简上有上中下三道编绳,编绳或其印痕处多数无文字。简文均以隶书写于竹黄一面,字迹清楚,书写较完整。从字迹看,当为同一人书写。内容包括《日书》(编号 703 枚)、《历谱》(78 枚)、《告地书》(木牍 4 枚)三个部分。《日书》绝大部分内容是讲日辰凶吉和举事宜忌,部分内容见于已公布的睡简及放简《日书》。内容有《建除》《丛辰》《星》《盗日》《禹须臾所以见人日》《生子》《艮山》等。根据随葬器物特征判断,M8 年代属于西汉早期③。

(七)湖北云梦睡虎地西汉简

2006 年,汉丹铁路某施工队为加固铁路路基打竖井时发现该简。简有残损,初步编号总数有 2137 枚,但"肯定多于 2137 枚"④。每一枚都属于单独的个体。竹简有三道编绳,简文均以隶书写于竹黄一面,多数留有天头。其内容丰富,主要可分为质日、日书、书籍、算术、法律五大类。

---

①院文清《江陵张家山两座汉墓出土大批竹简》,《文物》1992 年第 9 期,第 1—10 页。
②郝勤建、彭浩《湖北江陵张家山 M336 出土西汉竹简概述》,《文物》2022 年第 9 期。
③张昌平《随州市孔家坡墓地 M8 发掘简报》,《文物》2001 年第 9 期,第 22—31 页。
④熊北生、陈伟、蔡丹《湖北云梦睡虎地 77 号西汉墓出土简牍概述》,《江汉考古》2018 年,第 43 页。

质日简有 10 组,完整和基本完好者有 719 支,另有残片千余枚。一般一组为一年,大致包含汉文帝十年至后元七年的各年质日。连续十多年质日在同一座墓葬中出土,尚属首例。

日书,该类简均残断,残片逾千。《日书》为原有书名,题于简背。总数应在 150 支以上。篇名皆书于第一道编绳之上,已发现的有子、日失、浴、牝牡月、不宜畜、盖屋、入室、天地、生子、诱犬、浴室、日长、灶、入人、禹须臾、时、雷、除疾、犬噪、徙者(二见)、急行、合、行归、天李、土忌、盈、除、斗毂、虫、平旦、月禁、土四时禁、食时、入畜、执、晦食、行胜、昏等。简面除了文字外,还绘有"死失图"等图表。与睡简、孔简、周家寨汉简中的"死失图"有差异。图表绘于第二道编绳以下的位置,下附有说明文字。其上书写的两栏文字,内容与睡简〈日夕〉篇近似①。

书籍,共计 1 卷 205 枚。该组简比其他诸简略宽,字体秀美。简文中提到许多历史人物,如商封、仲尼、越王勾践、伍子胥等。

算术,该类竹简共计 1 卷 216 枚。《算术》题于 1 号简简背。该简和已公布的张简《算数书》一样,也是一部数学问题集。部分算题见于张简《算数书》,但是文字内容有异。

法律,该类竹简共计 2 卷 850 枚,大致完整。有盗、告、具、捕、亡律,金布、户、田、工作课、祠、葬律等 40 种律文。这 40 种律名多见于张简《二年律令》和睡简法律文献,但也有少数律名为首次出现,如《葬律》等。另外,还有数千残片,内容多为质日类、日书类、书籍类。

牍。该墓出土牍数量较多,完整和比较完整的有 6 组 128 枚。材质有木和竹,多残存二道编绳,部分牍正反皆有墨书,内容是司法文书与簿籍。

墓主为越人,在汉文帝十年(前 170 年)以后的十多年间,担任安陆县官佐及该县阳武乡乡佐,约在文帝后元七年(前 157 年)去世。根据墓葬形制、随葬器物特点,结合随葬简牍上的纪年内容,M77 的时代应在文帝末年至景帝时期②。

(八)甘肃水泉子汉简

2008 年 8—10 月,甘肃省永昌县红山窑乡水泉子村汉墓群 5 号墓出土

①熊北生、陈伟、蔡丹《湖北云梦睡虎地 77 号西汉墓出土简牍概述》,《江汉考古》2018 年,第 50—51 页。

②湖北省文物考古研究所、云梦县博物馆《湖北云梦睡虎地 M77 发掘简报》,《江汉考古》2008 年第 4 期,第 31—36 页。

"水泉子汉简",为松木材质,质地疏松。受损较为严重,出土时多已残断。经初步整理,较为完整者700多枚(段),连同残损严重的残片共约1400余枚(段),均为有字简,未发现素简。与木简同时出土的还有墨、砚等书写工具。

本批木简内容大致可分为两部分,一为七言本《苍颉篇》,另一为日书。字书简约130枚(段),均不完整,现存字数约900。为由篆到隶的过渡字体。有数枚简末端写有"百五字",当是计数之词。日书简文字为标准汉隶,应是西汉末或东汉前期的通行字体,未见篇题,其内容大致包括建除、丛辰、裁衣、男女、生子、入官、捕盗、出行、日用禁忌等方面,其中涉及阴阳、五行、刑德等思想,与睡简和放简中日书既有相同内容,又颇多相异之处。

整理者根据释文内容指出,该批日书中的记时名称和职官典守,有不同于其他日书的地方,加上该批木简日书数量较多,内容相对丰富,应是迄今为止出土汉代日书数量较多的一次,对于秦汉数术的研究将产生较大影响①。

(九)湖北荆州胡家草场西汉简

2019年3月,为配合荆州市纪南生态文化旅游区项目建设,荆州博物馆对胡家草场墓地进行了考古发掘,其中12号西汉墓出土一批简牍。其中简4636枚,牍6枚。综合出土器物形制和竹简记载,M12应为汉文帝时期墓葬,下葬年代不早于文帝后元元年(前163年),墓主身份可能与凤凰山M168汉墓墓主身份相当。

这批简牍大致可分为岁纪、律令、历日、日书、医杂方、簿籍、遣册等七类。各类简牍或有卷题、篇题、目录,形制以及书写风格不尽相同。简介如下:

1.岁纪,160余枚。散乱严重,分为二组,皆有三道编绳。第一组简记录秦昭襄王元年至秦始皇时的大事。第二组简有卷题"岁纪",记录了秦二世至汉文帝时的大事。

2.律令,3000余枚。分三卷。第一卷的内容与睡虎地77号汉墓出土"律"基本相对应。第二卷自题"旁律甲",第三卷自题"旁律乙",三卷皆有

---

① 张存良、吴荭《水泉子汉简初识》,《文物》2009年第10期,第88—91页。

目录。目录有小结,分别记作"凡十四律""凡十八律""凡十三律"。令分两卷,第一卷自题"令散甲"。两卷皆有目录,目录有小结,分别记作"凡十一章""凡廿六章"。在迄今所见同类资料中,胡家草场法律体系最为完备。而多种汉令成规模地集中出土,胡家草场汉令是唯一一例。

3. 历日,203 枚。分为"历""日至"两卷。前者 201 枚,记载文帝后元元年(前 163 年)下推至公元前 64 年百年间每月的朔日干支。《日至》102 枚。第一枚简记录冬立、春立、夏立、秋立四个节气在一年中对应的时间。第二枚简记录冬至、立春、春分、立夏、夏至、立秋、秋分、立冬八个节气名。其余 100 枚简记载文帝后元元年下推至公元前 64 年百年间每年冬至等八个节气的干支。

4. 日书,490 余枚,分为五卷。第一卷包括建除、丛辰、时、牝牡月、吉日等篇。第二卷内容较少,仅包括雷、家、失火三篇。第三卷包括建除、丛辰、五时、五产等约 30 篇。第四卷卷题"诘咎",书写在第一枚简的背面。第五卷卷题"御疾病方"单独书写在一枚简上。

5. 医杂方,约 450 枚竹简和 4 枚木牍。分为医方和杂方两卷。前者共记录 30 个方名,主要是治疗各种疾病的方剂。后者共记录 45 个方名,内容较为庞杂,涉及种植、畜牧、冶金、胎产及巫祝等。巫术色彩比较浓厚。

6. 簿籍,包括木简和木牍。前者 60 余枚,后者 2 枚。内容为物品价值和出入钱的记录。

7. 遣册,120 余枚。较它简厚,简背竹青色泽新鲜,没有发现编绳和契口。

胡家草场西汉简牍是"2019 年中国重要考古发现"之一,总体保存状况良好,数量之大,内容之丰,在历年墓葬考古出土文字资料中均属少见,资料价值和学术意义可与睡虎地秦简、张家山汉简比肩,将对秦汉史、特别是秦昭襄王至西汉文帝一百多年间若干重要历史、地理问题,西汉早期法制史与政治史,西汉早期历书的认知产生重大影响[1]。

---

[1] 荆州地区博物馆、武汉大学简帛研究中心编,李志芳、李天虹主编《荆州胡家草场西汉简牍选萃》,北京:文物出版社 2021 年,前言第 1—3 页。

第四节　研究资料的使用

因为本书的写作涉及秦楚礼俗思想的对比,所以有必要对上述资料的使用情况进行简单归类。此"类"指的是哪些为研究故秦所用,哪些为研究故楚所用,哪些用于考察秦楚融合情况。我们的分类依据是年代和地域。所发现秦简中,放马滩秦简出土于秦故地,为研究故秦人礼俗思想所用是毋庸置疑的,其余秦简皆发现于楚故地,属于楚地秦简。根据考古人员判定的简牍年代,结合学者目前的研究和认可情况,其中的睡虎地秦简,作为研究楚地秦人礼俗思想的主要资料。也就是说,研究故秦人礼俗思想,主要用放简和睡简中部分属于故秦人的资料。探讨楚地秦人礼俗思想,主要用睡简。然后立足这两简,根据研究需要使用其他秦简或年代相近简牍。总体来说,统一前的楚简或秦简、统一后的秦简或西汉简帛主要用于对比,目的是考察民族融合、统一给礼俗思想带来的影响或演变情况,从而从礼俗思想角度探讨秦迅速亡国的原因。

第五节　研究思路、方法和意义

本书以楚亡国前后的礼俗思想为视角,通过梳理楚地秦人的礼俗思想及与故秦人相关礼俗思想的对比,考察在秦始皇统一的大背景下,楚地秦人礼俗思想受影响的情况,试图从礼俗思想角度探讨始皇迅速亡国的原因。进而通过田野调查,考察其在今天的发展、演变或消亡情况,总结其规律,探讨其原因,为今天建设和谐社会提供参考。

一、研究思路

本书从日常生活、鬼神信仰、人与世界的交往(即"行")、灵魂活动(即"梦")四个方面来探讨楚地秦人的礼俗思想,是因为这几个方面都是日常存在的不同面向。日常生活涉及生育、婚姻、死亡等几个方面,与人的生存、生命的延续密切相关,对它们的研究可以考察古人对世俗生活的看法、对后代的期待,进而了解他们的追求、向往,甚至民族精神。鬼神信仰、死亡观反映了他们对生命的终极关怀、对生命终极意义的最淳朴思考,是对日常生活的超越,从中可以了解古人对生命的态度。对出行相关礼俗思想的探索,又可看到秦人对外出交往的重视、恐惧和戒备。通过对被视为灵魂出游所遇的梦的占算的考察,能窥出时人的喜恶。而这日常生活的几个方面,又都统一于他们的鬼神信仰。可以说,鬼神信仰主宰他们日常生活的方方面面,是他们生活的支撑和精神支柱。因此,通过这几个方面的考察,可以比较全面地了解古人对生活、生命、外在环境的态度,考察他们的礼俗思想,从而通过故秦人-楚地秦人相关礼俗思想的对比,探讨民族融合、始皇统一对日常生活可能的影响(这些也是最容易受影响的部分),追寻秦王朝迅速亡国的礼俗思想方面的原因。

对今天而言,前述各个部分依然是日常存在的不同方面,与生产和生活密切相关。因此,本书引入田野调查,旨在考察秦时礼俗思想在今天的发展、演变或消亡情况,析出变与不变或消亡的成分,探讨其原因,总结礼俗思想演变的特点。旨在考察大融合背景下,礼俗思想发展演变规律,为今天建设和谐社会提供参考。

二、研究方法

本书采用的研究方法主要有:

1. 数据库考察法。为方便对秦简中礼俗内容进行穷尽性考察和把握,本书使用詹鄞鑫师开发的"灌神"数据库。该数据库有一套自己的设置,遵循这些设置复制粘贴(即所谓"灌")进相关资料后,在设定的区域输入某个字,该数据库就会显示资料里所有与该字相关的语料及语境,便于对语料的穷尽性考察。

2. 比较法。采用共时比较和历时比较相结合的方法进行研究。共时比较是指秦简相关内容之间的对比或秦简内容与秦传世文献相关内容的对比;历时比较指秦简或实物文字内容及与之时代相近的楚、汉简帛或实物文字内容之间甚至是上溯至甲骨文、金文内容之间的对比研究。田野调查的引入,使得也有古今对比的成分。旨在通过这些对比,使我们的研究不仅能在典籍中找到依据,更能在同时代的出土文献上或现代的田野调查中得到拓展、补充或验证,使得出的结论更加可靠。

3. 三重证据法。王国维在1925年提出以地下出土材料与纸上古书材料记载结合起来考证古史的"二重证据法"。我们加上田野调查,形成三重证据法。具体说来,是以出土文献为研究对象,结合传世文献研究秦礼俗思想。田野调查的介入目的在于了解秦简所涉礼俗思想在今天的发展和演变情况,旨在总结其规律性。

4.图表法。本书把有些文字资料转化为图表,以期一目了然说明问题。文章也添加有关图片、拓片、摹本等资料,一则展示文献原始面貌,便于核对原文,使文章有据可考;再则也为说明问题的方便。

三、研究意义

总的来说,该选题的研究有以下三方面的意义:

第一,学术意义。学界对《日书》的研究多从数术史、社会史、科技史三个角度入手,从思想史角度研究秦礼俗思想的专著尚无;传统中国重视礼俗,常常礼中有俗,俗中有礼,礼俗互动是中国思想史的本土特色;另外,以往的思想史研究多探讨精英思想,对民间一般的思想和信仰极少涉足,即使有涉及,也不成系统。而"真正在生活与社会中支配人们对世界进行解释和理解的那些常识,它并不全在精英和经典中",一般思想和信仰,真正在人们判断、解释、处理面前世界中起着作用。它的延续,也构成一个思想的历史过程,因此它应该在思想史的视野中。对它的探讨,是抓住了中国思想史的基盘和底线①。另外,除日书外,秦简中的其他部分也有关涉礼俗的材料,虽其史料价值因多不具体而稍逊,但我们仍可由此概观秦的一些礼俗思想。然以往的论著往往单独关注《日书》来研究,而忽视了秦简内容的整体性,故学界至今尚无结合所有秦简内容对日书进行系统研究的论著;睡简出土后,先后又有十批秦简问世,其中关涉日书的就有六种;又,与秦简年代相近的战国晚期九店楚简、夏家台楚简、睡虎地西汉简、马王堆汉墓帛书、孔家坡汉简、胡家草场西汉简等出土资料中均包含日书内容;睡简出土已近五十年,积淀了丰厚的研究成果。主要反映楚地秦人的思想文化;放简出土近四十年,主要反映故秦人的思想。这两种秦简《日书》的内容也是目前最为完整的,以这两种秦简为主,结合秦律及其他数批秦简及年代相近的楚汉简帛,梳理、对比楚地秦人和故秦人礼俗思想,在与楚亡国前思想对比的基础上,探讨始皇统一对楚地秦人礼俗思想的影响情

---

① 葛兆光《思想史的写法——中国思想史导论》,上海:复旦大学出版社 2013 年,第 13—15 页。

况,从礼俗思想角度探讨秦亡原因,显得很有必要。它一方面丰富和发展了秦简研究的领域,另一方面也弥补了意识形态领域关于秦简礼俗思想研究的空白。田野调查的介入,是对秦礼俗思想进行纵向的考察,其研究成果可为民族大融合下的方针政策、建设和谐社会等提供参考。

第二,文化意义。来自中下层民众的秦简礼俗,属非物质文化遗产范围,是中国古代文化史的重要组成部分。通过对秦礼俗思想的研究,可了解秦人关于出生、出行、婚姻、丧葬、死亡、梦境等人生大事或日常生活的礼俗思想状况,通过与故秦地及故楚地相关简牍内容的对比,考察这些礼俗内容在秦统一后变与不变的情况,达到对秦王朝覆亡的文化政策与观念视角的理解;另外,通过深入挖掘和探讨这些礼俗事象背后所蕴含的深层民族文化内涵,可以充分发扬和传承优秀的传统文化,这也是社会主义精神文明建设的一个重要组成部分。

第三,现实意义。秦的礼俗思想,如对吉日的选择、阴阳五行的认识、鬼神观念、梦占等,多传承至今。这些共同部分,作为民族文化的深层结构,是族群记忆活的载体,维系着族群成员的认同感和归属感。具有凝聚功能,可以加强地域共同体、族群和文化认同观念。礼俗思想具有既制约人的言行又制约人的思想的作用,因此它是比法令更有效的治国良方。了解秦礼俗思想在今天的传承情况,剥离出其根深蒂固的部分,可据此依靠民间习惯势力进行社会管理,通过寓法治于礼俗,建设和谐社会,对依法治国具有指导意义。

第二章　秦简生育、婚姻、死亡礼俗思想

为增进对秦人礼俗思想的理解，便于系统考察楚地秦人的礼俗思想在亡国后变与不变的情况，在进入礼俗思想的探讨之前，有必要对当时的社会生活背景及楚人亡国前的思想状况进行简单梳理，而与故秦人接轨的情况则在行文中具体论述。占算内容为社会需求和现实的反映，故而我们立足秦简《日书》，结合传世文献和其他年代相近文献进行考察。

第一节　秦简礼俗思想的社会生活背景
及统一前楚人思想概况

一、秦简礼俗思想的社会生活背景

本书研究的秦简，涉及战国时候的秦国和统一后的秦王朝，该时期兵革纷起，兼并战争频繁、惨烈，如《孟子·离娄上》云："争地以战，杀人盈野；争城以战，杀人盈城。"列国征战导致社会动荡不安，人民大众成为动乱社会的牺牲品，生命及财产安全都无法得到保障。所收简文中，反映出征、兴兵征伐、攻击、杀伐的内容比比皆是，如：

> 夏简《日书》1-1：凡十月又二月之吉日辰，利出征……
>
> 夏简《日书》2-2—3-1：凡十月又二月之凶日辰，不利出征……
>
> 睡简《日甲》007 正贰：达日，利以行师、出征……
>
> 睡简《日甲》13 正贰：秀日，利以起大事……
>
> 睡简《日乙》025 壹：复秀之日，利以……作大事……
>
> 睡简《日甲》021 正贰：危日，可以责执攻击。
>
> 睡简《日甲》032 正：秀，是谓重光，利野战，必得侯王。
>
> 睡简《日甲》040 正：……利弋猎、报雠、攻军、围城、始杀……

出征，指外出征战。行师，指用兵、出兵。起大事、作大事，指兴兵征伐

之事。敦煌悬泉月令诏条第 25 行："毋作大事,以防〈妨〉农事。谓兴兵征伐,以防(妨)农事者也,尽夏。"①敦煌月令言不能兴兵征伐是怕妨碍农事,那么,言秀日、复秀日可征伐当跟农闲有关。

睡简及孔简"稷辰"篇更是几乎每一条的末尾都有卦算是否有战争的条文②,这也暗示着在收获季节,经常发生因抢夺粮食而起的战争。如:

> 睡简《日甲》032 正—033 正:秀……正月以朔,旱,岁善,有兵。
> 睡简《日甲》034 正—035 正:正阳……正月以朔,岁善,无兵。
> 孔简 34:正阳……正月以朔,岁美,无兵。
> 孔简 41—43:介日……正月以朔,旱,有岁,有小兵。

行师、出征、起大事、攻击、野战得侯王、攻军、始杀等词,弥漫着浓烈的硝烟气息,反映了战国至秦汉时代战事连绵不绝、百姓苦不堪言的社会现实,岁美、岁善、无兵等词则展示了人们对宁静和平生活的向往和期待。然现实是残酷的,战乱时代,民不聊生,盗贼纷起,日常生活受到严重影响是必然的,如:

> 九简 32:……外害日,不利以行作,蹳四万野外,必无遇寇盗,必兵。
> 睡简《日甲》09 正贰:外害日,不可以行作。之四方野外,必遇寇盗,见兵。
> 睡简《日乙》119:凡戊子风,有兴。雨阴,有疢。兴在外,风,军归。
> 睡简《日乙》217 壹:冬三月,甲乙死者,必兵死,
> 睡简《日乙》250:……庚失火,君子兵死。
> 放简《日乙》346:弗居军。丙丁雷,军后徙。戊己雷,军警。庚辛雷,军前徙,为雨不徙。壬癸雷,战。

行作,即劳作。战争的阴云笼罩在社会生活的上空。因为战争,他们外出害怕遇见兵事,对于不明死因的人,若是冬三月死于甲乙日,就可判断

---

①中国文物研究所、甘肃省文物考古研究所编《敦煌悬泉月令诏条》北京:中华书局 2001 年,第 5 页。该月令诏条为西汉平帝元始五年(公元 5 年)五月十四日由王莽奏呈、以太皇太后名义颁布的诏条。年代接近,可资为用。
②孔家坡汉简该篇名称字迹漫灭不可识,从内容看,当也属"稷辰"或"丛辰"类,故本书也以"稷辰"名之。

为死于战争。"凡戊子风,有兴。雨阴,有疾。兴在外,风,军归",凡是戊子这天刮风,预示有军事行动要开始。下雨或阴天,有人生病。(如果)军事行动在外,刮风,预示军队归来。在时人眼里,似乎没有什么无缘无故,一切都是有原因的。雷电、风雨……自然界的一切都是在预示什么。即使是遇见失火这样的意外,也认为是要有君子死于兵刃,风雨雷电都是战争或战况的预兆。连年征战,人们对战争充满恐怖,可见战争之频繁,死于战争之平常。在这种背景下,他们甚至希望保暖遮羞的衣裳都能起到躲避刀枪伤害的作用:

　　　　睡简《日甲》118 背—119 背:衣:丁酉制衣裳,以西又以东行,以坐而饮酒,矢兵不入于身,身不伤。

　　矢兵,指刀箭兵器。在丁酉日裁制衣服,向西走一段路又向东走一段路,坐下来喝酒,刀箭兵器就不会碰到身体,身体不会受到任何伤害①。秦简专辟有"衣良日""衣忌日",裁制衣服选择时日不对,就会出现不好的结果。而衣服如果能避开刀箭兵器的袭击,除了选择合适的时间外,尚需举行一些如上文所提"以西又以东行,以坐而饮酒"这种类似巫术的仪式。正如马林诺夫斯基所说:"凡是有偶然性的地方,凡是希望与恐惧之间的感情作用范围很广的地方,我们就见到巫术。"②

　　因为战乱,盗贼纷起。睡简专辟"盗者""盗"篇,占算各个时辰盗窃者的形貌特征及名字等,当是官府抓捕盗贼之参考。周简也有名为"占逐盗、追亡人"的条文,睡简《法律答问》共有简文 210 条,其中涉及"盗"事宜的问答就有 66 条,更有全家为盗和子女盗窃父母的条文,如:

　　　　简 103:子盗父母,父母擅杀、刑、髡子及奴妾,不为"公室告"。

　　　　简 136:夫、妻、子五人共盗,皆当刑城旦,今甲尽捕告之,问甲当购几何?

　　　　简 137:夫、妻、子十人共盗,当刑城旦,亡,今甲捕得其八人,问甲当购几何?

---

①吴小强《秦简日书集释》,长沙:岳麓书社 2000 年,第 164 页。按,从逻辑上言,这里应该指的是拿着或者穿着裁制好的衣服进行下面的活动,否则衣服与后面的活动脱离了关系,就没有巫术意义了。

②(英)马林诺夫斯基《巫术科学宗教与神话》,北京:中国民间文艺出版社 1986 年,第 122 页。

　　战争年代,社会动乱,物质匮乏,生活穷困,生命生活都难以得到保障。《礼记》:"饮食男女,人之大欲存焉。"马斯洛在《动机与人格》一书中,指出人的五个需求:1. 生理需求;2. 安全感需求;3. 归属感及对爱的需求;4. 自尊需求;5. 自我实现需求①。通常情况下,只有下一层级的需求得到满足,才会有高一层级的需求出现。"一个同时缺少食物、安全感、爱和尊重的人,相比其他需求,他最渴望的可能仍然是食物,而不是其他任何东西。在所有需求无法得到满足的情况下,有机体会被生理需求主宰,除生理需求外的所有其他需求要么可能完全不存在,要么退居幕后。"②的确如此,在物质生活需要不能得到满足的情况下,常人是很难有所谓道德意识的。上述夫、妻、子全家五人或十人为盗,儿子盗窃父母的条文应该就是这种社会现实的真实反映。当然,秦时"盗"非独指偷窃财物的人,还包括那些反抗秦统治的个人或组织。他们或刺杀秦王或集体暴乱,且屡禁不止。主要原因之一是赋税苛重,劳役困苦。如《史记·秦始皇本纪》有载秦始皇先后在二十九年和三十一年两次遇"盗"刺杀受惊,二世时更甚,同文载右丞相去疾、左丞相斯、将军冯劫向二世进言道:"关东群盗并起,秦发兵诛击,所杀亡甚众,然犹不止。盗多,皆以戍漕转作事苦,赋税大也。"

　　这样的环境下,人们没有安全感,多迁徙、逃亡,在睡简4号墓出土的6号木牍黑夫和惊的家书中有"新地多盗,衷唯毋方行新地,急急急"的内容,意谓新地盗贼很多,希望其家人不要去新地③。张家山汉简《奏谳书》属于秦代的案例,有言:"令:所取荆新地多群盗,吏所兴与群盗遇去北,以儃乏不斗律论。""新地"为新征服的地区,那么"新地"所谓的"盗贼"很大可能主要为反秦势力,当然,应该也不乏浑水摸鱼的不法分子,但社会多盗贼可见一斑。黑夫及惊希望家人不要去秦人新征服的地区,战争年代,离开家乡去一个陌生的地方,自然是逃亡,这种以或逃或迁的形式离开家乡躲避战乱、盗贼或劳役等的情况,简中并不少见。睡简有各个月份及时辰向四方迁徙吉凶的占算,如④:

①(美)亚伯拉罕·马斯洛《动机与人格》,陈海滨译,南昌:江西美术出版社2021年,第57—69页。
②(美)亚伯拉罕·马斯洛《动机与人格》,陈海滨译,南昌:江西美术出版社2021年,第59页。
③释文及理解参见陈伟主编《秦简牍合集(壹)》,武汉:武汉大学出版社2014年,第637、639页。
④以下简文标点符号据《秦简牍合集(壹)》,第381页。简62"四月"睡简整理小组释为"九月"。
　　夏按,据上下文及原简图片,孔简相关条文可确定为"四",本书随文改正。原释文见睡虎地秦墓竹简整理小组《睡虎地秦墓竹简》,北京:文物出版社1990年,第189页,图片见第94页。

　　睡简《日甲》059 正壹:正月五月九月,北徙大吉,东北小吉。若以是月也东徙,殷①,东南刺离,南精,西南室毁,西困,西北辱。

　　睡简《日甲》060 正壹:二月六月十月,东徙大吉,东南小吉。若以〖是〗月也南徙,殷,西南刺离,西精,西北殷,北困辱。

　　睡简《日甲》061 正:三月七月十一月,南徙大吉,西南小吉。若以是月也西徙,殷,西北刺离,北精,东毁,东北困,东南辱。

　　睡简《日甲》062 正:四月八月十二月,西徙大吉,西北小吉。若以是月也北徙,殷,东北刺离,南精,东南毁,南困辱。

　　睡简《日甲》126 背:以甲子、寅、辰东徙,死。丙子、寅、辰南徙,死。庚子、寅、辰西徙,死。壬子、寅、辰北徙,死。

　　上述前四简,皆先给出该月迁徙的有利方位,然后具体说明其他方位迁徙的不利后果:死亡、与家人分离、不祥、家毁掉、陷入困境、受辱②。孔家坡汉简有相似内容,如③:

　　孔简97:正月五月九月,西北启光,正北吉昌,东死亡,东南斗,正南别离,西南执辱,正西却逐。

　　孔简98:二月六月十月,东北启光,正东吉昌,东南反乡,正南死亡,西南斗,正西别离,西北执辱,正北却逐。

　　孔简99:〖三月〗七月十一月,东南启光,正南吉昌,西南反乡,正西死亡,西北斗,正北别离,东北执辱,正东却逐。

　　孔简100:四月八月十二月,西南启光,正西吉昌,西北反乡,正北死亡,东北斗,正东别离,东南执辱,正南却逐。

　　睡简《日书》专辟有《亡日》《亡者》篇,占算每个月不宜逃亡的具体日期。如:

　　睡简《日乙》149—150:亡日:正月七日,二月旬,三月旬一日,四月八日,五月旬六日,六月二旬,七月九日,八月旬八日,九月二旬七日,十月旬,十一月旬,十二月二旬,凡以此往亡必得,不得必死。

①关于该词的含义,学界说法不一,然据下文所引孔简,可知释为"死亡"可信。
②参见吴小强《秦简日书集释》,长沙:岳麓书社2000年,第54页。
③湖北省文物考古研究所、随州市考古队《随州孔家坡汉墓简牍》,北京:文物出版社2006年,第139页。

（244 页）

睡简《日乙》151—152：亡者：正月七日，二月旬四日，三月二日，四月八日，五月旬六日，六月二旬四日，七月九日，八月旬八日，九月二旬七日，◇二旬，凡是往亡【必得】，不得必死。（244 页）

逃亡的时间选得不对，结局是必定被抓捕回来，即使不被抓到，逃出去也必会死掉，这是逃亡者最为惧怕的。什么时间逃亡进入卦文，说明战乱时期，离开家乡逃亡是一种日常。但人们的行动并不自由，逃亡不被允许，偷偷逃跑成功率不高，一不小心就会被抓，即使有侥幸逃脱的也多死于其他灾祸（如经常存在的危险——战乱、群盗）。放简两种《日书》都用较长篇幅专门记载亡盗及捉拿亡盗的条文，战国晚期的九店楚简更是几乎每个时辰都有逃亡能否被抓的卦算，可见战乱时代普通人的绝望——欲摆脱身边的险境又不能，而逃离又近于奢望。年代相近的西汉孔简"亡者"篇，则根据逃亡的群体对逃亡的结果进行了细分，对于丁壮者或老弱者，同一时间逃亡，会有不同的结果。如：

孔简 154：◇酉亡者，自夜半到日中，丁者不得，老弱得；自日中到夜半，丁者得，老弱不得。

孔简 155：◇者得，老弱不得；自日中到夜半，丁者不得，老弱得。

孔简 156 壹：◇到日中，丁者、老弱皆得；自日中到夜半，丁者、老弱皆不得。

丁者，即强壮劳动力。老弱，指年老及体弱者，包括老人和孩子。能够让老人和孩子同丁壮者一起逃亡，其原因一定并非皆是兵役、劳役和盗贼，更多的应该是战乱，使得实在无法生存下去只好全家出动外逃奔命。出逃者众，则寄宿者多。从简文看，时人对寄宿者充满戒心，因为一不小心，就有被人占了房产而自己流离失所的风险。如：

睡简《日乙》042 贰：凡五巳不可入寄者，不出三岁必代寄焉。

睡简《日乙》121：毋以戊辰、己巳入寄者，入之所寄之。

睡简《日乙》124：戌，庚申，己亥，壬寅，不可以入臣妾及寄者，有咎主。

睡简《日乙》131：寄人室：毋以戊辰、己巳入寄人，寄人反寄之。辛酉、卯，癸卯，入寄之，必代当家。

九简 28：巳、午、未、申、酉、戌、亥、子、丑、寅、卯，辰，是谓害日……以寓人，夺之室。

寄者，即前来寄宿的人。寄人反寄之，意谓接纳别人寄宿，自己反而成为寄宿者。也就是居所被寄宿者占领，自己失去安身之处（前简 121"入之所寄之"意同此）。"必代当家"就是寄宿者成了主人。如前所述，人在基本需要丧失的情况下，是不会有道德观念的，所谓的"知恩图报"在这里看不到，反而是好心的主人接纳寄宿者，有时候会给自己带来灾难。有咎主，意谓主人有灾殃。这种灾殃或许就是九简所言的"夺之室"，也就是被寄宿者夺走了房屋，这个寄宿者恐怕也只能是盗贼之类恶人，具备夺人房屋的条件。

环境如此险恶，做好事不小心会招来祸殃，但善良的人们还是愿意帮助别人。然未来的事不可预知，又没有法律可以保障自己的权益[1]，且同样的事并不发生在所有人身上，因此时人相信冥冥中神灵在把控一切。那么就是入寄者的时间不对，触犯了当值神灵，从而受到了惩罚，出现不利的结果，故在入寄者时要择日以避险。卦算时日以趋吉避凶，也显示出古人生活态度中积极的一面。但乱世之下，人们显然信神信命不信人，人与人之间的信任感很难建立。

二、统一前楚人思想概况

《庄子·天地》记载尧到华地，华封人三祝之，尧皆辞，封人曰："寿、富、多男子，人之所欲也，女独不欲，何邪？"这就是著名的"华封三祝"。由此可知"多男子"早在公元前二千多年的帝尧时代，就已是人们希望得到的。当然，多男子并不排斥生女子，希望儿女双全是古今父母的共同愿望。年代在秦末至西汉间的马王堆墓出土的《胎产书》，就既有生男也有生女的巫术和药方，如：

马帛 5—6：□欲产男，置弧矢，□雄雉，乘牡马，观牡虎；欲产女，佩簪珥，绅珠子，是谓内象成子。

马帛 19：字而多男无女者而欲女，后□□□□胞埋阴垣下。多女

---

① 秦汉简牍皆未见惩戒"寄人者"夺主室等相关方面的法律条文。

无男,亦反〈取〉【胞】埋阳垣下。一曰:以麤衣约胞,埋之。

　　马帛 27:欲产女,【取】乌雌鸡煮,令女子独食肉歠汁,席◇。①

　　不能否认的是,宗法制度下女子没有继承权,恩格斯在《家庭、私有制和国家的起源》中说:"农业是整个古代世界的决定性的生产部门。"②农耕背景和战乱时期对体力的特殊需求等,使得一家之中如果没有男子,大处说是宗族祭祀无法延续,祖宗基业无以为继;小处说是生活水平和社会地位要受到影响。所以,多子之家或许可以没有女子,但如果没有男子则被视为不幸,"多男子"成为人们的共同愿望则不足为怪。从这个意义上说,古代社会应该是重男轻女的。楚自建国后,与华夏其他民族一样实行家族承继制度③,存在重男轻女现象当不足为怪。但是,出土于故楚地的睡简《日书》及更早的九简中,却并无一条测算生男生女的内容,倒是皆有大量卦算胎儿命运的条文,尤其是睡简。显然楚人并没有明显的重男轻女倾向或可说是重男不轻女,这当与楚国丝织业发达有关。"楚国的丝织工艺和丝绣工艺都妙绝一世。先秦的丝织品和丝绣品,运今已发现的完整实物,一概出自楚墓。"④《国语·齐语》也载齐桓公伐楚时,责楚"丝贡于周而返"。养蚕抽丝织锦自然以女性为主导,经济上的贡献使得楚国女性的家庭地位不会太低。

　　"楚族是来自中原地区又南迁的民族"⑤,是春秋战国时期南方一泱泱大国,其政治、经济、文化发达,音乐舞蹈达到很高水平且广泛普及。此特点与楚民信巫鬼好祠密切柤关,王逸《楚辞章句·九歌序》:"昔楚国南郢之邑、沅、湘之间,其俗信鬼而好祠。其祠,必作歌乐鼓舞以乐诸神。"《七国考》:"昔楚有善歌者,王其闻欤? 始而曰下里巴人,国中唱而和之者数万人。中而曰阳阿采菱,国中唱而和之者数百人……"⑥《宋玉对楚王问》也有类似说法。《下里》《巴人》是楚国的民间歌曲,一人唱歌,合唱者竟有数千人之多,可见其音乐活动的普遍性。《史记·项羽本纪》载项庄拔剑

---

①以上引文皆出自马王堆汉墓帛书整理小组《马王堆汉墓帛书(肆)》,北京:文物出版社 1985 年,
　分别见于第 136、137、130 页。
②中共中央马恩列斯著作编译局编《马克思恩格斯选集》,北京:人民出版社 1972 年。
③李玉洁《楚国史》,开封:河南大学出版社 2002 年,第 71 页。
④张正明《张正明学术文集》,武汉:湖北人民出版社 2007 年,第 386 页。
⑤李玉洁《楚国史》,开封:河南大学出版社 2002 年,第 13 页。
⑥[明]董说《七国考订补(全二册)》,缪文远订补,上海:上海古籍出版社 1987 年,第 455 页。

起舞的理由就是"军中无以为乐,请以剑舞"。楚人之好乐,1978年出土于湖北随州的战国早期曾侯乙墓编钟可为明证。该钟虽深埋地下二千多年,至今仍能演奏乐曲,且音律准确,音色优美,堪为世界音乐史上的奇迹。

　　楚人不但喜好音乐,而且尚勇好斗。《说苑·善说》:"昔者,荆为长剑危冠,令尹子西出焉。"《老子》曾批评楚地"服文彩,带利剑"之风,《楚辞》中更是多次言及剑。"佩剑乃是楚地的贵族士人,甚至普通男子的标配"①。楚人生前以佩剑为美,死后以剑来殉葬。上自王公贵族,下至平民百姓皆如此。楚之皇亲贵族之墓,如江陵望山一号楚墓出剑四件,其中最著名的为越王勾践剑。二号墓为一女性贵族,该墓出剑七件②。江陵天星观一号邸阳君之墓,出土皆带有剑鞘的剑三十二件之多③。以平民、下士阶层为主的雨台山楚墓群、当阳赵家湖楚墓群及江陵九店东周楚墓群,一般为一墓一剑,可见楚国各个阶层皆喜剑尚武,成为一种风尚。

　　楚人好斗的民风与其重名声爱面子颇有关系,众所周知的项羽可为代表。据《史记·项羽本纪》,项羽入关后,有人劝说其都关中称霸,"项王见秦宫室皆以烧残破,又心怀思欲东归,曰:'富贵不归故乡,如衣绣夜行,谁知之者!'说者曰:'人言楚人沐猴而冠耳,果然。'项王闻之,烹说者。"最后自杀,虽有天命论思想和自愧作祟,但面子也是一个重要原因。其原本可渡江以图东山再起,然却对乌江亭长说:"天之亡我,我何渡为!且籍与江东子弟八千人渡江而西,今无一人还,纵江东父兄怜而王我,我何面目见之?纵彼不言,籍独不愧于心乎?"最终拔剑自刎。

　　楚国人除了爱面子,还特别信"命"。"命"指生来就注定的贫富、寿数等。《易·乾象》曰:"乾道变化,各正性命。"孔颖达疏:"命者,人所禀受,若贵贱夭寿之属是也。"朱熹本义:"物所受为性,天所赋为命。""天所赋为命"是说"命"是由"天"授予和决定的。《尚书·召诰》言:"今天其命哲,命吉凶,命历年。"也就是说,一个人的贫富、寿命的长短、遭遇的吉凶等,都是上天决定好的,反映的是儒家的天命观。项羽的"天之亡我,我何渡为"即反映了天命论思想。还有楚人刘邦,也是信天命的典范。据《史记·高祖本纪》记载,刘邦攻击吕布时,被流矢所伤,伤情严重,吕后请良医为之医

①冯渝杰《先秦楚地之尚剑习俗与道教法剑信仰的兴起》,《江汉考古》2018年第2期,第78页。
②湖北省文物考古研究所《江陵望山沙冢楚墓》,北京:文物出版社1996年。
③湖北省荆州地区博物馆《江陵天星观1号楚墓》,《考古学报》1982年第1期。

治,医生说箭伤可治,没想到刘邦信命,竟然大骂:"'吾以布衣提三尺剑取天下,此非天命乎? 命乃在天,虽扁鹊何益!'遂不愈治病,赐金五十斤罢之。"①结果刘邦竟然不治而愈,今人会归为抵抗力问题或疑为传说,但时人会认为刘邦是"命不该死"。非独楚汉时期,此种思想至今尚存于多数人的头脑中,这点可从各大寺庙香火鼎盛看出。

楚人一方面相信命运是由上天注定了的,其结具不可知;另一方面又相信命运是可以改变的。改变命运的手段,就是通过可与神灵沟通的巫或觋,采用占卦、利用祭祀、祷告求祖先、神灵庇佑以趋吉避凶。可见,占卦是信命的具体表现,其前提当然是对鬼神的信奉。因为信命就是相信人的一切是神灵安排好的,既然是神灵安排好的,那么占卦其实是在揣测神意,能参透天机的人自然是那些能与神灵沟通的巫或觋。信命和信鬼神本质上是相同的,即都相信神灵主宰一切。

楚人凡事必占,除了上文所言险恶环境中的迁徙、逃亡,需择日卦算吉凶外,占卦事宜还涉及婚姻、生育、出行、疾病、穿墓道、穿门户,甚至连建造厕所、哭、宁人(安慰人)、问病(探望病人)、做梦等都要占算吉凶。包括种植谷物、宰杀牲畜、建房盖屋等,都有良日、忌日之占。可以说,日书内容几乎涵盖了其生活的方方面面。信日书自然是因为信其时日或五行涉及的神灵,而神灵与祭祀又密不可分。对于祭祀,楚人不敢怠慢,睡简楚除的十二个建除吉凶日有九个涉及是否适合祭祀,葛岭、望山等楚简中有大量的卜筮祭祷简,从中固然可以看到楚人对巫鬼神灵的笃信,但也不能忽视时人对自己所处自然环境深深的敬畏之心。鬼神信仰主宰着"日书人群"的生活②,然而也许正是因为这种信仰,使得他们在战乱频仍、盗贼纷起的年代,做什么事不至于手足无措,因为在他们心里总有个神灵在替自己做主或佑助。对信奉神灵的人而言,神灵是无助时的依靠,是茫然中的指路明灯和拿不定主意时的主心骨,更是强大的心理安慰剂,有其积极的一面。战乱时期,神灵的这种作用更为明显。

乱世多迷信。战乱使生活和生命没有保障,各种不确定性和意外加剧了对生活的无奈和无助,更强化了鬼神信仰。但楚地秦人信奉鬼神却并不

①[汉]司马迁撰《史记(全十册)》,[宋]裴骃集解,北京:中华书局2009年,第391页。
②这是我们引入的概念,指的是信奉日书的人群,它涉及各个阶层,并不一定仅指劳苦大众。

是一朝一夕的事情,他们本就有着浓厚的笃信巫鬼的传统。楚人屈原在《离骚》中称自己是:"帝高阳之苗裔兮";《史记·楚世家》也言:"楚之先祖出自帝颛顼高阳",则帝颛顼是楚之先祖无疑。古人礼神祭祀以玉,颛顼之名即与"以玉事神"有关,颛顼之"顼","古作𩒨(项𥂀),象奉玉谨愿见于颜面之形"①。对照山东嘉祥武梁祠汉画像石上所绘颛顼,确乎是一个手捧玉圭、恭谨事神、上可通天、下以教民的教主形象②,被称为"灵教"的创始人③。楚国的第一个君王熊绎也以巫术灵物"御至尊",如《史记·楚世家》载:"熊绎辟在荆山,筚露蓝蒌以处草莽,跋涉山林以事天子,唯是桃弧棘矢以共王事。"桃弧棘矢,指桃木制的弓,棘枝做的箭。杜预注云:"桃弓棘箭,所以禳除凶邪,将御至尊故。"甚至楚国的衰落,都与统治者信奉巫鬼有关。《新论·言体》载:"昔楚灵王骄逸轻下,简贤务鬼,信巫祝之道。斋戒洁鲜,以祀上帝,礼群神,躬执羽绂,起舞坛前。吴人来攻,其国人告急,而灵王鼓舞自若,顾应之曰:'寡人方祭上帝,乐明神,当蒙福佑焉,不敢赴救。'"信鬼好巫之风,不仅构成了楚文化区别于先秦其他地域文化的重要特征,而且延续到了汉代,影响了秦汉时期人们的思想信仰④。《汉书·地理志》言楚人"信巫鬼,重淫祀";《淮南子·人间训》言其"荆人鬼,越人禨",高诱注"好事鬼也"。"楚地楚人巫风盛行、祠祀过甚已成为战国秦汉时人的共识。"⑤可见即使在巫风盛行的秦汉时期,楚地信鬼重巫的风习也颇突出。

楚人信巫鬼,有用"桃弧棘矢"供奉周王室的先祖,也有沉迷鬼巫误国害己的灵王,似乎信得不可救药。但从秦简条文看,他们并不是完全沉迷在神鬼世界里"执迷不悟",我们在占算条文中,依然能够捕捉到那些闪耀着辩证和理性思维的光辉,如:

> 睡简《日甲》149 正肆:癸丑生子……少疾,必为吏。
>
> 睡简《日甲》141 正叁:乙未生子,有疾,少孤,后富。
>
> 睡简《日乙》249—252:甲失火,去不祥……乙失火,大富……午失

---

①林义光《文源》,上海:中西书局 2012 年,第六卷三七条。

②何浩《颛顼传说中的神话与史实》,《历史研究》1992 年第 3 期,第 78 页。

③徐文武《楚国宗教概论》,武汉:武汉出版社 2001 年,第 5 页。

④王勇《楚文化与秦汉社会》,长沙:湖南大学出版社 2009 年,第 149 页。

⑤晏昌贵《巫鬼与淫祀:楚简所见方术宗教考》,武汉:武汉大学出版社 2010 年,第 260 页。

火，田宇多……壬失火，去不善……申失火，富……酉失火，邦有年。
亥失火，利春。

　　睡简《日乙》202：春三月，甲乙死者，其后有喜，正东有得。

　　放简《日乙》358B：中律不中数，是谓前有难后喜。

　　放简《日乙》111：角日，长者死，有从女吉……

　　睡简《日甲》125 正贰：曲门，前富后贫……

　　孔简36：……三徙官，自如，其后乃昌。

　　不祥，即不吉。后，后代。喜，喜庆之事。从女，即侄女。徙官，此处当指贬迁官职。癸丑生的孩子……小时候有病，将来一定做官。乙未生的孩子，有病，且小时候是孤儿，但后来富裕。甲乙死的，会给其后代带来好运。角日死的长者会给自己的侄女带来吉利；三次贬调官职，从容对待、顺其自然，后代会昌盛兴旺。这些简文其实在告诉我们有病不一定是坏事，它预示着后面的好事。甚至，如果没有这个坏事，就不会引出后面的好事。"癸丑生子……少疾，必为吏"，言下之意，如果癸丑日生的孩子，小时候没有病，那就不会"必为吏"了。失火本不是一件好事，在时人眼里，却是可以去除"不祥""不善"，带来"富""有年（收成）""利春"等好事；死亡、贬官都不是好事，却都可以给后代带来好运，对由富变贫的认识等，显然包含着福祸相依、变化不居的矛盾相互对立转化原理，说明秦人有辩证认识世界的一面。

　　这不由使人想起老子的名言："祸兮，福之所倚；福兮，祸之所伏。"老子出生在陈国苦县，该县属战国楚地，故老子为楚人。该地礼俗思想中包含的哲学辩证法素养，不能不对老子没有影响。或可说，楚地秦人的礼俗思想其实是道家思想产生的源头活水。如葛兆光所说："……一般知识、思想与信仰的传播并不只是通过精英和经典之间的互相阅读、书信往来、共同讨论，而是通过各种最普遍的途径，比如观看娱乐性演出中的潜移默化、普及性教育中的直接指示、大众阅读等等，因此，这种传播的范围远远超过经典系统，而这些传播的途径又恰恰是任何一个精英都会经历的，所以，它可以成为精英与经典思想发生的真正的直接的土壤和背景。"[1]日书中包含的思想，正是一种潜移默化性的日常教育，是日常生活最普遍的途径。

_____

[1]葛兆光《思想史的写法——中国思想史导论》，上海：复旦大学出版社2013年，第16页。

它影响了一代又一代的中国人,可以说,它是中国各种思想产生的基础和温床。李约瑟说:"中国文化就像一棵参天大树,而这棵参天大树的根在道家。"其实,道家思想的根是在中国的民间礼俗思想文化。

第二节　楚地秦人的生育观及统一的影响

生育观,指对生育问题的基本认识和观点,是世界观和人生观在生育问题上的体现。它不但包括人们对生育子女的动机和目的、意义的评价观念,还包括对子女性别、数量、质量的意愿和要求。生育观是社会存在的客观反映,有什么样的社会存在,就有什么样的社会意识,也就有什么样的生育观[①]。睡简《日甲》有"生子""人字"两篇,《日乙》有"生"篇,从诸多关于生子的卦算中,我们一方面可以感受到时人对生育后代的重视,了解秦始皇占领楚地后楚地秦人的生育观,另一方面通过与秦始皇亡楚前楚人及故秦人相关思想的对比,考察秦政策及大融合环境对楚地秦人思想的影响,从而探讨秦亡的礼俗思想方面的原因。

一、卦算可知的命运

古秦、楚人多信命,上从帝王下至黎民百姓,都对天命怀着一份信奉、敬畏和服从之心。1978 年,在陕西宝鸡县发现春秋时秦武公铸造的钟、镈,其铭文言:"秦公曰:我先祖受天命,赏宅受或(国)。"[②]秦公即秦武公。是说秦先祖(即非子)接受天命,受封邑和国土列为诸侯。1921 年出土于甘肃天水的秦公簋铭文也言:"秦公曰:'不显朕皇祖受天命,鼏宅禹迹。十又二公……'"[③]也是说秦是受天命建国的。秦故地百姓对"天命"的信奉,在放简《日甲》对子女性别的占算上可看出一二,如:

> 放简《日甲》16+17+19:平旦生女,日出生男,夙食女,暮食男,日中女,日过中男,日侧女,日下侧男,日未入女,日入男,昏女,夜暮男,夜未中女,夜中男,夜过中女,鸡鸣男。

────────

①刘铮《人口理论教程》,北京:中国人民大学出版社 1985 年,第 323—324 页。
②卢连成、杨满仓《陕西宝鸡县太公庙村发现秦公钟、秦公镈》,《考古》1978 年第 11 期,第 1 页。
③李零《春秋秦器试探》,《考古》1979 年第 6 期,第 515—516 页。

这里把一天分为十六时预测孩子的性别，且男女各占一半，说明故秦人相信生男生女由"天"决定，男女比例天然平衡。从条文看不出重男轻女倾向，但可以看出故秦人对了解胎儿性别的期待。除了上述条文，放简还有用所投黄钟数卦算生男生女的内容：

> 放简《日乙》293：即有生者而欲知其男女，投日、辰、星而三合之，奇者男殹，偶者女殹，因而三之，即以所中钟数为卜，□。

为了提前知道胎儿性别，故秦人用了各种办法。然在目前可见秦简中，并未见楚地秦人对胎儿性别的预测[①]，但在睡简、孔简和更早的九简中，却皆有占算胎儿命运或对家人影响的条文[②]，例如：

> 九简25：……结日……生子，无弟；如有弟，必死以亡。
>
> 睡简《日甲》002正贰：结日……生子无弟，有弟必死。
>
> 九简30：……达日……生子，男吉，女必出其邦。
>
> 睡简《日甲》007正贰：达日……生子，男吉，女必出于邦。
>
> 九简34：……绝日……生子，男不寿。
>
> 孔简52：房……以生子，富。

可以看出，在楚人眼里，胎儿的性别并不是他们关注的重点，未出生子女的命运才是最重要的。为了提前知道胎儿的命运，楚地秦人通过各种手段来占算，故秦人也关心子女的命运，然有关条文仅7，其对子女命运的关注显然无法与楚相比，但显然他们都相信子女的命运和性别是"天"注定的，可以通过各种占卦方式"推测天意"而获知。而在秦时，历法已成熟，十二属相已产生，二十八宿与十二月的对应关系、五行生克关系都已建立，等等，这些占卦所依赖的技术条件的完备，为占算提供了不可或缺的前提条件。

（一）根据头部朝向卦算

古人生育，不存在剖宫产手术，全靠自然分娩。生产的困难、产妇的挣扎等都可能导致胎儿娩出时头的朝向不一，而现实中即使同一天出生的人命运也确实多不相同，这就导致楚地秦人认为出生时头的朝向也一定预示

---

① 出土于故楚地的孔简391贰有言："□壬，男；乙、丁、巳、辛、癸，女。生子不中此日，不死，癃，不行。"但该条目的在言生于这些时间男女的命运，并非在占算生男生女。

② 从占算内容看，睡简和九简、孔简之间有着承继关系，皆为楚文化的反映。

了某种命运,如:

睡简《日乙》074 贰—076 贰:生东向者贵,南向者富,西向寿,北向者贱,西北向者被刑。

睡简《日乙》248:凡生子北首西向,必为上卿,女子为邦君妻。

周简 145 贰—151 贰:产子占:东首者贵,南首者富,西首者寿,北首者鄙。

子,古代兼指儿和女。如睡简 09 背壹:"甲寅之旬不可取妻,毋子,虽有毋男。"富,指财物多(古与"贫",今与"穷"相对)。《尚书·洪范》:"五福:一曰寿,二曰富,三曰康宁,四曰攸好德,五曰考终命。"孔传:"富,财丰备。"贵,指地位显要。《论语·里仁》:"子曰:富与贵,是人之所欲也。"东首,意谓头朝东。首,头。上卿,古官名。邦君,古代指诸侯国君主。无论周简还是睡简都显示:如果孩子出生时头朝东边的,将来地位显要高贵;如果朝向南,以后生活富裕;朝向西者,高寿;朝向北者,地位低下卑贱;睡简又指出,出生时面朝西北方的,命运不好,要遭受刑狱之灾;但出生时头朝北面向西的则有好命,男孩将来一定会成为上卿,若是女孩,会成为邦君的妻子①。从中可以看出,楚地秦人希望儿女富贵高寿,厌恶地位卑贱和贫穷;希望男孩当官,女孩找个地位高的丈夫。据秦简,婴儿出生时头部朝向方位的吉凶依次是东向、南向、西向、北向(即西北东南)。从"贵"排在首位看,当是人们最向往的,其次是富、寿,地位低下最不讨喜。

楚地秦人通过头部朝向判断命运的方法,应该与楚俗有关。楚人尚左、尚东。座次以东向(即在西)为尊,《史记·项羽本纪》记载:"项王、项伯东向坐。亚父南向坐。亚父者,范增也。沛公北向坐,张良西向侍。"项羽自以为大,故东向,最下为西向,其座位尊卑顺序依次是东向、南向、北向、西向(即西北南东),后两个方向与生子命运测算顺序相反,或为更早尊卑顺序。可见,依照出生时头的朝向判断命运,是现实生活座次尊卑朝向的投射。这种联系充分表达了对地位、财富、权力的热切向往。

从目前可见秦简看,反映秦故地礼俗思想的唯有放简及睡简的部分内容,从周简有与睡简相似内容看,楚的礼俗思想延伸到了秦统一后的二世

---

① 由此可知,古时邦君择妻是没有贫富、地位要求的。

时期。其余秦简皆无类似占算命运的条文,即使将来有所发现,据秦俗,其吉凶顺序也与楚地秦简相同或相似的可能性不大。因为在方位崇尚上,秦楚刚好相反。楚人尚左、尚东,而秦人尚右、尚西,但在其对命运的信奉上,当是一致的。

(二)根据出生时辰卦算

1. 秦简的计"时"方法

时,《说文》言:"四时也。"段注曰:"本春秋冬夏之称。此'时'之本义,言'时'则无有不是者也。"是说"时"的本义为春夏秋冬,凡言"时"皆不外乎是。顾炎武先生也言:"古无以一日分为十二时之说……古无所谓时。凡言时……皆谓春夏秋冬也……自汉以下,历法渐密,于是以一日分为十二时。盖不知始于何人,而至今遵用不废。"[1]又,《左传·昭公五年》载:"日之数十,故有十时,亦当十位。自王已下,其二为公,其三为卿。"对于"日之数十"(一昼夜分为十时),杨伯峻注曰:"据易、诗、书、三礼、左传诸书考之,大概有鸡鸣(亦曰夜乡晨、鸡初鸣)、昧爽(亦曰昧旦)、旦(亦曰日出、见日、质明)、大昕(亦曰昼日)、日中(亦曰日之方中)、日昃(亦曰日下昃)、夕、昏(亦曰日旰、日入[2])、宵(亦曰夜)、夜中(亦曰夜半)等名。古无以一日分十二时之说。至以十二支纪时,南齐书天文志始有之。"[3]可知至少在春秋时期,一昼夜尚分为十个时间段。杜预注《左传》有云:"日中当王,食时当公,平旦为卿,鸡鸣为士,夜半为皂,人定为舆,黄昏为隶,日入为僚,哺时为仆,日昳为台。隅中日出,阙不在第。"[4]可为睡简出土之前关于一日分为十二时的最早记录。然此时已是西晋,难免顾氏认为一日分为十二时自汉以下始。

夏按,在出土的睡简中已有以十二辰对应十二时的记录。如《日乙》156:"【鸡鸣丑,清旦】寅[5],日出卯,食时辰,暮食巳,日中午,暴未,下市申,

①黄汝成《日知录集释》,上海:上海古籍出版社 2006 年,第 1135 页。
②放简《日乙》142 有"日入男,昏女",说明"昏"跟"日入"不是一回事,不可等同。
③杨伯峻《春秋左氏传》,北京:中华书局 1981 年,第 1264 页。
④[春秋]左丘明撰《春秋左传集解(下)》,[晋]杜预集解,南京:凤凰出版社 2020 年,第 616 页。
⑤于豪亮先生言:"寅字上残缺五字,前三字当是'鸡鸣丑'。因为以鸡鸣记时,亦见于秦简《编年记》'甲午,鸡鸣时,喜产'。'鸡鸣丑'下面的两字,可能是清旦、平旦、旦明或平明。"(《秦简〈日书〉纪时月诸问题》,《云梦秦简研究》,北京:中华书局 1981 年)夏按,因下文 233 壹简有"清旦"之言,故此处当为"清旦"。整理小组取"平旦",于秦无征,故我们取前者。

春日西,牛羊入戌,黄昏亥,人【定子】。"①《日乙》233 壹:"清旦、食时、日则、暮夕。"日则,即日昃,对应于上文"下市",此时太阳已明显偏西②。暮夕,为日落时。饶宗颐言"牛羊入戌"与"夕"为同一时辰名③,这也说明当时十二时的说法并没有完全固定下来。"食时"之"时"显然是计时单位,前述顾炎武先生之言可商(不过,当时秦简并未出土)。从目前掌握的资料看,睡简日书该条是"迄今为止关于十二时最早的记载,同时又是以子、丑等十二辰表示十二时的最早的记载"④。从墓主人"喜"的官吏身份看,当时官方计时或也与之相同。

但同样出土于湖北,年代与睡简差不多的周简计时方法却与睡简并不完全相同。如周简156—181线图(下图一⑤):

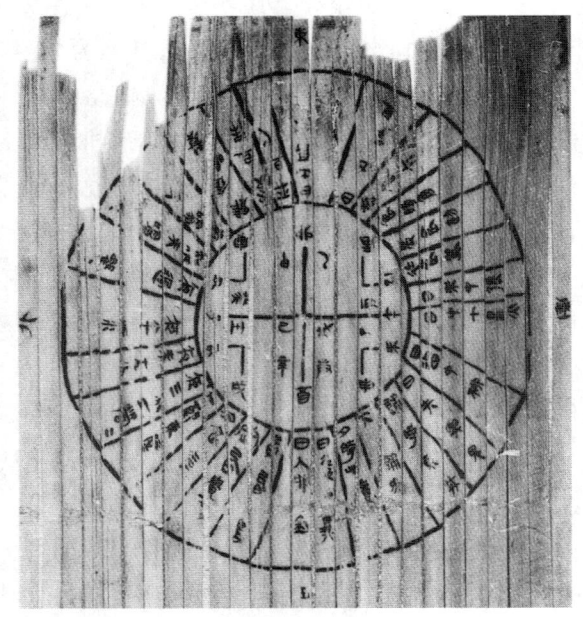

图一　周家台秦简线图

<hr>

①原简有残缺,该释文系结合饶宗颐、曾宪通及于豪亮成果得来。前者见《楚地出土文献三种研究》,北京:中华书局 1993 年;后者见于豪亮《秦简〈日〉记时记月诸问题》,《云梦秦简研究》,北京:中华书局 1981 年。
②尚民杰《云梦〈日书〉十二时名称考辩》,《华夏考古》1997 年第 3 期。
③饶宗颐、曾宪通《云梦秦简日书研究》,香港:香港中文大学出版社 1982 年,第 30 页。
④于豪亮《秦简〈日〉记时记月诸问题》,载《云梦秦简研究》,北京:中华书局 1981 年,第 352 页。
⑤该图采自湖北省荆州市周梁玉桥遗址博物馆《关沮秦汉墓简牍》线图一,北京:中华书局 2001 年。

　　该图把一天分为二十八时辰,对应于二十八星宿①。这二十八时辰为:夜半、夜过半、鸡未鸣、前鸣、鸡后鸣、毚旦、平旦、日出、日出时、蚤食、食时、晏食、廷食、日未中、日中、日过中、日失(昳)、餔时、下餔、夕时、日毚入、日入、黄昏、定昏、夕食、人郑、夜三分之一、夜未半。其中,后世的"鸡鸣"在周简中细分为"鸡未鸣、前鸣、鸡后鸣",后世的"日出",周简细分为"毚旦、平旦、日出时",等等。

　　年代早于这二简的放简用的则是十六时,如放简《日乙》142—143:"平旦生女,日出生男,夙食女,暮食男,日中女,日过中男,日侧女,日下侧男,日未入女,日入男,昏女,夜暮男,夜未中女,夜中男,夜过中女,鸡鸣男。"对比之下,放简十六时表述更为清楚,如"夙食、暮食"的说法比"食时"要准确明了。但故秦地用法并不统一,在甘肃出土的西汉水泉子汉简中,《时》篇显示有 25 个计时名称,如:鸡鸣、鸡刚鸣、中鸣、后鸣、平旦、日出、日中、日失、日入、食时、蚤食、莫食、莫餔、昏时、禺中、餔时、夜食、夕时、黄昏、晦食、人定、过人定、夜半、夜过半、东方作◇②。因简文残断,也不排除后面还有时辰的可能。该地虽远在甘肃,但名称与湖北周简相同者有9。如:后鸣、平旦、日出、日中、日失、日入、蚤食、餔时、夕时。而与同为甘肃地区出土的放简计时名称相同者计6,如:平旦、日出、暮食、日中、日入、鸡鸣。从数量上看,其名称倒是更接近于湖北地区。放简的十六时,在睡简中也有体现。如睡简《日甲》064 正贰-067 正贰从十月开始,分月叙述了各月的昼夜长短:"十月楚东夕,日六夕十。十一月楚屈夕,日五夕十一。十二月楚援夕,日六夕十。正月楚刑夷,日七夕九。二月楚夏㞥,日八夕八。三月楚纺月,日九夕七。四月楚七月,日十夕六。五月楚八月,日十一夕五。六月楚九月,日十夕六。七月楚十月,日九夕七。八月楚爨月,日八夕八。九月楚献马,日七夕九。"可看出每月的日夕相加都是十六,这从侧

---

① 杨继承先生认为"这种将一日分为二十八时的做法,显然是为了与二十八宿相配,并不是实际行用的纪时制度。目前所见式占文献中,唯有放马滩秦简《钟律式占》载有二十八时称"(《式法与直日:周家台秦简〈二十八宿占〉新研》,《出土文献》2022 年第 4 期,第 81—82 页)。按,日书是实用性很强的日常生活指南,如果实际生活中根本没有用过,算者和被算的人都不懂,也就失去了实用性,何况不是孤例。因此 对杨先生此说存疑,认为王胜利先生"十二个月份与二十八宿的对应关系,在战国、秦汉时期的数术活动中是一种影响较大、使用较普遍的系统"(《睡虎地〈日书〉"除"篇、"官"篇月星关系考》,《中国历史文物》2004 年第 5 期)之言可信。

② 张存良、吴荭《水泉子汉简初识》,《文物》2009 年第 10 期,第 90 页。

面说明与十六时的对应关系①。从有秦楚月名对照看,这当是秦征服楚地后,秦人拿来备忘的,结合前述放简十六时用法,此表或可说明故秦地使用的是十六时,而前述十二时是楚人用法。

　　另,睡简十二时名称之外也出现其他表"时"的名词,如《日甲》157:"吏:子,朝见,有告,听。晏见,有告,不听。昼见,有美言。日虒见,令复见之。夕见,有美言"中的朝、晏、昼、日虒、夕。《日甲》135 正:"禹须臾:戊己丙丁庚辛旦行,有二喜。甲乙壬癸丙丁日中行,有五喜。庚辛戊己壬癸餔时行,有七喜。壬癸庚辛甲乙夕行,有九喜"中的旦、日中、餔时,等等。总之,战国至秦、西汉早期计时方法和名称比较丰富,且各地并不一致。

　　放简墓葬年代约为公元前 239 年以前,为统一前简,其内容反映了秦故地礼俗;睡简和周简出土于楚国故地,前者在云梦睡虎地,书写年代不晚于始皇三十年(前 217 年)②;后者在沙市周家台,下葬年代略晚于始皇三十年③。水泉子汉简出土于甘肃,为西汉宣帝五凤二年(前 56 年)时简,四简出土地不尽相同,计时方法互异,说明这几个地区各有自己的计时系统。放简为十六时,睡简为十二时,也有昼夜长短为十六时的相关信息,周简则细化为二十八时,水泉子汉简为二十五时(或更多)④。相较而言,睡简的十二时计时方式与后世接近,而其书写年代却并非最晚。也就是说,后世官方所用十二时(如杜预注),有可能源自楚国。据此推测,统一时秦官方所采用的计时方式也当为十二时。这从一个侧面证明秦始皇统一六国后施行的各项统一政策,并不是以秦地的一切为标准,而是博采众国之长。如《史记·礼书》所言:"至秦有天下,悉内六国礼仪,采择其善。"十二时较之十六时和二十八时,最为简捷便当,也从中窥到秦取众国之长所遵循的原则是既简便又能说明问题,显示出秦文化博取众长、兼容并蓄的一面。从另一个角度看,睡简和周简属被秦始皇占领或统一后简,计时方法却不一致,说明民间的卦算其实在遵循着自己的一套计时系统,政治的统一并不能使它们改变或马上改变,也体现了礼俗思想稳定性和跨政治性的一面。

---

①王胜利《云梦秦简〈日书〉初探商榷》,《江汉论坛》1987 年第 11 期,第 77 页。
②参见湖北孝感地区第二期亦工亦农文物考古训练班《湖北云梦睡虎地十一座秦墓发掘简报》,《文物》1976 年第 9 期。
③湖北省荆州市周梁玉桥遗址博物馆《关沮秦汉墓简牍》,北京:中华书局 2001 年。
④陈梦家在《汉简年历表叙》中认为民间流行着十六时分和十八时分,从周家台秦简的二十八时分可知,当时民间还流行着二十八时分。水泉子汉简因为残断,所以无法判断具体数量。

整体上看,秦简反映的计时系统很不规范,使用上比较自由,尚未出现用十二支表示十二时的情况。我们根据前述各时辰对应的干支时辰列出下表:

出处＼地支	子	丑	寅	卯	辰	巳	午	未	申	酉	戌	亥	
放马滩秦简	夜◇中	鸡鸣	平旦	日出	夙食	ヨ	日中	日未入	莫食	日入	昏	夜过中	另有:日过中、日下、夜未中、夜幕。共16时。
睡虎地《日书》	入定	鸡鸣	清旦	日出	食时	莫食	日中		下市	春日	牛羊入	黄昏	另有:朝、宴、昼、日虒、夕、旦、日中、铺时等名称
周家台秦简	夜半	夜过半、鸡未鸣	前鸣、鸡后鸣	日出	食时	廷食	日中	日过中、日昳	下铺	日入	夕食、入郑	夜未半	另有:夔旦,平旦、日出时,蚤食,晏食、日未中,铺时,夕时,日夔入,黄昏,定昏,夜三分之一。共28时。
杜预注	夜半	鸡鸣	平旦	日出	食时	隅中	日中	日昳	晡时	日入	黄昏	入定	

从该表可看出,秦的"时"虽数量不一,但所据皆同。其一为太阳在天空的位置,如夔旦、平旦、日出、日出时等;其二是人们的生活、生产。前者如食时、暮时、廷食。后者如下市、牛羊入,等等。可见划分"时"的最初目的是生产生活的实际需要,是本着实用目的而诞生的。

2. 依"时"卦算的命运

从目前所见秦简看,从"时"的角度卦算胎儿性别的简,唯见放马滩。除了上文提到的放简《日乙》142-143,另有:

> 放简《日甲》16+17+19:平旦生女,日出生男,夙食女,暮食男,日中女,日过中男,日侧女,日下侧男,日未入女,日入男,昏女,夜暮男,夜未中女,夜中男,夜过中女,鸡鸣男。

内容与放简《日乙》所涉完全相同。放简出土于秦故地,反映了故秦人礼俗特色。从仅放简有对性别的占算看,故秦人显然对性别更为重视,更想提前知道新生儿的性别。从历史事实看,秦自孝公启用商鞅,实行奖励耕战之策,耕战中发挥主要作用的是男性。这种情况下,男性对一个家庭的贡献通常要多于女性,故秦人更希望生的当然是男孩①。

———————————

①甚至在今天,甘肃某些贫穷落后地区依然普遍存在着比较严重的重男轻女现象。

3. 依"辰"卦算的命运

辰在命名上沿用十二地支,即:子、丑、寅、卯、辰、巳、午、未、申、酉、戌、亥。沈括《梦溪笔谈·象数一·释辰》:"十二支谓之十二辰。"单用十二支纪日的最早记录见于《礼记·檀弓》:"子、卯不乐。"睡简有《人字》篇,该篇以生子"日"与人形图像上标记的代表"日"的地支名称对照来判断该子命运,对应的位置有季节的差异,如图二(对应于睡简《日甲》150 正壹-154 正壹)①:

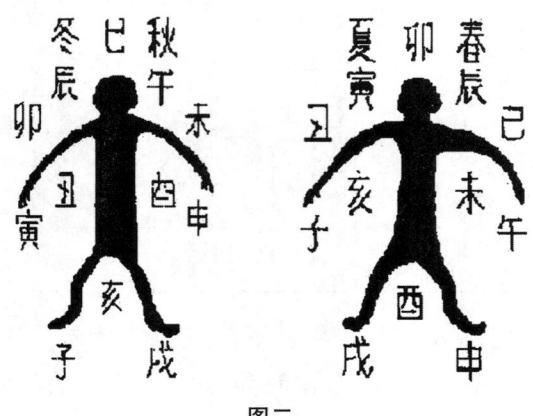

图二

下图三为孔家坡汉简"人字"图②,竹简残破严重,无法复原。不过从仅存的文字和图像看,与睡简"人字图"有对应关系。

睡简"人字"图有对应的解说,而孔简无。但从睡简条文可以了解到有关信息。如:

> 睡简《日甲》150 正贰-154 正贰:人字,其日在首,富难胜也。夹颈者贵,在奎者富,在腋者爱,在手者巧盗。

> 睡简《日甲》151 正叁—152 正叁:在足下者贱。在外者奔亡。

从"其日"可知,上述条文涉及的是"日",即出生在哪一天,而非哪一天的某一时。字,生子。《说文》:"字,乳也。"段注曰:"人及鸟生子曰乳。"奎,《说文》:"两髀骨之间也。"外,刘乐贤认为读为"肩",即肩膀③。上引

①图片采自睡虎地秦墓竹简整理小组《睡虎地秦墓竹简》,北京:文物出版社 1990 年,第 206 页。
②湖北省文物考古研究所、随州市考古队《随州孔家坡汉墓简牍》,北京:文物出版社 2006 年,第177 页。
③刘乐贤《睡虎地秦简日书"人字篇"研究》,《江汉考古》1995 年第 1 期,第 60 页。

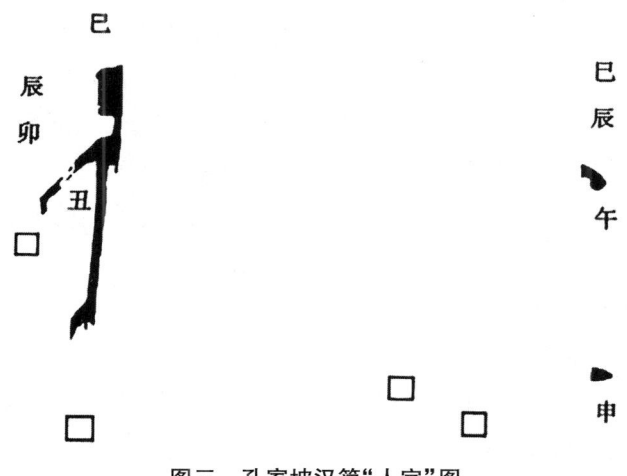

图三　孔家坡汉简"人字"图

简文意思是说：如果生孩子的日期在图像上人头的位置（即巳、卯），（这孩子将来）富裕得很难有人比得上。在脖子相夹位置的（即辰午或寅辰），将来地位显要。在两髀骨之间的（即酉亥），富裕。在腋下的（即酉丑或未亥），惹人喜爱。在手的位置的（即申寅或子午），手巧、行盗窃之事。在脚下位置的（子戌或申戌），地位低下。在肩部的（即丑、辰、巳、午），将来会逃亡在外。同类的图也见于秦末的长沙马王堆汉墓帛书《胎产书》中①，如下图四。

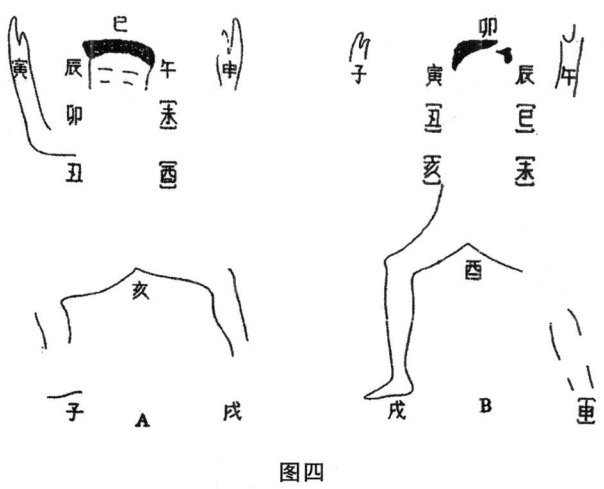

图四

①源自马王堆汉墓帛书整理小组《马王堆汉墓帛书（肆）》，北京：文物出版社 1985 年，第 133 页。

　　从以上图示对比可以看出,它们都属于根据出生日期卦算命运的图示方式。除了前二为两臂下垂,后者为两臂上扬外,各部位代表的日期皆同。刘先生认为古人采用图文的方式是为了吸引读者①,我们认为或许不那么简单,因为日书多为日者自用,故不存在吸引读者的问题。这种方式当如卦算中以五指掐算时辰的掌诀图法一样,只是通过图文的方式来帮助记忆,便于卦算。出土于秦故地的放简无类似内容。

(三)根据出生日卦算

1.据稷辰日卦算命运

　　睡简《日甲》有《稷辰》篇,稷辰也即汉代的"丛辰"②。丛辰,《中国方术辞典》释为:"指以阴阳五行配合岁月日时所定出的各种吉凶神煞。凡吉神所理之方、所在之时,宜为某事;凶煞所理之方、所在之时,则忌为某事。星命家亦以之附会人事,判断命运吉凶。"③《大词典》解释为:"以阴阳五行配合岁月日时,附会人事,造出许多吉凶辰名,叫丛辰。"睡简《稷辰》是用八个日名——秀(穗)、正阳、危阳、敫、䓹、阴、彻、结与地支十二辰搭配组合④,来推断该日行事吉凶,与前述二典所言不同。

　　睡简有秦、楚两套稷辰。故秦人稷辰表现为甲种《稷(丛)辰》和乙种《秦》,名称与内容差不多相同,皆是以十二支分别对应八个吉凶日名来占算该日出生人的命运、行事宜忌等。楚稷辰具体表现在睡简《日甲》"除"篇简2 正贰—13 正贰、"乙种首篇复合日名中的第二套名称"⑤及九简25-36 条。与秦稷辰之别在于,它是以十二个吉凶日名——结、阳、交、害(罗)、阴、达、外阳、外害、外阴、绝纪、夬光、秀日与十二地支搭配,推算该日生人命运的好坏、行事宜忌等。显然,楚稷辰比秦稷辰更为精细复杂,具体如:

　　①秦稷辰

　　　　睡简《日甲》026 正壹—027 正壹:稷辰。正月二月,子秀,丑戌正
　　　　阳,寅酉危阳,卯敫,辰申䓹,巳未阴,午彻,亥结。三月四月,寅秀,卯

---

①刘乐贤《睡虎地秦简日书"人字篇"研究》,《江汉考古》1995 年第 1 期,第 60 页。

②饶宗颐、曾宪通《云梦秦简日书研究》,香港:香港中文大学出版社 1982 年,第 11—12 页。

③古健青等《中国方术辞典》,广州:中山大学出版社 1991 年,第 25 页。

④为明确此点,故下文给出睡简《日甲》"稷辰"篇释文。

⑤关于"稷辰"简的界定参见李零《读九店楚简》,《考古学报》1999 年第 2 期,第 143—150 页。

子正阳,辰亥危阳,巳敫,午戌蒿,未酉阴,申彻,丑结。

睡简《日甲》032正:秀,是谓重光,利野战,必得侯王。以生子,既美且长,有贤等。

②楚稷辰

九简25:寅、卯、辰、巳、午、未、申、酉、戌、亥、子、丑,是谓结日……生子,无弟;如有弟,必死……

九简30:未、申、酉、戌、亥、子、丑、寅、卯、辰、巳、午,是谓达日……生子,男吉,女必出其邦……

九简34:亥、子、丑、寅、卯、辰、巳、午、未、申、酉、戌,是谓绝日,无为而可。名之曰死日。生子,男不寿……

睡简《日甲》002正贰:结日,做事不成。以祭,闿(客)①。生子无弟,有弟必死……

睡简《日甲》007正贰:达日……生子,男吉,女必出于邦。

从体例上看,故秦人稷辰以每二个月为一个单位,与地支十二辰搭配,指出某天属什么稷辰日②,然后另文说明该日吉凶。"秀,是谓重光",意思是秀日,这一天叫作重光日。……该日生的孩子,外表俊美又身材修长、贤良。楚人是总说日名包括的十二月所值日辰,然后指出吉凶。如九简25:寅、卯、辰、巳、午、未、申、酉、戌、亥、子、丑,这几天被称为"结日"。……"结日"出生的孩子,没有弟弟;即使有弟弟,也一定会死。可见,该日出生的孩子是"终结者",无论男女,只要在这一天出生,其后就不会再有男丁,即使有,也一定夭折。在以农耕为主的社会,劳动力是生存和家庭幸福的保障,因此这个孩子的出生对整个家庭来说是不吉的。由此卦算结果看,"结"之意倾向于"结束,终了",《淮南子·缪称训》:"故君子行思乎其所结。"高诱注:"结,要终也。"结日,也就是完结、结束的日子。结日生子不吉,但利于"结言"即用言语约定。看来,丛辰日名本身也多包含着吉凶判断。据此,则"达日"是通达的日子,"绝日"为断绝、死亡之日,"夭"字在九简仅两例:

①睡简整理小组标点为:"结日,做事,不成以祭,闿(客)。"据简文特点及文意改。原注在181页。
②我们称"秀、正阳、危阳……"这种日子为稷辰日。

　　九简28：巳、午、未、申、酉、戌、亥、子、丑、寅、卯，辰，是谓害日，利以解凶，除不祥；利以祭门、行，除疾。以祭大事、聚众，必或乱之。以寓人，夺之室。

　　九简35：子、丑、寅、卯、辰、巳、午、未、申、酉、戌、亥，是谓夺日，利于饮食；如远行，剡。曰：居有食，行有得。生子，男必美于人；入货，吉。

　　第28简"夺"意思是"强取"，此意在秦简中最为常见，有十一处之多。若言"夺日"为强取的日子，颇奇怪为什么该日"生子，男必美于人"，故疑此处"夺"也包含"压倒、胜过"之意。

　　睡简《稷辰》反映的是故秦人的文化，其稷辰日有八个，但涉及生子预测的就有七条，关涉孩子命运的说法有"既美且长，有贤等""男女为盗"两条，余皆为生子状况的内容，如"吉、子死、子不产"。楚稷辰日有十二个，相关条款虽然只有五条，但明显皆与命运有关，如：

　　　　睡简《日甲》02 正贰：结日……生子无弟，有弟必死。

　　　　睡简《日甲》07 正贰：达日……生子，男吉，女必出于邦。

　　　　睡简《日甲》11 正贰：□□□□□可名曰击日，以生子，窭孤。

　　　　睡简《日甲》12 正贰：央光日……以生子，男女必美。

　　　　睡简《日甲》13 正贰：秀日……生子吉，弟凶。

　　楚另有《生子》章，专门预测所生子命运吉凶，这或许与楚人浪漫的民族性格有关。从简文看，似乎故秦人倾向关心现实情况（孩子的死活、不产等），而楚人更关注孩子的未来。楚地的孔简"生子"篇甚至还有关于某日生子寿数的具体内容，如：

　　　　382 贰：卯生子，三日、六月不死，贫，三妻。八十年以己巳死。女三日、三月不死，贫。卅一年以甲辰死。一日八十年庚寅死。

　　　　387 贰：申生子，七日、三月不死，史。五十一年以甲戌死。女七日、六月不死，大富。册九年以己巳死。

　　卯日生的男孩，出生三天或六个月没有死，贫，会有三妻。活到八十岁在己巳日死去。也就是活了八十年。如果该日生的女孩，出生三天或三个月不死，贫，只能活到31岁，但也有说法活到80岁，在庚寅日死去。申日生的男孩能活到 51 岁，而女孩只能活到 9 岁。寿命都能算出且有整有零，相当具体，一方面看到古人认知中男女同日生但不同命的逻辑，更看到该地"日者"的自信和对神灵的笃信。

2. 据六十甲子纪日卦算

"古人以天干和地支按顺序搭配，从'甲子'起，到'癸亥'止，满六十为一周，称为'六十甲子'……一般用于年、月、日的纪序。"[1]用于纪日"是六十甲子最早的用法。在殷商甲骨卜辞中，几乎每一片甲骨都刻有干支纪日，如：'癸酉卜，贞：旬亡祸？'"[2]。秦简中已有使用六十甲子纪日的记录，睡简《日书》甲乙种及王简皆有涉及，秦简有通过这种纪日法来预测所生子命运的条文，时间涉及从"甲子"到"癸亥"六十个甲子，举几例以明：

> 睡简《日甲》140 正玖—149 正陆：甲子生子，少孤，衣污。乙丑生子，武以工巧。丙寅生子，武以圣。丁卯生子，不正，乃有疵前。戊辰生子，有宠。己巳生子鬼，必为人臣妾。庚午生子，贫，有力，无终。辛未生子，肉食。壬申生子，闻。癸酉生子，无终。

> 睡简《日乙》238—239：生：甲子生，少孤。乙丑生，不武乃工巧。丙寅生，武，圣。丁卯，不正，不然必有疵于前。戊辰生，有宠。己巳生，凶，为臣妾。庚午生，贫，武有力，无终。辛未生，肉食。壬申生，有闻邦。癸酉生，有终。甲戌生，好甲。

> 王简 66—69：甲子生孜，乙丑生不武巧，丙寅生武圣，丁卯◇，戊辰生好，己巳生好田，庚午生女毋□，辛未生肉食，壬申生必闻邦，癸酉生终◇。

为便于对比，特列表如下：

日名	甲子	乙丑	丙寅	丁卯	戊辰	己巳	庚午	辛未	壬申	癸酉
睡简《日甲》	少孤衣污	武以工巧	武以圣	不正，乃有疵前	有宠	鬼，必为人臣妾	贫，有力，无终	肉食	闻	无终
睡简《日乙》	少孤	不武乃工巧	武，圣	不正，不然必有疵于前	有宠	凶，为臣妾	贫，武有力，无终	肉食	有闻邦	有终

①祝鸿熹《古代汉语三百题》，北京：商务印书馆 2017 年，第 244、245 页。
②李玲璞《古代汉语精解》，上海：上海文艺出版社 1990 年，第 503 页。

续表

日名	甲子	乙丑	丙寅	丁卯	戊辰	己巳	庚午	辛未	壬申	癸酉
王简	孜	不武巧	武圣	◇	好	好田	女毋□	肉食	必闻邦	终◇

　　上述简文，含义可参照理解，互为补充。譬如，据睡简可知王简之"孜"当为"孤"字，"不武巧"不是"不武""不巧"，而是"不武乃工巧"，即如果不武则巧。睡简和王简皆出于湖北，占算结果基本相同可以理解。然"癸酉"条，睡简《日书》甲乙种出现完全相反的结果，颇令人意外。经查对简文隶定无误，推测或是抄写问题。然睡简和王简之间有着密切的联系也是毋庸置疑的，武、圣、工巧、得宠、闻名于邦、有终是他们对子女的共同期待。出土于秦故地的放简没有用这种方法卦算的条文。但从睡简秦《稷辰》看，美且长、有贤等、吉，是故秦人对子女的期待，内容虽少，但也同样涉及了外表美和内在美两个范畴。

（四）根据二十八星宿纪日卦算

　　据《梦溪笔谈》，二十八宿是中国古代天空分度的标志①。《汉语大词典》注为："指我国古代天文学家把周天黄道（太阳和月亮所经天区）的恒星分成的二十八个星座。《淮南子·天文训》：'五星、八风，二十八宿。'高诱注：'二十八宿，东方：角、亢、氐、房、心、尾、箕；北方：斗、牛、女、虚、危、室、壁；西方：奎、娄、胃、昴、毕、觜、参；南方：井、鬼、柳、星、张、翼、轸也。'"据出土文献，二十八宿当滥觞于商代，殷墟卜辞中有鸟星（七星宿和柳宿）、大火星（心宿二）的记载。作为一个总称，最早见于湖北随州发现的战国早期曾侯乙墓（前433年或稍后），在一件呈拱形的漆衣箱盖面上，画有苍龙、白虎，其中央篆书一象征北斗的大"斗"字，围绕北斗书写二十八宿名称（如下图），是我国迄今发现的记有二十八宿全部名称并有北斗、四象与之相配的一件最早的天文实物资料。说明早在公元前五世纪之前，二十八宿已作为一个体系出现了②。

　　宿，《说文》："止也"，《大词典》注"宿"音 xiù，意为"星宿"，《文选》李善注："宿，星宿也。"夏按，许慎时代二十八宿已是成熟的体系，然其《说

①［北宋］沈括《梦溪笔谈》卷七，成都：四川美术出版社2018年，第98—99页。
②谭维四《曾侯乙墓》，北京：文物出版社2001年，第474—475页。

E·66 号衣箱盖面上的二十八宿星象图

文》所注并未涉及"星宿",甚疑"xiù"为后来音读,最早为 sù,意思是止歇。周作明先生指出:"通常的看法认为,二十八宿是太阳和月亮运行的止宿处,犹如古时候供出差的官吏途中止宿的'传舍','驿馆'一样,故而古书中又称为'二十八舍'"①,其说也为此观点提供了佐证。

　　除了用干支等法纪日,古人也有以二十八宿作为二十八日周期的纪日法,以一宿代表一日,二十八宿代表二十八日,周而复始②。二十八日为一个周期,正好是四个星期。以二十八宿轮值日判断吉凶,由来已久,至晚在战国时期已形成体系③。秦简关于二十八宿的内容有:

　　1. 属于楚人信仰的有睡简《日甲》中的《除》《星》、睡简《日乙》中的《官》和北大秦简《星》共四篇。其中《除》仅有月份和二十八星宿对照的内容:

　　　　睡简《日甲》01 正壹:除:十一月斗　十二月须　正月营　二月奎　三月胃　四月毕　五月东　六月柳　七月张　八月角　九月氐　十月心

　　北大秦简《星》篇仅有十月和十一月两个月份与星宿的对照,其余皆直书星宿名称,如:

　　　　北简《星》257 正贰 284 正贰:角,亢,氐,房,十月心,尾,箕,十一

---

①周作明《民俗通书》,桂林:漓江出版社 1991 年,第 3 页。
②周作明《民俗通书》,桂林:漓江出版社 1991 年,第 4 页。
③参见刘道超《择吉与中国文化》,北京:人民出版社 2004 年,第 168—171 页。

月斗,牵牛,婺女,虚,危,营室,东辟(壁)。恚(奎),【娄】,【胃】,卯(昴),毕,寯(觜巂),参,东井,舆鬼,柳,七星,张,翼,轸。

睡简《星》仅涉某星及其吉凶,如:

> 睡简《日甲》080 正壹:营室,利祠。不可为室及入之。以取妻,妻不宁。生子,为大吏。

《官》为从正月到十二月,某月和某星宿对照的行事吉凶,如:

> 睡简《日乙》080 壹—081 壹:正月:营室,利祠。不可为室及入之。以取妻,不宁。生子,为吏。东壁,不可行。百事凶。以生子,不完。不可为它事。

2. 属于故秦人信仰的睡简《日甲》"玄戈"篇,为月份和星宿对照起来的占算,与上述"官"篇别者,在于本篇为一个月份与多个星宿的对照。如:

> 睡简《日甲》050 正壹:正月,营室、心大凶,张、翼致死,危、营室大吉,毕、觜少吉,招摇系辰,玄戈系翼。

一个月对应多个星宿,用的当是二十八宿纪日法,据此占算每日吉凶。显然,故秦人所用系统与楚人不同。前述各篇为某月太阳在运行到所对应星宿位置时的吉凶,这种方法在《吕氏春秋·孟春纪》有相似记录:"孟春之月,日在营室,昏参中,旦尾中。其日甲乙。其帝大皞,其神句芒。其虫鳞。其音角,律中太蔟。其数八。其味酸,其臭膻。其祀户,祭先脾。"高诱注:"营室,北方宿,卫之分野。是月,日躔此宿。"[1]类似占法也见于孔简,如:

> 孔简 61:正月营室,利祠。不可为室及入之。以取妻,不宁。司定。以生子,为大吏。

为明所述,特列"秦楚月份与二十八宿对照吉凶表"如下[2]:

---

①许维遹《吕氏春秋集释》,北京:中华书局 2009 年,第 5 页。

②本处释文参照了陈伟《秦简牍合集(壹)》有关内容(武汉:武汉大学出版社 2014 年)。又,楚秦月星对照占算虽有不同的系统,但有其共同点(皆为根据月份和星的对照占算吉凶),所以可以放在一起比较。

月份	故室(官+星)		故秦(玄戈)	
	二十八星宿	吉凶	二十八星宿	吉凶
正月	营室,东壁	官: 营室,利祠。不可为室及入之。以取妻,不宁。生子,为吏。东壁,不可行。百事凶。以生子,不完。不可为它事。 星: 营室,利祠。不可为室及入之。以取妻,妻不宁。生子,为大吏。东壁,不可行。百事凶。以生子,不完。不可为它事。	营室、心、张、翼、危、营室、毕、觜	大凶,致死,大吉、少吉
二月	奎,娄	官: 奎,祠及行,吉。以取妻,女子爱【之】。生为吏。娄,祠及百事,吉。以取妻,男子爱之。生子,亡者人意之。 星: 奎,祠及行,吉。以取妻,女子爱而口臭。生子,为吏。娄,利祠及行,百事吉。以取妻,男子爱。生子,亡者人意之。	奎、氐、房、七星、须女、虚、胃、参	大凶,致死,大吉、少吉
三月	胃,昴	官: 胃,利入禾粟米及为囷仓,吉。以取妻,妻爱。生子,使人;昴、猎、贾市,吉。不可食六畜。以生,喜斗。 星: 胃,利入禾粟及为囷仓,吉。以取妻,妻爱。生子,必使。昴,猎、贾市,吉。不可食六畜。以生子,喜斗。	胃、角、亢、东井、舆鬼、斗、牵牛、奎、娄	大凶,致死,大吉、少吉
四月	毕,觜,参	官: 毕,以猎置网及为门,□□□□取妻必二,不可食畜生。生子,◇;觜,百事凶。可以敖人攻雠。生子,为正。参,百事吉。◇徙死庚子寅辰北徙死。 星: 毕,以猎置网及为门,吉。以死,必二人。取妻,必二妻。不可食六畜。生子,疵。亡者,得。觜,百事凶。可以徼人攻雠。生子,为正。参,百事吉。取妻吉。唯生子不吉。	毕、张、翼、毕、觜、心、尾、危、营室	大凶,致死,大吉、少吉

续表

月份	故楚（官+星）		故秦（玄戈）	
	二十八星宿	吉凶	二十八星宿	吉凶
五月	东井，舆鬼	官： 东井，百事凶。以死，必五人；杀牲，必五牲死。取妻，多子。生子，旬死。可以为土事。舆鬼，祠及行，吉。以生子，瘅。可以送鬼。 星： 东井，百事凶。以死，必五人死；以杀牲，必五牲死。取妻，多子。生子，旬而死。可以为土事。舆鬼，祠及行，吉。以生子，瘅。可以送鬼。	东井、七星、胃、参、角、房、须女、虚	大凶，致死，大吉，少吉
六月	柳，七星	官： 柳，百事吉。以生子，肥。可始冠，可请谒，可田猎。取妻，吉。七星，百事凶。利以垣。生子，乐。不可出女。 星： 柳，百事吉。取妻，吉。以生子，肥。可冠，可请谒，可田猎。七星，百事凶。利以垣。生子，乐。不可出女。	柳、东井、舆鬼、奎、娄、角、亢、斗、牵牛	大凶，致死，大吉，少吉
七月	张，翼，轸	官： 张，百事吉。取妻，吉。以生子，为邑杰。翼，利行，不可藏。以祠，必有火起。取妻，必弃。生子，男为觋，女为巫。轸，乘车、衣裳、取妻，吉。生子，必贺。可入货。 星： 张，百事吉。取妻，吉。以生子，为邑杰。翼，利行。不可藏。以祠，必有火起。取妻，必弃。生子，男为觋，女为巫。轸，□乘车马、衣裳。取妻，吉。以生子，必驾。可入货。	张、毕、觜、危、营室、张、翼、心、尾	大凶，致死，大吉，少吉
八月	角，亢	官： 角，利祠及行，吉。不可盖屋。取妻，妻姤。生子，子为吏。亢，祠，为门、行，吉。可入货。生子，必有爵。 星： 角，利祠及行，吉。不可盖屋。取妻，妻姤。生子，为吏。亢，祠、为门行，吉。可入货。生子，必有爵。	角、胃、参、须女、虚、柳、七星、角、房	大凶，致死，大吉，少吉

月份	故雚(官+星)		故秦(玄戈)	
	二十八星宿	吉凶	二十八星宿	吉凶
九月	氐,房	官: 氐,祠及行、出入货,吉。取妻,妻贫。生子,巧。房,取妇、嫁女、出入货,吉。可以为宫。生子,寡。祠,吉。 星: (氐),祠及行、出入货,吉。取妻,妻贫。生子,巧。房,取妇、嫁女、出入货及祠,吉。可为室屋。生子,富。	氐、奎、娄、斗、牵牛、东井、舆鬼、张、翼	大凶,致死,大吉,少吉
十月	心,尾,箕,	官: 心,不可祠及行,凶。可以水。取妻,妻悍。生子,人爱之。尾,百事凶。以祠,必有敚。不可取妻。生子,贫。箕,不可祠。百事凶。取妻,妻多舌。生子,贫富半。 星: 心,不可祠及行,凶。可以行水。取妻,妻悍。生子,人爱之。尾,百事凶。以祠,必有敚。不可取妻。生子,贫。箕,不可祠。百事凶。取妻,妻多舌。生子,贫富半。	心、危、营室,心、尾、毕、觜、张、翼	大凶,死,大吉,少吉
十一月	斗,牵牛	官: 斗,利祠及行贾、贾市,吉。取妻,妻为巫。生子,不到三年死。不可攻。牵牛,可祠及行,吉。不可杀牛。以绖者,不释。以入牛,老一。生子,子为大夫。 星: 斗,利祠及行贾、贾市,吉。取妻,妻为巫。生子,不盈三岁死。可以攻伐。牵牛,可祠及行,吉。不可杀牛。以绖者,不释。以入牛,老一。生子,为大夫。	斗、娄、虚、角、房、胃、□、柳、七星	大凶,死,大吉,少吉

续表

| 月份 | 故楚（官+星） | | 故秦（玄戈） | |
	二十八星宿	吉凶	二十八星宿	吉凶
十二月	婺女，虚，危	官： 　婺女，祠、贾市、取妻，吉。生子，三月死，无晨。虚，百事凶。以结者，易释。亡者，不得。取妻，妻不到。以生子，无它同生。危，百事凶。生子，老为人治也，数诣风雨。 星： 　须女，祠、贾市、取妻，吉。生子，三月死，不死毋晨。虚，百事凶。以结者，易释。亡者，不得。取妻，妻不到。以生子，无它同生。危，百事凶。生子，老为人治也，又数诣风雨。	须女、斗、牵牛、角、亢、奎、娄、东井、舆鬼	大凶，致死，大吉，少吉

说明：1. 在月份上，为了便于对照，属故秦的内容原以十月开头，调整为正月。2. 秦月份与二十八宿对照有重复的星宿，也皆照录，星宿与吉凶对应以逗号标识，如：正月"营室、心、张、翼"吉凶对应于"大凶""致死"①。3. 楚日书之"官""星"篇内容，分别以"官："星："标识，非简文内容。

对照起来，故楚"星""官"分属日书甲、乙种，内容除少数字句外，基本完全相同，可以看出占算类别非常精细、具体，涉及日常生活的方方面面，显示出对生活的关心、精打细算，也可看出鬼神观念的渗透。而故秦日书"玄戈"所涉星宿占算，不涉日常生活具体内容，皆以"大凶、致死/死、大吉、少吉"表示占算结果，极其简捷。

上述反映楚礼俗的占算中，新生儿的命运吉凶都有具体的内容。但有的占卦也如故秦人的风格，只是以"吉"或"不吉"表示，并无详细内容，如：

睡简《日甲》145 正伍：己未生子，吉。

睡简《日甲》142 正壹：丙子生子，不吉。

睡简《日乙》244：癸卯生，不吉。

"吉、不吉"即"好、不好"，其涵盖内容并不难理解，但毕竟去古已远，因为社会背景的差异，我们会发现今天看来是好的，在古人眼里却未必，如：睡简《日乙》243—244 言："壬寅生，不吉，女子为医。"睡简《日甲》148

---

① 释文参照了陈伟《秦简牍合集（壹）》（武汉：武汉大学出版社 2014 年）有关内容，第 530—531 页。

正叁也有此说①。医者救死扶伤，为生活不可或缺的职业，古今都受人尊重。何况秦时生产力低下，自然条件恶劣，卫生条件极差，疾病是人类生存的一大威胁，医的地位必然是很高的。但从简文看，女子为医却是一件不吉利的事情，推测是因为女子为医到处奔波，抛头露面，与当时"男主外、女主内"的主流思想相悖所致。虽则秦律显示当时女子为盗的情况很多，但那应是混乱环境的产物，根深蒂固的思想还是希望女子不要四处奔波的好。睡简《日甲》简007正贰言："达日……生子，男吉。女必出于邦。"根据语境，可知该日对男孩来说是吉利的，对女子则相反，这个"不吉"指的是将来要离开邦国。显然，背井离乡意味着流离失所，这跟现代人离乡背井外出打工，甚至以定居异乡或国外为荣的观念恰恰相反，因此我们结合秦简弄清秦人眼里的吉凶所指很有必要。

　　总之，从楚地秦人对孩子命运的判断标准中可以看出，在他们眼里，孩子的命运由出生的时辰、季节、星宿、出生时头、面的朝向等决定。吉利的命运是富裕、做大官、长寿、心灵手巧、地位高贵、人际关系好（惹人喜爱）等美好有利的事情；不吉利的前景是女子为医、地位低下、离家背乡、出外逃亡，等等（物质和精神两方面的要求都有）。与故秦人相比，楚地秦人占算命运的手段丰富多样，可以说是预测手段发达，对子女期待很多，多有详细的内容。显然他们把更多的希望寄托在天命上，重视孩子未来的命运；而故秦人多务实，重性别，占算子女命运的条文仅7条，有5条关注的都是产子现状（子死、子不产），这种状况或可说明商鞅推行的使平民百姓可以通过农战、军功获得爵位、改变命运的变法举措已深入人心，使得百姓对"命由天定"产生怀疑，他们虽也有大事占卦之举，但更相信努力（农战）可以改变命运，获得幸福。而楚地秦人虽有吴起变法，但以失败告终且并没有动摇其宗法根基，后虽被秦统一，然"命由天定"的想法还占据优势地位，因此才采用各种各样的方法占算新生儿命运。这些固然反映了楚地秦人对子女的重视，但也不能不说是对子女命运的担心，对不可知未来的恐惧。另，故楚地出土的孔简有与反映故秦人礼俗思想的睡简《稷辰》有相同内容，如：

---

① 即"壬寅生子，不女为医，女子为也。"整理小组标注为148正贰。对照图版，可知此处编码当为148正叁，原书图版在第101页，释文在204页。据《日乙》简243-244相关内容，可知该简当理解为：壬寅生子，不（吉），女子为医。

睡简《日甲》032 正:秀,是谓重光……以生子,既美且长,有贤等。

孔简 31:秀日,是谓重光……以生子,美且长,贤其等。

这显然是民族融合的结果,楚地人也吸收了故秦人的礼俗思想。

二、楚地秦人、故秦人生育礼俗思想的异同及统一的影响

本节先梳理楚地秦人的生育礼俗思想,然后和故秦人相关思想进行对比,提炼出同与不同之处,分析楚被秦占领后,在统一的大背景下民族融合可能的影响。

(一)关于重男轻女

在古代农耕社会,男性是主要的劳动力,是家庭经济的主要来源;再加上只有男性有继承家产的权利,且承担着祭祀宗祠、传宗接代的责任,因此,重男轻女思想并不奇怪。那么,秦人是否重男轻女? 从秦简看,云梦楚地秦人和甘肃故秦人有着不同的表现。

1. 楚地秦人

如前所述,楚地秦人对新生儿的性别并不关注,他们重视的是新生儿的命运、对家庭的影响等,如:

九简 30:……达日……生子,男吉,女必出其邦。

九简 34:……绝日……生子,男不寿。

睡简《日甲》007 正贰:达日……生子,男吉,女必出于邦。

孔简 52:房……以生子,富。

楚地秦人对性别的不关注,当与楚国丝织业发达有关。"楚国的丝织工艺和丝绣工艺都妙绝一世。先秦的丝织品和丝绣品,运今已发现的完整实物,一概出自楚墓。"①《国语·齐语》也载齐桓公伐楚时,责楚"丝贡于周而返"。养蚕、抽丝、织锦自然以女性为主导,经济上的贡献使得楚国女性的家庭地位不会太低,因此楚地秦人应该并不轻女。但楚地秦人重视该子出生后是否有弟弟或是否益弟,如:

睡简《日甲》002 正贰:结日……生子无弟,有弟必死。

睡简《日甲》009 背壹:甲寅之旬,不可取妻,无子。虽有,无男。

---

① 张正明《张正明学术文集》,武汉:湖北人民出版社 2007 年,第 386 页。

睡简《日甲》013 正贰：秀日……生子吉，弟凶。

睡简《日甲》140 正肆：甲辰生子，穀且武而利弟。

周简 193：房……多昆弟。

甲寅之旬不可娶妻的原因是会没有孩子，即使有，也没有男孩。可以看出对男孩的重视。其他简文特别提到"弟"，没有提到"妹"①。而用"妹"来表示"同父母（或只同父、只同母）而年纪比自己小的女子"这一含义《诗经》中已出现，如《诗·卫风·硕人》："东宫之妹，邢侯之姨。"毛传："女子后生曰妹。"因此，秦简没有出现"妹"不是当时没有这个称呼，而是楚地秦人并不关心有没有女儿，而只关心这个孩子出生后是否还有儿子出生的问题。结合上文，或可说，楚地秦人重男不轻女。

2.故秦人

甘肃故秦地贫困，自然环境恶劣，经济落后，男性在生产生活中发挥着关键作用，更希望生男孩，因此对生男生女有详细的占算。如前述放简《日甲》16+17+19、放简《日乙》142—143 根据一天的时间推算生男生女，及放简《日乙》293 用所投黄钟数卦算生男生女的条文。

如此千方百计了解胎儿性别，结合重男轻女思想，当是故秦人该观念的反映。故秦人信命，但更务实，放简并无占算子女命运的条文。反映故秦思想的睡简《稷辰》篇，涉及占算子女命运的条文也仅七，涉未来具体命运的 2 处："既美且长，有贤等""男女为盗"；出生时具体情况的 3 处，即"子死"（2）、"子不产"（1）；泛泛而言者（吉）2。可以看出，故秦人更重现实，更关心子女出生时的现实情况（子死、不产），对其未来的命运少有期待。

（二）生育目的——孝

据秦简，可梳理出楚地秦人的生育目的可归结为一个"孝"字，分两方面，一是为了祭祀祖先、延续宗祀的"孝"；另一是为了让子女孝敬自己的"孝"，具体如下。

1.祭祀祖先　承继香火

楚为周王朝异姓国，臣服于周，遵行周礼，以儒治国，提倡孝道。战国

---

①也没有提到表"妹"意的"女弟"。

中晚期的郭店楚简《老子》甲篇有言"绝危弃利,民复孝慈"①;疑出土于故楚地的岳简伍 199 正也言:"黔首或事父母孝,事兄姊忠敬,亲悌慈爱,居邑里长老率黔首为善,有如此者,牒书◇";又如《史记·伍子胥列传》中载伍奢被拘押,楚平王使人召其二子欲杀之,伍尚赴死,即因为仁且孝,明知去是死路一条,也毅然前往。而伍子胥的逃亡以至后来为父报仇鞭楚平王尸,何尝不是"孝"的另一种表现呢,这些皆可说明楚地秦人是尊儒重孝的,所以,我们不能不认为,楚地秦人的生育目的与"孝"有关。

　　为论述的展开,这里需要辨明"后"的含义。后代的"后"与"绝后"的后所指不同。后代的"后",繁体写作"後",甲骨文字形作 或 ②,本义与"先"相对,指时间较迟或较晚。"后代"是其引申义,指后裔子孙,自然包括男性和女性。但"绝后"的"后"则多与"孝"联系,《孟子·离娄上》:"不孝有三,无后为大。"赵岐注云:"于礼有不孝者三事,谓阿意曲从,陷亲不义,一不孝也。家穷亲老,不为禄仕,二不孝也。不娶无子,绝先祖祀,三不孝也。三者之中,无后为大。""不娶无子,绝先祖祀"是对孟子"无后"的解释。我们知道,至西周已趋完善的宗法制度下,女儿没有继承父亲权力、财产和宗祧的权利,这种权利通常情况下只属于亲生儿子。如此,如果一家之中没有男孩,则不但意味着父辈创下的一切无人继承,更意味着祖先的香火要断绝(绝先祖祀)。"传统中国人最担心的一件事是绝后、绝嗣或绝房"③,可见绝后被视为最大的不孝。总之,这个"孝"实际上已超越了个体,体现在姓氏传承、祖先崇拜和延续后嗣上了,因此,"绝后"的"后"其实是特指男性④。

　　男,甲骨文写作 ,《说文》言:"丈夫也。从田从力。言男用力于田也",从最早字形就可看到男性在农耕中的作用。农业是古代中国最基本的经济形式,男子因体力上的天然优势,是主要的劳动力。如前所述,早在二千年前的帝尧时代人们已经希望"多男子"了。商代武丁占卜妇好及妇姘分娩是否顺利的卜辞中同样可以看到重男轻女思想,卜辞言:"妇姘冥,

①荆门市博物馆《郭店楚墓竹简》,北京:文物出版社 1998 年,第 111 页。
②于省吾《甲骨文字诂林》,北京:中华书局 1996 年,第 823 页。
③陈其南《文化的轨迹》,沈阳:春风文艺出版社 1987 年,第 92 页。
④魏德胜也注"绝后"曰:"旧指没有儿子,没有男性继承人。"(《〈睡虎地秦墓竹简〉词汇研究》,北京:华夏出版社 2003 年,第 87 页)

妫",妇好"冥,不妫,重女。""冥"读为"娩",意思是说,妇妫生育了,很好。妇好分娩了,不好,生了个女孩。显然,前面说妇妫的生育好,是因为生了个男孩的原因。《诗经》的《小雅·斯干》:"……乃生男子,载寝之床。载衣之裳,载弄之璋。其泣喤喤,朱芾斯皇,室家君王。乃生女子,载寝之地。载衣之裼,载弄之瓦。无非无仪,唯酒食是议,无父母诒罹……"也反映了男尊女卑的社会现实。也就是说,农耕和宗法制度下承继香火的需要,养老的切身利益驱使,社会广泛存在着"孝"的观念。重视后代,更重视有无男孩,由此导致重男轻女思想,而且这种思想至少从尧延续至今,当然,楚、秦也都是此链条上的一环,只不过表现不同。如前所述,楚地秦人重视某日所生子出生后是否有弟弟或是否益弟,说明楚地秦人重视男性,害怕没有男性后代而导致绝后,如:

睡简《日甲》17 背贰:宇多于西北之北,绝后。

睡简《日甲》20 背叁:井居西北厒,必绝后。

睡简《日乙》125:甲子、乙丑……不可筑、兴土功,命曰无后。

宇,即"居",指居住之所。多于西北之北,即于西北之北多,意谓在西北偏北的位置上多出一些。所居房屋在西北偏北的位置多出,就会绝后。井位置在西北方向,一定绝后。如果做土木之事选择的时日不对,也会导致绝后的恶果。一旦"绝后",大的来说祖宗的香火无人继承,祖先要从此挨饿(《左传·宣公四年》:鬼犹求食,若敖氏之鬼不其馁而);小的来说,自己的养老成为问题,将老无所依,都是很严重的事情。从"命曰无后"——"你的命运就叫做没有后代"的句意看,"绝后"也的确被看作是极其可怕的事。

2. 尊亲养老

秦律有禁止擅杀婴儿的条文,如睡简《秦律杂抄》069:"擅杀子,黥为城旦舂。"说明当时存在生子不养、偷偷杀死的社会现实。其原因之一当为该子命不好,且不利父母。如睡简《日乙》247:"凡己巳生,勿举,不利父母,男子为人臣,女子为人妾。"但秦简更有楚地秦人希望生养多个后代的占算,说明正常情况下,"多子多福"是多数人的愿望,如:

睡简《日甲》078 正壹:虚……以生子,无它同生。

睡简《日甲》150 正叁:女子以巳字,不复字。

> 睡简《日乙》242：甲午生，武有力，寡弟。
>
> 岳牍 36：44A03：辛卯生子，不弟。

同生，指同母的兄弟姐妹。不复字，即不会再生育。字，生育。寡弟，即少弟。"不弟"即没有弟弟。甲午日生的人，孔武有力，但是少弟弟。辛卯日出生的孩子，没有弟弟。显然，秦人并不把能否生育都归结到作为当事人的夫妇身上，而是认为能不能生育多个孩子，跟先出生孩子的出生时辰息息相关，似乎是这个孩子决定了后面的子子孙孙。这一方面表现了秦人对生养多个子女的渴望，另一方面也反映了"天命论"思想的深刻影响。

秦人生养多个子女的根本目的是希望子女能够孝心奉养，得以安享晚年。俗话说"掏钱难买老来福"，老来受苦被视为人生一大不幸，如：

> 睡简《日甲》079 正壹：危，百事凶。生子，老为人治也，又数诣风雨。
>
> 睡简《日乙》105 壹－106 壹：十二月……危，百事凶。生子，老为人治也，数诣风雨。

治，整治。风雨，比喻危难和恶劣的处境。危，二十八宿之一。前一条是说星宿"危"的吉凶，后一条是说在十二月太阳运行到星宿"危"所对应日期时的吉凶，看来星宿"危"所对应的是什么事都不能做的凶日，这天出生的孩子，老了会被人整治，还会多次遭受危难、处境恶劣。也就是说危日生的孩子命不好，老了要吃很多苦头[1]。在占算的条文中，未见言及年轻时如何受苦，只说老年怎样，显然跟现在人一样，时人关心的也是年老力衰时的境况，正所谓"老来有福才是福"，而在社会保障系数基本为零的古代，要避免晚年不幸，恐怕只有依靠儿女的孝心奉养。睡简《日甲》143 正贰"丁亥生子，工巧，孝"正是这种思想的反映。

（三）对子女的期待

在秦楚民族融合的大环境下，受秦影响、尊礼重孝的楚人，养育子女承继香火的一面淡化，功利性凸显。但楚人浪漫爱幻想的习惯始终与重实际的故秦人有别，楚人对儿女的将来抱有更多的幻想。因为睡简有大量反映楚地秦人占算子女命运的内容，我们就由此入手，在梳理其生育期待的基

---

[1]孔简 60 也有言："危，◇数诣风雨，大凶"，据前述睡简内容，该简残缺内容当与睡简同。

础上考察被秦占领后,民族融合对其可能的影响。

楚地秦人希望生养多个孩子,得享儿女之福。但儿女之福源于孩子自身的素质及前途,因此孩子的前途及命运是楚地秦人极为关切的内容,其对儿女的期待如何,我们试从秦简条文梳理分析如下。

1. 好看贤善　勇武有终

希望生个白白胖胖、漂亮健康的孩子,是古今人的共同愿望。但今人若占算孩子命运,不会去算胖瘦。毕竟,在今人的认知中,婴儿的胖瘦跟母亲的营养有关,这样的占算没有意义。那么应该是楚人认为胖瘦跟命运相关,所以有这样的占算,如睡简《日甲》91 正壹:"柳……,以生子,肥";《日乙》091 壹:"六月:柳……以生子,肥";孔简 72:"六月柳……生子,子肥"等。柳,为二十八宿星宿名。上述各简是说在太阳运行到"柳"宿对应的日子,在这一天生的孩子,肥胖。但楚国应该是崇尚瘦的,如《墨子·兼爱中》:"昔者楚灵王好士细腰。"简文或透露着这样一个信息,就是民间仍以胖尤其是小孩子的胖为美,是有福的象征。

现代人除了不会去占算孩子的胖瘦,也不会去占算孩子的品行。但从睡简大量关于卦算某日生孩子命运的条文看,在楚地秦人心中,占卦不仅可以占算出儿女是否健康,也可以预知儿女的品行,对儿女的期待也蕴含其中:

> 睡简《日甲》012 正贰:央光日……以生子,男女必美。
>
> 睡简《日甲》149 正壹:癸未生子,长大,善得。
>
> 睡简《日甲》147 正贰:辛卯生子,吉及穀。
>
> 睡简《日甲》145 正肆:己酉生子,穀,有商。
>
> 睡简《日乙》024 壹:成决光之日……生子,美。
>
> 睡简《日乙》240:丙戌生,有终。
>
> 九简 35:生子,男必美于人。

穀,善良。善得,即身手不凡[1]。长(cháng)大,指身材高大。商,读为章,功业显著[2]。有终,即有戌,人生结局美好。从诸简可以看出,秦人希望自己的孩子外貌漂亮好看、身材长大、心地善良、人生结局美好、能给家

---

[1] 吴小强《秦简日书集释》,长沙:岳麓书社 2000 年,第 104 页。
[2] 睡虎地秦墓竹简整理小组编《睡虎地秦墓竹简》,北京:文物出版社 1990 年,第 205 页。

庭带来吉祥。尤其是关于"穀（善良）"的占文最多，显然希望孩子善良是古人最美好的愿望，可看出时人对子女品行的重视！也可知楚地秦人认为善良者都会有好报，现代人所说的"好人有好报"，也是楚地秦人的追求。秦简也涉及相貌丑陋人的命运，睡简《日甲》145 正陆："己巳生子，丑，必为人臣妾"，秦时男女奴隶被称为臣妾。纵然是因出生在"己巳"时辰不好，但丑便必为臣妾，可以窥到丑人的命运，古今似乎都不很乐观。

至于身手不凡，功业显著这些占语，从当时社会现实看，应该是针对男子的。秦汉时期男子以身材高大、肤白人肥为美，《史记·张丞相世家》言："平为人长大美色。人或谓陈平曰：'贫何食而肥若是？'"《史记·张丞相列传》："苍坐法当斩，解衣伏质、身长大，肥白如瓠，时王陵见而怪其美士，乃言沛公，赦勿斩。"张苍竟然因为高大肥白而免除一死，可见长大肥白的魅力。睡简反映故秦人对新生儿美好期待的简文仅一条，即睡简《日甲》032 正："秀……以生子，既美且长，有贤等。""等"通于"德"①。秀日生的孩子，既长相美好又身材高大，有贤德。概括了从外貌到品行的全面要求，反映了同样美好的期待。

联系楚地秦人尚武习俗，既外貌美又仁爱、善良、勇健刚强，也是其不懈追求的完美形象，对新生儿的期望自然也少不了这些内容，如：

> 睡简《日甲》148 正壹：壬午生子，穀而武。
> 睡简《日甲》148 正贰：壬辰生子，武而好衣剑。
> 睡简《日甲》140 正叁：甲午生子，武有力，少孤。
> 睡简《日甲》140 正肆：甲辰生子，穀，且武而利弟。
> 睡简《日乙》239：甲戌生，好甲。
> 睡简《日乙》245：壬子生，勇。

武，勇猛威武。《广雅·释诂二》："武，勇也。"又，"武，健也。"睡简出土于故楚地，楚国本就尚武，被秦统一后，《史记·秦始皇本纪》："海内为郡县，法令由一统。""统一后的秦朝仍沿袭了统一前秦国的法律，秦始皇在扫平六国后面临诸多问题，使其无暇集中精力重新推行大规模的法典编纂工作，他所能做的除发布一些单行法令外，就是把原来秦国的法律重加

---

①王子今《睡虎地秦简〈日书〉甲种疏证》，武汉：湖北教育出版社 2003 年，第 89—90 页。

修订后向整个帝国推行。"①如此,则秦应该也会在楚地推行其壹赏政策"利禄官爵抟出于兵"②;奖励军功"有军功者,各以率受上爵""宗室非有军功论,不得为属籍"③,只有立下军功的人才可以有官爵。《史记·商君列传》也有言:"有功者显荣,无功者虽富无所芬华。"无疑会激励楚地秦人的尚武之风,简文中提到的勇武有力、佩剑等内容,都是社会现实的反映。在当时那样一个"赳赳武夫,公侯干城"的时代,孩子的勇猛威武,差不多可以决定一家人的富贵荣华。因此,孔武有力就成为时人对未生子的主要期待。但现实是残酷的,由于各种原因,并不是所有"武有力"者都可以富贵荣华、结局美好。如睡简《日甲》146 正肆:"庚戌生子,武而贫。"睡简《日乙》239:"庚午生,贫,武有力,无终。"等。

2. 聪明工巧　富贵荣华

除了对子女形貌、品行的要求,楚地秦人对子女的智力和经济状况也充满期待。他们希望子女聪明、工巧、富且贵,如:

> 睡简《日甲》142 正弎:丙寅生子,武以圣。
>
> 睡简《日乙》238:丙寅生,武,圣。
>
> 睡简《日乙》242:壬辰生,必善医、衣裳。
>
> 睡简《日甲》140 正贰:甲申生子,巧,有身事。
>
> 睡简《日甲》143 正贰:丁亥生子,工巧,孝。
>
> 睡简《日乙》238:乙丑生,不武乃工巧。

圣,整理小组释为:"疑读为听,听从命令。"吴小强理解为"武德高尚,听从指挥"④,我们取"聪明睿智"义⑤。身事,即有兼职⑥。工巧,指技艺高超。丙寅日生的孩子,武艺高强且聪明睿智。壬辰生的,一定善于医术和裁制衣裳。甲申日出生的孩子,聪明灵巧,将来会身兼数职。丁亥日出生的孩子,技艺高超、孝顺。乙丑日出生的,不是武艺高强就是技艺高超。如

---

①朱勇《中国法律史》,北京:中国政法大学出版社 2021 年,第 74 页。

②蒋礼鸿《商君书锥指》,北京:中华书局 2001 年,第 96 页。

③[汉]司马迁《史记(全十册)》,北京:中华书局 2009 年,第 2230 页。

④吴小强《秦简日书集释》,长沙:岳麓书社 2000 年,第 106 页。

⑤参见王子今《睡虎地秦简〈日书〉甲种疏证》,武汉:湖北教育出版社 2003 年,第 285 页。

⑥睡虎地秦墓竹简整理小组《睡虎地秦墓竹简》,北京:文物出版社 1990 年,第 205 页。关于"有身事"学界有多个说法,今结合睡简《日甲》093 正贰:"金钱良日,甲申、乙巳",取整理小组所训(因甲申日为金钱良日,而"有身事"训为"有兼职"与此意暗合)。

前文所言,勇猛威武未必就能立下军功、获爵得禄。既勇猛威武又聪明,才是楚地秦人希望的,简文中武与圣往往连言,当是这种社会心理的反映。

　　"武"是时人追求的目标,但并非人人都能够做到。如果不能孔武有力,有一技之长也可以在社会上安身立命,所以秦人也希望自己的孩子能够技艺高明。秦简中具体提到与技艺有关的职业有巫、觋、医、裁缝和商人,如:

　　　　睡简《日乙》242:善医术、衣裳。

　　　　睡简《日乙》094 壹:翼……生子,男为觋,女为巫。

　　　　睡简《日乙》242:庚辰生,女子为巫。

　　　　睡简《日甲》146 正贰:庚寅生子,女为贾……

　　善医术、衣裳,即擅长医术和裁制衣裳,指的是医生和裁缝。觋为男巫,巫指女巫。韩国学者文镛盛认为:"巫与医的分离起源于何时,现在无法确定。但通过史书记载可知在西周、春秋时期医与巫尚不分。"[1]上述简文已把医、巫分开论说,说明至迟在战国后期巫医已经分离。《说文》:"巫,祝也。女能事无形,以舞降神者也。"说明巫可以歌舞使神降临,是沟通人神的中介;可下达神旨,预测吉凶祸福,有无限的神力。鬼神观下的时人,对巫自然充满敬畏,如孔简 394 言:"毋伤巫,受其殃。"不要惹了巫,否则会遭受其报复带来的灾殃。

　　楚人有重商传统。《左传·宣公十二年》有晋武子称赞楚国之语:"昔岁入陈,今兹入郑,民不罢劳,君无怨讟,政有经矣。荆尸而举,商农工贾不败其业,而卒乘辑睦,事不奸矣。"商、贾分开言说,郑注云:"行曰商,处曰贾。"[2]商,指行商,即流动经商的人。贾,指的是设店售货的坐商。行商坐贾说的就是这个意思。楚把"商"排在四民之首,且商贾都入列,说明楚地商业的繁盛,楚国对经商的重视。"楚人重商,并不限于春秋,实贯彻到战国以后。终楚国之世,也没有实行过抑商政策。"[3]出土于故楚地的睡简及孔简皆不乏关于"贾市"吉凶的占算,如:

　　　　睡简《日甲》20 背壹:宇南方高,北方下,利贾市。

①(韩)文镛盛《中国古代社会的巫觋》,北京:华文出版社 1999 年,第 96 页。
②杨伯峻《春秋左传注(修订本)》,北京:中华书局 2000 年第 6 版,第 723 页。
③郭仁成《楚国经济史新论》,长沙:湖南教育出版社 1990 年,第 3 页。

睡简《日乙》085 壹：昴，猎、贾市，吉。

睡简《日乙》103 壹：斗，利祠及行贾、贾市，吉。

睡简《日乙》105 壹：十二月：娶女，祠、贾市、取妻，吉。

孔简《日书》297 壹：货门：所利惟贾市。返入货不吉。十一年而更。

孔简《日书》66：昴，【昴】，〖利以弋〗猎、贾市，吉。

房子的南方高，北方低，有利于买卖、做交易。另外是据星宿和月份卦算适合经商做买卖的条文。是否经商已经和日常的舍室联系起来，可以看出楚地秦人对经商的重视一如既往，没有改变。

然故秦重农抑商。秦始皇在统一前后，推行的皆为商鞅变法时确定的重农抑商、强本弱末政策。如《商君书·壹言》言："治国能抟民力而壹民务者，强；能事本而禁末者，富。"末，古代指工商业，与作为"本"的农业相对。《史记·秦始皇本纪》记二十八年，秦始皇在琅琊刻石中说："上农除末，黔首是富"，明确提出重农抑商政策。三十三年，为补充兵力，又"发诸尝逋亡人、赘婿、贾人略取陆梁地"，经商之人即在其列。秦对商业的抑制、商人的打压，可见一斑。放简《日乙》仅有三条关于贾市的占算（睡简关于贾、贾市的占算有 14 条），如：

放简《日乙》288：诸群凶之物尽【去】。【上多】下甚少为逐有罪，贾市丧，行【贩】折。【下】数多者为上位，贾市，行【贩】有，诸群美皆吉。

放简《日乙》243：投黄钟之首……事君有刃无后，贾市、行【贩】皆然。

放简《日乙》022：财门，所利唯利贾市，入财大吉，十二月更。

丧、折皆指经商不利、亏损。有初无后，指有开始没有结果。从经商的角度看，是做生意最终不能成功。故秦人关于贾市的占算条文少且内容简单，当与重农抑商政策有关，但也说明秦地经商之人在打压之下的顽固存在。那么，本就提倡经商的楚人，被秦占领后，经商的传统和爱好没有明显变化也就更在情理之中了。这或也说明秦的重农抑商政策并没有扩大到故秦之外的地方去；抑或说明，楚虽被秦灭，但秦重农抑商政策在楚故地并没有发挥明显的作用，楚地依然商贾盛行（关涉切身利益的东西很难一时改变）。在上述背景下，楚地秦简有"女为贾"的占算内容，如睡简《日甲》

146 正贰:"庚寅生子,女为贾,男好衣佩而贵。"一则看出女子经商在楚地并不稀奇,女子的自由度不亚于男子;再则也可知商业之发达。而放简关于贾市的占算本就很少,更无女子经商的内容。

楚地商业发达,"富""贵"是楚地秦人追求的最高目标。贵,即社会地位高,体现在现实中就是可以当官。至少在现代人看来,当官自然地位高于普通人,地位高则意味着资源和财富。富和贵,犹如一对合体人,如影随形。但在秦简中,富和贵的命运被分开占算,如:

> 睡简《日乙》074 贰:生东向者贵。
> 睡简《日甲》15 背壹:凡宇最邦之高,贵贫。
> 睡简《日甲》147 正壹:辛巳生子,吉而富。
> 睡简《日甲》14 背叁:为池西南,富。
> 睡简《日甲》20 背叁:圈居宇正北,富。
> 睡简《日甲》071 正壹:房……生子,富。
> 睡简《日甲》125 正贰:曲门,前富后贫……
> 睡简《日甲》19 背叁:圈居宇西南,贵吉。

生东向者贵,意思是出生时头朝东的孩子,将来政治地位高。"凡宇最邦之高,贵贫"意谓凡是居住的房子在全城的最高处,房子的主人政治地位高,但家庭贫穷。圈,指羊、猪圈。儒家讲究天命,认为富贵与否是由"天"决定的,《论语·颜渊》有言:"死生有命,富贵在天。"但从上述简文看,尊奉周制的楚地秦人并不完全把富贵的希望都寄托在"天"身上,也不认为孩子的出生日期及出生时头的朝向就可以完全决定是否富贵。秦人是"有为"的,他们认为周围的人工环境等跟人有关的一切有形的东西,同样可以决定人的命运。并且,从"前福后贫"看,楚地秦人显然也并不相信富贵永恒,命运不可改变。这种思想,透露着秦人理性的微光。又,今人通常认为:富可能不贵(社会地位高),但贵一定富。然秦简"凡宇最邦之高,贵贫",透露的信息却是秦时存在一定数量贵却贫的清廉官员①,这也使得楚地秦人的观念中,富、贵并不似一对双胞胎相伴而生。

_____

① 睡简《金布律》082—083 条言:"官啬夫免,复为啬夫……贫窭无以偿者,稍减其秩、月食以偿之,弗得居;其免也,令以律居之。"贫窭,即穷困。是说官员因贫困无力偿还债务的,可分期扣除俸禄和口粮抵债。可见官员之贫。

秦简中楚地秦人眼中的"富"没有具体的数字标准,但"贵"却有详细的内容,如:

> 睡简《日乙》097:亢……生子,必有爵。
>
> 睡简《日乙》239:辛未生,肉食。
>
> 睡简《日甲》082 正壹:奎……生子,为吏。
>
> 睡简《日乙》084:三月:胃……生子,使人。
>
> 睡简《日乙》244:戊申生,有宠,必事君。
>
> 睡简《日甲》147 正陆:辛未生子,肉食。
>
> 孔简 61:正月营室……以生子,为大吏。

肉食,指高位厚禄的官员。使人,使唤别人。如前文所述,楚国沿用周制,奉周法,虽"吴起为楚减爵禄之令"(《淮南子·泰族训》),"使封君子孙三世而收爵禄"(《韩非子·和氏》),然变法失败,官爵世袭的制度未变,高官大爵都由贵族世袭。此种制度下,平民百姓最多只能做个小官。而商鞅变法一反历朝爵禄世袭制度,唯以军功决定爵秩,这给穷苦百姓带来了希望,使得他们不但可以期待孩子将来做小官,对做大官也毫不避讳。上述"肉食""为吏""使人""有宠,必事君""为大吏"等等,都是这种心理的反映。睡简为秦占领楚地后简,而"日书"虽多传承而来,然也会随朝代更替、事物变迁而改删增减,其内容必然受统一影响[1],上述希望孩子做大官的礼俗思想自然也是楚秦文化融合的结果。而放简却并无一例占算某时辰生子为官为吏的内容,且"吏""官"二字在放简中也仅出现四处,这种情况当与商鞅变法以军功论爵,人们不再把希望寄托于天命而更重现实表现有关。

3. 媚人有宠 名闻于时

除了希望子女形貌漂亮、品行贤良外,楚地秦人也很重视人际关系和社会影响。他们希望子女能够受人欢迎、招人喜爱。如果能够成为一个有名望的人,那更是光宗耀祖的莫大好事:

> 睡简《日乙》246:丁巳生,穀,媚人。
>
> 睡简《日甲》072 正壹:心……生子,人爱之。

---

①如前述《日书》中有"民"改为"黔首"例便可说明其传承性和时代性。

　　　　睡简《日乙》093 壹：七月：张……以生子，为邑杰。

　　　　睡简《日甲》144 正陆：戊辰生子，有宠。

　　　　睡简《日甲》148 正陆：壬申生子，闻。

　　　　王简 068：壬申生必闻邦。

　　　　孔简 53：……以生子，人爱之……

　　　　孔简 74：七月张……以生子，为邑杰。

　　媚人，即招人喜爱。媚，喜爱。《大雅》毛传曰："媚，爱也。"宠，喜爱。有闻邦，即有闻于邦，意谓在全国有好名声。闻，名声、名望。《广雅·问韵》："闻，名达。"楚地秦人希望儿女被人喜爱，也就是人际关系和谐、有人脉。归根到底，还是希望孩子人生顺利，能够成为一个成功的人。毋庸置疑，这也是今人对子女的期待。追名逐利是古今多数人的行为指向，商鞅明了此点，如《商君书》言："民生则计利，死则虑名"，"显荣逸乐者，民之所务也"。在商鞅看来，追求荣耀和名声是人的本性，因此奖励耕战，"名出于战，则民致死"，让国人在名利的驱使下拼死打仗，从而达到富国强兵的目的。而百姓也可因此获爵得禄、光宗耀祖。若后代能如此，作为父母，自然可以从中得到物质上的利益和精神上的满足。如前文所述，楚地秦人更是重名声、爱面子的典范，所以，与其说卦算中出现重名声之类说法，有秦法激励强化的成分，不如说秦楚都有着重名声的传统思想，商鞅变法无非是抓住了人们的普遍心理而已。楚地秦人既重视孩子的外形美，又重视内在的品行美，也强调社会影响和人际关系，对子女的要求和期待可谓全面、完美。

　　4. 喜乐冶志　热爱家庭

　　如前所述，故楚人好鬼神、重祭祀，而祭祀鬼神离不开歌乐，故而音乐活动极为普遍。统一后此俗未见有变，是否爱好音乐也是楚地秦人占算子女命运的内容之一，如：

　　　　睡简《日甲》092 正壹：七星……生子，乐。

　　　　睡简《日乙》240：乙酉生，穀，利乐。

　　　　睡简《日乙》141 正贰：乙酉生子，穀，好乐。

　　子女喜欢音乐，一方面生活愉快，另一方面可以在乐舞中扩大人际关系，甚至可以作为生活的出路，如《淮南子·说山训》载："老母行歌而动申喜,精之至也。"高诱注:"申喜,楚人也。少亡二母,闻乞人行歌声,感而出视之,则其母也,故曰精之至。"这个鬻歌假食的故事不但说明歌唱已成为楚国民人的表演形式,而且说明其也是可用以谋生的手段,我们研究涉及的秦简中也有一定数量反映故秦人歌乐思想的条文,如[1]:

> 睡简《日甲》032 正:秀……利祠、饮食、歌乐,临官立政相宜也。
> 睡简《日甲》038 正:敚……不可临官、饮食、乐、祠祀。
> 睡简《日甲》040 正:……不可饮食歌乐。利以祠外。
> 睡简《日甲》042 正:阴……以祠祀、饮食、歌乐,吉。
> 睡简《日甲》044 正:彻……不可祠祀、歌乐。

以上简文中,歌乐常与祭祀、饮酒、吃饭放在一起占算,可知歌乐也是故秦人日常生活不可或缺的内容。

除了对子女本身各方面的期待外,以"养儿防老"为目的楚地秦人更注重子女是否爱家、恋家。在交通落后的古代社会,"孝"的前提更是能守在父母身边,因此,爱家、恋家便成为父母关注的重要内容,秦简中不乏这样的条文,如:

> 睡简《日甲》142 正叁:丙申生子,好家室。
> 睡简《日乙》243:丙申生,好室。
> 睡简《日甲》148 正五:壬戌生子,好家室。
> 睡简《日乙》246:壬戌生,好室家。

室家,即家庭。《诗·周南·桃夭》:"之子于归,宜其家室。"毛传:"家室,犹室家也。"好家室,即喜欢家庭,也就是我们俗语所说的爱家、恋家。爱家、恋家,自然就舍不得离开家,孝顺奉养父母也就有了前提。而要做到这些,家庭责任感是不可或缺的。睡简《日乙》022 壹言:"不可远行,远行不返。"远行不能安全返家是时人最害怕的,从一个侧面反映了时人的爱家、恋家。其对家的爱恋还表现在对居住环境的重视上,如睡简《日甲》18 背叁:"水滨南出,利家。"

楚地秦人喜欢音乐,提倡孝道。然秦自孝公任用商鞅(前356年)一直实行法家统治,法家把礼乐及孝道都划入敌至国削的行列而加以反对。禁

止音乐流传,以保证农民专心耕作。如《商君书·垦令》:"声服无通于百县,则民行作不顾,休居不听。休居不听,则气不淫;行作不顾,则意必壹。意壹而气不淫,则草必垦矣。"但秦地并非没有音乐,如战国晚期思想家荀子入秦,在《荀子·强国》中就提到秦的音乐特点是"其声乐不流污……古之民也。""声乐不流污"说的就是秦的音乐不放纵卑污,属于雅声正乐。因此可以说,亡国后的楚地秦人能够依然保持着对音乐的热爱,与其说是秦的统治对楚地秦人的好乐没有明显影响,不如说音乐是生活的调味品,不可没有。故秦人也是音乐爱好者,只是音乐风格不同。对于孝思想的存在,详见下文。

(四)民族融合对楚地秦人生育礼俗思想的影响

1. 对"重男轻女"、信命的影响

楚在未亡国前,宗法制一直占据主导地位,重男但不轻女;而故秦人重男轻女。商鞅变法使平民百姓可以通过农战、军功获得爵位、改变命运。农战的主角是男性,男子的优势被充分发挥,命运也会因此而改变,这一方面使故秦人对"命由天定"产生怀疑,虽也有占卦之举,但更重男轻女,也更相信努力(农战)可以改变命运。另一方面导致在楚被秦占领后,重视男性的思想被强化。楚地秦人虽有吴起变法,却以失败告终且并没有动摇其宗法根基,因此后虽被秦征服,但礼俗思想的根深蒂固性,使得楚人重男不轻女、相信命运的思想并没有因民族融合而有明显改变。也就是说,无论是楚地秦人还是故秦人,都重视男性,重视有无男性后代。秦亡楚后,虽然采取了一系列改革措施,但奉行的依然还是宗法制,楚人重"后"思想得以延续,如:

　　睡简《法律答问》072:"擅杀、刑、髡其后子,谳之。"何谓"后子"?官其男为爵后,及臣邦君长所置为后太子,皆为"后子"。

《荀子·正论》注:"后子,嗣子。"杨树达《积微居金石余说》卷一认为后子即作为嫡嗣的长子。无论何种解释,从"官其男为爵后"可看出秦时可继承爵位的的确非男子莫属。对"后"的重视,使得无男性后代的人常过继兄或弟之子为继承人(即"后"),如:

　　睡简《法律答问》071:士伍甲无子,其弟子以为后,与同居,而擅杀之,当弃市。

弟子，即弟弟的儿子。"后"在此特指男性后代。士五甲没有儿子，就过继他弟弟的儿子作为后代，以使自己老有所依。

2. 对"生育目的"的影响

如前所述，楚地秦人生养后代的目的有二，延续香火和养儿防老，后者充满功利性。民族融合的影响，使得楚地秦人在第二个目的不能达到的时候，决绝地抛弃第一个目的，使得生育目的显示出赤裸裸的功利性。因为从秦律条文看，秦法对不孝之人进行严惩，如：

> 睡简《法律答问》078："殴大父母，黥为城旦舂。"今殴高大父母，何论？比大父母。

> 睡简《法律答问》102：免老告人以为不孝，谒杀，当三环之不？不当环，亟执勿失。

> 睡简《封诊式》050—051：告子爰书：某里士伍甲告曰："甲亲子同里士伍丙不孝，谒杀，敢告。"即令令史己往执。令史己爰书：与牢隶臣某执丙，得某室。丞某讯丙，辞曰："甲亲子，诚不孝甲所，无它坐罪。"

大父母，指祖父母。高大父母，指曾祖父母。对于殴打曾祖父母的与殴打祖父母同罪，都黥为城旦舂（徒刑中最重的处罚）。免老，《汉旧仪》："秦制二十爵，男子赐爵一级以上，有罪以减，年五十六免。无爵为士伍，年六十仍免老。"显然，"免老"是根据爵位情况，给予运到一定年龄的人有罪时也可减免处罚的一种待遇。具体是：有爵一级以上的，达到五十六岁免除惩罚；没有爵位的要到六十岁才可以。三环，结合后文"亟执"（疾速捉拿），与之相反的情况是暂缓或不捉拿，那么可知其为官方行为，"三环之"的"之"也可明此。从张简《二年律令》37"三环之冬不同日而尚告，乃听之"可知，如果在同一天告几次，官方不会受理；如果在不同的时间"三环之"但是依然告子不孝则受理，可知"三环"的目的是为了让告诉者冷静。睡简"环"常读为"还"，"三"意思是"多次、再三"，"三环"即再三劝其返还（冷静慎思）不受理案件的官方行为。

秦简显示，殴打长辈要"黥为城旦舂"。秦律所载刑徒种类有城旦舂、鬼薪、白粲、隶臣妾、司寇、候六种，城旦舂是最严重的一种处罚。如果儿女不孝，父母有权请求官府杀死孩子，而法律也对这种情况不启用"三还"程序，而是"亟执勿失"，赶快捉拿不要让他跑了。对不孝的惩罚可谓古今之最严酷。而前述睡简《法律答问》所涉为楚地秦人真实案例，说明不孝确实存在，也确实有家长告其亲子不孝、请求官府杀子的事发生！此时，家长已全然不顾会不会绝后，所谓的延续祖宗香火都置之度外，孝与不孝成为留与杀的首要标准，生养子女也只剩下赤裸裸的眼前实际利益，秦法对这种现实利益的坚决维护，反映了儒家提倡的"孝"在商鞅变法时被破坏①、秦始皇征服楚国后被拾起的社会现实，其严苛也正符合故秦务实、严法的一贯作风，但这种法律下楚地秦人的做派（告子不孝，谒杀）与日书中害怕绝后、重视后代的思想显然不合。

究其因，如前文（生育目的）所涉，浪漫的故楚地人本就尊儒重孝，被秦占领后依然如此，如睡简《日甲》143 正贰："丁亥生子，工巧，孝。"推测起来，楚未亡国前，不孝之人不会没有，然决计不会到父母求官府出面杀死儿子的地步。亡国后归秦统治，秦地移民涌入，故秦文化占据统治地位。而法家统治下的秦民"遗礼义，弃仁恩，并心于进取……借父耰鉏，虑有德色；母取箕帚，立而谇语"②。家庭伦理遭到严重破坏。故秦人务实、以利为先，民风浸染加上连年战乱，楚地原有的尊儒重孝传统受到冲击，加上故秦移民不重孝道，两者叠加就必然使故楚地不孝的情况严重起来，以至到了需法律维护的地步。严法之下，家长的权力被膨胀到极限，当传宗接代的孝和子女奉养自己的孝发生冲突的时候，楚地秦人自然也会无情地选择后者——到官府告发，请求官府杀死不孝子，这实在是特殊时代的特殊表现。另外，不可忽视的是，两种"孝"本就是以自我为中心展开的利益需求，而后一种孝更为直接和现实，两者发生冲突，利己的一面被唤醒并占据优势是人性自私的体现，当不足为怪。

（五）相关问题的讨论

上文我们一直把"孝"放在秦统一后的背景下讨论，源于秦简有言"孝"的条文。但我们知道，秦自孝公任用商鞅变法（前 356 年），一直实行法家统治，法家并不提倡孝道，如《商君书·去强》言："国有礼有乐，有诗有书，有善有修，有孝有悌，有廉有辩，有国有十者，上无使战，必削至亡……国用诗、书、礼、乐、孝、悌、善、修治者，敌至必削国。"商鞅奖耕战，倡连坐，

---

① 商鞅不提倡"孝"，如下文所引《商君书·去强》之言。
② 〔汉〕班固撰《汉书（中）》，〔唐〕颜师古注，北京：中华书局 2007 年，第 1723 页。

举报者有功,包庇的有罪,使得商鞅变法之后,民风不淳,即使是亲人之间,也是利字当头,无孝可言。《汉书·贾谊传》描述商鞅变法后的秦民是"不同禽兽者亡几耳"①,秦人有'虎狼之心',秦国为"虎狼之国",荀子曾惋惜秦"则其殆无儒邪"(《荀子·强国》)。那么,秦法家路线之下,何以会有儒家"孝"思想存在呢?

　　首先,我们要明确,这里说的对象是楚地秦人,也就是故楚国土地上的人民,除了被秦统一后可能有迁移而来的故秦人外,绝大部分应该还是老楚人。如前文所述,楚人本来就有敬老孝亲的民风,被秦亡后,也依然重孝。这也就是说,即使被秦亡几十年,已是法家统治下的故楚国人,依然保留着"孝"的传统。那么,举着"孝"旗帜的战败国楚,其"孝"是如何在不提倡"孝"的秦那里安身呢?睡简《为吏之道》041 贰有训导曰:"为人子则孝。"《吕氏春秋·孝行览》也言"务本莫贵于孝"。睡简《日书》102:"免老告人以为不孝,谒杀,当三环之不? 不当环,亟执勿失。"可知,楚地秦人崇"孝"思想在不讲情义的"虎狼之国"统治下能得以安放,是因得到了秦律的支持! 不提倡孝道的秦,何以有此自相矛盾的做法?

　　据考,商鞅虽死,但其制定的律法被沿用下来,这是学界的一致认识。但从秦律看,上述"孝"的有关律令应该不是商鞅时期制定的。睡简《语书》01-02 条南郡守腾言:"古者,民各有乡俗,其所利及好恶不同,或不便于民,害于邦。是以圣王作为法度,以矫端民心,去其邪僻,除其恶俗,法律未足,民多诈巧,故后有间令下者。"是说因为楚地恶俗盛行,秦王制定法令制度来约束秦民。由此看来,这些制度应该是此时新定,也即秦统治故楚地后"观俗立法而治"另立的新法令,这些法令显然投射出的是儒家思想。

　　放眼历史,秦始皇统一全国后也的确几次整饬律令,如秦始皇公元前219 年琅琊山刻石曰:"维二十八年,皇帝作始。端平法度,万物之纪。以明人事,合同父子。圣智仁义,显白道理……尊卑贵贱,不踰次行。奸邪不容,皆务贞良……端直敦忠,事业有常。"始皇刚刚登基就端正法度,整治万物纲纪,其所倡导的都是儒家的忠孝伦理观念,尤其是"圣智仁义"之说,更是合乎儒家倡导的价值规范。又,之罘刻石:"维二十九年……圣法初兴,清理疆内,外诛暴强",也言圣法刚刚实行,对内清理陋习,对外诛灭暴

---

① 〔汉〕班固撰《汉书》(中),〔唐〕颜师古注,北京:中华书局 2007 年,第 1723 页。

强。说明始皇即位对法律是有所增删改益的,其"奋扬武德。义诛信行,威煇旁达,莫不宾服。烹灭强暴,振救黔首,周定四极。普施明法,经纬天下,永为仪则"及公元前 210 年的会稽山刻石"有子而嫁,倍死不贞。防隔内外,禁止淫泆,男女絜诚。夫为寄豭,杀之无罪,男秉义程。妻为逃嫁,子不得母,咸化廉清"①等等,显然都是儒家的一套价值伦理观念。秦简《为吏之道》046 贰—047 贰:"君怀臣忠,父慈子孝,政之本也"更是纯正的儒家思想。秦"以吏为师",而《为吏之道》的主导思想是儒家,其社会影响也自然如此。

其实,与其说秦提倡孝,秦律严惩不孝子,是观楚民俗而治楚的结果,不如说是始皇征服列国后治理民众的需要。试想,有哪个父母不希望子女孝顺? 儒家思想本就来自民间淳朴的传统思想,未经商鞅变法之前的故秦,接受周的封地,封国后"与诸侯通使聘享之礼",接受和培养源自周公的儒家思想,并深受其影响。史料显示,故秦人的确也是很讲情义的,如《尚书》中秦穆公伐郑归来所作《秦誓》中吐露的"义"的思想,无疑是儒家思想熏陶的结果。《左传》中秦穆公不计前嫌救济晋国民众于大荒之年,都透露着以德报怨、仁义至上的古风。《史记·秦本纪》载由余观秦,秦缪公"示以宫室、积聚。由余曰:'使鬼为之,则劳神矣。使人为之,亦苦民矣。'缪公怪之,问曰:'中国以诗书礼乐法度为政,然尚时乱,今戎夷无此,何以为治,不亦难乎?'"②从秦缪公的疑问中,可以看出"诗书礼乐法度为政"是其尊奉和重视的传统治国理念。至少,商鞅变法前秦国的礼制文化建设基本上是以周礼为楷模的,而秦人对周礼的实际运用,在现实生活中已经相当普遍③。商鞅车裂后,其所压制的礼制传统渐渐恢复,儒家思想抬头。如秦昭王之时,荀子西入秦,称秦"力术止,义术行"。《荀子·儒效》中秦昭王问儒于孙卿子,孙卿子陈述儒家的治国理念后,昭王首肯说"善",也可看出此点。伴随着秦王朝政治上的逐渐走向统一,思想上也出现了诸家思想合流的倾向,荀子的学生李斯更是直接将荀子的思想用于治秦。综上种种,秦律中存在儒家思想成分则顺理成章了。

---

①上述四处引文分别见于[汉]司马迁《史记(全十册)》,北京:中华书局 2009 年,第 245、250、249、262 页。
②[汉]司马迁《史记(全十册)》,北京:中华书局 2009 年,第 192 页。
③胥仕元《秦国——秦朝统治中的礼治因素》,《学习与探索》2009 年第 3 期。

但是，如前所述，楚地秦人的孝主要有二重内涵，一为祭祀祖先承继香火生养子女的孝，二为子女尊亲养老的孝。前者倾向宗族利益，后者重视个人利益。秦律显然只重视后一种孝，只要免老告子不孝，请求处死，官府就立即抓捕，一旦核实，则使之如愿。显然，这里只显示出一种功利性，此时断然是不怕"绝后"了，承继祖先香火的一面在功利性面前完全消解（秦律并没有说独子不杀），不能不说，被征服的楚人，那种发出"若敖氏之鬼，不其馁而"悲声、考虑宗族命运的使命感和责任感淡化甚至可以说是丧失，浪漫的故楚人，再也回不去了，在"虎狼之心"的故秦人同化下，也变得"狼狼"起来，这是秦楚融合的结果，也应该是秦的统一对楚生育目的的影响。

三、小结

总之，在战国秦汉战乱频起、生命生活都难以为继的艰难环境下，无论楚地秦人还是故秦人，都相信天命，重视生育后代，尤为重视有否男性后代。都有占算新生儿命运的条文。出土于故秦地的放简连一条占算子女命运的条文都没有，或可说明商鞅推行的使平民百姓可以通过农战、军功获得爵位、改变命运的变法举措，已深入人心，使得故秦人对"命由天定"产生怀疑，虽也有大事占卦之举，但更相信努力（农战）可以改变命运。农战的主角是男性，这必然加强了故秦人对男性的重视，强化了重男轻女思想。而楚地秦人虽有吴起变法，但以失败告终且并没有动摇其宗法根基，后虽被秦征服，然其重男不轻女、相信命运的思想并没有因民族融合而改变。

与故秦人相比，楚地秦人更关注孩子将来的命运，占算新生儿命运的条文众多且内容丰富。故秦人和楚地秦人都希望儿女孝顺、喜欢音乐，有着共同的思想基础。民族融合的大环境下，受故秦影响，秦律的支持，尊礼重孝的楚人，养育子女承继香火的一面淡化，功利性凸显。但楚人浪漫爱幻想的习惯始终与重实际的秦人有别，楚人对儿女的将来抱有更多的幻想，而故秦人更重实际。从楚秦日书被秦吏抄写在同一套简牍上来看，秦楚礼俗思想显然有互相吸纳、融合的趋势。

第三节　楚地秦人的婚姻家庭观及统一的影响

家庭是社会发展的产物,其本质是婚姻关系①。婚姻家庭观,是人们关于婚姻家庭的观念。这种观念与特定的社会背景、文化习俗相呼应,不同时代呈现不同的特点。下面我们立足睡简,结合其他年代相近的秦汉楚简牍,对楚地秦人的婚姻家庭观做一梳理,并考察民族融合可能的影响。

一、"婚姻"一词所包蕴的礼俗思想

婚姻,古时写作"昏因"或"昏姻"。谓之"昏"者,孔颖达疏曰:"娶妻之礼以昏为期,因名焉。必以'昏'者,取其阴来阳往之义。日入后二刻半为昏。以定称之,婿曰昏,妻曰姻……谓婿以昏时而来,妻则因之而去也。"②《诗·郑风·丰笺》:"婚姻之道,谓嫁娶之礼。""嫁,谓女适夫家;娶,谓男往娶女。论其男女之身谓之嫁娶,指其合好之际,谓之婚姻。"③古人认为昏时是阴阳相合之时,新婿迎娶新娘于昏时(傍晚),是谓顺应天时,谓之"昏",新娘则因之而去,故叫"姻"。《说文》言:"姻,婿家也,女之所因,故曰姻。"婚礼,是婚姻获得社会承认和祝福的方式,古人视其为"万世之始"和"礼之本",从而受到所有民族和国家的重视。如《礼记·郊特牲》言:"天地合而后万物兴焉,夫昏礼,万世之始也。"《礼记·昏义》:"男女有别,而后夫妇有义;夫妇有义,而后父子有亲;父子有亲,而后君臣有正。故曰:'昏礼者,礼之本也。'"据《礼记·昏义》,古人从议婚到完婚通常有六道程序:纳采、问名、纳吉、纳征、请期和亲迎,也称"六礼"。《礼记·士昏礼第二》释"请期"曰:"婿之父使使纳征讫,乃下卜婚月,得吉日,又使使往女家告日,是期由男家来。"男方这个占卜求吉日的行为,古代多称之为"择吉",今口语多称为"看日子"。

---

① 参见许万敬、刘向信主编《家庭学》,济南:山东友谊出版社 1995 年,第 43 页。
② [清]阮元《十三经注疏·礼记正义·昏义》,北京:中华书局 2009 年,第四十四卷六十一。
③ [清]阮元《十三经注疏·毛诗正义》,北京:中华书局 2009 年,卷四。

二、秦楚皆重视的婚娶择吉

择吉,古代又称涓吉、诹吉,就是根据一定的方法选择吉利的日时和方位①,以达到趋吉避凶的目的。无论放简、睡简,还是九简、夏简、孔简等,都有婚娶择日的条文。也就是说,秦楚都有婚娶择日的习俗,他们对婚姻家庭都同样重视。在这些简牍中,婚娶择吉的方法很丰富,有据吉凶日、干支日择吉,据星宿、建除吉区,据季节与星宿的对应关系、月与日的吉凶搭配关系、月与星宿所值日的吉凶、月和嫁娶所处的方位判断吉凶等多种择吉方法,其中据吉凶日择吉的简文最多。仅从睡简而言,卦算婚娶的简共57条(其中反映故秦礼俗的16条),据日卦算的就有24条(故秦10条)。今择录数条婚娶简文以窥其择吉方法之概貌:

> 九简 29:阴日,利以取妻,嫁女……
> 九简 41:凡成日,利以取妻、嫁女、冠……
> 睡简《日甲》017 正贰:平日,可以取妻、入人、起事。
> 放简《日甲》16:平日,可取妻、祝祠、赐客。
> 孔简 16:平日,可以取妇、嫁女◇。
> 放简《日乙》088:九月牡日牡月牡日取妻皆吉。
> 放简《日乙》128:亥朔巳亥是谓反支……不可冠带,见人,取妇,嫁女……
> 睡简《日甲》077 正壹:须女……取妻,吉。
> 睡简《日乙》117:正月、七月朔日,以出女、取妇,夫妻必有死者。
> 睡简《日乙》197:嫁子□:正月、五月,正东尽,东南央丽,西南执辱,正西郊逐,西北续光,正北吉富,东北〔反乡〕。
> 孔简 58:十二月娶女……不可取妻、嫁女。
> 孔简 73:七星,百事凶……不可以取妻、嫁女。
> 孔简 175 壹:壬申、癸酉,百事不吉,不可取妻。

上述《仪礼》中男方选婚期占卜,仅以"得吉日"概括,并无具体说法。日书有些简文则有如何不吉的内容,如上述睡简《日乙》117"夫妻必有死

---

①刘道超《神秘的择吉:传统求吉心理及习俗研究》,南宁:广西人民出版社 2004 年,第 1 页。

者"、197"正东尽,东南夬丽"等。另外,从放简、睡简及孔简皆有"平日"可以看出占算内容的传承性、保守性和稳定性。

总的来说,无论根据季节还是日月星宿运转的关系择吉,根本上都是把人与自然、天地万物看作一个不可分割的整体,人只是生活于其中的渺小一分子。古人对于自身之外的一切,怀着深切的敬畏心,利用各种方法卦算吉凶,其实是在努力掌握自然规律。或以为掌握日月星宿等的运转规律,遵照它的规律行事,就不会"得罪"神秘的操纵人类命运的神灵,美满婚姻就有了保障,体现了天象与人事吉凶息息相关的观念,其本质是趋吉避凶、冀福避祸。这种择吉思想,看似迷信,其实包含着最原始也是最先进的人与自然和谐相处理念,更反映了人们对婚姻家庭的高度重视。另外,我们发现,上述卦算没有精确到时刻的。而睡简驱鬼、出行的卦算却有这样的简文,如睡简《日甲》135 正:"禹须臾:戊己丙丁庚辛旦行,有二喜。甲乙壬癸丙丁旦中行,有五喜。庚辛戊己壬癸餔时行……"同简《日甲》52 背贰—53 背贰:"人生子未能行而死,恒然,是不辜鬼处之。以庚日日始出时潰门以灰,卒,有祭,十日收祭,裹以白茅,埋野,则无殃矣。"现在卦算婚礼时间通常也有精确到几点几刻的,而秦简却仅精确到某天,究其因,一方面如上文所言,时人婚娶的统一观念是"昏以为期",所以不用卦算时辰;另一方面也说明,长远来看,卦算思想虽有其稳定性和传承性,但也有随着时代发展而变化的一面。

三、楚地秦人的婚姻家庭观及统一的影响

故秦人如楚地秦人一样重视婚姻,有为数众多卦算何日适合婚娶的条文。但对于婚姻可能出现的状况并没有具体的卦算,显示其务实、理性的一面。但楚地秦人却在婚礼择日的基础上,有大量关于某日婚娶,婚姻可能出现状况的具体内容。基于此,下文主要梳理楚地秦人的婚姻观,考察统一可能带来的影响。

(一)美好期待和社会现实的碰撞

1. 美好婚姻的期待

1)和睦恩爱　白头到老

夫妻恩爱、家庭和睦,是今人也是楚地秦人对婚姻家庭的美好期待,秦简不乏反映这种思想的条文,如:

睡简《日乙》197：嫁子□：正月、五月……西北续光……

睡简《日乙》198：二月、六月、十月……东北续光……

睡简《日乙》199：三月、七月、十一月……东南续光……

睡简《日乙》200：四月、八月、十二月……正南续光……

续光，和睦且受宠爱。续，读为"睦"。光，宠爱，《广雅·释言》："宠也。"①上述嫁女诸简是说十二个月嫁到哪个方向能使女儿家庭和睦且受宠。除此以外，夫妻间是否恩爱也是他们关注的重点，如：

睡简《日甲》06 背壹：凡取妻、出女之日，冬三月奎、娄吉。以奎，夫爱妻；以娄，妻爱夫。

睡简《日甲》084 正壹：胃……以取妻，妻爱。

睡简《日乙》083 壹：娄……以取妻，男子爱之。

睡简《日乙》082 壹：奎……以取妻，女子爱。

睡简《日乙》084：三月：胃……以取妻，妻爱。

孔简 64：娄……以取妻，妻爱。

孔简 65：（三月胃）……以取妻，妻爱而弃。

结合睡简《日甲》06 背壹内容，知"妻爱"指妻爱夫，"男子爱之"指夫爱妻，而"女子爱"指的是妻爱夫。楚人非独希望女子得到丈夫的爱，也把男子能否被爱作为卦算的重点内容，体现出楚人对婚姻家庭情感方面的要求、对夫妻感情的高度重视。

因为楚有"云梦之会"，致使普遍认为"楚人似乎没有一女不事二夫的观念，男子再娶或女子再嫁乃正常之事"②。事实上，从秦简条文看，楚人结婚的初衷同样是白头到老。不能善始善终，也是婚娶择吉的忌讳，如：

睡简《日乙》200：嫁子……四月、八月、十二月，正北尽……

睡简《日甲》01 背：春三月季庚辛，夏三月季壬癸，秋三月季甲乙，冬三月丙丁，此大败日，取妻，不终。

睡简《日甲》10 背：戌与亥是谓分离日，不可取妻。取妻，不终……

尽，止、终，此指白头到老。四月、八月、十二月，如果嫁女到正北方向，

---

①睡虎地秦墓竹简整理小组《睡虎地秦墓竹简》，北京：文物出版社 1990 年，第 249 页。

②王勇《楚文化与秦汉社会》，长沙：湖南大学出版社 2009 年，第 261 页。

则夫妻白头偕老。春季三个月中的庚辛日，夏季三个月中的壬癸日，秋季三个月中的甲乙日及冬季三个月中的丙丁日，是大败坏的日子；戌与亥是分离日，这些日子都不能娶妻，娶妻不能与之白头到老。

楚地秦人对白头到老的重视还表现在忌讳娶二妻上，如：

睡简《日甲》086 正壹：毕……取妻，必二妻。

睡简《日乙》086 壹：四月：毕……□□□□取妻必二……

孔简 67：四月：毕……不可取妻，必二妻。

这些简文是说毕星主日这天，不能娶妻，否则一定会娶二任妻子。这应该跟经济也有一定的关系。日书反映的多为中下层人民的生活①。战国晚期至秦汉时期，连年征战，人们流离失所，贫困是一种普遍现象。我们所收简文中，涉及"贫"的高达 53 条。睡简《金布律》082-083 言："官啬夫免，复为啬夫……贫窭无以偿者，稍减其秩、月食以偿之，弗得居；其免也，令以律居之。"贫窭，即穷困。当时的官员尚有因贫困无力偿还债务，而需要分期扣除俸禄和口粮抵债，别说当时的平民百姓。而娶妻需耗费不少钱财，对普通大众来说是笔很大的开支，有些人穷得甚至连一个都娶不起，娶二妻绝不是件幸事。从上述毕日言"不可娶妻"的原因是"必二妻"看，人们也并没有把娶"二妻"看作一件好事。因此，《日书》中的娶"二妻"当是不幸婚姻的写照，即这个"二妻"指的是因为前妻或死或逃或休了，没办法只能再娶一个，并不必然就是一夫多妻制的反映②。这里固然有经济上的因素，但从楚地秦人对夫妻感情、白头到老的重视程度看，再娶再嫁当是一种无奈的行为。

2）吉祥多子　家庭富裕

在"不孝有三，无后为大"的时代，不育无子被看作一个家庭极大的不幸。这种观念也使得秦人的嫁娶择吉中，什么时间嫁娶可生男孩或者生多个孩子成为他们关注的重点：

睡简《日甲》089 正壹：东井……取妻，多子。

睡简《日乙》089 壹：五月：东井……取妻，多子。

①吴小强《秦简日书集释》，长沙：岳麓书社 2000 年，第 296 页。

②赵浴沛认为这些现象是当时社会一夫多妻制的反映。详见《睡虎地秦墓简牍所见秦社会婚姻、家庭诸问题》，《中国社会经济史研究》2003 年第 4 期，第 6 页。

　　睡简《日书》09 背壹：甲寅之旬，不可取妻，无子。虽有，无男。

　　孔简 174：亥不可取妻、嫁女……以之，不字……

　　孔简 177 贰：甲寅旬，此□□辰，存也，不可嫁，无子。

字，生育。无子现象的存在，使得楚地秦人迫切希望妻子能够生育很多孩子，尤其是男孩。娶妻多子、嫁女有子都是他们追求的好结果，无子则是犯了忌日的可怕报应。但各种原因，社会存在着一家之中没有儿子甚至没有任何子女的情况。楚地秦人着眼于环境对人的影响和决定作用，认为跟人有关的一切都影响生育：

　　睡简《日甲》23 背叁：圈居宇西北，宜子兴。

　　睡简《日甲》15 背伍：内居西北，无子。

　　睡简《日甲》19 背伍：依道为小内，不宜子。

　　内，指内室。楚地秦人不仅关注嫁娶的日子是否利于生子，而且关注房屋、圈舍的格局布置是否利于生子、子嗣兴旺，意欲从天、地、人几方面消除不利于生子的各种因素。我们固然可以从中感受到他们对生子已重视到痴迷的程度，但也可看到秦人已有了环境对生育可能造成影响的先进生育观。

　　定县汉简《论语·里仁》D063 言："贫与贱，是人之所恶也。"对富贵的期望是人之共性，楚地秦人同样希望婚姻家庭吉祥富裕，如其"嫁女"篇有言：

　　睡简《日乙》197：嫁子□：正月、五月……正北吉富……

　　睡简《日乙》198：二月、六月、十月……正东吉富……

　　睡简《日乙》199：三月、七月、十一月……正南吉富……

　　睡简《日乙》200：四月、八月、十二月……正西吉富……

　　这几条是说从正月到十二月女儿出嫁方位的吉凶、结果。吉富，意谓吉利富裕。当时社会人们普遍穷困，而贫困往往成为疾病和为人奴隶的根源，睡简《日甲》145 正贰言"己丑生子，贫而疾"；睡简《日乙》244："丁未生，不吉，贫，为人臣。"己丑日生的孩子，贫穷多病。臣，指男奴。丁未日生的孩子，贫穷为人奴隶。所以，作为父母，希望女儿出嫁的家庭富裕，能过上丰衣足食的生活，此期望并不为过。然，非独女方期待嫁到男方后生活

能够富裕,男方同样也希望娶来的女子给自己带来富裕。如:

　　睡简《日甲》070 正壹:氏……取妻,妻贫。

　　睡简《日乙》098 壹:九月:氏……取妻,妻贫。

　　妻贫,意谓妻子使家贫穷。也即妻子不会持家,娶来后会使家贫穷。娶妻要耗费钱财,如果能娶到富裕人家的女子,对于贫穷男子来说,可以得到女方的资助,生活甚至命运都会因此改变。历史上楚人陈平可谓男子嫌贫爱富的典范,《史记·陈丞相世家》载:"及平长,可娶妻,富人莫肯与者,贫者平亦耻之。久之,户牖富人有张负,张负女孙五嫁而夫辄死,人莫敢娶。平欲得之。"陈平嫌弃贫困人家之女,最终选择的是五次嫁人丈夫都被"克死"的富人女。陈平冒着被"克死"的危险,看中的就是一个"富"字。结果陈平不但省却(他也拿不起)了聘礼、婚娶费用,而且受到富人资助,得以"游道日广",为日后的成功奠定了良好的基础,"为平贫,乃假贷币以聘,予酒肉之资以内妇……平既娶张氏女,赀用益饶,游道日广"①。

　　2.休妻、逃亡——婚姻理想破灭时的反抗

　　说楚人再婚再嫁是无奈的选择,在秦简中可以找到一定的依据。因为楚地的社会环境和积年形成的民风民俗,常常使他们对婚姻的美好期待化为泡影。

　　楚人原本尚武,被秦占领,秦自孝公便奖励军功,《商君书·赏刑》"富贵之门必出于兵",政策又强化了尚武意识。楚人多自有武器,《说苑·指武》记秦昭王曾言:"夫楚剑利……夫剑利则士多剽悍",因而楚地打架斗殴之事经常发生。秦律关于惩罚各种打斗的条文俯拾皆是,从打架拉穿耳朵,拔人胡须、眉毛,咬掉别人的鼻子、耳朵、嘴唇,或咬破他人脸颊,斩掉人发髻到各种器物伤人的处罚等,各项细则应有尽有,如睡简《法律答问》:

　　081:或与人斗,缚而尽拔其须眉,论何也? 当完城旦。

　　083:或斗,啮断人鼻若耳若指若唇,论各何也? 议皆当耐。

　　084:士伍甲斗,拔剑伐,斩人发髻,何论? 当完为城旦。

　　085:铍、戟、矛有室者,拔以斗,未有伤也,论比剑。

　　086:斗以针、铋、锥,若针、铋、锥伤人,各何论? 斗,当赀二甲;贼,

---

①[汉]司马迁《史记》,北京:中华书局 2009 年,第 2052 页。

当黥为城旦。

087：或与人鬬，决人唇，论何也？比疻痏。

088：或鬬，齕人頯若颜，其大方一寸，深半寸，何论？比疻痏。

缚而尽拔其须眉，意思是把别人绑起来并且把人家的胡须和眉毛全都拔去。古人认为身体发肤受之父母，不能轻易损伤，否则是大不孝。这样的观念之下，须发在古人眼里是不可损伤的，损伤则是不孝，代表着耻辱。上古五刑之一的髡刑就是剃去犯人的须发以羞辱从而达到惩罚的目的，而打架时故意把人眉毛胡须全部拔掉，其目的自然在羞辱别人，因此要受到耐刑制裁。而"斩人发髻"的罪显然比拔掉眉毛胡须为重，故处以"完为城旦"，即被剪去头发去筑城的处罚。另外，睡简中利用各种凶器打斗的条文比比皆是，《法律答问》反映的是当时的社会现实，是针对实际案例的问答，从其繁多的打斗问答可以观照到当时纷乱的社会状况。这种环境之下，作为社会最小组织单位的家庭不可能脱身于外，是否夫妻相斗自然便成为嫁女择日占卦时的关注内容之一，如：

睡简《日乙·嫁子》198—200：二月、六月、十月……西南鬬……三月、七月、十一月……北鬬……四月、八月、十二月……□□鬬……

鬬，打斗。这些卦文是说哪个月份出嫁到某个方向会夫妻失和，经常打斗。夫妻打架斗殴事件的不断发生，使得秦律也介入了家庭内务，如睡简《法律答问》079 言："妻悍，夫殴治之，决其耳，若折肢指、胅体，问夫何论？当耐。"

妻子不会持家、夫妻不和、经常打斗等情况都会使婚姻蒙上阴影，而楚国男女追求的是美好和谐，以感情为基础的婚姻，社交活动也不像中原地区有诸多的限制①，因此当对美好婚姻的理想追求被现实击碎的时候，他/她们不是选择忍耐，而是或男子休妻，或女子逃亡，总之是没有好结果。如：

睡简《日甲》06 背贰：凡参、翼、轸以出女，丁巳以出女，皆弃之。

睡简《日甲》10 背：戌与亥是谓分离日，不可取妻。取妻，不终，死

①《礼记·曲礼》："男女非有行媒不相知"，说明中原地区男女交往不自由、妨隔之严。楚也有媒人，但《九歌·湘君》："心不同兮媒劳，恩不甚兮轻绝"，说明楚人以感情为婚姻的主导，而不是中原地区的"父母之命，媒妁之言"。

若弃。

　　睡简《日甲》03 背壹：戊申、己酉，牵牛以取织女而不果，不出三岁，弃若亡。

　　孔简 175 贰：戊申、己酉以取妻，妻不出三岁，弃、亡。

　　孔简 176 贰：癸丑、戊午、己未以取妻，妻死，不必弃。

　　戊申、己酉是传说中牵牛娶织女的日子，因为牵牛和织女的婚姻没有好结果，因此，如果在这个日子娶妻，不出三年，丈夫被弃或妻子逃亡。上述数简说的都是某日或某星宿值日嫁女、娶妻的不良后果：被休弃、逃跑或死亡反映了楚地秦人对婚姻的态度，即一旦对婚姻不满，就选择弃、亡的方式摆脱。当然，这些都不是他们想要的结果。

　　（二）不想要的结果

　　伴随着楚地秦人对富裕的期望、美满家庭的向往、恩爱白头的理想，楚地秦人嫁女害怕家财空尽、生计不存，担心女儿被休；娶妻害怕娶妻不到，搅得家庭不和甚至生命受到威胁。

　　1. 女方的恐惧

　　1）嫁女破产

　　如前所述，古代社会普遍存在重男轻女现象，除了因为宗法观念下女子不能承继祖宗香火，农耕时体力普遍不如男性等原因外，还因为女子出嫁要陪嫁。嫁妆少恐遭男方小看受辱，而丰厚的嫁妆可能耗尽家财，使家中其他人的生计出现问题。秦简中有嫁女使家财耗尽的条文，如：

　　睡简《日甲》02 背贰：直参以出女，室必尽。

　　室，指家庭。室必尽，指的是家财空尽。嫁女空尽家财，父母家人便无法生活下去。出现这种情况如何处理，秦简或给出了答案。如睡简《日甲》03 背贰："直营室以出女，父母必从居"，就是在营室星宿当值的日子嫁女，父母一定会跟着女儿居住。嫁女家财空尽，也只能跟着女儿居住了，这应是当时社会现实的反映。而女方父母住在出嫁的女儿家，在今天也很难有这种现象，当然，这或是当时一种婚娶模式。

　　结合上述陈平贫寒却迎娶富人之女、受富人接济却并不入赘的情况看，楚人应该是罕少入赘的，女子通常都出嫁至男家。不像故秦人男子家贫则入赘女家，如《汉书·贾谊传》："秦人家富子壮则出分，家贫子壮则出赘。”而入赘的男子在女家受到很刻薄的待遇，官方也鄙视打压，如上述始皇三十三年为补充兵力，把赘婿及商人等遣往前线打仗就是明证。睡简《为吏之道》最后附抄的《魏户律》018 伍-021 伍则道出赘婿卑微的地位：“自今以来，假门逆旅，赘婿后父，勿令为户，勿予田宇。三世之后，欲仕仕之，仍署其籍曰：故某闾赘婿某叟之仍孙。”不给赘婿田地房屋，不为其另立户籍，显然其完全依附于女方，没有一点地位和尊严。另外一条《魏奔命律》更是不把赘婿当平常人看待，打仗甚至不让将军“恤视”，如简 023 伍-027：“……赘婿后父，或率民不作，不治室屋，寡人弗欲。且杀之，不忍其宗族昆弟。今遣从军，将军勿恤视。烹牛食士，赐之参饭而勿予殽。攻城用其不足，将军以堙壕。”同样是打仗，因为是赘婿，将军不用体恤顾惜，更不能像其他战士那样食肉，只有维持生命的一日三饭，赘婿的卑微可见一斑。未见楚有赘婿记载，可见楚人终究要保住男子的尊严，有其婚姻关系的底线，而秦人更重视的是实际的利益。

2）被弃遭逐

古时，婚姻关系的主动权掌握在男性手里，只能男子出妻，女子不能休夫。从秦简嫁女卦算看，当时女方出嫁最担心的是被休弃还家，如：

> 睡简《日乙》197—200：嫁子□：正月、五月，正东尽，东南夬丽，西南执辱，正西郄逐，西北续光，正北吉富，东北(反乡)。二月、六月、十月、正南尽，西南閵，正西夬丽，西北执辱，正北郄，北续光，正东吉富，东南反乡。三月、七月、十一月，正西尽，北閵，正北夬丽，东北执辱，正东郄逐，东南续光，正南吉富，西南反乡。四月、八月、十二月，正北【尽】，□□閵，正东夬丽，南执辱，正南〖郄逐，西南〗续光，正西吉富，西北反乡。

夬丽，指分离。“郄”即“郤”，读为“隙”。“隙逐”即因有怨隙而被驱逐[①]，指与夫家不和遭驱逐回家。反乡，即返乡，返回家乡，也就是被休弃还家。嫁女择月卦算的内容有七项，有四项都是不好的结果，而关涉“弃”的内容竟然有三项。从中可以看到秦人弃妻的原因有三：其一，夬离。言下之意，这是一种并非双方愿意接受的分离，有外力作用的意味；其二，郄

---

①睡虎地秦墓竹简整理小组《睡虎地秦墓竹简》，北京：文物出版社 1990 年，第 249 页。

逐。与夫家不和被驱逐回家;其三,返乡。这里没有给出具体原因,可以是各种缘由的被休。从中可以看到女性在婚姻家庭中的被动和无奈。这就说明,即使女性在家庭中忍气吞声,也未必就可避免被驱逐回娘家。秦简婚娶择日卦算中,反映被休的条文高达23条,是嫁娶条文中最多的,如:

> 睡简《日甲》155 正:取妻:取妻龙日,丁巳、癸丑、辛酉、辛亥、乙酉,及春之未戌,秋丑辰,冬戌亥。丁丑、己丑取妻,不吉。戊申、己酉,牵牛以取织女,不果,三弃。

> 睡简《日甲》094 正壹:翼……取妻,必弃。

> 睡简《日甲》05 背贰:中春轸、角,中夏参、东井,中秋奎、东壁,中冬箕、斗,以取妻,弃。

> 睡简《日甲》05 背壹:庚辰、辛巳,散毛之士以取妻,不死,弃。

> 孔简 55:箕……取妻、妻□□。司弃。

社会意识反映社会存在,言"弃"的条文如此之多,可知当时弃妻现象之严重,女方的担心不是多余的。睡简 02 背壹言:"癸丑、戊午、己未,禹以娶梌山之女日也,不弃,必以子死。"这其实是在用诅咒的方式告诉那些在这些日子娶妻的男子,如果他不休妻,就会受到不遵从天意的惩罚,他的孩子将会因此而死。

2. 男方的担忧

女子出嫁有很多担忧,并不能说明男方娶妻就可轻松面对。因为古代虽然重男轻女,男尊女卑,但女性在家庭中也有不可忽视的作用,《礼记·内则》言:"男不言内,女不言外";《商君书·画策》:"女事尽于内,男事尽于外,则入多矣。"离开女性,大处说种族要断绝,小处说,整个婚姻家庭也无法正常运转。基于此,男性极为重视婚娶对象对自己甚至整个家族可能造成的影响,他们对未来也同样充满担忧,为了消除对不可知未来的恐惧,同样求助于卦算以趋吉避凶。从他们的卦算中,我们可以了解到他们惧怕的婚姻状况。

1)娶妻不到　克夫杀夫

据《礼记·昏义》,古代婚礼有纳采、问名、纳吉、纳征、请期、逆女六道程序。逆女是最后一道程序,如果男方未能接到新娘,婚姻则告失败,甚至男女双方成为冤家,这对于任何一方都不是好事。秦简显示,当时社会存

在着这种情况,如:

> 睡简《日甲》078 正壹:虚,百事凶……取妻,妻不到……
>
> 孔简 59:虚……取妻,妻不到。

卦算内容是社会现实的一种反映,虚星主日娶妻,妻将不到的占算,说明当时有娶妻不到的情况。娶妻不到,原因各异。但对于逃婚者,秦政府是给予处罚的,其结果并不乐观,详见下文。

除了娶妻不到,让男方更加担心的是娶来一个克夫甚至杀夫的妻子,如:

> 睡简《日甲》04 背壹:壬辰、癸巳,囊妇以出,夫先死,不出二岁。
>
> 孔简 119 叁:凡取妻嫁女……从虚之孤,杀夫。
>
> 孔简 177 壹:……□□取妇,其夫不出三岁,死。

孤虚,为古代方术用语,是一种干支相配的择吉术①。《史记·龟策列传》:"日辰不全,故有孤虚。"裴骃集解:"甲乙谓之日,子丑谓之辰。"常用以推算吉凶祸福及事之成败。有年、月、旬、日、时孤虚几种,依次用于万人以上、千人以上、百人以上、十人以上、十人以下的占算②。秦简用的是旬孤虚法,即以十天干依次与十二地支相配为一旬。天干为十,地支数十二,每旬轮空剩余两辰(地支)为"孤",也称空亡。与孤相对冲的辰(地支)为"虚"。十二地支各有对应的方位,所以孤虚在使用对很容易与方位相配占算。以甲子旬为例,该旬戌亥为孤,辰巳为虚,在"式图"中戌亥位于西北,辰巳位于东南,故"虚在东南,孤在西北",孤虚的方位正好相对。从虚之孤,即与虚相对的孤日。孤虚源自天干地支相配时的轮空日,被视为不详之日,自然也被视为婚娶大戒,若在孤虚之日婚娶,就会出现女子杀死丈

---

① "孤虚"术的推衍方法首见于《史记·龟策列传》裴骃集解:"六甲孤虚法:甲子旬中无戌亥,戌亥为孤,辰巳即为虚。甲戌旬中无申酉,申酉为孤,寅卯即为虚。甲申旬中无午未,午未为孤,子丑即为虚。甲午旬中无辰巳,辰巳为孤 戌亥即为虚。甲辰旬中无寅卯,寅卯为孤,申酉即为虚。甲寅旬中无子丑,子丑为孤,午未即为虚。"

② 月孤虚,千人已上用之。……旬孤虚,百人已上用之。……日孤虚,十人已上用之。推时孤虚法。今时后二辰为孤,从击之必胜。载黄正建《敦煌占卜文书与唐五代占卜研究》,北京:学苑出版社 2001 年,第 36 页。又,宋《景佑遁甲符应经》卷"孤虚法"载:古法十人用时孤,百人用日孤,千人用月孤,万人用年孤,惟有时孤最验。李零《中国方术概观》,北京:人民中国出版社 1993 年,第 296 页。

夫的恶局。除此而外,壬辰为土水相克之日,癸巳为水火不容之日,也被视为不利婚娶的日子。在这些不利的日子婚娶,婚后不出两年或三年丈夫就会死。言下之意很明显,择日犯冲,娶的妻子克死了丈夫。

2) 嫉妒多舌　骄悍不宁

《大戴礼记·本命》所言休妻之"七出"中,妒、多言列入其中,原因是"妒为其乱家也……口多言为其离亲也"。意谓妒忌会使家庭不宁,多嘴多舌会调拨亲人关系,这些都导致家庭关系不和。在择吉卦算中,碰到妒忌、多言之妻被视为择日不善的惩罚,如:

> 睡简《日甲》068 正壹:星:角……不可盖屋,取妻。取妻,妻妒。
> 孔简 49:【八月角】……取妻,妻妒。
> 睡简《日甲》074 正壹:箕,不可祠。百事凶。取妻,妻多舌。
> 睡简《日甲》080 正壹:营室……以取妻,妻不宁。
> 孔简 61:正月营室,利祠。不可为室及入之。以取妻,不宁。

妒,同妒,即嫉妒。"多舌",即多言、喜好搬弄是非之意。营室之日主建房屋,《诗经·鄘风·定之方中》言:"定之方中,作于楚宫。"定,即营室星,由四星组成。春秋战国时期,当此四星黄昏时出现在天空正南方,正是农事已毕,建造房屋之时,故称其为营室。郑玄《笺》:"定星昏中而正,于是可以营制宫室,故谓之营室。"《尔雅·释天》:"营室谓之定",郭璞注:"定,正也,作宫室皆以营室中为正。"有房屋居处就稳定下来,所以从该星宿所主看,宁,当为"安宁"之意。不宁,即不安宁。也就是说营室之日娶的妻子让其家庭不安宁,这跟多言、妒忌的后果在本质上是一样的。妒,《说文》曰:"妇妒夫也。"古代家庭,因妒忌被出,显然是惩罚对丈夫纳妾不满、敢于在语言和行动上表现出来的正妻。《战国策·魏王遗楚王美人》言郑袖因妒忌楚王喜爱新人,设计使楚王割了此女的鼻子,就是妒忌的结果。"妻悍"虽不在"七出"之列,但悍妻也是家庭不和谐的音符。悍妻,也成为男子择日犯忌的惩罚,如:

> 睡简《日甲》072 正壹:心……取妻,妻悍。
> 睡简《日乙》100 壹:十月:心……取妻,妻悍。

悍,意思是凶狠、蛮横。楚人尚武好斗,出现悍妻也不足为怪。反映故秦人思想状况的简中并无关于妻悍的条文,但从前述贾谊之"妇姑不相悦,则反唇而相稽"等语,可知商鞅变法后,秦社会存在着不敬长者、不顺父母的普遍现象。加上从商鞅开始就实行的愚民政策,秦始皇焚书坑儒、废私学,把受教育的权力集中在上层人物手里,普通百姓没有受教育的资格。秦楚皆尚武,加上普通百姓之女没有受过教育,不懂礼义,悍妻的存在当不足为奇。"男主外,女主内"家庭模式下,妻子往往掌握着家庭内部事务管理权,包括子女教育权、惩罚权等。妻子凶狠蛮横,则不听夫言、舅姑教诲,对家庭事务独断专行,威胁丈夫所纳妾的生存,甚至可能对家庭成员施暴,杀夫、与丈夫打斗的妻子也非这种悍妻莫属。悍妻的存在,对秦人尊崇的家庭和谐,甚至家庭安全、生养子嗣都构成严重威胁,男子自然惧怕娶到悍妻。

(三)被忽视的孝

我们无意以西汉始见的"七出"来比附秦时婚姻观,但遍览秦简,未见言娶妻择日不当妻不孝类的条文,难免困惑。"孝"文化早在西周已存,如前所述,秦简在占算生子命运中提到"孝",睡简《为吏之道》有教诲"为人子则孝"的条文。商鞅虽视孝悌为六虱之一而并不崇尚,但也把"为人子孝"看作"有法之常",即有法律国家的平常之事,并不反对孝道。秦律也视不孝为无可宽恕之死罪,如此社会环境之下,择吉娶妻的卦算中竟然没有出现关于"孝"的条文,不能不引人深思。

我们认为,秦人的观念中,"孝"是针对儿子的,《左传·隐公三年》:"君义、臣行、父慈、子孝、兄爱、弟敬,所谓六顺也。"父、子,兄、弟相对,显然这个"子"指的就是儿子。但并不是说媳妇不用孝,女子嫁入夫家第二天一早要祭脯醢、醴,以成妇礼。据《礼记·昏义》:"成妇礼,明妇顺,又申之以著代,所以重责妇顺焉也。"可知妇礼,顺是根本。也就是说,媳妇的孝表现在"顺"上,即"妇顺"。秦简不言妻子的孝,更大可能是因女性在婚姻家庭中地位卑微,儿子才是"孝"的主导者,媳妇的孝顺不受关注。虽则秦简有女性当家作主的条文[1],但毕竟那是"牝鸡无晨"的时代,终究其权力不被社会认可。概因此,秦简中才没有出现娶妻择日不当,妻不孝之类的简文。这种情况,其实反映了秦时婚姻家庭中女子地位的低下。这点从下

---

[1]例如:睡简 21 背壹:"宇东方高,西方下,女子为正";15 背贰:"宇左长,女子为正";20 背贰:"宇多于东南,富,女子为正",等等。正,即当家作主。

文秦律对出逃女子的态度也可看出。

楚地秦人男子惧怕妻悍、妒忌，女子害怕被休、分离，等等，都充分表现了对美好婚姻的追求和向往。但楚地秦人热爱自由，追求幸福有感情的婚姻，一旦婚姻不如意，则选择多种方式反抗，从秦政府对待婚姻的态度上，可以观照到始皇统一后整个秦社会关于婚姻家庭的思想概况。

（四）秦政府为维护家庭稳定所做的努力

1. 对逃亡的妻子

如前所述，楚地秦人对婚姻质量要求较高，然贞操观念淡薄，若对婚姻不满，女子就会选择弃夫逃亡，因为向往美好幸福的婚姻生活，便不可避免有逃亡后再婚的现象发生，如睡简《法律答问》：

> 166：女子甲为人妻，去亡，得及自出，小未盈六尺，当论不当？已官，当论；未官，不当论。

> 167：女子甲去夫亡，男子乙亦阑亡，相夫妻，甲弗告情，居二岁，生子，乃告情，乙即弗弃，而得，论何也？当黥城旦舂。

> 168：甲取人亡妻以为妻，不知亡，有子焉，今得，问安置其子？当畀。或入公，入公异是。

第一条给出了法律惩罚逃亡女子的标准，即"已官，当论；未官，不当论"。也就是说，女子甲离家出逃，如果婚姻是经过官府许可的，官府就处理，否则不管。第二条是对弃夫逃亡的女子处以脸上刺字涂墨（黥）且要服六年舂米苦役（舂）之刑，这是秦最重的徒刑。而第三条则着重对娶他人逃亡之妻而生的儿子的处理意见。从上述各简可以看出，秦律维护合法婚姻中的男方利益，对弃家出逃的女子会实行抓捕且进行处罚，也就是说，已婚女子离家出逃属于违法之举！从简文看，秦律只是对离家逃亡的妻子执行最重的徒刑，这种处罚甚至牵连到其子。但并未发现简文中有根据出逃缘由而采取不同处罚手段甚至不处罚的内容，可知秦律的目的只是维护婚姻家庭的稳定，完全是以家为本，而不是以人为本。

秦时判断是否成年的标准不是按照年龄而是身高，通常是男子以身高六尺五寸，女子以身高六尺二寸为成年标准[①]。低于此则谓"小"，如睡简

---

①栗劲《〈睡虎地秦墓竹简〉译注斟补》，《吉林大学社会科学学报》1984 年第 5 期。

《仓律》规定："隶臣、城旦高不盈六尺五寸,隶妾、舂高不盈六尺二寸,皆为小。"秦尺一尺相当于现在的 0.23 尺,以平均身高计算年龄在十二岁以下,属于秦律所言未成年人即"小"的行列。而简 166 言"已官""未官",如此说法,可见当时官府对结婚约最小年龄(或最低身高)并没有限制。只要结婚,就可以在官府登记,而只要登记了,不管逃亡时的年龄大小(或身高多少)都要受到处罚。由此可知秦律只是在保护婚姻家庭,维护它的完整圆满,而没有保护未成年人利益的理念。又据睡简《法律答问》169:"'弃妻不书,赀二甲。'其弃妻亦当论不当? 赀二甲。"书,指报告登记①。男子弃妻不向官府报告登记要罚二甲(显然休妻不到官府登记的情况广泛存在),其被弃的妻也要受到同样处罚,按照这种责任分摊逻辑,妻子逃亡也应罚丈夫,然未见有此内容。因此,可以说,秦律固然是为了维护婚姻家庭的稳定,但更多保护的是男方的利益。

2. 对于休妻

上文提到秦时中下层民众中,休妻现象较多。这种现象的存在,无疑影响人口、经济的发展。丈夫休妻如果不到官府登记,要罚二甲,而被休的妻子也要受到同样处罚。表面看来秦律在限制休妻泛滥、保护婚姻家庭完整,事实上,男方休妻只用登记一下即可,这其实在法律上给了男性休妻的自由,而从秦律未有女子弃夫应走的官方程序看,当时女性根本没有弃夫权力(逃亡都要受处罚),在婚姻中是没有自主权的。

3. 对于悍妻

凶悍的妻子影响家庭生活,丈夫因妻子凶狠蛮横而殴打悍妻的事难免发生,睡简《法律答问》079 有言:"妻悍,夫殴笞之,央其耳,若折肢指、胅体,问夫何论? 当耐。"秦律的介入,说明了秦时悍妻之普遍。丈夫打悍妻,只要有伤害其肢体的行为,秦律都处之以耐刑。然张简 032 言"妻悍,而夫殴笞之,非以兵刃也,虽伤之,毋罪"。丈夫殴打妻子,只要不是用兵刃,便无罪。又,张简 033 言"妻殴夫,耐为隶妾",只要妻子打丈夫,没有给任何理由,就耐为隶妾。夫殴打旱妇,秦律治其罪,而汉律则无罪。然而妻打夫,汉律则不问缘由地处罚妻子。显然,秦律较西汉律令有保护婚姻家庭中女性安全的一面。

①睡虎地秦墓竹简整理小组《睡虎地秦墓竹简》,北京:文物出版社 1990 年,第 133 页。

4. 对于不孝

如前所述,秦律确认不孝行为成立后,对不孝子处以极刑,未有明确涉及妻虐待夫家长辈时对妻的处罚。汉律则完善此点,明确指出妇若有此行为则处以极刑,开始表现出女性对婚姻家庭稳定作用的重视。如张简040:"妇贼伤、殴詈夫之泰父母、父母、主母、后母,皆弃市。"泰父母即大父母①。大父母,即祖父母②。但秦律对殴打祖父母的惩罚比汉律要轻,如:睡简《法律答问》078:"'殴大父母,黥为城旦春'。今殴高大父母,何论?比大父母。"秦律殴打祖父母要处以"黥为城旦春"的重刑,汉律则处以死刑,体现了对孝道的充分重视。但妇的不孝受罚不连累其他人,若是老人告子不孝,除该子要被处以极刑外,其妻、子也要被株连收为奴隶,且不能用其他方式自赎,如张简038:"贼杀伤父母,牧杀父母,殴詈父母,父母告子不孝,其妻子为收者,皆锢,令毋得以爵偿、免除及赎",充分体现了婚姻家庭中男女地位的不平等。当然,在告发父母或公婆上,汉律无论对儿子还是儿媳皆处以极刑,表面看来是男女平等,其实反映的是对孝道的重视,如张简133:"子告父母,妇告威公,奴婢告主、主父母妻子,勿听而弃告者市。"威,指婆母③。从简文看,子告父母,媳妇告公婆,汉律不分青红皂白,反而追究原告责任且处以极刑,足见汉律于此无理可讲,只是一味维护长辈的尊严,其实质是维护儒家提倡的等级秩序。当然,严法之下,类似事情当很难发生,这对维护家庭和谐稳定有一定的积极作用。

《史记·商君列传》载商鞅言:"始秦戎狄之教,父子无别,同室而居。今我更制其教,而为其男女之别。"反映出商鞅变法前,秦人俗同戎狄,父子兄弟妻子同室而居,没有男女有别的婚姻伦理观念。商鞅特制定措施改变这种混乱的婚姻状况,如"令民父子、兄弟同室内息者为禁","民有二男以上不分异者,倍其赋"。责令秦民分室而居,家有两男须另立门户。然商鞅变法后,男女淫乱之事并未戒绝,据《史记·匈奴列传》载:"宣太后与义渠戎王乱,生二子。"《战国策·秦策二》载:"秦宣太后爱魏丑夫。太后病,将

---

① 李零指出:"秦汉文字往往以泰为太。泰、太都是大的意思。"《北大秦牍〈泰原有死者〉简介》,《文物》2012年第6期,第81页。
② 睡虎地秦墓竹简整理小组《睡虎地秦墓竹简》,北京:文物出版社1990年,第111页。
③ 张家山汉墓竹简整理小组《张家山汉简(二四七号墓)(释文修订本)》,北京:文物出版社2006年,第27页。

死,出令曰:'为我葬,必以魏子为殉。'"堂堂太后,竟可公然出令让情人殉葬,可见商鞅变法后的秦社会男女关系依然混乱。秦始皇统一后,刻石宣扬"男女洁诚""男女礼顺,慎遵职事",甚至昭示天下"夫为寄豭,杀之无罪"。可知从商鞅变法至秦始皇,一直在为扭转社会风气做出努力,固然由此可了解到秦社会一直存在着危害婚姻家庭稳定的不良因素,但从楚史上从未有过规约楚人男女行为的情况看,故秦地的婚姻家庭相对于楚应该要稳定和谐。

当然,秦律限制的是所有秦人的行为,它反映了统治阶级的意志,旨在通过法律手段促进婚姻家庭的稳定、和谐,从而保持社会稳定,保证国家赋税来源,达到增加人口数量、促进经济发展、巩固其统治的目的。也不可否认,秦律对限制某些楚地秦人片面追求自由幸福、轻率放弃家庭、维护家庭稳定有一定的积极作用。

四、其他

上述在男方的担忧中,娶妻害怕其妒、悍、克夫、杀夫,可以看出其对女方品行方面的要求,如希望其温柔、贤惠等。而嫁女的占卦条文一则极少,再则除了对将来婚姻家庭的卦算外,并没有任何显示对男方品行等要求的条文。对于嫁女条文之少,我们认为,概与古代婚娶日期由男方决定有关,男方选定吉日后到女方家"请期"——请示结婚日期,通常都是女方坚请男方决定了事。也就是说,据礼女方是不用去另外占算的。秦简出现女方占算的条文,一则说明女方对嫁女的重视,再则可知在婚娶日期的确定上,女方也有一定的自主权。而女子卦算中竟然没有显示对男方要求的条文,当与女方通常不用择日嫁女有关。因为不用择日,相关条文就很有限,但不等于对男方没有期待。具体的要求,当与生子卦算中父母对所生男孩的期待相关,前已有述,此不多论。

秦简《日书》"生子篇"中有很多占算表现出楚地秦人对所生子外貌美的追求,但在婚娶卦算中,没有任何男方对女方外貌要求的条文。我们当然不能否定外貌的作用,如《战国策·魏王遗楚王美人》中楚王曰:"妇人所以事夫者,色也。"但从简文看,对于中下层人民来说,他们并不关注所娶妻子的外貌,或者说,外貌不是他们关注的重点,他们重视的是婚姻的圆满、有终,是妻子的品行和自己的安全,凶悍、妒忌、多嘴多舌、克夫杀夫等影响家庭和谐的品行和关乎自己生命安全的内容都是他们厌弃的,而健康、生育能力强的妻子是他们心目中的佳偶。对于男女双方来说,都希望婚姻美满和谐,家庭富裕多子,夫妻双方能够白头到老,对婚姻家庭的期望充满现实主义的色彩,楚人那种喜浪漫的风格在此荡然无存。

五、小结

综上可知,大量婚娶择吉的条文,反映了无论楚地秦人还是故秦人,都高度重视婚姻家庭的思想观念。楚地秦人重视婚姻的感情因素,希望婚姻美满幸福、夫妻恩爱、白头到老,因此女方害怕被休,男方害怕女方离家逃亡、不会持家,导致家庭不幸。但因为楚地秦人喜浪漫、爱自由,婚姻自主性强,所以在婚姻不美满的情况下,男子会选择休妻,女子会离家出逃另嫁他人。秦律对休妻不书的男子、对逃亡的女子都进行惩罚,但未有女子弃夫需要哪些官方程序的条文,可知当时女性在婚姻家庭中地位低下、婚姻不能自主。但秦律对打伤妻子的丈夫进行惩罚,可见其有维护妇女权益的一面;对不孝和悍妻都进行制裁,为维护秦社会、家庭的和谐稳定,无疑都起到积极作用。当然,对楚地秦人追求浪漫自由、随意放弃家庭的行为也会有一定程度的限制。

第四节　楚地秦人的死亡观及统一的影响

死亡观是人们对死亡有关问题的根本看法和基本观点。世界观和人生观不同,对死亡的价值评价不同,就会产生不同的死亡观。本节试图通过考察楚地秦人的死亡观,并与故秦人相关思想进行对比,探讨秦始皇统一对死亡礼俗思想的影响。

一、“死”所包含的礼俗思想

“死”的字形本身就包含着一种死者有灵思想。死,甲骨文字形为𦥑,象生人拜于朽骨之旁①。生人,指活着的人。生人拜枯骨,说明朽骨本身承载着一定的文化意义。《庄子·知北游》:“人之生,气之聚也。聚则为

---

①于省吾《甲骨文字诂林》,北京:中华书局 1996 年,第 2877 页。

生,散则为死。"古人认为精气所聚为生,精气散尽为死。而这个精气,分为"魂""魄"两部分,《左传·昭公七年》云:"人生始化曰魄,既生魄,阳曰魂。"汉孔颖达注曰:

> 魂魄,神灵之名,本从形气而有;形气既殊,魂魄亦异,附形之灵为魄,附气之神为魂也。附形之灵者,谓初生之时,耳目心识手足运动啼呼为声,此则魄之灵也;附气之神者,谓精神性识渐有所知,此则附气之神也。①

也就是说,每个人都有自己独特的形气,这形气即为魂魄。魄附于形体(形),魂则附于感知、精神等抽象的层面(气),死就是魂魄分离的结果。《释名》说:"死者澌也,若冰释澌然尽也。"《说文》言:"死,澌也,人所离也。"段注曰:"人尽曰死。'人所离也',形体与魂魄相离。"因为"阳曰魂",故魂离形而升天;阴曰魄,所以魄随着形体归入地下。《礼记·郊特牲》云:"魂气归于天,形魄归于地。"《礼记·祭义》亦云:"众生必死,死必归土,此之谓鬼。骨肉毙于下,阴为野土。其气发扬于上,为昭明焄蒿凄怆,此百物之精也,神之著也。"②在这里生命被感知或能够从无感觉或者死的躯体里脱离出来走掉的东西③,这个走掉的东西是为魂,而魄则随肉体葬于地下。《论衡·卷二十二·纪妖篇》:"夫魂者,精气也,精气之行与云烟等。"魂为气体,从肉体里出去,一去不返,人的肉体则死亡,久而腐烂化为枯骨。但其魂犹存,此现人们常称之为"鬼"。之所以活着的人祭拜朽骨(死去的人),就在于认为人死变为鬼,虽肢体朽败,然魂魄犹生,且可通过吸入气味的形式享用祭品,所祭的物品丰盛,鬼就开心,便会庇佑活着的人;反之则会作祟害人,亲人正在其列。

《吕氏春秋·异宝篇》言:"楚人信鬼";《汉书·地理志下》言楚地"信巫鬼,重淫祠",楚地一些文献也可证明这是时人普遍的观念。如老子说:"以道莅天下者,其鬼不神。非其鬼不神,其神不伤人"④,显然承认鬼神的存在。庄子明确承认人死后灵魂不灭,言"死于是者,安知不生于彼"⑤。

①[清]阮元《十三经注疏·春秋左传正义》,北京:中华书局1982年,第2050页。
②陈戍国点校《四书五经上》,长沙:岳麓书社2023年,第488页。
③转引自(法)列维·布留尔《原始思维》,丁由译,北京:商务印书馆2010年,第74页。
④[唐]魏征等《群书治要》,北京:北京理工大学出版社2013年,第440页。
⑤杨柳桥《庄子译注·养生主》,上海:上海古籍出版社2012年。

也就是说,在楚地秦人的观念中,死亡只是人存在的另一种形式罢了。

《楚辞·国殇》"身既死兮神以灵,子魂魄兮为鬼雄",认为不平常的人也会变成不平常的鬼。同理,在楚地秦人的观念中,人生前的地位也会带到死后世界,继续发挥威力,如睡简《日乙》203:"丙丁死者,其东有喜,正西恶之,死者主也。"喜,读为"禧",吉祥、幸福。恶,读为"厌",指以迷信的方法,镇服或驱避可能出现的灾祸。此句意思是说,丙丁日死亡的人,其东面有好运,在其正西方向镇住了邪气,是因为死的是一位主宰者。也正因为死的是一位主宰者,所以能够镇住其正西方向的邪气。《潜夫论》卷六说:"且人有爵位,鬼神有尊卑",说的也是这种情况。

人死为鬼、鬼是人死后存在的另一种形式也是故秦人的观念。放简《志怪故事》讲述了一位名叫"丹"的人刺伤他人后自杀而亡,"以丹未当死",因为丹命不该死,三年后死而复生,向世人讲述关于鬼喜好的故事。说"死人以白茅为富,其鬼胜于它而富",死人成鬼,以拥有的白茅草多寡作为是否富裕的象征。如果祭鬼不当,鬼会"惊走""终身不食",也就得罪了鬼,不但不会保佑行事顺利,还会作祟害人[1]。北大简《泰原有死者》也记述了泰原[2]一死者,三年后复生,被送到咸阳,向世人讲述其在阴间所知道的关于祭品、祭祀时的行为及冥婚等事,都反映了故秦人的这种思想观念。所不同者,反映楚人鬼神观念的简文,仅睡简就多达85条,而反映故秦人鬼神观念的放简仅有6处。

二、为什么会死

即使在科技发达的今天,能够做到寿终正寝的人也很有限。古代医疗条件落后,战国至秦汉时期更是战乱频仍、民不聊生,因战乱、疾病而死的人不计其数。人们无法把握自己的命运,科学知识的匮乏,使得信奉鬼神的古人把病丧归因于犯了禁忌的惩罚或报应。王充《论衡·讥日篇》言:"世俗既信岁时,而又信日。举事若病死灾患,大则谓之犯触岁月,小则谓

---

[1] 参见李学勤《放马滩简中的志怪故事》,《文物》1990年第4期。

[2] 泰原疑指咸阳原。咸阳原是渭河以北今武功、兴平、咸阳、乾县、礼泉一带的黄土原区(见北京大学出土文献与古代文明研究所《北京大学藏秦简(壹)》,上海:上海古籍出版社2023年,第109页)。鉴于泰原属于故秦地,且与放简《志怪故事》相似,故其虽可能是楚地发现的简,但文本故事发生在故秦地,所以在研究故秦相关思想时也会用到。

之不避日禁。"正说玥了秦人的这种思想观念。列维·布留尔说："对原始人的思维来说，要想象'自然死亡'实际上是不可能的。须知这是一个和其他观念毫无共同之处的独特的观念。"①秦人虽然不是原始人，但他们的思维依然脱不了原始思维的特点，在我们所收简文中不乏反映这种思想的内容，如：

（一）疾病不时　凶日犯忌

古人多认为疾病是鬼神作祟所致，因此患病时往往求助于卜筮。利用占卦来预测疾病情况，是我国上古时期的常见礼俗。而楚地秦人信巫鬼、重淫祠。在这方面更是有过而无不及，宋范致明《岳阳风土记》言："荆湖民俗……疾病不事医药，惟灼龟打瓦，或以鸡子占卜，示祟所在，使俚巫治之，皆古楚俗也。"《左传·哀公六年》载："楚昭王有疾，卜曰：河为祟。"由此可窥楚人病必问卦之习。既然认为疾病源自鬼神作祟，那么因病而死，自然也是触犯了凶神所致，如：

　　睡简《日甲》068 正贰—069 正贰：戊己病，庚有【间】，辛酢。若不【酢】，烦居东方，岁在东方，青色死。

　　睡简《日甲》074 正贰—075 正贰：甲乙病，丙有间，丁酢。若不酢，烦居西方，岁在西方，白色死。

　　睡简《日甲》137 正贰：巳，南吉，西得，北凶，东见疾死。

　　孔简 354 壹：丙寅，日出有疾，赤色死。

　　孔简 360：壬申，暮市有疾，黑色死。

有间，指病情有所好转。酢，读为"作"，起床。烦居，指烦扰所在方位。以上是把天干地支分配到五行中，利用五行生克关系及五方颜色配属，说明疾病凶死状况或方位禁忌。如果病人没有在某个时间好起来，往往会显示与生病日相克的五行颜色而死。如前述"甲乙病"条，因为甲乙日五行属木，而金克木，西方五行为金，故病人的灾祸在西方。西方金为白色，因此病人显示白色死；孔简 354 壹所言之丙寅，属于木生火，火旺的日期，"日出"属于卯时木最旺，木助火势，因此这个时辰生病，就显示出火的

---

① （法）列维·布留尔《原始思维》，丁由译，北京：商务印书馆 2010 年，第 269 页。

颜色——赤色死。五行"是中国人的思想律,是中国人对宇宙系统的信仰"①,楚地秦人把病死的原因归于五行的生克关系,而五行各有神主,《左传·昭公二十九年》:"故有五行之官,是谓五官。实列受氏姓,封为上公,祀为贵神。社稷五祀,是尊是奉。木正曰句芒,火正曰祝融,金正曰蓐收,水正曰玄冥,土正曰后土。"因此,择日依据五行生克其实是试图顺应规律,以趋吉避凶,也即把人的病丧归于触犯神灵的惩罚。故秦人在此点上与楚地秦人并无不同,如:

> 放简《日甲》14:除日……瘅疾,死。
>
> 放简《日甲》15:盈日……有疾难疗。
>
> 放简《日乙》103:正月壬子,死亡。
>
> 放简《日乙》104:二月丑,丧。
>
> 放简《日乙》107:五月辰,疾丧。
>
> 放简《日乙》158:壬癸雨,大水。禾粟邦起,民多疾。

瘅疾,热病。除日生了热病,会死。盈日不利于病人,即使有小病也难于治疗。正月壬子日,二月丑、五月辰,都是凶日,不是意外死亡就是生病的人死去。邦起,即邦国兴旺发达。可见,故秦人同样是把疾病、死亡归因于遇日不吉。但最后一条简文显然是把疾病归因于十月壬癸日下雨多水。多雨潮湿易水灾、易生病,水灾多伴随瘟疫,这应该是经验教训的总结。

楚地秦人对生命的敬畏非独表现在疾病上,他们认为做衣、伐木造屋、筑室、动土、杀畜、种树等这些古人日常生活中比较重大的事情,都需择吉日进行,若择日不当,将因触犯神灵而死,如:

> 睡简《日甲》026 正贰:衣:裚衣……毋以楚九月己未始被新衣,衣手□必死。
>
> 睡简《日甲》106 正:春三月寅,夏巳,秋三月申,冬三月亥,不可兴土功,必死。
>
> 睡简《日甲》107 正壹:凡入月七日及夏丑、秋辰、冬未、春戌,不可坏垣、起之,必有死者。以杀豕,其肉未索必死。

---

①顾颉刚《五德终始说下的政治和历史》,《古史辨》(五)下编,上海:上海古籍出版社1982年,第404页。

　　睡简《日甲》124 正叁：未不可以树木，木长，树者死。

　　睡简《日甲》125 正叁：戌不可以为床，必以殣死人。

　　睡简《日甲》100 正：凡为室日，不可以筑室。筑大内，大人死。筑右垺，长子妇死。筑左垺，中子妇死。筑外垣，孙子死。筑北垣，牛羊死。

　　孔简 243：春三月巳乙、夏丙丁、秋庚辛、冬壬癸筑室，必或死之。

　　孔简 239：壬辰不可杀豕。戊己杀豕，长子死。入月旬七日以杀豕，必有死之。

　　楚九月己巳日制作新衣，做衣服的人会死；垺，《集韵》音"土"。土，古音透鱼切，与"宅"定铎切音近，疑读为"宅"，意即居住之处。凡是上帝造室的日子，不能动土造屋，动土的人一定会因此而死。凡是为室日不能建造房屋。筑造内室，父母长辈死。筑造右边的住处，大儿媳死。筑造左边的住宅，二儿媳死。筑造外墙，孙子、儿子死。筑造北墙，牛羊死。大内，指内室，是家长居住的地方，所以说在不该筑房屋的时候筑造大内，父母长辈就会死。据睡简《日甲》23 背肆："取妇为小内。"说明儿子、媳妇住的是小内。长子及其妻居住在右达的房屋，所以筑造右垺长子妻会死，余以此类推。上述卦算所据主要为五行生克关系，若所做或发生的事与当值神"相克"就会触怒神灵，从而遭殃。如上述简 124 正叁中，"未"五行属土，而木克土，若在该日种树（木），就是触犯土神，要遭到惩罚—树者死（种树的人死）。简 125 正叁"戌"属土，床为木，木克土，因此该日不可做床，否则有人要死，等等。上述观念在反映故秦人思想的简文中也有体现，如：

　　放简《日乙》140：甲乙丙丁戊己庚辛壬癸，凡是是十二毁，不可操土攻。木日，长子死。土日，中子死。水日，少子死◇。

　　放简《日乙》136—137：寅巳、申亥、卯午、酉子、亥未、戌丑，凡是是地利，不可垣。穿地，井到膝，小子死；到腰，中子死；到腋，长子死。到颈，妻死，没人母，父死。以它辰垣，利乡，不死大凶……

　　放简《日乙》210 贰：戊己，不可伐大桑，中灾，长女死之。

　　放简关于穿井受殃的条文，因犯忌而死的人依井的深度而论，井的深度从膝盖到脖颈，死的人也依次从最小的孩子到其母或其父，其他简对犯忌所死之人也有所选择。上述简文传递的信息是，在秦人眼里，死不是无缘无故的,都是自己行为不当(做事时间不对)招致的报应。这种报应,有时甚至还会株连到其他人,这种思想无论在睡简还是放简都有体现,也就是说,无论是楚地秦人还是故秦人,都认为有的死是受前一个死者牵连导致的,又如:

> 睡简《日甲》002 正贰:结日……生子无弟,有弟必死。

> 九简 25:寅、卯、辰、巳、午、未、申、酉、戌、亥、子、丑,是谓结日……生子,无弟;如有弟,必死。

> 睡简《日甲》030 正贰—031 正贰:葬日,子卯巳酉戌,是谓男日。午未申丑亥辰,是谓女日。女日死,女日葬,必复之。男子亦然。凡丁丑不可以葬,葬必叁。

> 放简《日甲》01—03:男日:〖子〗卯寅巳酉戌。女日:午未申丑亥辰……以女日死,以女日葬,必复之。男日亦如是。

> 放简《日乙》112:凡建日死不利父。除日死不利母。开日死不利子。盈日死家不居。

> 放简《日乙》109:羽日:卜父死,取长男。母死,取长女,长子死,无后害。

结日生子,该子将来没有弟弟,即使有也一定会死。这是说该子出生的日子不好,会导致后面没有弟弟出生,即使有弟弟也会因此子而性命不保,这是殃及可能出生的亲人。楚秦埋葬之日皆有男女日之分,如果女日死的人,在女日埋葬,一定还会有人死去,"必复之"即这个意思。男子的葬埋也是如此,若男日死男日葬,还会有人死去。由此推论,正确的做法应该是女日死男日葬或男日死女日葬,讲究的是阴阳合和的搭配关系。这是埋葬日选择不对,殃及活着的人。另外,还有建、除、开、盈日死亡对亲人的不良影响,羽日亲人死亡殃及其他人的情况,等等。显然,秦人眼里的死或是日常行为触犯忌日的惩罚或是命定的必然,毕竟正常情况下死亡是无法预知和决定的,而殃及他人死更是无奈之事。死也不仅仅是人死为鬼的问题,他们眼中,死去的人与生人之间存在着"互渗"①,由此可以给活着的人带来福祸。这种观念,立足于生者与死者曾经的血肉联系,是把家庭看作

---

① "互渗"是列维·布留尔《原始思维》一书中最基本的概念,是指"原始"思维所特有的支配表象的关联和前关联的原则,指相互感知、渗透、作用和影响。北京:商务印书馆 2010 年,第 69 页。

一个完整的整体,彼此之间约命运可以互相渗透,互相影响。反映了秦人生死相依、祸福相连的家庭观和生死观。

一个人的死,可能"互渗"威胁到其他人的生命安全。但是,楚地秦人的观念中,这种被"互渗"牵连的死,是可以卦算到从而可以躲避的,如:

> 睡简《日乙》204:戊己死,去室西,不去有死。
>
> 睡简《日乙》205:庚辛死者,去室北,不去有咎。
>
> 睡简《日乙》207 壹:夏三月,甲乙死者,东南受殃。
>
> 睡简《日乙》213 壹:丙丁死者,其西受凶,其子女也。

上简同样是利用五行相生相克的原理帮助人们选择合适的方位以趋吉避凶,如简204,戊己五行为土,西边五行为金,土生金,所以要远离西边,否则将被影响而死。同理,庚辛五行为金,北面五行为水,金生水,所以在庚辛金日死的,生人要远离其室的北面……否则子女将受"互渗"而死。把死同五行生克联系起来,其实是试图在遵循自然规律的基础上,避免更多的死亡,表现了对自然规律的敬畏和对生命的重视。这同时也说明古人并不是被动地接受命运的安排,他们力图在顺应规律的前提下避开灾祸,包含积极的人生态度。然故秦人没有类似的卦算。

(二)鬼神作怪　巫师为祟

楚地秦人眼里,人死为鬼,不管这个鬼是死去的亲人还是其他人的鬼魂,都可能作祟害人。于是,在他们看来,有时家人的死就是自己的父母或祖父、曾祖父等亲人的鬼魂所害,或者是亲人之外的鬼魂作祟所致,如:

> 睡简《日乙》168:巳以东吉……以有疾,申小瘳,亥大瘳,死生在寅,赤肉从东方来,高王父谴眚。
>
> 睡简《日乙》169—170:午以东先行……有疾,丑小瘳,辰大瘳,死生在寅,赤肉从南方来,把者赤色,外鬼兄世为眚。
>
> 睡简《日乙》206 壹:壬癸死者,明鬼祟之,其东受凶。

高王父,指曾祖父。谴,即谴责。眚,《国语·楚语》下注:"犹灾也。"兄世,指兄辈。死生在某个时辰,意谓在这个时辰生死难料,是危险时刻。上述各简,某日生病生死难料或死亡,不是曾祖父的亡灵谴责生人为灾,就是兄辈的外鬼作祟害人或者玥鬼作祟导致生病甚至死亡,其原因通常是亲人没有好好祭祀。因为古人认为鬼神靠生人的祭祀活着(现在信奉鬼神的人亦然），如《战国策·秦策四》言："鬼神狐祥无所食。"如果没有祭祀，鬼神会挨饿，《左传·宣公四年》载，楚令尹子文担心他的侄子越椒将会使若敖氏灭宗，"及将死……且泣曰：'鬼犹求食，若敖氏之鬼不其馁而！'"若敖氏之鬼，即若敖家族之祖先也①。这是担心若敖氏的祖先因宗族灭绝无人祭祀而挨饿。而挨饿的鬼就会作祟害人。其他会回来报复伤人的还有因早死、被害等非自然原因而死之人的鬼魂，如《淮南子·俶真训》云："伤死者其鬼娆，时既者其神漠，是皆不得形神俱没也。"高诱注曰："娆，烦娆，善行病祟人。"早夭的人，他的魂魄会出来作祟；寿终正寝的人，他的魂魄就安宁。这些都说明人的形体和精神不会一起消亡②。"伤"通"殇"，殇死者，即不成人而死者，属于非正常死亡。通常来说，非正常死亡人的鬼报复的对象都是伤害它的人，如《史记·魏其武安侯列传》载："武安侯病……使巫视鬼者视之，见魏其、灌夫共守，欲杀之。竟死。"言武安侯的死是因魏其、灌夫鬼魂所害导致。而这两位之所以要杀武安侯，是因他们皆死于武安侯之手，是索命报复而已。

由上可知，楚地秦人眼中，死去的亲人和活着的人之间最重要的是祭祀供奉的功利关系，生人一旦供奉不继则会遭其谴责而受殃。且与生前不同的是，这些鬼拥有作祟害人的能力，可以使用这种能力作祟报复活着的人。生人为了避免受害，就须供奉香火好好祭祀，避免与鬼灵发生冲突。疾病占算中，总有涉及祭肉的条文，正说明了此点。另如前所述，活着的人如果对不起死去的人，死去的人也会回来报复。虽属迷信，但这种观念能使活着的人常怀怵惕之心，善待亲人和周围的人；而那些无力为含冤而死的亲人申冤的，也会借此安慰自己，使愤恨得到缓解或释放，心灵的痛苦得以减轻，不能不说这是其死亡观积极的一面。

楚地秦人生病时求助于巫，显然在其观念中，巫有法力且可施法驱鬼治病。那么按照这种思路，巫自然也可施法招鬼使人生病，如：

睡简《日乙》165—166：辰以东吉……以有疾，酉少瘳，戌大瘳，死生在子，干肉从东方来，把者青色，巫为眚。

睡简《日甲》92背壹：酉，巫也。其后必有小子死，不出三月有得。

---

① 杨伯峻《春秋左传注（修订本）》，北京：中华书局2000年，第680页。
② ［西汉］刘向《淮南子》，胡亚军译注，南昌：二十一世纪出版社2015年，第16页。

　　巫为眚,意谓巫师(施法)造成的疾病。眚,疾病。在楚地秦人看来,有些人因病而死是巫作法诅咒所致;且在属于巫日的酉日过后,家中最小的孩子会死去。可见,楚地秦人虽相信巫通鬼神、知吉凶的能力,对巫充满敬畏,但并不完全认为"巫师是幸福、安全与和平的祈求者和保护者"[1],不完全把巫看作善类。这时候的巫跟那些作祟的鬼一样,并不受人欢迎,或者说,巫是他们爱恨不得的社会角色。

　　故秦人也把患病原因归于鬼神,但未见有关于巫作祟致病的记载。如:

　　　　放简《日乙》154:正月甲乙雨,禾不享,〔邦〕有木功。丙子雨,大旱,鬼神北行,多疾。

　　疾,小病。因为正月丙子是鬼神北行之日,所以人们多小病。由此可见人与鬼神"势不两立"的一面。秦简关于故秦人祭祀的条文有十三处,涉及建除日的祭祀,祠门、祠墓等,也就是说祭祀祖先等礼神敬鬼活动,故秦人并不缺少。但只是笼统言及鬼神作祟多疾,并未见涉及具体内容的条文。可见,故秦人对鬼神与疾病死亡的研究深度要逊于楚地秦人。或者说,他们关注的重点并不在此。

(三)意外有因　凶星致死

　　秦汉时期,战火连绵,盗贼纷起,人们随时都有生命危险,也随时都可能面对亲人的死亡,生命得不到保障,意外死亡成为日常,如:

　　　　睡简《日甲》94 背壹:亥,死必三人,其咎在三室。

　　　　睡简《日甲》95 背壹:甲辰寅死,必复有死。

　　　　睡简《日甲》96 背壹:甲子死,室氏,男子死,不出卒岁,必有大女子死。

　　　　孔简 300 壹:子死,其咎在里中,必见血。

　　　　孔简 301 壹:丑死,其咎在室,必有死者三人。

　　　　孔简 302 壹:寅死,其咎在西四室,必有火起。

　　咎,指灾祸。里,泛指乡村居民聚落。死必三人,一定会有三个人同时死。必复有死,一定还会有人死。男子死,不出一年,一定有大女子死,类

似这种家人接连而死的情况,绝非一种正常现象,但睡简涉及这种一死数人的条文很多。社会意识反映社会存在,说明在秦汉时期意外死亡的情况严重。而从秦简中数量相当多卦算盗贼、兵灾的简文看,战乱、盗贼应是意外死亡的主要原因。"必见血""必有死者三人""必有火起"等条文,正说明这些死亡当与打斗、战火有关。但即使如此,无论睡简还是孔简,对于这些意外死亡,时人多据死亡时间归咎于居住或日常活动的场所,这又是把生死归于这些场所的鬼神作祟所致。

能索人性命的,非独地上的危险,楚地秦人面对的还有来自天道运行的不测,五行不利或触犯了凶星也会招致死亡,如:

> 睡简《日乙》223 壹:冬三月,甲乙死者,必兵死,其南厌之。
> 睡简《日甲》054 正壹:五月,东井、七星大凶,胃、参致死……
> 睡简《日甲》056 正壹:七月,张、毕、觜、觿大凶,危、营室致死……
> 睡简《日甲》089 正壹:东井,百事凶。以死,必五人死……

在冬季三月(即农历十月、十一月、十二月)甲乙日死去的人,一定是死于兵器,在南面镇住了邪气。这也是据五行生克原理推算死因:甲乙属木,而金克木,所以说木日死是死于兵器。南方属火,火胜金,因此说南方镇住了邪气。而他简则直言遇凶星当值日死。无论由五行还是凶星推知死因,都说明在楚地秦人眼里,生死是由天决定的,包括死的原因和方式。

从放简看,故秦人认为导致死亡的原因,主要有出行择日不当或方向不对,如放简《日乙》123—127:"行忌:春三月己丑不可〔东行〕,夏三月戊辰不可南行。秋三月己未不可以西行。冬三月戊戌不可北行,百里大凶,二百里外必死。"筑室建屋方向不对、择日不当死或前人死日不吉殃及后人的死,如放简《日乙》139:"正月东方,四月南〔方〕,七月西方,十月〔北方〕,凡是谓咸池会月也,不可垣其乡,垣高庳,死;取谷,兵,男子死;垣坏,女子死";《日乙》116:"丁巳不可初垣,必死,不久。甲戌旬,寅卯虚,申酉孤,失。虚在正东,孤在正西,若有死者,各四凶,不出一月。""若有死者,各四凶,不出一月"意谓如果有人死,一月内会死四个。歌乐鼓舞、杀畜生的时间不对,也会因此而死。如放简《日乙》128 + 309:"亥朔己亥,是谓反支……歌乐鼓舞、杀畜生见血,人死之。"伐木时间或方位不对死,如放简《日乙》131:"戊己不可伐大桑中央,长女死之。"触犯星神当值日而死,如放简《日乙》132:"亥、酉、未、寅、子、戌、巳、卯、丑、申、午、辰,凡是谓土星,不可筑垣、土功,大凶",等等,未见凶星致死、兵死条文。但基本思想皆为择日不当会招致死亡,且皆有"互渗"而死内容,差别在于,楚地秦人的禁忌更为具体而详,而故秦人更大条、粗略。

（四）生死有命

古人包括多数今人对寿命的认知,会归因于"命"。命,指天命、命运。《易·乾·彖》:"乾道变化,各正性命。"孔颖达疏:"命者,人所禀受,若贵贱夭寿之属也。"朱熹本义:"物所受为性,天所赋为命。"也就是人能活多大年纪是命中注定的,活到了岁数,"阴司"就会到"阳间"抓人,于是就死了。但鬼非圣贤,孰能无过,也会出现抓错人即不该死的让死了的情况。那么这个时候"鬼府"也会及时纠错,再把这个"抓错"的人放回"阳间",这个人于是就复活了。秦简有反映这种思想的内容,如放简《志怪故事》中的主人公"丹""【刺】伤人垔离里中,因自【刺】也",因为刺伤了别人所以自杀身亡,但因"丹未当死""三年,丹而复生",因为丹命不应该死,所以三年后又活过来了。而北大秦简《泰原有死者》说的也是一个死了的人"三岁而复产",即死了三年又活过来的事。这里并未说为什么死而复生,从前文看,原因也应当是"未当死'。反映了时人命由天定,人什么时候死是命中注定的、鬼府也会犯错,但会纠正的礼俗思想。

三、死亡的先兆

秦人相信生死有命,但作为统治者总想"逆天改命",追求长生。秦始皇统一列国后不懈寻找长生不死之药,刘向《战国策·楚策》之"有献不死之药于荆王者"篇也反映了楚王追求长生不老的思想。帝王追求的是长生不死,所以不会去探索死亡的先兆,而生活在战火连年、意外经常发生时代的普通人,因为随时可能死于战火、匪盗,惶惶不可终日,哪里还会去奢求长生不死,他们能做的也就只剩下努力探寻死亡的先兆,以最大限度地逃避意外的死亡。如果死亡可以预知,或许就可避免或挽救。从秦简中,我们似乎看到楚地秦人对生死规律的探索,对试图把握死亡先兆的努力,如:

睡简《日乙》249—251:子失火,有子死⋯⋯巳失火,有死子。庚失火,君子兵死。辛失火,有子死。

睡简《日乙》161—162:寅⋯⋯有疾,午少瘳,申大瘳,死生在子,◇

巫为眚。

睡简《日乙》163—164：卯……有疾，未少瘳，申大瘳，死生在亥，狗肉从东方来，中鬼见社为眚。

睡简《日乙》183：丙丁有疾，王父为眚，得赤肉、雄鸡、酒，庚申病，壬间，癸作，烦及岁皆在南方，其人赤色，死火日。

如果子、巳、庚、辛日失火，就会有孩子死亡。或可说，失火是子死的先兆。我们知道，失火可能会烧死人，且小孩子的逃生能力很弱或没有，如果时人能够在失火时格外关注孩子，那么的确可以有效避免意外的发生。而对于疾病生死时刻的卦算，可使人心理有所准备和警惕。"烦及岁皆在南方"即烦扰及岁星都在南方，信奉巫鬼的楚地秦人知此便可避开带来灾难的南方，亲人若因此侥幸不死，则得以继续活着。反之，生人也会因尽了力而心理上得到些许安慰。所以，秦简条文所显示的死亡有先兆或可预知的观念，对楚地秦人来说，有很重要且积极的现实意义。事实上，前述择日行事的卦算，也是在预见死亡的基础上有意识地避开，此点故秦人亦然，但从放简关于死亡的条文很少看，显然故秦人不像楚地秦人那样对死亡有那么高的关注度。

秦人的死亡观，有一个很矛盾的地方，就是既然相信生死有命，又何必辛苦卦算以避免意外死亡？死亡既然是可以逃避的，又怎么说"生死有命"？西汉韩婴《韩诗外传》卷一："孔子曰：'……人有三死而非命也者，自取之也。居处不理，饮食不节，佚劳过度者，病共杀之。居下而好干上，嗜欲无厌，求索不止者，刑共杀之。少以敌众，弱以侮强，忿不量力者，兵共杀之。故有三死而非命也者，自取之也。'"说明人有三种死（病死、刑死和兵死）是属于非命而死，这几种死是"自取"也就是自找的。据此，秦人之所以占算、择日行止，根本点当是为避免"非命"而死。而如何避免，方法之一就是寻找天地神灵自然活动规律，从而顺应规律行事，以趋利避害。这种思想虽与知识阶层建立在理性基础上的"非命"而死具体内容不同，但基本思想一致，即虽然生死有命，但也有"非命"而死，要谨慎行事，力图避免，以寿终正寝。

四、死后世界

佛教传入中国之前，国人并没有"生死轮回"观念，即死后还可以投胎转世为人或其他。至少在多数汉族人的信仰中,世间分为"阳间"和"阴间"。"阳间"就是活人生存的空间,"阴间"亦称"阴曹""地府""地狱",是人死后灵魂继续活动的所在①。人活着的时候在"阳间",死后变成鬼就在"阴间"继续生活,那些"阳间"曾经用过或没有用过的东西,一旦烧掉或跟着埋葬,亡故的人就能在"阴间"继续使用,墓葬陪葬品的存在就充分说明了此点。

在相信"人死为鬼"之人的认知中,死去的人变成鬼去了"阴间",虽然有陪葬品,但主要还是要靠活人的祭祀生存。如果没有祭祀,"阴间"的祖先就要挨饿受苦。但若祭祀让他们不满意,就会作祟害人,使在世的人生病甚至死亡。然怎样的祭祀让死人满意,生人并不了解。但在放简《志怪故事》(下称"丹"篇)和北大秦简《泰原有死者》(下称"泰"篇)二文中,都有死而复生者关于死人好恶的内容,前者是故秦人思想的反映,后者有着楚文化背景②,从而可在了解死人好恶的同时,考察其所包含的礼俗思想。

(一)死人之所好——白茅、黄圈、黍粟

无论"丹"篇还是"泰"篇,皆言死人喜白茅,如"丹言曰:……死人以白茅为富,其鬼贱于它而富"。鬼因为拥有白茅而变得富有,而为什么白茅在"阴间"能带来富裕,"泰"篇有补充说明,如"白菅以当繇",白菅,即白茅。"繇"同"由",疑读为绌(chōu),"丝帛之通名,相当于今语丝绸的绸"③,人间易得的白茅到了阴间,就变成了丝绸,鬼因此而变得富有。除此而外,黄豆芽、黍粟也为死者所喜。如"泰"篇言:"死人所贵黄圈。黄圈以当金,黍粟以当钱……黄圈者,大菽殹,褫去其皮,置于土中,以为黄金之勉。""黄圈者,大菽殹",大菽即大豆,黄圈即黄豆芽,去掉大豆发芽后的豆皮,放进土里,可以当黄金使用。人间常见和易得的黄豆芽和黍粟到了阴间,就可以当黄金、当钱,而白茅又可以当丝绸使用。这种观念与"人死为鬼"的思

---

① 参见叶大兵、乌丙安主编《中国风俗辞典》,上海:上海辞书出版社 1990 年,第 718 页。

② 黄杰通过探讨"祠""墓"二字在秦简中的使用情况,指出《丹》篇用"祠"而《泰原有死者》用"祭","《泰原有死者》应当是属于楚文化背景……其作者可能不是外来的秦人,而是江汉平原本地的楚人"(《放马滩秦简〈丹〉篇与北大秦牍〈泰原有死者〉研究》,《人文论丛》2013 年卷,第 451—452 页);又,整理小组:"记述交通里程的道里书所涉及的地域以南郡(治所在江陵)为中心,可以推测简牍的原主人很可能是秦南郡的地方官吏。"(北京大学出土文献与古代文明研究所《北京大学藏秦简牍(壹)》,上海　上海古籍出版社 2023 年,第 1 页)

③ 李零《北大秦牍〈泰原有死者〉简介》,《文物》2012 年第 6 期,第 82 页。

路一致，即人死后变成了完全不同于人的鬼，而人间的物品到了阴间也会变成完全不同于阳间的东西。

（二）死人之所恶——解、多衣、哭

1. 解

"泰"篇李零先生释文有"死人之所恶，解予死人衣。必令产见之，弗产见，鬼辄夺而入之少内"。学界对首句的理解和断句颇有争议。李零先生认为"解"为"解开"①，首句可翻译为"死人最讨厌，就是把亲朋好友助葬馈赠的衣物随便打开"②。刘信芳认为不是打开死者的衣物，而是"所谓'解予死人衣'者，解己衣以相赠也，古今凡人与人之间关系亲近者多有此举，《史记·淮阴侯列传》'解衣衣我，推食食我'"③。黄杰认为李先生断句有问题，如此断句则"必令产见之"前缺少应当指明的事项，可断句为"死人之所恶，解"。在排除了曾认为的"解"理解为"解除，即向鬼神祈祷以消除灾祸"之意后，怀疑其"可能是解发之意"，又否定说："不过，要表示'解发'之意，似乎不能只用'解'字。"④

夏按，我们赞同黄杰先生的断句，然"解"之训可商。据《北京大学藏秦简牍》图片，"死人之所恶，解予死人衣"之"解"字后面有分隔符号"｜"，说明简文此处本就当分开理解，即"死人之所恶，解"。而"予死人衣"归入下句"必令产见之"。理由如黄杰所言。如此，前述关于"解"的理解皆误。那么，鬼所讨厌的"解"当作何解？据秦简，鬼所怕的"解"有两种，解衣和解发，如：

> 睡简《日甲》67 背贰—68 背贰：凡邦中之立丛，其鬼恒夜呼焉，是遽鬼执人以自代也。乃解衣弗袥，入而搏者之，可得也乃。⑤
>
> 睡简《日甲》46 背叁：人行而鬼当道以立，解发奋以过之，则已矣。

丛，丛祠，是祭祀社神的地方。解衣弗袥，解开衣服不系衣襟。"袥"

---

①新出的北京大学出土文献与古代文明研究所《北京大学藏秦简牍（壹）》也取此解（上海：上海古籍出版社 2023 年，第 109 页）。

②李零《北大秦牍〈泰原有死者〉简介》，《文物》2012 年第 6 期，第 81、83 页。

③刘信芳《秦简"丹而复生"与"泰原有死者"合论》，《考古与文物》2020 年第 6 期，第 95 页。

④黄杰《放马滩秦简〈丹〉篇与北大秦牍〈泰原有死者〉研究》，《人文论丛》2013 年卷，第 443—444 页。

⑤整理小组注："者、乃"二字系衍文。睡虎地秦墓竹简整理小组《睡虎地秦墓竹简》，北京：文物出版社 1990 年，第 218 页。

同"袿",衣襟。解发,即解开头发。凡是建在城中祭祀社神的丛祠那里,有鬼经常半夜大声叫喊,这是遽鬼抓人代替自己做鬼,解开上衣敞开衣襟,冲入丛祠所在的密林与鬼搏斗,就可以抓住它。人在路上行走,鬼却站在路中间,解开头发披散下来奋力冲过去,鬼就消失了。这两例的一个共同特点是先蓄势,前者是解开衣襟,后者是解开头发,也是进行下一个动作(或奋力与鬼打斗,或奋力冲过去)的前提,是最后取胜不可缺的一环。解发是因为头发里藏着精魂,可通神灵,可保护自己不受伤害(详见下文)。而"解衣"——解开衣服使衣冠不整跟"箕坐"一样都是不合礼仪的张狂行为,举止表现如同一个不守规矩的恶人,也就在气势上先发震慑住了作祟的鬼,带着这种气势去与之奋力打斗,定会把鬼吓跑。因此,无论解衣还是解发,都对鬼有震慑作用,为之所惧怕和不喜,故言"死人之所恶,解",这个"解"不仅指"解发",也指"解衣",因此,仅用一个"解"字,而无具体宾语,实是因为宾语有二。或许还有别的"解",然目前可见秦简仅此两种——解衣、解发。

2. 多衣

对于生人而言,"多衣"被看作富裕的象征,然这并不是死人所喜欢的。如"丹"篇言:"死者不欲多衣",死去的人不喜欢穿很多衣服。今天民间通常也认为给死去的亲人穿衣不是越多越好。因单数为阴,故死人穿衣数通常用单,如"三""五""九"等,并未有超过十件的,通常在亲人死后才为其穿上。而"泰"篇却说衣服要让去世的人活着时候见到才行,与今俗不同。如《泰》篇言:"死人之所恶,解。予死人衣,必令产见之,弗产见,鬼辄夺而入之少内。"产见,也即活着看到。给衣服一定要让其活着的时候看见,否则其他鬼会夺走这些衣服送到少内府库,这样亲人鬼就穿不到这些衣服了,故为之所恶。

3. 哭

从秦简看,鬼怕哭,听到亲人哭会被吓跑。"丹"篇言:"祠墓者毋敢哭,哭,鬼去惊走",祠墓时不能哭,鬼会受惊而逃。但"泰"篇指出:"祭死人之冢,勿哭。须其已食乃哭之,不须其已食而哭之,鬼辄夺而入之厨。"二者所表之意互为补充,可联系起来理解。是说鬼怕亲人哭,亲人一哭就会丢下没吃的祭品跑掉,那么祭品就会被其他鬼夺去交到地下厨官那里。这样看来也并不是一直不能哭,是要等鬼享用完祭品再哭。也就是说,祠墓时候要注意哭的时间。

非独哭的时间不对,为鬼所恶,沃祭的时间不对,也为鬼之所恶。"丹"篇言:"祠者必谨扫除……毋以羹沃餟上,鬼弗食殹。"餟,指祭品。祠墓的时候不要把羹汤浇在祭品上,该句说明祠墓时是有羹汤的,只是不能浇在祭品上,那么浇在哪里?"泰"篇给了补充。"泰"篇言:"祠,毋以酒与羹沃,祭而沃,祭前"①,意思是祠的时候,不要用酒和羹汤浇,祭祀的时候可以浇,(但)要在祭祀前(浇)。如此理解,跟"祠""祭"的不同有关。祠,《礼记·月令》:"仲春之月祠不用牺牲,用圭璧及皮币。"祭,是有酒肉的祭祀。《说文》:"祭,祭祀也。从示,以手持肉。"也即"祠"无酒肉(代之以圭璧及皮币)而"祭"有,故祭祀时候可"沃"。对于本句,学界争议颇多,目前并无令人信服的解释,尚需结合民俗探讨,下文试论之。

关于"泰原"所指地区,李零先生认为是死者下葬的地方,疑指咸阳原。是渭河以北,今武功、兴平、咸阳、乾县、礼泉一带的黄土塬区,秦汉文字往往以泰为太②。陈伟先生认为"泰原"可能是指死者生前的居地,或即泰原郡③。无论所指具体为何地,在古中原地区应该是可以肯定的,那么或可用中原地区的祠墓习俗来观照上文的意思。在中原地区(如洛阳)俗信中,亲人埋葬后三天(从埋葬当天下午开始算起)有"点汤"之俗,也叫"浇奠",并非用酒,而是用大米汤或面汤④。具体是"孝子"执熬好的羹汤绕墓浇汤⑤,正转三圈,倒转三圈,边转边呼叫新丧的亲人,让其喝汤,然后开始摆放肉、水果等祭品祭祀。结合此俗,可知"祭而沃,祭前",当指"沃"要在祭祀之前。

总之,时人的俗信中,阴间是完全不同于阳间的世界。无论人还是物到了阴间都会发生质的变化,人变成了鬼,黄豆芽变成了黄金,白茅变成了丝绸……变成鬼就特别胆小,阳间的哭声都会吓跑他们,祭品都顾不上享用。不但怕哭还怕人披散头发、解开衣服,害怕人身上的气势。体现了俗信中所说的,鬼是以气体存在,为阴气,而人解衣散发、怒气冲冲,浑身上下

---

① 这是我们的断句。
② 李零《北大秦牍〈泰原有死者〉简介》,《文物》2012 年第 6 期,第 81 页。
③ 陈伟《北大藏秦简〈泰原有死者〉识小》,简帛网,2012 年 7 月 14 日。
④ 无论大米汤还是面汤,都不像平日生人吃的那样熬煮。而是待锅里水开,撒一把米或面进去(为了使水混浊),稍微煮一下即可。
⑤ 通常称死者的儿子为"孝子"。

阳气充盈,冲击着鬼的阴气,自然为之所惧。"泰原"在北部,而"这批简牍可能是出自江汉平原地区"①,该批简牍的原主人为南部楚地地方官吏,说明该礼俗南北地区都适用,体现了丧葬礼俗的共通性和礼俗思想的一致性。而这些习俗目前至少仍存在于中原一带地区,更体现了礼俗及其思想的跨时代性和稳定不变的一面。

五、死亡的影响和意义

与死有关的问题是哲学不可回避的,苏联学者弗罗洛夫说:"任何一种哲学体系,如果它不能诚实客观地回答与死有关的问题,它就算不上一个完整的体系。"②然而,死亡的价值和意义在哪里? 在唯物论的今天,这实在是一个耐人寻味的哲学难题。"大多数中国人往往从伦理道德的角度去思考、规定、显扬死亡的意义与价值,从而使中国人的死亡态度散发着浓厚的伦理气息。"③唯物论基础上的常见认识是:死去的人可能给生人带来物质或精神上的财富,对死者本人或是解脱,此外无他。在秦简中,死亡给死者或死者给生人带来的好处或危害是唯物论者无法想象的,可以说,这今人的难题,在信巫鬼的古人包括楚地秦人那里,不难解决。

(一)死亡的好处

据《庄子·至乐》载,庄子到楚国去,碰到一个骷髅,晚上骷髅出现在庄子梦中,言说死亡之好处:

> 夜半,髑髅现梦曰:"……子欲闻死之悦乎?"庄子曰:"然。"髑髅曰:"死,无君于上,无臣于下,亦无四时之事,从然以天地为春秋,虽南面王乐,不能过也。"④

髑髅即骷髅。骷髅认为,人一旦死了,就"上无君、下无臣","人人"平等,没有等级贵贱之分,也没有一年四季的劳苦之事,自由放逸顺应天地自然的变化生活,即便君王的央乐也超不过它。庄子不信骷髅的话,说要让司命神使骷髅复活,回到亲人身边,但骷髅并不愿意:"髑髅深颦蹙额曰:

---

① 北京大学出土文献研究所《北京大学藏秦简牍概述》,《文物》2012 年第 6 期。
② (苏)科恩《自我论》,上海:三联出版社 1986 年,第 100 页。
③ 郑晓江《善死与善终——中国人的死亡观》,昆明:云南人民出版社 1999 年,第 67 页。
④ [清]王先谦《庄子集解·庄子集解内篇补正》,北京:中华书局 1987 年,第 151 页。

'吾安能弃南面王乐而复为人间之劳乎!'"骷髅紧皱眉头说:"我怎么能抛弃君王的快乐(死)而再受人间的劳苦呢!"

因为死后世界平等自由,骷髅不愿意复生,这是从死者角度说死亡带来的好处(得到平等自由)。秦简条文显示,时人并不关心已经死去的人怎么样,而是关心死人给生人带来的影响。睡简《日乙》"死"篇有卜算一年四季中某日死亡给生人带来好处的条文,如:

> 睡简《日乙》202—203:春三月,甲乙死者,其后有喜,正东有得。丙丁死者,其东有喜……

> 睡简《日乙》207 壹—211 壹:夏三月,……丙丁死者,……东有喜。戊己死者,正西南有喜。庚辛死者,……其西北有喜。【壬癸】死者,其南有喜。

> 睡简《日乙》212 壹—215 壹:秋三月,【甲乙死者,其】东受凶,男子【也】。丙丁死者,其西受凶,其子女也。……庚辛死者,……正北有喜。

> 睡简《日乙》217 壹—221 壹:冬三月,……壬癸死者,有喜……

其后有喜,意思是他/她的后代将会幸福。喜,《尔雅·释诂》:"福也。"有得,即有收获。可以看出,楚地秦人眼里,不同季节不同日期死去的人给生人带来的好处有"喜、得"二类,从"秋三月……丙丁死者,其西受凶,其子女也"明确指出受凶方位涉及的是"其子女"看,显然得到好处的也非独其亲人①,也涉亲人之外的其他人。包括的范围比较广,所指泛泛,少有具体。与之相反,放简在卜算亲人之死带来的好处时,有具体所指,这与放简以往占算以粗略为主的风格很是不同。如其"五音日卜死篇"中有如下条文:

> 放简《日乙》108A+107 壹:宫日:卜父及兄以死,子孙蕃昌。
> 放简《日乙》111 壹:角日:长者死,有从女吉。

从女,即侄女。如果父和兄死,子孙将繁衍昌盛。角日有长辈去世,其侄女得到好处。这里,鬼只对自己的亲人产生影响,并不影响其他人,是人与人之间的"互渗";而上述楚地秦人的卜算中,亲人鬼基本上影响的都是

----

①既然特意指出影响到的是亲人,那么没有特意指出的自然指在该方位的所有人,非独亲人。

一个方位的所有人,无论好处还是危害都是如此,体现了人与人、人与环境"互渗"的观念。

(二)死亡的危害

谢利·卡根认为:"死亡的主要坏处在于剥夺了你生活中本应该得到的美好事物。"[①]伊壁鸠鲁却认为死对于生者和死者都不相关,把死看作身外之物:

> 一切恶中最可怕的——死亡——对于我们是无足轻重的,因为当我们存在时,死亡对于我们还没有来,而当死亡时,我们已经不存在了。因此,死对于生者和死者都不相干;因为对于生者,死是不存在的,而死者本身根本就不存在了。[②]

哲学家们是理性的,但信奉鬼神的秦人并不这么想。在他们眼里,生与死不是割裂开来的,一个人的死亡不是简单的消失,而是能给生人带来利益或危害的行为。无论睡简还是放简,皆有死者给生人带来危害的条文,如:

> 睡简《日乙》202—206 壹:春三月……戊己死,去室西,不去有死。庚辛死者,去室北,不去有咎。壬癸死者,明鬼祟之,其东受凶。
>
> 睡简《日乙》207 壹—210 壹:夏三月,甲乙死者,东南受殃。丙丁死者,去室西南受凶……庚辛死者,其东受凶,其西北有憙。

咎,《说文》:"灾也",指灾祸。殃,《说文》:"咎也。"祟,《说文》:"神祸也。"即鬼神的祸害。凶,祸殃、不吉。春季三月,戊己日死的,要离开死人所在房屋的西边,不离开会有人死亡。庚辛日死的,要离开死人所在房间的北面,不离开会有灾殃。壬癸日死的,是明鬼作祟害人,死者所在房间的东面会遭受凶殃。睡简中死者给生人带来的危害主要有"死、有咎、受凶、受殃"这四种宽泛角度而言的灾祸,具体内容的灾祸集中在冬三月,如:

> 睡简《日乙》217 壹—221 壹:冬三月,甲乙死者,必兵死……庚辛死者,不去其室有死,正北有火起。壬癸死者,有憙,南室有亡子……

---

① (美)谢利·卡根《死亡哲学》耶鲁大学第一公开课(典藏版),北京:北京联合出版公司 2016 年,第 228 页。
② 北京大学哲学系外国哲学史教研室编译《古希腊罗马哲学》,北京:生活·读书·新知三联书店 1961 年,第 366 页。

兵死，即死于战争。亡子，即丢失孩子。冬三月庚辛日有人死，如果不离开死者的房间就还会有人死亡，该室正北方有火灾。壬癸日死的，能给家人带来福佑，南边的房间有孩子丢失。兵死、火起、亡子是家人去世对生人的具体危害。放简涉及的危害更为具体，如①：

放简《日乙》108A＋107 壹：宫日：……母死，有毁。少者，小又死。

放简《日乙》108B 壹：徵日：……小者以死，又之少者。母死，取长子。长子死，取中子。中子死，取少子。

放简《日乙》109 壹：羽日：卜父死，取长男。母死，取长女。长子死，无后害。

放简《日乙》111 壹：角日：……少男死，无后殃。

少者，指年幼的人。少男，指小儿子。年幼的人死于宫日，会有更小的人死去。徵日母死，危害到长子死。长子死，影响中子死。而中子死，会影响小儿子死，呈现一种顺位"互渗"。且时间不同，同一辈分的人死给生人带来的危害也不同。譬如，徵日母死，长子会被取走性命。但若死在羽日，死的则会是长女。有些人死还不会带来危害，如角日小儿子死，没有危害。

结合上文，无论是楚地秦人利用五行生克关系还是故秦人以五音日卦算死人给生人带来的影响，都可以看到"互渗"观念的根深蒂固。所别在于楚地秦人不仅有人与人之间的"互渗"，还涉及了人与环境，而故秦人仅有前者。可见，楚地秦人眼里，死亡带来的影响更大。又，针对死亡带来的影响，睡简"夏三月，甲乙死者，东南受殃""庚辛死者，……西北有意"类似条文，说明只要能够掌握死者带来福祸的方位，有意识地去避开或利用它，就可以趋吉避凶，得到吉祥幸福，这是占算的意义，善加利用就是亲人之死给生人带来的最大好处，也体现了死亡的价值所在。但放简仅有给生人带来祸福的占算，并无趋利避害之法，如此则达不到占算的目的（避害），推测起来，当有攘解之术未存日书。然从秦简看，无论楚地秦简还是故秦地简，死者带来危害的条文远多于好处，其中睡简涉好处11，危害14；放简前者3，后者12，可见时人眼里，死亡虽有好处，但还是危害更多，也可看出人们对死亡的惧怕和厌恶。

---

①释文参考陈伟《秦简牍合集（肆）》，武汉：武汉大学出版社2014年，第70页。

六、小结及其他

综上可知,无论楚地秦人还是故秦人,都生活在一个鬼神主导的神秘世界里,社会的动乱、现代科技知识的缺乏,使得他们认为疾病、死亡是不正常的,从而把它们归于行事择日不当冲撞凶煞、鬼神、遭遇不吉利之日等神秘原因。死亡在他们眼里都是非自然的,是人存在的另一种形式。人活着时候受天命主宰、为外物所役,而脱离形体束缚的鬼是自由自在的,一方面变得强大有力,可以"施法"报复伤害自己的人,也可降下福祉给善待自己者;但一方面又很胆小,亲人的哭声都可以把它吓跑,显然,鬼在秦人眼里是一个神秘的另类存在。

秦人以普遍联系和人与自然是一个整体的观点看世界,"天命论"思想占主导地位,但也可看到他们在努力寻找自然规律,试图把握规律的努力。楚人很多忌讳,为的是避死得生。故秦人少忌讳,但在死亡对后人的影响上,条目详细,所指对象明确,对死亡的畏惧和重视可见一斑。然较之楚地秦人,故秦人对死亡的关注显然大为逊色,在未接触唯物论、普遍信奉鬼神、天道吉凶的古代社会,研究疾病与天象、鬼神的关系以趋吉避凶,可以说是一种科研而不是今天所说的迷信。从这个角度说,故秦人对死亡的研究比较落后,研究范围狭小(如"互渗"的研究仅限于人与人之间)粗略,对生命的关注度不如楚人。而楚地秦人对鬼神、生命的研究则具体而微,精到而深入,可谓处于科研的前沿地位。事实上,这种状况也正与楚人科学文化的发达相对应。而在今天所谓迷信思想主导下的楚地秦人,无疑对死亡多了份坦然和淡定,这应该是这种死亡观带来的好处。

楚人向来以信奉巫鬼著称,其死亡观也充满神秘色彩,从被秦统一前的九简和统一后的睡简条文看,这点并无变化。也就是说,秦始皇的统一、楚秦的融合,并没有对楚地秦人的死亡观有明显影响。概因为秦楚都信奉鬼神,有着共同的信仰基础,无非是程度深浅不同而已。

另外,上述死亡观属于战国晚期至秦汉时期的民众思想,该时期诸子百家已经产生,诸家对死亡都有自己的理解,如:儒家重生慎死,但"不以死为意,所注重的是得其正而死"[①];墨家信奉鬼神,认为鬼神能赏善罚暴,天

---

① 傅伟勋《死亡的尊严与生命的尊严》,台北:中正书局1994年,第161页。

下人如能相信鬼神的存在,则会有利于天下的安宁。如《墨子·明鬼下》"今若使天下之人,偕若信鬼神之能赏贤而罚暴也,则夫天下岂乱哉。"在道家,"死成为窥视本体存在的一个窗口……道家的死亡观是死亡的形上学,具有世界观或本体论的意义"①。对照"日书人群"的死亡观,其重生慎死思想合于儒家观念,相信人死为鬼、鬼能赏善罚暴又合于墨家思想,然其死亡能给生人带来好处和危害的观念,却是儒、释、道诸家所不曾涉及的。由此或可说,民众思想是各家学派思想产生的土壤,但它又有自己的特点。从这个意义上说,民众思想影响了精英思想,是精英思想的本源,而精英思想是民众思想的提炼和升华。

---

① 朱哲《儒、释、道死亡观比较》,《宗教学研究》1999 年第 1 期,第 67—90 页。

第三章 秦简鬼、神、怪礼俗思想

从秦简观照秦人鬼神思想，前人学者已有涉及，如，李晓东、黄晓芬的《从〈日书〉看秦人鬼神观及秦文化特征》[1]，林剑鸣的《从秦人价值观看秦文化的特点》[2]，吴小强《论秦人宗教思维特征——云梦秦简〈日书〉的宗教学研究》《论秦人的多神崇拜特点》《论秦人宗教信仰的层次性》[3]等等，其共同特点是结合秦属文献材料来考察秦人的鬼神观。而事实上，睡简出土于楚故地，虽则被秦占领，然据上文对秦人生育观等的考察，楚地秦人原礼俗几乎没有被秦改变，睡简《语书》篇"今法律令已有，闻吏民犯法为间私者不止，私好乡俗之心不变"[4]，也说明了此点。因此，不加区分地据甘肃出土的秦属文献说明楚地秦人礼俗思想问题，或凭楚地出土的秦文献来研究所有秦人有关问题，皆失于笼统，其结论恐也多可商榷处。故本书结合楚文献、出土于秦故地的放简及其他年代接近之秦汉简牍，对楚地秦人的鬼神观重新进行考察，力图系统还原其礼俗思想原貌，并通过与故秦人及楚亡国前相关思想的对比，考察始皇统一可能带来的影响。

为把握古人的鬼神观念，有必要对古人眼里的鬼神及其形象做一梳理。

第一节 秦人观念中的鬼神及其形象

一、关于鬼神

（一）秦人观念中的鬼

鬼神信仰是世界性的，是中国最早产生的宗教信仰，也是今天各种信

---

①李晓东、黄晓芬《从〈日书〉看秦人鬼神观及秦文化特征》，《历史研究》1987年第4期，第69页。
②周人较高层次的鬼神观指的是周人观念中的鬼神均以"德"为标准赏善罚恶，人间的吉凶祸福都与"德"相联系。文见林剑鸣《从秦人价值观看秦文化的特点》，《历史研究》1987年第3期，第69页。
③分别见于吴小强《江汉考古》1992年第1期，《秦汉史论丛》第5辑，北京：法律出版社1992年；《文博》1992年第4期；《简牍学报》1992年第14期。
④参见夏利亚《睡虎地秦简〈语书〉篇释文商榷一则》，《江汉考古》2016年第3期。

仰存在的基础。鬼神信仰当产生于原始蒙昧时期的万物有灵和灵魂观念。人类之初,并没有把自己看为大自然的主宰,而是看作其有机组成部分,是自然万物中的一员,因此,他们心目中的灵魂自然就涵盖了人和自然物,人魂与物魂、人鬼与物鬼混而没有界线①。《礼记·祭法》言:"山林川谷丘陵,能出云、为风雨、见怪物,皆曰神",以自然万物有灵性,称为"神"。又言"大凡生于天地之间者皆曰命",把天地万物的存活和人一样共称为"命",正是这种观念的投射。而当人类的知识和经验让他们觉得自己与大自然不同的时候,鬼魂观念就从灵魂观念中分离了出来。

鬼,甲骨文写作𤰞,金文为𩲡,据《说文》,其古文字形为䰡,从示鬼。《墨子·明鬼》:"古之今之为鬼,非他也,有天鬼,亦有山水鬼神者,亦有人死而为鬼者。"墨子把鬼分为天鬼、山水鬼和人鬼,称"山水鬼"为"山水鬼神",说明斯时鬼神尚混而不分。《说文》:"鬼,人所归为鬼。从人。"据上甲骨文字形,"从人"即从𩇔或𦬇。《礼记·祭法》:"其万物死皆曰折,人死曰鬼,此五代之所不变也。"把人的死称为鬼,物的死称为折,显然已把人鬼与物鬼区分开来。

从秦简看,楚地秦人观念里人鬼与物(动物、植物等)鬼并未区分开来,如睡简《日甲》34 背贰—35 背贰:"鬼恒从男女,见它人而去,是<u>神虫</u>伪为人,以良剑刺其颈,则不来矣。"显然这里的鬼(人形)是神虫所变,也即虫鬼。同简《日甲》47 背壹—49 背壹:"犬恒夜入人室,执丈夫,戏女子,不可得也,是<u>神狗</u>伪为鬼,以桑皮为□□之,炮而食之,则止矣。"这里的鬼则是神狗所变,说明有狗鬼之说。

不像楚地秦人有数量可观关于鬼神的简文可供探讨了解,放简仅有七处明确提到鬼,如:

放简《日乙》008:屈门……妇人必宜疾,是谓鬼责之。

放简《日乙》154:正月……丙丁雨,大旱,鬼神北行,多疾。

放简《日乙》350:占病祟除……三人鬼,大【父】及殇。

放简《丹》5:死人以白茅为富,其鬼胜于它而富。丹言:"祠墓者毋敢哭,哭,鬼去惊走。已收服而馨之,如此鬼终身不食也。"

放简《丹》7:丹言:"祠者必谨扫除,毋以淘洒祠所。毋以羹沃腏

<hr />

①赖亚生《神秘的鬼魂世界——中国鬼文化探秘》,北京:人民中国出版社 1993 年,第 5 页。

上，鬼弗食也。"

大父，即祖父。殇，《说文》："不成人也"，指未成年而死者。人鬼，指人死后的鬼魂。最后两简所提鬼显然也是指人死后的鬼魂，简350更是明确作祟者为"人鬼"，具体是祖父和殇死鬼，清楚地反映了故秦人人死为鬼观念。那么"鬼神北行""是鬼责之"提到的"鬼"，为泛指，必然涉及到物鬼。也就是说，无论楚地秦人还是故秦人观念中的鬼都包括人鬼和物鬼，这点并无差别。

（二）秦人眼里的神

神，金文字形为𥔵，从示申（即𢁉）。申，其实是"神"的原始形体，姚孝遂先生言："'神'的原始形体作'𢁉'，像闪电之形，是'电'的本字。由于古代的人们对于'电'这种现象感到神秘，认为这是由'神'所主宰，或者是'神'的化身。因此'申'又用作'神'，可以理解为引申义"[①]，加"示"旁的"神"是后期孳乳分化字。闪电来自天空，神最初指的也是天神，《说文》谓："神，天神，引出万物者也。""引出万物"指的是万物由其创造。又《礼记·祭法》："山林川谷丘陵，能出云、为风雨、见怪物，皆曰神。"即自然万物（不包括人）皆可为神。

楚地秦人观念中的神指的是包括人神在内的自然万物之神。如由上述睡简《日甲》34背贰—35背贰、47背壹—49背壹可知，这个神可以是虫或狗等。当然更可以是自然神灵，如睡简《日甲》39背叁—40背叁："鬼恒谓人：'予我而女。'不可辞。是上神下取妻，击以苇，则死矣。弗御，五来，女子死矣。"这里的"上神"指天上的神灵，即天神。也可以是人死后所成之神，包括死去的祖先和特殊功业或经历的人死后所成之神。如：

> 睡简《日甲》49背贰：人无故而鬼伺其官，不可去。是祖神游，以犬矢投之，不来矣。

祠，窥伺。宫，是古代对房屋、居室的通称。犬矢，即狗屎。无缘无故地鬼窥伺人的房屋，赶不走。这是祖先神来游玩，用狗屎投击它，就不来了。这里的神指死去的祖先，而往往又称他们为鬼。又如：

> 睡简《日甲》149背：田亳主以乙巳死，杜主以乙酉死，雨师以辛未

---

①于省吾《甲骨文字诂林》，北京：中华书局1996年，第1172页。

死,田大人以癸亥死。

杜主,原为西周周宣王时的忠臣,无辜被宣王所杀,秦人奉之为神。《史记·封禅书》:"而雍营庙亦有杜主。杜主,故周之右将军,其在秦中,最小鬼之神者。"《东周列国志》第一回:"后人哀杜伯之忠,立祠于杜陵,号为杜主,又曰右将军庙,至今尚存。"《淮南子·氾论训》也有言:"炎帝于火,死而为灶;禹劳天下,死而为社;后稷作稼穑,死而为稷;羿除天下之害,死而为宗布。此鬼神之所立",说的也是人死后成神的事。这些人神的共同特征是生前有突出贡献或经历,也即《史记正义》所言"鬼之灵者曰神也"之"鬼之灵"者。这个"灵"字,当理解为奇异,"鬼之灵者"指有奇异能力的鬼(当然不是所有鬼之灵者都为神),这部分鬼也在秦人"神"之列(后世亦然)。

既然人和自然万物可为神,也可为鬼,鬼神概念则混淆不明。王逸《楚辞章句》云:"昔楚南郢之邑,沅、湘之间,其俗信鬼而好祠。其祠,必作歌乐鼓舞以乐诸神";又《史记正义》:"鬼之灵者曰神也。鬼神谓山川之神也。能兴云致雨,润养万物也,故已依冯之剸义也。"楚地信鬼好祠,却言其祠为乐神;鬼之灵者也称为神,甚至用"鬼神"共指山川之神。鬼神概念不分的情况秦简中同样存在,如上述睡简《日甲》49背贰,前文已说鬼窥其室屋,后文却说是祖神出游,鬼神不分已见一斑;又,楚地秦人观念中的鬼包括人鬼(人死为鬼)和物鬼(物死为鬼),然人死也有为神的,不过是部分能力奇异的成为神,低下的则为鬼。如此,《史记正义》用"鬼神"来指山川之神便得到解读,那是因为神中有鬼(变成神的鬼),鬼中有神,于是便鬼神不分。放简"神"字仅出现二处,如:

　　　《日乙》154:正月……丙丁雨,大旱,鬼神北行,多疾。
　　　《日乙》332:和应神灵。

鬼神、神灵皆为泛指,结合前述,可知故秦人观念中鬼也包括人鬼和物鬼,那么,因为鬼神的转化关系,当也是鬼神不分的。

总之,秦人所指神当包括天神(自然天界诸灵)、祖先神及鬼之灵异者(合称人神)。鬼包括人鬼和物鬼。皆可从广义和狭义两方面理解。广义的神即指前文所言,狭义的神仅指天神。广义的鬼包括所有人鬼及物鬼,狭义的鬼则排除物鬼和被人们广泛认可的鬼之灵者,仅指鬼之不灵者。而

把物鬼归入下文所言"怪"之列。为便于说明问题,特图示如下:

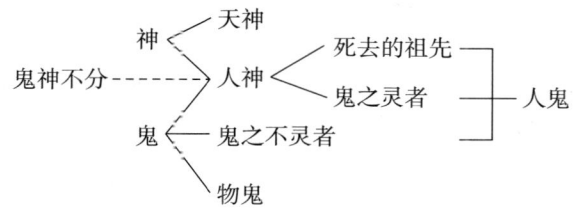

二、秦人观念中鬼神的形象

明确了鬼神概念之所指,那么楚地秦人心中的鬼神形象如何呢?

有说鬼神是无形无声的。如《淮南子·泰族训》言:"夫鬼神,视之无形,听之无声。"王充在《论衡·论死篇》也说"鬼神,荒忽不见之名也。"然也有说鬼神有混合的外观。现代学者马叙伦先生通过考辨鬼、魅、畏三字的古形,认为"始之所谓鬼者,状介乎人兽之间。"①英国汉学家鲁惟一考察《山海经》中神灵的形象后指出:"它们(神灵)被描述成混合的外观,例如,它们的身体由鸟和龙或马和龙混合而成。有许多神灵在牛、羊、蛇或鸟的身体上长着人的脑袋或面孔。"②而楚地秦人观念中的鬼神既是有形可见,又是无形可觅的,如:

　　睡简《日甲》27 背贰—28 背贰:大神,其所不可过也,善害人,以犬矢为丸,操以过之,见其神以投之,不害人矣。

　　睡简《日甲》59 背贰:鬼入人宫室,忽见而亡,无已,以瀟糠,待其来也,沃之,则止矣。

忽见而亡,意谓忽现忽隐。也就是一会儿看到一会儿又看不到。见,即"现",出现。由此可知,楚地秦人观念中的鬼是能够随意变化的,它可以让你看到形体,如"见其神而投之"之"见";但也可随意消失不见,如"忽见而亡"之"亡"。鬼神的形象也与前述"介乎人兽之间"皆异,要么是人形,要么是兽形,或者是兽类的混合形象,已从人兽混合的状态分离出来,如:

　　睡简《日甲》31 背贰—33 背贰:人若鸟兽及六畜恒行人宫,是上

①转引自江绍原《中国古代旅行之研究》,上海:上海文艺出版社 1989 年,第 54 页注 21。
②(英)鲁惟一《汉代的信仰、神话和理性》,王浩译,北京:北京大学出版社 2009 年,第 21 页。

神相,好下乐入,男女未入宫者击鼓奋铎噪之,则不来矣。

上神,即天神,指天上神灵。男女未入宫者,疑指未婚男女①。人或鸟兽及马牛羊猪狗鸡这六畜经常去别人家的房室走进走出,这是天上神灵的相貌,喜欢下到凡间,走进民居转转,让未婚男女击鼓摇铃,大声呼喊,就不来了②。这说明人是可以看见神的,天上神灵的样子似人或似鸟兽、六畜。而鬼的样子也与之相似,如:

　　睡简《日甲》47 背壹—49 背壹:犬恒夜入人室,执丈夫,戏女子,不可得也,是神狗伪为鬼,以桑皮为□□之,烰而食之,则止矣。
　　睡简《日甲》25 背贰—26 背贰:鬼恒召人曰:尔必以某月日死,是鬼伪为鼠,入人醢、酱、滫、浆中,求而去之,则已矣。

烰,读为"炮",中药制法的一种。把生药放在热铁锅里炒,使它焦黄爆裂。狗经常深夜进入人的卧室,抓走男人,调戏女人,不能抓住它,其实是神狗假装成鬼来害人,用桑皮做食物,经过炮制后让狗吃,就不来害人了。这里是神狗伪装为鬼害人,鬼的形象是狗。而第二例中则是鬼伪装为老鼠骚扰人,鬼的形象为老鼠。不过,鬼也经常伪装成人的模样以便接近人、害人。如:

　　睡简《日甲》34 背贰—35 背贰:鬼恒从男女,见它人而去,是神虫伪为人,以良剑刺其颈,则不来矣。

鬼经常跟随男女,看到其他人就离开,这是神虫伪装成人形,用宝剑刺鬼的脖颈,就不来了。此处的鬼显然是人形,为神虫所伪装。人能用剑刺鬼颈,说明该鬼也是可见的。楚地秦人观念中的虫既然可以为鬼,那么有猪为神就不奇怪了,如:

　　睡简《日甲》36 背贰—38 背贰:一室人皆无气以息,不能动作,是戎神在其室,掘杏泉,有赤豕,马尾犬首,烹而食之,美气。

这里所称的神是一头猪的形状,但是却长着马尾巴和狗头,显然是动物的混合体,或许叫它为"怪"更合适。但从楚地秦人称其为"神"来看,神

---

①睡虎地秦墓竹简整理小组《睡虎地秦墓竹简》,北京:文物出版社 1990 年,第 217 页。
②参见吴小强《秦简日书集释》,长沙:岳麓书社 2000 年,第 231 页。后对简文的理解皆参考该书,不具注。

的形状显然也可以是猪身马尾狗首的。

鬼可以显示各种具体形象害人，但如果隐藏在食物中害人，其形象就难以捉摸了。如：

> 睡简《日甲》074 正贰：庚辛有疾，外鬼殇死为祟，得之犬肉、鲜卵，白色。

> 睡简《日甲》076 正贰：壬癸有疾，毋逢人，外鬼为祟，得之于酒脯修节肉。

庚辛有病，是死在外面的未成年的野鬼作祟所害，可以在狗肉、新鲜的鸡蛋中找到它，呈现白色。壬癸日有病，不能碰到陌生人，是死在外面的野鬼在作祟，可以在酒、切成薄片的干肉、肉酱和肉中找到它。夏按，既然是藏身于狗肉、鸡蛋、酒肉中，说明是很细小甚至微小的东西，且无具体形象可言。

由上可知，楚地秦人观念中鬼神形象是变幻莫测的，可随着鬼神的心意而让人看见或看不见。在可以看到时，或如人形、鸟兽、马牛羊猪狗鸡之形或它们的混合形状；不能看到时，当是其本初形态——不可见的"气"。如《礼记·祭义》："子曰：气也者，神之盛也；魄也者，鬼之盛也"，说的就是鬼神都是旺盛的精气、精神所凝化。鬼神形貌难别，故而才会彼此冒充害人。上述是神狗、神虫冒充鬼害人，还有鬼冒充神作祟的，如：

> 睡简《日甲》38 背叁：鬼恒从人女，与居，曰："上帝子下游。"欲去，自沐以犬矢，击以苇，则死矣。

这里是鬼冒充上帝之子来引诱人间女子与之同居。这其实是在告诉我们，鬼和神在外形上并没有什么明显的区别，否则无法冒充。徐华龙言："鬼的形象越接近人，那就说明这类鬼的产生时代越晚；反之，鬼的形象越接近于动物，那就说明那类鬼产生的时代越早。"秦简中鬼神形象有像人、动物或各种动物混合体的，说明楚地秦人心目中的鬼神形象尚处于由像动物到像人的过渡阶段。鬼神形象的难以区分应该也是上文所言鬼神不分的另一个原因。而神也害人的简文更与后世认为的"神代表善"[①]的观点相悖离。鬼神形貌不分、互相冒充害人的秦简条文，让我们看到楚地秦人

---

①与上引文皆见于徐华龙《中国鬼文化》，上海：文艺出版社 1991 年，第 13 页。

观念中,鬼神地位并非天壤之别,神并不都是高高在上;鬼冒充神引诱人,说明神的地位高于鬼;而神冒充鬼害人,说明楚地秦人心目中鬼都是害人的,连神害人都要装成鬼。这也说明神也并不都是好的善的,也有害人的神①。

三、楚亡后依然盛行的鬼神之祭

鬼神两字皆从"示"。示,甲骨文字形为 ⊤,象神主之形。"'祖'的本义应是祖先神灵所依附的神主,在仰韶文化中通常以陶罐或陶罐偶像的形式出现。商代采用木制牌位,叫'示';周代也用木牌位,叫'主'。"②可知"祖"是"示"的含义之源,"示"指的是祖先神灵所依附的牌位,作为偏旁时多加小点,如 丌、示、示 等,小点表示"祭祀拜祷时灌酒之状"③。《说文》云:"示,神事也。"字形就说明鬼神两字的本义皆与祭祀拜祭之礼俗有关。

祭,甲骨文写作 ⻚、尽、尚、刂、刁 或 凵是肉的形状, 彳是手的象形,小点是血淋漓状。无论祭字如何变,皆像手持滴血之肉之形④。金文则加"示"旁为 祭,表示祭神。"从读音看,'祭'古音同'杀',本有杀生之义。"综合形音分析,可知"祭"本指杀牲以腥肉献神。祀,甲骨文写作 卩 或 祀,卩像小儿之形,⊤即上文所言神主之形。整个字形是"祭祀用小孩为'尸'的形象。本义表示由尸主代替神灵饮食,后来才引申为泛指祭祀。"⑤总之,祭、祀的本义皆与饮食、祭祀神灵有关。

祭祀也表现为向鬼神献奉饮食,《礼运》言:"夫礼之初,始诸饮食。其燔黍捭豚,污尊而抔饮,蒉桴而土鼓,犹若可以致其敬于鬼神。"这里被祭祀的鬼,多指人鬼,即死去的祖先。《吕氏春秋·博志》言:"精而熟之,鬼将告之",鬼指的就是人的祖先。《左传·文公二年》载鲁国祭祀先祖时,"跻僖公,逆祀也。"宗伯夏父弗忌将僖公的神主升到闵公之上,言:"吾见新鬼大,故鬼小。先大后小,顺也;跻圣贤,明也。"这里的新鬼,指鲁僖公,故鬼指鲁闵公。不仅各个诸侯国的先祖可称鬼,卿大夫之族的先祖也可称为

---

①因为放简仅二处泛泛言鬼神,无法知晓故秦人心目中的鬼神形象及有关信息,故略。

②詹鄞鑫《神灵与祭祀》,南京:江苏古籍出版社1992年,第132页。

③于省吾《甲骨文字诂林》,北京:中华书局1996年,第1063页。

④于省吾《甲骨文字诂林》,北京:中华书局1996年,第895—900页。

⑤詹鄞鑫《神灵与祭祀》,南京:江苏古籍出版社1992年,第173页。

鬼。《左传·宣公四年》载楚若敖氏的后代令尹子文,担心其子侄越椒必灭若敖氏,临死时聚集族人哭泣道:"鬼犹求食,若敖氏之鬼,不其馁而?"意思是说若敖氏的祖先鬼将因灭宗而无人祭祀。《左传·昭公七年》言楚使臣强逼鲁君往楚祝贺章华台落成,谓鲁君若往楚,则楚国的"先君鬼神实嘉赖之"。此之"先君鬼神"指的也是楚王祖先神灵。因此,祭祀的神主,最初也是祖先神。故,祭祀的本初含义指的是用饮食供奉祖先之神灵。

鬼神与祭祀密不可分,是因为古人认为鬼神都会害人,并且鬼神像人那样需要饮食,如上述令尹子文之言;又有王充言:"推生事死,推人事鬼,见生人有饮食,死为鬼当能复饮食,感物思亲,故祭祀也。"因此,祭祀者认为通过祭祀可以取悦鬼神,从而得福避祸。就如同饮食招待宾客一样,宾客高兴就会报答主人之恩情,如《论衡》有言:"世信祭祀,以为祭祀者必有福,不祭祀者必有祸。……谓死人有知,鬼神饮食,犹相宾客,宾客悦喜,报主人恩矣。"①

"在华夏族的父系社会中,氏族通常由同一个男子五代之内(含第五代)的男性子孙及其配偶和未出嫁的女性子孙组成。"②从第五代算起,其近祖有高祖父母、曾祖父母、祖父母和父母。宗法制度下,高祖以下诸祖是氏族的祖先,旁系氏族(即小宗)只能祭祀近祖,即曾祖父母、祖父母及父母。只有大宗才有资格祭祀宗族的祖先(即部落或民族的始祖)③。总之,"祖宗崇拜的观念如此之深,以致至高无上的皇天崇拜和象征领土的后土崇拜也不能降低祖宗崇拜的地位,而只能形成天、地、祖宗三足鼎立的局面"④。无可置疑,无论天子、诸侯还是庶人,祭祀时祖先神灵的供奉是必不可少的,深受中原文化影响的楚地秦人当亦如此。

楚地秦人笃信鬼神,所以极其重视祭祀。睡简中,楚除的十二个建除吉凶日有九个涉及是否适合祭祀,但秦除涉及祭祀的条文仅二,其余则是马牛、娶妻、开挖池塘、买卖禾粟等日常事务,可见祭祀是楚地秦人日常生活的重要内容。故秦人也有祭祀,不过更关注现实生活,这点从前述其关于鬼神的条文极少也可看出。当然,这不等于他们不信奉鬼神,只不过对

①与上述引文皆见于陈志坚《诸子集成·论衡》内《祀义篇》,北京:燕山出版社 2008 年。
②詹鄞鑫《神灵与祭祀》,南京:江苏古籍出版社 1992 年,第 132—133 页。
③詹鄞鑫《神灵与祭祀》,南京:江苏古籍出版社 1992 年,第 134 页。
④詹鄞鑫《神灵与祭祀》,南京:江苏古籍出版社 1992 年,第 135—136 页。

鬼神的关注度没有楚地秦人那么高罢了。在大一统的环境下,从秦律条文看,祭祀已经是一种较为普遍的现象,楚地秦人重祭祀重鬼神的民风有浸染滋蔓整个社会之势,如睡简律令有对祭祀进行规范、管理的条文,如:

> 《法律答问》028:何谓"盗椒圭"? 王室祠,蓲其具,是谓"圭"。
> 《法律答问》025:公祠未闋,盗其具,当赀以下耐为隶臣。

祠,即祭祀,秦奉祀天地、名山大川、鬼神都称为祠①。具,睡简《法律答问》027 有言:"何谓'祠未闋'? 置豆俎鬼前未彻乃为'未闋'。未置及不置者不为'具',必已置乃为'具'。"豆,盛肉或菹醢等物的食器。俎,盛放牲体的用器,可知"具"指的是祭祀时在鬼神位前陈放过的豆俎,这是秦律对偷盗祭祀用品的惩罚规定。此外,还有整顿擅建祠庙的律文,如:

> 睡简《法律答问》161:"擅兴奇祠,赀二甲。"何如为"奇"? 王室所当祠固有矣,擅有鬼位也,为"奇",它不为。

奇祠,指不合法的祠庙,或称为"淫祠"。擅自兴造奇祠,罚二甲,怎样算作奇祠? 王室已经有了应当祭祀的神位,此外擅自设立神位,就是奇祠,其他的不是②。宗法制度下,身份和地位不同,祭祀祖先的范围必然也有所不同,超出范围的祭祀,都被称为"淫祠"。《礼记·曲礼下》:"非其所祭而祭之,名曰淫祀。"这样的祭祀因有"僭越"的嫌疑而被当政者严禁。秦简是对超越范围建立祠庙者进行惩罚,其实质是一样的。也由此可见当时淫祠已到不立法无以治理的地步。但从睡简《语书》内容看,秦禁止淫祠的律令对楚地秦人并没有发挥作用,楚人依然"私好乡俗之心不变"(详见后文)。

另外,从秦律看,祭祀依然是楚亡后楚地秦人常见的事务,如:

> 睡简《封诊式·毒言》091—094:某里公士甲等廿人诣里人士伍丙……讯丙,辞曰:"外大母同里丁坐有宁毒言,以卅余岁时迁。丙家即有祠,召甲等,甲等不肯来,亦未尝召丙饮。里即有祠,丙与里人及甲等会饮食,皆莫肯与丙共杯器……"

公士,是商鞅变法制定的二十等爵中最低者,仅高于士卒。士伍,即士

---

①睡虎地秦墓竹简整理小组《睡虎地秦墓竹简》,北京:文物出版社 1990 年,第 99 页。
②睡虎地秦墓竹简整理小组《睡虎地秦墓竹简》,北京:文物出版社 1990 年,第 131 页。有改动。

卒。里，古代地方行政组织，有二十五家、五十家、七十二家、八十家为一里之说。从上简可以看出，中下层秦人的祭祀有家庭内部的个体祭祀和同里人都参加的集体祭祀两种。据王充《论衡·祭意篇》："礼，王者祭天地，诸侯祭山川，卿、大夫祭五祀，士、庶人祭其先。宗庙、社稷之祀，自天子达于庶人。"天子祭祀天地，诸侯祭祀山川，卿、大夫祭祀五祀，士及平民祭祀他们的祖先。对祖先、土地神及谷神的祭祀，是从天子一直到平民都要举行的。秦代里社合一，这点可从陈平为里社之宰而分肉甚均的史载中得到证明。如《史记·陈丞相世家》："里中社，平为宰，分肉食甚均。"也就是说，秦人家庭内部的祭祀为祖先神祭祀，里祭为社祭及谷神的祭祀。而"社神是战国时期南方楚地民间普遍祭祷的重要对象"①。另，据睡简《日甲》67背贰—68背贰："凡邦中之立丛，其鬼恒夜呼焉，是鼍鬼执人以自代也。"丛，丛祠，祭祀社神的地方。《墨子·明鬼下》："必择木之修茂者，立以为丛位。"又，睡简《日乙》164："……中鬼见社为眚。"社，祭祀社神的地方。说明楚被秦亡后，社祭仍在楚地盛行。

楚被秦亡后依然盛行祭祀，可以从大量择吉祭祀祖先神灵的条文考察到，如：

> 睡简《日甲》078 正贰：祠父母良日，乙丑、乙亥、丁丑亥、辛卯、癸亥，不出三月有大得，三乃五。

> 睡简《日乙》148：祠：祠亲，乙丑吉……

> 岳牍 36：祠大父良日，己亥、癸亥、辛丑。

祠亲，指的是祭祀亲人。祠父母、祖父有专门的时间，还有祭祀所有亲人的时间，可见祭祀之繁多。秦简中涉及祭祀的亲人有曾祖父、祖父母和父母三辈，也即祖先崇拜中的近祖和远祖，如：

> 睡简《日甲》068 正贰：甲乙有疾，父母为祟 得之于肉，从东方来，裹以漆器……

> 睡简《日甲》070 正贰：丙丁有疾，王父为祟，得之赤肉、雄鸡、酒……

> 睡简《日甲》072 正贰：戊己有疾，巫堪行，三母为祟，得之于黄色

---

① 杨华《战国秦汉时期的里社与私社》，《天津师范大学学报（社会科学版）》2006 年第 1 期，第 23 页。

索鱼、菫酒……

睡简《日乙》157—158：……以有疾，……高王父谴谪……

王父，即祖父。王母，即祖母。这些亲人作祟致人生病时，可以在肉、鸡、酒、鱼等食品中捉到。如前所述，当时社会极度穷困，这些食品绝非日常所食。时人为使鬼神赐福免灾，只将这些难得之物用于祭祀。这些作祟的亲人可在祭品中捉到，自然与祭祀有关，故其也必是祭祀的对象。《左传·僖公十年》言："神不歆非类，民不祀非族"，是说祖先祭祀只祭本宗本族而不祭他族。秦简生病可在祭肉中找到亲人鬼的条文，并无涉及非祭祀范围的人，更进一步说明作祟的亲人是被祭祀者，他们的出现也是因为祭祀。这里可以看到，去世的亲人和生人之间只剩下赤裸裸的功利关系，没有所谓无私奉献，只有供奉关系，一不小心，亲人鬼便变成了害人鬼，让生人不得安生。这里能观照到秦人眼里的鬼是无情的。

"世信祭祀，以为祭祀者必有福，不祭祀者必有祸……谓死人有知，鬼神饮食，犹相宾客，宾客悦喜，报主人恩矣"①，世人以为祭祀可以招福避祸，但从上述疾病由被祭祀的亲人作祟所致看，并非"祭祀者都有福"。资料显示招祸原因有二。其一，对鬼神不敬重、祭祀不虔诚、祭品不丰洁。《墨子·明鬼下》载宋国主持宗庙祭祀名叫观辜的，因为祭祀用品不合鬼神要求，神附体在主祭的祝史身上质问道："何珪璧之不满度量？酒醴粢盛之不净洁也？牺牲之不全肥？春秋冬夏选失时？岂女为之与？意鲍为之与？"当确定是观辜负责祭祀后，竟杖击观辜死。观辜被所谓神杀死的原因是祭祀的珪璧不符合规格，酒醴食品不洁净，牛羊的颜色不纯、体不肥，春夏秋冬献的祭品失时。这件事在诸侯国极有影响："诸侯传而语之曰：'诸不敬慎祭祀者，鬼神之诛，至若此其憯速也！'"②因此，若祭祀不敬慎会遭鬼神报复，是各诸侯国国人的共识。祭祀除了要满足上述各项要求外，祭祀的时间也很重要。如果祭祀的时间没有选好，同样会遭鬼神报复，这便不奇怪睡简楚《除》中，几乎每天都有是否适合祭祀的占算，如：

睡简《日甲》002 正贰：结日……以祭，各……

---

①陈志坚《诸子集成·论衡》内《祀义篇》，北京：燕山出版社2008年。
②与上述引文皆见于周才珠、齐瑞端《墨子全译》，贵阳：贵州人民出版社1995年，第273页。

睡简《日甲》003 正贰:阳日……以祭,上下群神飨之,乃盈志。

睡简《日甲》005 正贰:害日……祭门、行,吉。以祭,最众必乱者。

睡简《日甲》007 正贰:达日……以祭,上下皆吉。

吝,小不利。"最众"即"聚众"。结日祭祀,会有小不利。阳日祭祀,天地神灵享受祭祀后,就会满足你的意愿。害日祭门神、行神,吉利。祭祀时,众人聚集在一起一定发生混乱。可知,如果祭祀择日不当,就如祭品不合鬼神意愿一样,被视为亵渎鬼神的行为而招来祸殃,反之则可得到庇佑。从楚人对先祖的祭祷简可看出此点,如江陵望山一号墓墓主昭固染疾后,多次向柬(简)大王、圣(声)王、昭(悼)王、东邹公、王孙巢等先公祷求。天星观一号墓墓主番乘染疾后也多次向章公、惠公等先公祷求①,说明通常情况下,时人还是觉得先祖是可以庇佑自己的。楚人几乎凡事都要祷求先祖庇佑,可见祖先神在其心中的威信和威力,对鬼灵力量的崇信。

综上,一方面我们可以看到楚地秦人对鬼神的敬畏,另一方面,不得不说,楚被秦亡后祭祀仍然大为盛行,秦律对其认为的恶俗进行禁止,如睡简《语书》:"……古者,民各有乡俗,其所利及好恶不同,或不便于民,害于邦。是以圣王作为法度,以矫端民心,去其邪僻,除其恶俗,法律未足,民多诈巧,故后有间令下者。……故腾为是而修法律令、田令及为间私方而下之……今法律令已布,闻吏民犯法为间私者不止,私好乡俗之心不变。""圣王"不断制订法律,意在正民心去恶俗,南郡守腾整理法令之后颁布,但官吏与庶民犯法有奸私行为的没有停止,私下喜爱乡俗的思想没有变化,可以看出秦禁止楚地恶俗的法令并没有起到作用。另外,从上述也可看出,无论王室还是中下层楚地秦人,祖先神的祭祀都是必不可少的重要内容。可知,李晓东、黄晓芬"《日书》中看不出任何祖先崇拜的痕迹,受到祭祀和贞问的诸神,均非祖宗神。出现在《日书》中的祖先,只是一些作祟的亡灵"②的说法是可商榷的。

---

① 陈振裕《望山一号墓的年代与墓主》,载《中国考古学会第一次年会论文集》;《天星观一号楚墓》,载《考古学报》1982 年第 1 期;《江陵昭固墓若干问题的探讨》,载《中山大学学报》1977 年第 2 期。

② 李晓东、黄晓芬《从〈日书〉看秦人鬼神观及秦文化特征》,《历史研究》1987 年第 4 期,第 69 页。

第二节　楚地秦人礼俗思想中的鬼及统一的影响

一、鬼的类别

（一）家鬼和外鬼

如前所述，楚地秦人观念中的鬼包括天鬼、人鬼和物鬼几种，但以人鬼为主。人鬼又有外鬼和家鬼，如：

①睡简《日乙》157—158：……以有疾……死生在申，黑肉从北方来，把者黑色，外鬼父世为眚，高王父谴谪……

②睡简《日乙》171—172：……以有疾，子少瘳，卯大瘳，死生在寅，赤肉从南方来，把者赤色，母世外死为眚……

③睡简《日乙》175—176：……【有】疾，戌少瘳，子大瘳，死生在未，赤肉从北方来，外鬼父世见而欲，巫为眚，室鬼欲拘……

瘳，病愈。少瘳，即稍微减轻。大瘳，即大大减轻。外鬼父世，即父辈的外鬼。眚，灾难、疾苦。第③例中，父亲一辈的外鬼想吃赤肉，室鬼想抓住它。"外"相对于"内"，外鬼指的是亲人之外的鬼，室鬼则指家鬼。第②例中"母世外死为眚"意同第①句中的"外鬼父世为眚"，即"外鬼母世为眚"，意谓母亲那一辈死在外面的鬼作祟，这里的外鬼指的是外死之鬼。可见楚地秦人心中的外鬼，既指亲人之外的鬼也包括死在外面的鬼①；家鬼则通常指的是祖先神灵及家族中人死后变成的鬼，还包括不明身份的室鬼和中鬼，如上述"室鬼欲拘"及睡简《日乙》163—164："以有疾……狗肉从东方来，中鬼见社为眚。"秦简中提到的家鬼主要有父母、祖父母（王父、王母）、曾祖父母（高王父、骄母），最高辈分到曾祖父母。外鬼主要涉及父世、母世、兄世。

在俗信中，通常认为有人祭祀的家鬼不会出去害人，作祟害人的都是非正常死亡的外鬼，非正常死亡被称为"凶死"或"强死""横死"等。在先

---

①刘乐贤按曰"外鬼是外死之鬼"，见《睡虎地秦简〈日书〉甲种疏证》，长沙：湖北教育出版社 2003年，第 118 页。

民观念里，"凡是'凶死'的人，其灵魂也是恶的"①，这样的鬼和绝后之人的鬼也被称为厉鬼。《左传·昭公七年》："子产曰：……匹夫匹妇强死，其魂魄犹能凭依于人，以为淫厉"，是说强死的鬼能附体于人害人。同书又言："鬼有所归，乃不为厉"，厉，指厉鬼，即恶鬼。也就是说，在作祟害人方面，外鬼其实就是指死在外面的厉鬼或恶鬼。

除了上文提到的"室鬼"想抓住欲食祭品的外鬼，似乎以保护家人的善鬼面目出现之外，秦简日书中出现的几乎都是恶鬼。如赖亚生所言"恶鬼应该是先民观念世界中最早出现的鬼类"②。这或者说明在楚地秦人的观念中，善鬼差不多是不存在的，即使祖先鬼可以庇佑家人，也是建立在祭祀或"解谪"的基础上。"解谪"意思是解除谪问。如前述第①例中"高王父谴谪"，谴谪，即谴责、责问。为什么被曾祖父"谴谪"会生病，据河南灵宝张湾出土东汉晚期陶罐上书："天帝使者，谨为杨氏之家镇安冢墓，谨以铅人、金玉，为死者解谪、生人除罪过……"③香港中文大学文物馆藏建兴廿八（340）年"松人"解除木牍内容与之相类④，皆是念咒施法让活着或已故之人的灾殃转嫁于铅人或松人身上。《太平经·不承天书言病当解谪诫第二百二》："病人之家，当为解阴解谪，使得不作；谪解得除之，不解其谪，病者不止，复责作之。既不解已，以为不然。"⑤究其理，是因人死入冢后，要受到阴司神吏的考校，如灵生前有罪谪，那被考问的鬼魂就会怨恨活着的亲属没有给自己赎脱罪行，牵连家中妻子、兄弟、子孙等有血缘关系的生人，形成地下冥界所谓"冢讼"，阴司便会"征呼"死者的亲属魂魄"考谪"，导致生人疾病灾殃不断，甚至死亡，重复家内先死者的死亡过程。为断绝墓中死人可能带来的各种不幸，巫师便在埋葬死者时为死亡之家进行花样繁多的解除活动⑥。因为没有为高王父"解谪"，便作祟害人，并不讲什么亲戚情义。而那些"由凶死者所变之厉鬼、恶鬼，更是以整个人类为祟害对

①李仰松《谈谈仰韶文化的瓮棺葬》，《考古》1976年第6期。
②赖亚生《神秘的鬼魂世界——中国鬼文化探秘》，北京：人民中国出版社1993年，第9页。
③杨育彬等《灵宝张湾汉墓》，《文物》1975年第11期，第79—80页。"适"当读为"谪"。
④详见陈松长《香港中文大学文物馆藏简牍》，香港：香港中文大学文物馆2001年，第110—113页。
⑤王明《太平经合校》，北京：中华书局1960年，第624页。
⑥参见晏昌贵《巫鬼与淫祠——楚简所见方术宗教考》，武汉：武汉大学出版社2010年，第296页。

象,并不因与被祟者关系亲疏有任何差异"①。这点从睡简日书《诘》开篇的文字也可看出,如:

> 睡简《日甲》24 背壹—26 背壹:诘:诘咎,鬼害民妄行,为民不祥,告如诘之,召②,导令民毋罹凶殃。

"诘"的含义是禁灾。导,引导。罹,遭受。鬼危害百姓,恣意妄行,让百姓生活不顺。所以诘篇通告鬼的情况,以引导人们不遭受凶灾。这些恣意妄行、为民不祥的鬼必凶鬼、恶鬼无疑。

(二)形形色色的恶鬼

睡简日书中出现的恶鬼形形色色,计有 23 种之多:

> 刺鬼、诱鬼、哀鬼、棘鬼、孕鬼、丘鬼、寰人生为鬼、阳鬼、阴鬼、恃鬼、凶鬼、神虫、暴鬼、图夫、幼殇鬼、游鬼、不辜鬼、粲迓鬼、饿鬼、遽鬼、哀乳鬼、夭鬼、疠鬼

这些恶鬼作祟方式各异,威力有大有小,为明其详,简析如下:

①索要食物或以物予人的鬼:饿鬼、哀乳鬼、夭鬼

饿鬼　　睡简《日甲》62 背贰—63 背贰:凡鬼恒执匰以入人室,曰"饹我食"云,是是饿鬼。以屦投之,则止矣。

匰,竹制的淘米用具。饿鬼,即无所食挨饿之鬼。鬼无所食是因为无人祭享。古人认为鬼靠生人的祭享过活,如果无人祭祀则会挨饿。上简说的就是一个饿鬼拿着一个淘米用具向人讨食,但人并没有满足它,反而投鞋驱赶。不过,饿鬼不会害人,若受人食物还会报答人的好意,如《幽明录》③:

> 桓恭为桓石民参军,在丹徒。所住廨床前一小陷穴。详视是古墓,棺已朽坏。桓食,常以鲑饭投穴中,如此经年。后眠始觉,见一人在床前,云:"吾终没以来七百余年,后绝嗣灭,烝尝莫继。君恒食见播

---

①赖亚生《神秘的鬼魂世界——中国鬼文化探秘》,北京:人民中国出版社 1993 年,第 10 页。

②陈伟《秦简牍合集(壹)》指出:"召"实为一种标记符号,表示至此即向左阅读(武汉:武汉大学出版社 2014 年,第 449 页)。

③[南朝宋]刘义庆撰《幽明录》,郑晚晴辑,北京:文化艺术出版社 1988 年,第 122 页。

及,感德无已。依君籍①,当为宁州刺史。"后果如言。

这里桓恭是主动把食物投到古墓,而墓鬼受其食后深怀感恩,除言语感谢外,还向其透露机密消息。但楚地秦人对鬼是敬而远之的,别说主动给鬼吃的,就是碰到索要食物的鬼,不但不会满足其愿望,而且轻则如上文所言用鞋驱赶,重则会想办法消灭之,如:

哀乳鬼　睡简《日乙》29 背叁—30 背叁:鬼婴儿恒为人号曰:"予我食。"是哀乳之鬼。其骨有在外者,以黄土渍之,则已矣。

乞求人给它奶水吃的鬼为哀乳之鬼,是饿死鬼或饿鬼的一种。也为无人祭祀之鬼,婴儿死往往不葬,抛尸荒野,无人祭祀,"其骨有在外者"可明此点。这里驱除鬼婴儿的方法是以黄土埋其在外之骨,后世《笔记小说大观·识余卷三》载驱除鬼婴儿作祟的办法是用足够的奶水浇于其死之处②,后世之说显然是满足鬼婴儿的要求,而秦简则是简单地驱逐,显出对鬼的忌惮。也可见楚地秦人眼中的鬼皆为恶物,即使是婴儿所化。连邵名说:"因为幼殇者死而不葬,抛尸荒野,所以'其骨有在外者'说明鬼婴儿就是幼殇。"③我们认为,据简文,可知哀乳之鬼是缺乳而死的婴儿,但幼殇者死因各异,因此哀乳之鬼是幼殇鬼,但不能说幼殇鬼就是哀乳之鬼。哀乳鬼也是短命早死之鬼,即夭鬼。但秦简中另有夭鬼之名,如:

夭鬼　睡简《日甲》32 背叁:人无故而鬼有予,是夭鬼,以水沃之,则止矣。

夭鬼,即短命早死之鬼。夭,短命、早死。夭鬼属于幼殇死之列,这里另以夭鬼名之,显是泛称所有早死人之鬼。也从中看出民间对鬼的命名很随意并不成系统。简文是说无缘无故鬼给人东西,人拿水去浇它,就会停止。按,无论古今,人们通常对有所给予者满怀感恩之心,但这里却因为是鬼的给予(且鬼并没有加害人之举)而非但不感激,反而以水浇以止之。可见,时人心中,鬼都会害人。即使给物都潜藏着危险。也说明时人根本不

①籍,民间迷信,认为一个人的寿命和官位,早已注定,记载它的册子称为"籍"或"录"([南朝宋]刘义庆撰《幽明录》,郑晚晴辑注,北京:文化艺术出版社 1988 年,第 122 页)。

②徐华龙《中国鬼文化大辞典》,南宁:广西民族出版社 1994 年,第 151 页。

③连邵名《云梦秦简〈诘〉篇考述》,《考古学报》2002 年第 1 期,第 28 页。

想跟鬼有任何联系,但鬼却想介入人的生活,甚至向人示好,反映出鬼界不如人间,人欣生恶死的礼俗思想。

②戏弄、骚扰、攻击、恐吓人之鬼:丘鬼、凶鬼、暴鬼、图夫、刺鬼、诱鬼、阳鬼、祷鬼

夭鬼给人东西都要遭人驱赶,何况那些明目张胆戏弄、骚扰、恐吓人的鬼,成为时人驱逐的对象并不意外,如:

丘鬼　睡简《日甲》29 背壹—31 背壹:人无故鬼藉其宫,是是丘鬼。取故丘之土,以为伪人、犬,置墙上,五步一人一犬,环其宫,鬼来扬灰击箕以噪之,则止。

胡简 163—165:鬼藉人之宫。凡鬼藉人之宫,是谓丘鬼,不祭而为人神害。乃取故丘土,以为伪人、伪犬而委之墙上,周环其宫,五步一人一犬,胥其来也而扬灰其宫,击箕而噪之,则其鬼亡,不复作矣。不祭乃取故丘土以为更,胥其来也而藉之,此鬼丘陵草木之神气也,则不来矣。

故,意思是老、旧。故丘,即指老坟。睡简、胡简皆为湖北地区出土,所载"丘鬼"内容颇多相同处,故当为一事。丘,甲骨文字形为 ⩊ 等,皆像小土山之形,本义为"小土山"。《说文》:"土之高也,非人为也。"《广雅·释丘》:"小陵曰丘。"也可指人为之坟墓,如《周礼·春官·冢人》:"以爵等为丘封之度。"从简文提及"故丘"推测①,所涉"丘鬼"非独指丘陵之鬼,当也涉坟墓之鬼。丘鬼即丘坟日久吸取阴阳之气幻化而成的鬼,结合胡简"此鬼丘陵草木之神气也",可知该鬼为"物鬼",是丘陵上所生草木之精气所化。刘钊先生认为丘鬼为坟墓之鬼。引《法苑珠林》卷五八辑《白泽精怪图》云:"又丘墓之精名曰狼鬼。"夏按,察该文全句为"丘墓之精名狼鬼,善与人斗不休。为桃弓棘矢,羽以鸱羽,以射之,狼鬼为飘风。脱履投之,不能化。"显然这里的狼鬼为丘墓之精怪,与引文前后所言"故市精""室之精"等皆为同类,虽名叫"狼鬼",但却为精怪之属。又从其骚扰人的手段和人对付之法看,与睡简、胡简所言"丘鬼"无相同处,当非一类。

丘陵之鬼进入人的房间作祟,刘钊先生言可能鬼所居之坟墓因敝败而

———————————

①因为丘陵之形成常皆久远,故无所谓"故"。

无所栖身之故①。夏按,丘陵之鬼为丘陵上的草木精气所化,当无所谓破败。其进入人的房间目的不在于求安身,从简文"不祭……""不祭而为人神害"不祭祀就会变成人或神的模样来害人,可知其目的在求祭祀。但人对此有选择权,完全可以不祭祀而选择施法驱赶,方法简单具体且便捷,显示出礼俗思想中鬼之好对付、人不用怕鬼的一面。在民间俗信中,祭祀不应当祭祀的鬼神,会惹其经常上门骚扰,因此要驱赶,或可解读秦人不祭的原因。

刘先生所言属于死人的坟墓受到破坏或其他原因导致鬼无所栖身时才可能出现的情况,如下文所言无家可居之鬼,而非故丘鬼入人房间作祟的原因。简文明言"无故",说明所用驱赶之法仅适用于不明原因的"藉其宫",知道原因的应该是满足其要求即可自行离开。

凶鬼　睡简《日甲》29 背贰—30 背贰:鬼恒夜鼓人门,以歌若哭,人见之,是凶鬼,弋以芻矢,则不来矣。

"鼓"即"敲"。该凶鬼的特征是经常半夜敲人门,并且边敲边唱歌或哭。据《中国鬼文化大辞典》,凶鬼之说流传于四川、云南、贵州的彝族。四川、贵州是故楚国领土,从而可知凶鬼是楚人鬼神信仰特色之一。楚人认为恶人死后会变成凶鬼,暴死、凶死人的灵魂也会变成凶鬼。凶鬼会向活人报复,人间的一切灾祸,如灾荒、疾病、冤家械斗等等都是因凶鬼作祟所致②。

暴鬼　睡简《日甲》42 背贰—43 背贰:鬼恒责人,不可辞,是暴鬼,以牡棘之剑之,则不来矣。

睡简《日甲》37 背叁:鬼恒攘人之畜,是暴鬼,以芻矢弋之,则止矣。

鬼经常强制性求人或者经常扰人牲畜,这个鬼就是暴鬼。责,《说文》:"求也。"不可辞,即不能推辞。言下之意,如果该鬼求人,人若有推辞则会招来祸殃。人不堪其扰,但只要用草箭射它,就会停止骚扰了。

---

① 与前引刘钊先生所言皆出自其文《秦简中的鬼怪》,《中国典籍与文化》1997 年第 3 期,第 103 页。

② 徐华龙《中国鬼文化大辞典》,南宁:广西民族出版社 1994 年,第 586—587 页。

暴鬼,《太平广记》卷三五八"齐推女"条谓"比者此州刺史女,因产为暴鬼所杀,事甚冤滥。"《太平经》卷七十二"不用大言无效诀"云:"天地之间,时时有暴鬼、邪物、凶殃、尸咎、杀客……当其来著人时,比如刀兵弓弩之矢毒著人身矣。所著疾痛不可忍,其大暴剧者,嘘不及噏,倚不及立,身为暴狂。"《抱朴子·道意》云:"任自然无方术者,未必不有终其天年者也,然不可以值暴鬼之横狂,大疫之流行,则无以却之矣。"可知暴鬼以残暴横狂为特征,被其所害者,痛苦不堪,症状的表现也是"暴狂"。可知"暴"的意思是凶恶残暴,暴鬼即凶恶残暴之鬼。

图夫　睡简《日甲》44 背贰—45 背贰:鬼恒为人恶梦,觉而弗占,是图夫,为桑杖倚户内,覆襦户外,不来矣。

占,《说文》:"视兆问也。"图夫经常使人做恶梦,但醒来之后此梦却无法占问。究其因,无非是梦不完整、记不周全等古人所谓的"五不占"范围(详见后文),皆为意外导致。这也就说明这是个喜欢戏弄人做恶梦的鬼,必须攘除以免后患。

刺鬼　睡简《日甲》27 背壹—28 背壹:人无故鬼攻之不已,是是刺鬼。以桃为弓,牡棘为矢,羽之鸡羽,见而射之,则已矣。

刺鬼,即厉鬼[1]。攻,攻击、侵袭。刺鬼的特点是攻击人,其攻击对象是所有人且无缘无故。如前文所言,厉鬼乃强死之鬼,怨气很重,通常只对仇人进行报复(详见下文不辜鬼),而凶死鬼则作祟害任何人。因此,这里的刺鬼,应该是凶死者所变化,所以才会无缘无故攻袭人。

诱鬼　睡简《日甲》32 背壹—33 背壹:人无故而鬼惑之,是诱鬼,善戏人。以桑心为杖,鬼来而击之,畏死矣。

诱鬼,即迷惑人的鬼。诱,迷惑。这种鬼的特点是善于戏弄人。驱赶之法是用桑树的树心做成木杖,待其来时击打它,它害怕死就不来了。

阳鬼　睡简《日甲》54 背壹—55 背壹:竈无故不可以熟食,阳鬼取其气。燔豕矢室中,则止矣。

睡简《日甲》47 背贰—48 背贰:女子不狂痴,歌以生商,是阳鬼乐

---

①刘钊《谈秦简中的"鬼怪"》,《文物季刊》1997年第 2 期,第 56 页。

从之,以北向□之辨二七,燔,以灰□食食之,鬼去。

商,乐曲七调之一,其音凄怆哀怨。据《六壬大全》:"干支之中,阳克阳为鬼,阴克阴为鬼……凡昼鬼主公讼是非,夜鬼主神妖祇祟。"[1]其"鬼墓课"言:"阳鬼公讼是非,阴鬼神祇星宿",可知阳鬼也叫昼鬼。然这里是以天干相克为鬼,当与我们所言鬼不同。疑阳鬼为男鬼,简论如下:

　　放简《日乙》113—114:凡甲丙戊庚壬子寅巳酉,是谓冈日、阳、牡日也,女子之吉日殹。凡乙丁己辛癸丑辰午未申亥,是谓柔日、阴日、牝日也,男子之吉日也。

　　睡简《日乙》109:男子日,寅、卯、子、巳、戌、酉,女子日,辰、午、未、申、亥、丑。

放简中的阳日与阴日相对,女子日与男子日相对。阳日正是睡简所言之男子日。据此可知,阳可用来指男子。阳鬼即指男鬼。阳鬼阳气盛,其性可以盗气,灶气被盗则没有热气,不能炊熟食物。女子被男鬼所缠,等于"阳气"被盗,自然没有精神、心情不好。女子好端端地唱哀怨之歌,便是阳鬼夺其气的结果。

在今天的八字推算中,也有"阳鬼"之说。但八字中的"鬼"并非指人死后的魂魄,而是指不可预知的不幸。"阳鬼"是八字中的"鬼方",指阴气聚集之地。被阳鬼所犯,易生病、被小人陷害或遇灾祸。从简文看,女子没有活力,只知道唱哀怨的歌,显是阳气被夺,倒也符合被"阳鬼"所犯的特点。

祷鬼　睡简《日甲》25 背贰—26 背贰:鬼恒召人曰:尔必以某月日死,是祷鬼伪为鼠,入人醢、酱、滫、浆中,求而去之,则已矣。

召,读为"招",告诉。醢,指醋。滫,指泔水。求,设法得到。鬼经常告诉人说:你一定在某月某日死,这是祷鬼伪装成老鼠(的样子告诉人死期),藏在醋、酱、泔水、浓汤汁中,设法找出来扔掉,就停止了。可见老鼠在时人的思想中,是可以预言人生死的动物,使得鬼也假扮老鼠来通过预言害人。类似记载还有老鼠穿着人的衣冠诅咒或恐吓人死。见于汉魏志怪小说,如《太平广记》卷四百四十引《幽明录》云:

---

①［清］郭御青《白话大六壬全书》,西安:三秦出版社 1994 年,第 21 页。

　　清河郡太守至,前后辄死。新太守到,如厕,有人长三尺,冠帻皂服,云:"府君某日死。"太守不应,意甚不乐,催使吏为作亡具。外颇怪其事。日中如厕,复见前所见人,言府君今日中当死。三言亦不应。乃言府君当道而不道,鼠为死。乃顿仆地,大如豚,郡内遂安。①

又《古小说钩沉》引《列异传》第四十七云:

　　正始中,中山王周南为襄邑长,有鼠衣冠从穴中出,在厅事上语曰:"周南,尔某月某日当死。"周南不应,鼠还穴。后至期,更冠帻绛衣出,语曰:"周南,汝日中当死。"又不应,鼠缓入穴。须臾,出语曰:"向日适欲中。"鼠入复出,出复入,转更数,语如前语。日适中,鼠曰:"周南,汝不应,我复何道?"言绝,颠撅而死,即失衣冠。周南使卒取视之,具如常鼠也。②

　　从秦简及上述记载可以看出,在礼俗思想中,老鼠也以预言家的形象存在。如果人听到它的预言或诅咒有所回应,便会真的死去,如《幽明录》所言太守"前后辄死"。但如果对它的话无所回应,死的则是老鼠自己而不是被诅咒者。由此也可推知,要赶走假冒老鼠的祟鬼的原因是,如果不"求而去之",它会经常拿"尔必以某月日死"的诅咒去害人。

　　③无家可居之鬼:哀鬼、幼殇鬼、哀乳鬼、游鬼

　　楚地秦人以人的生活起居来约束鬼,认为坟墓是鬼的住所。若人死不葬或墓穴遭受损坏,鬼便无处可居或不能安居。这些都会导致其作祟害人。它们的共同特点是进入人的房间找安身之所,这种特征的鬼有哀鬼、幼殇鬼等,如:

　　哀鬼　睡简《日甲》34 背壹—36 背壹:人无故而鬼取为胶,是是哀鬼,无家,与人为徒,令人色白然无气,喜洁清,不饮食。以棘椎桃柄以敲其心,则不来。

　　胶,整理小组注曰:"读为摎,纠结。"哀鬼喜欢缠人,与人为伴,使人面色苍白,没有气力,不思饮食且喜欢干净。除喜欢干净外,其他几点都是久哀之人的表现。因此,我们认为,哀,意思是悲哀。哀鬼为哀伤而死之人所

①[北宋]李昉编纂,谦德书院译《文白对照太平广记13》,北京:团结出版社2022年,第7734页。
②鲁迅校录《古小说钩沉》,济南:齐鲁书社1977年,第92页。

变,其作祟也使人表现出"哀"的症状。秦简言哀鬼无家,由此疑哀鬼是哀伤而死的短折之人所变,为殇鬼之列。《释名·释丧制》云:"未二十而死曰殇。殇,伤也,可哀伤也。"

幼殇鬼也是短折之鬼,只不过是年龄更小的鬼,与哀鬼的特点相似,都喜入人房间,而未见言及对人的伤害,如:

> 睡简《日甲》50 背贰:鬼恒裸入人宫,是幼殇死不葬,以灰溃之,则不来矣。

"殇"有二义,一谓未至成年而死。朱右曾校释引《仪记·丧服传》:"年十九至十六为长殇,十五至十二为中殇,十一至八岁为下殇,不满八岁以下,皆为无服之殇。"一谓无主之鬼。《小尔雅·广名》:"无主之鬼谓之殇。"幼殇,当为无服之殇或更小年龄之殇。因为幼殇者往往抛尸荒野,无丧服之礼。因此,非独本简,在鬼话中也常以裸体的形象出现。以人的房屋为托身之所,也与其不葬无所归依有关。

游鬼　　睡简《日甲》51 背贰:鬼恒逆人,入人宫,是游鬼,以广灌为鸢以燔之,则不来矣。

逆,《说文》:"迎也。"游鬼,无家可归而四处游荡之鬼[1]。幼殇鬼、哀鬼、哀乳之鬼也皆无家可归,饿鬼也喜欢进入人的房间,但既然秦简另有"游鬼"之名,说明其有别于上述几种无家可归之鬼的特点。游鬼之特点当涉所有年龄段死之人所化的鬼。因其无家可归,故喜"逆人",迎接人并跟着人一起进入人的房间,其迎接人是为讨好人,好进入人的房间安身。

遽鬼　　睡简《日甲》28 背叁:鬼恒召人之宫,是是遽鬼无所居,冈呼其召,以白石投之,则止矣。

之,《说文》:"出也。"遽、传同义[2]。《说文》:"遽,传也。"又云:"传,遽也。"《释名·释言语》:"传,专也。人所止息而去,后人复来,转相传,无常主也。"呼,《尚书大传》:"其歌之呼也。"郑注:"呼,出声也。"冈呼其召,意谓对鬼的召唤不要回应。遽鬼招人走出房屋,是因为无处居住。但并非只把人骗出房屋那么简单,而是要索人性命,如:

---

①刘钊《秦简中的鬼怪》,《中国典籍与文化》1997 年第 3 期,第 104 页。

②连邵名《云梦秦简〈诘〉篇考述》,《考古学报》2002 年第 1 期,第 29 页。

睡简《日甲》67 背贰—68 背贰：凡邦中之立丛，其鬼恒夜呼焉，是遽鬼执人以自伐〈代〉也。乃解衣弗袥，入而搏者之，可得也。

遽鬼叫人姓名，实为找人自代，也就是找人代替自己死，即后世所言之替死鬼。俗信认为死者如果能找到替死的人，便可复活。《幽明录·借算》云："人命应终，有生乐代者，则死者可生。"鬼找替身的方法之一是喊人姓名，若人应诺，则魂魄会被鬼摄去而死。如《搜神后记》卷七言：

晋中兴后，樵郡周子文，家在晋陵。少时喜射猎，常入山，忽山岫间有一人，长五六丈，手捉弓箭，箭镝头广二尺许，白如霜雪，忽出声唤曰："阿鼠！"（原注，子文小字）子文不觉应曰："诺。"此人便牵弓满镝向子文，子文便失魂厌伏。①

这种应声则死的情况，也见于《太平广记》卷三五二"李戴仁"条："江河边多伥鬼，往往呼人姓名，应之者必溺。"上文所言遽鬼也是通过呼人姓名找替死鬼。在今天的中原洛阳附近地区也流行这样的说法，就是晚上听到有人喊你姓名，一定要等叫到第三遍才能应答，因为害怕呼叫的是什么鬼怪，答应的话应答者的魂魄就会被喊名字的鬼摄走，人失去魂魄，则会没命。很巧的是，在日本的冲绳也有一样的习俗："冲绳以前有一种非常不符合社交常理的习俗，就是叫人得叫第三遍才能得到回应，只叫一声两声人家就会以为这是妖怪在叫他，当然，这种习俗仅限于夜间。"②不同的国家和地区，竟然有相同的习俗，推测起来，一则此俗或有共同的来源，再则或在于人们对黑夜的恐惧，是夜晚出行不安全的民俗思想反映。

④致人畜死病之鬼：水鬼、孕鬼、宋人生为鬼、棘鬼、粲迣之鬼、欽鬼

无家可居之鬼为了栖身才入人房间，并未见伤害人的内容。但有些并非因无处可居才入人屋舍的鬼，则会使人畜无缘无故生病、死亡等。这些鬼有疠鬼、孕鬼，等等。其中疠鬼会使全家人浑身发痒，如：

睡简《日甲》52 背叁：一室人皆痒体，疠鬼居之，燔生桐其室中，则止矣。

疠，疫病。《左传·哀公元年》："天有菑疠，亲巡孤寡，而共其乏困。"

---

①［晋］陶潜撰《搜神后记》，汪绍楹校注，北京：中华书局 1981 年，第 50 页。

②（日）柳田国男《妖怪谈义》，重庆：西南师范大学出版社 2017 年，第 11 页。

杜预注："疠,疾疫也。"疠鬼即是传播疫病的鬼。一家人都身体发痒,显然是得了传染病。孕鬼能使全家人生病,且多在梦中死亡,如:

> 睡简《日甲》40 背壹—42 背壹:一宅之中无故室人皆疫,多梦寐死,是是匀鬼埋焉,其上无草,如席处。掘而去之,则止矣。

匀读为孕。孕鬼为怀着胎儿而死之人所变的鬼。如前文所言,战国至秦,社会动乱,医疗条件恶劣,水平低下,孕妇死亡率很高,孕鬼当多为难产而死之人的鬼。据清俞樾《右台仙馆笔记》卷六《楚人有梅姓者》一文言,梅姓妻之所以死于难产,是因为朱姓死于难产的妇人像吊死鬼、淹死鬼一样来找替身。文中言:"岂以产难卒者,亦如缢鬼、溺鬼之求代欤?"[1]睡简该处孕鬼并非找替身,其"煞气"很重,不用出面害人,只要院子里埋着孕鬼,全家人就都会生病,且多在梦中死亡。此简内容或可视为人们对孕鬼害人的早期认识。

宲人生为鬼　睡简《日甲》43 背壹—46 背壹:人无故一室人皆疫,或死或病,丈夫女子堕须羸发黄目,是是宲人生为鬼,以沙人一升挫其春白,以黍肉食宲人,则止矣。

"宲"疑读为"孚"[2]。"宲人生为鬼"即孚人饿死前变为鬼。通常而言,"人变化成鬼,是通过死这样一个中介"[3]。然又据俗信,人有魂魄分离现象。活着时候就变为鬼,当与魂魄分离相关。也就是说,宲人因为饥饿而魂不附体,这个魂就是所谓的鬼。但其尚未饿死,体魄随形体还活在人间,所以叫生为鬼。因为饥饿,其魂灵作祟害人,用食物喂之,其体魄不再挨饿,魂便不再作祟了。详见附录之"五、从礼俗思想解读'宲人生为鬼'"。

棘鬼　睡简《日甲》37 背壹—39 背壹:一宅中无故而室人皆疫,或死或病,是是棘鬼在焉,正立而埋,其上旱则淳,水则干。掘而去之,则止矣。

"棘"即荆棘,是凶害的象征。《老子·道经》云:"师之所处,荆棘生

---

①[清]俞樾《右台仙馆笔记》,上海:上海古籍出版社 1986 年,第 145 页。
②刘乐贤《睡虎地秦简日书研究》,台北:文津出版社 1994 年,第 237 页。
③徐华龙《中国鬼文化》,上海:上海文艺出版社 1991 年,第 14 页。

焉,大军之后,必有凶年。"王弼注云:"言师凶害之物也,无有所济,必有所伤,贼害人民,残荒田亩,故曰荆棘生焉。"因此,棘鬼应即凶死之鬼。

明鬼　睡简《日乙》202—206 壹:春三月……壬癸死者,明鬼祟之,其东受凶。

睡简《日乙》212 壹—216 壹:【秋三月】……壬癸死者,明鬼祟之,其东受凶。

明,指神明。古代尊称神为明神,明鬼可能是对鬼的尊称①。夏按,明,或指太阳。《易·离》:"明两作离,大人以继明照于四方。"孔颖达疏:"明两作离者,离为日,日为明。"明鬼或指日鬼,即前文所言之昼鬼或阳鬼。

粲迓之鬼　睡简《日甲》57 背贰—58 背贰:人无故室皆伤,是粲迓之鬼处之,取白茅及黄土而洒之,周其室,则去矣。

"迓"读为"牙"。粲,笑貌。粲迓之鬼即露齿而笑的鬼。据《太平御览》卷八百八十四《异苑》载:"广州治下有黄文鬼,出则为祟。所着衣帽皆黄,至人家张口而笑,必得疫疾。长短无定,随篱高下。自不出已十余年,土俗畏怖惶恐不绝。"黄文鬼到人家中张口而笑,该家之人必病,其致人疾疫原因皆源自一笑,此点与粲迓鬼之名甚合。鬼露齿而笑是最令人害怕的,薛福成《庸庵笔记》载鬼话《鬼笑可畏》,言某人与鬼较量,鬼百般怪状,皆不可畏。最后"天将明,鬼技益穷,乃长啸一声,哑然而笑,某君不觉惊悸,昏晕仆地。②"该鬼特征是呆在人的家中,无缘无故损坏人屋室中的所有东西。

不辜鬼　睡简《日甲》52 背贰—53 背贰:人生子未能行而死,恒然,是不辜鬼处之。以庚日日始出时濆门以灰,卒,有祭,十日收祭,裹以白茅,埋野,则无殃矣。

睡简《日甲》36 背叁:鬼恒宋伤人,是不辜鬼,以牡棘之剑刺之,则止矣。

生子未能行而死,指的是生孩子未能生下来孩子就死了。宋伤,读为

①刘乐贤《睡虎地秦简日书研究》,台北:文津出版社 1994 年,第 389 页。
②徐华龙《中国鬼文化》,上海:上海文艺出版社 1991 年,第 383 页。

耸惕,意谓恐吓。"不辜"谓不以其罪而死亡,其鬼常为祟①。《墨子·明鬼下》:"周宣王杀其臣杜伯而不辜,杜伯曰:'吾君杀我而不辜,若以死者为无知,则止矣。若死而有知,不出三年,必使吾君知之'",后来杜伯果变为厉鬼杀死宣王。又"昔者燕简公杀其臣庄子仪而不辜,庄子仪曰:'吾君杀我而不辜。死人毋知亦已,死人有知,不出三年,必使吾君知之'……诸侯传而语之曰:'凡杀不辜者,其得不祥,鬼神之诛,若此其憯速也!'"据《墨子》所言,燕简公后来的确被庄子仪鬼魂所杀。从史料看,不辜鬼的作祟对象是害死它的凶手,但这里的作祟对象却是无辜的产妇,吓唬的也是所有孕妇。可见,在楚地秦人眼里,鬼是不懂情理不分青红皂白的,因此也不可能有好坏之分。

欨鬼 睡简《日甲》56 背壹—57 背壹:人之六畜无故而皆死,欨鬼之气入焉。乃疾癃瓦以【还】□□□□□已矣。

欨鬼,刘钊疑为"雌鬼"②。吴小强注为"欲望之鬼"③。刘乐贤认为欨鬼是与上文所言"阳鬼"对应的阴鬼,"我们注意到上段有阳鬼,则此段理应接着讲阴鬼。欨从今得声,阴从侌得声,而侌乃霒的古文。《说文》:'霒,云覆日也,从云今声。'然则欨、阴皆从今得声,故欨可通阴"④。其言有理。如上文所言,阳鬼为昜鬼,则阴鬼为女鬼。阳鬼作祟手法是盗人气,从而使人受害。但阴鬼害人,似不用动作,其气被人或六畜碰到就会死亡,显然鬼力大于阳鬼。

总之,在时人的观念中,上述鬼都不是好东西,会无缘无故骚扰、作祟害人害畜,使人的生活受到影响。但其作祟方式各异,鬼力有大有小:

其一,在攻击、戏弄甚至恐吓人的鬼中,阴鬼的力量最大;刺鬼会攻击人;诱鬼经常迷惑、调戏人;阳鬼会把灶的热气给拿走,让人不能烧熟饭菜;凶鬼总喜欢半夜敲门,唱歌或者哭泣;暴鬼经常骚扰人养的畜生,责备人还不容人不听;图夫鬼常常戏弄人做恶梦;祷鬼的吓人方式是预言或诅咒人死,若人对他的预言或诅咒有所反应,就会真的死去。因此说,在恐吓、戏

①宴昌贵《巫鬼与淫祠——楚简所见方术宗教考》,武汉:武汉大学出版社2010年,第169页。
②刘钊《秦简中的鬼怪》,《中国典籍与文化》1997年第3期,第104页。
③吴小强《秦简日书集释》,长沙:岳麓书社2000年,第135页。
④刘乐贤《睡虎地秦简日书研究》,台北:文津出版社1994年,第239页。

弄人的鬼中,祷鬼算是最可怕却又最不可怕的鬼①。

其二,人或六畜死亡或疾病都是由这些恶鬼作祟造成的,但这些恶鬼的鬼力也有强弱。譬如:哀鬼只会令人颜色发白、浑身无力,喜欢干净、不思饮食,对生命没有直接危害;疠鬼和棘鬼都能传播疫病,但疠鬼能使一家人全身发痒,棘鬼则不但会使家人皆病,且可能死亡;粲牙鬼会使全家人受伤;而明/阳鬼、阴鬼、孕鬼、寃人生为鬼(即饿死鬼)、棘鬼、不辜鬼、遽鬼则都是既可致人生病也可使人死亡的比较厉害的鬼,但其致人死亡的方式各异,譬如:明鬼只在春、秋季节的壬癸日作祟害人;孕鬼会使全家人在梦中死去;不辜鬼会使产妇生子不顺利使孩子死亡;遽鬼通过喊人姓名,应声而诺者则被其摄去精魂而死;诸鬼中,当属阴鬼的邪气最重,不但能使人且还能使六畜或死或病。

喜欢进入人房间的鬼中,丘鬼喜欢作祟害人,而无家可居的幼殇鬼和游鬼入人房间只为找个安身之处。无处可居的遽鬼则会唤人姓名,若有应答便会代替遽鬼死去。因此,这类鬼中,遽鬼最为可怕。

这些恶鬼喜欢跟人接触,经常戏弄、恐吓人、使人或六畜生病甚至死亡。生病是生活中难免的,房屋更是生活必不可少的安身之所,但这些鬼都会掺和进来,显见在时人的观念中,凡有人生活的地方无不充满鬼。而且,鬼喜欢骚扰人,鬼对自己的生活不满意就喜欢到人那里找解决方案。而人对鬼容忍但敌视,总是在鬼经常骚扰的情况下才去驱鬼,但并不接受鬼的任何好意或亲近(如鬼授物于人或迎接人等)。

人能驱鬼,是不是就意味着鬼缺少超人的力量和本领,意味着秦人并不怕鬼呢?② 我们不这样认为,因为人是不能作祟为灾的,鬼既可作祟为灾,就说明其拥有超人的力量与本领。如上述所言之遽鬼通过喊人姓名就可让人代替自己死,阳鬼能取走灶膛里的热气,疠鬼能使一家人身体发痒,还有其他鬼的作祟状况,都是生人做不到的。正是因为鬼有超越人的力量,杜伯冤死为鬼后才能够"追周宣王射之车上",使之"中心折脊,殪车中伏弢而死……"而燕简公冤杀其臣庄子仪,庄死后能够"日中,燕简公方将

---

① 说不可怕是因为只要不回应它就不会对自己有伤害。
② 李晓东、黄晓芬认为鬼虽可作祟为灾,但缺少超人的力量与本领,秦人并不怕鬼。详见《从〈日书〉看秦人鬼神观及秦文化特征》,《历史研究》1987年第4期,第69页。

驰于祖涂,庄子仪荷朱杖而击之,殪之车上"①。更有甚者,"因为受屈的一方绝对地相信自己的灵魂脱离肉体后的复仇力量,总是毫不畏惧地自杀,使自己变作厉鬼,以便在死后对压迫者进行他生前无力做到的复仇"②。中国古代"鬼戏"里就有许多这方面的内容。如《焚香记》中女主人公敫桂英不顾一切阻力与落难书生王魁恋爱,助其得中状元后却遭其遗弃。她阳告无门,遂自尽而死,冤死的鬼魂变成厉鬼,返回阳间弄死王魁为自己报了仇。如果不是因为鬼有超人的力量和本领,这些冤死者就不可能为自己报仇。

那么楚地秦人是否怕鬼呢? 从秦简看,楚地秦人对鬼更多的是一种厌恶态度,遭遇鬼的骚扰时,表现出的则是一种大无畏的斗争精神。现今俗话说的"鬼七分怕人,人三分怕鬼",似乎在秦简中都找不到痕迹。秦简更多的是鬼骚扰人,人驱赶鬼的条文,显然是鬼不怕人、人不怕鬼的写照。但鬼却惧怕人施的法术,表现出人定胜鬼的无可置疑性。如哀乳鬼和饿鬼都是生前饿死的人所变,从秦简看,它们只是向人索要食物,并没有对人造成危害,但人都要想办法驱赶它,显示人对鬼的厌恶态度。如果说是因为社会贫困,衣不自暖、食难自饱而驱赶饿鬼的话,那么鬼给人东西应该是受欢迎的。但事实并非如此,如夭鬼会无缘无故给人东西(或为讨好人),并没有对人造成任何伤害,但人依然要以水来浇鬼驱赶之。倘对人如此,则会被视为大大的忘恩负义。人若不是压根对鬼充满厌恶和敌视,又怎会有此举? 人对鬼的厌恶,还表现在对进入其房屋鬼的驱赶,如上述人对游鬼和幼殇鬼的态度。游鬼和幼殇鬼因为没有住处,所以喜欢进入人的住处寄居。如前文所言,鬼通常是"视之无形"的东西,人不会因为鬼的入住而无处可居,也未见秦简有这些鬼入住对人造成伤害和影响的内容,但即便如此,人都无法与之共存,要设法驱赶。秦简中还有鬼经常跟着人的条文,如:

睡简《日书》34 背贰—35 背贰:鬼恒从男女,见它人而去,是神虫伪为人,以良剑刺其颈,则不来矣。

鬼经常跟随男男女女,看见其他人来鬼就离开,这是神虫伪装成人形。

①两例皆见于《墨子·明鬼下》卷八第三十一。
②(英)弗雷泽《魔鬼的律师——为迷信辩护》,北京:东方出版社 1988 年,第 143—144 页。

用宝剑刺鬼的脖颈,鬼就不再来了。这里也只是说鬼跟着人而已,未见加害之举,人驱赶之,当因讨厌。若是害怕,但怕却又敢去赶,又显得不怕。又有鬼回到人间探望妻妾或朋友的情况,如:

> 睡简《日甲》65 背壹—66 背壹:人有妻妾若朋友死,其鬼归之者,以莎芾、牡棘柄,熬以待之,则不来矣。

妻妾朋友死为鬼后又回来的,与上例一样,也未见有害人之事发生,但人都要驱赶之,推测起来,人是怕鬼加害于己才有此举,对鬼的敌视和戒备可见一斑。

(三)其他鬼

除了这些有名堂的鬼外,楚地秦人的生活中还有一些随时可以遇见的说不出名字的鬼,如走路时遇见的鬼,权且称其为道中鬼,如:

> 睡简《日甲》46 背叁:人行而鬼当道以立,解发奋以过之,则已矣。

道中鬼的特点是站在路中间使人不能通过,目的是害人。《太平经·起土出书诀》第六十一:"臣失其职,鬼物大兴,共病人,奸猾居道傍,诸阴伏不顺之属,咎在逆天地也。"[1]共病人,即共同殃害世人。《法苑珠林·感应缘》引《白泽图》佚文中载有道精:"故道径之精名忌,状如野人。以其名呼之,使人不迷。又曰:道之精名作器,状如丈夫,善眩人。以其名呼之则去。"

不但走路时可能遇到鬼,睡觉时也可能会有鬼捣乱,如:

> 睡简《日甲》48 背叁:人卧而鬼夜屈其头,以箸鞭击之,则已矣。

人在晚上睡觉时,遇到有鬼压住头,用竹鞭击打鬼,鬼就停止那样做了。这是睡觉时被鬼骚扰。笃信鬼神的楚地秦人,甚至认为失火不失火都是因为鬼,如:

> 睡简《日乙》251:癸失火,有鬼。
> 睡简《日乙》249—250:……卯失火,不复失火,必有鬼。

鬼甚至还能变成生活中常见的动物,如狗(前述睡简《日甲》47 背壹—49 背壹)、老鼠(前述睡简《日甲》25 背贰—26 背贰)等,说明楚地秦人认

---

[1]王明《太平经合校》,北京:中华书局 1960 年,第 113 页。

为六畜和常见的动物都可以是鬼所变。生活中到处都可能碰到鬼,楚地秦人生活得战战兢兢。就连做点事情如果日期选择不对,都会被祖先鬼神所伤,如:

> 睡简《日甲》102 正贰:毋以丑除门户,害于骄母。

除门户,即安装家门。"害于骄母"即被高祖母鬼魂所害。骄母,高祖母。不要在丑日清扫门和窗户,会被高祖母的鬼魂所害。意思是该日清扫门窗,会搅扰了高祖母,故会被其所害。

二、驱鬼有术

从秦简看,楚地秦人生活中充满了鬼,为了避免鬼再次骚扰或者因鬼骚扰而生病,楚地秦人有很多办法,如:

(一)选择合适的日子送鬼——鬼怕送

俗语言"人怕敬,鬼怕送",送鬼在俗信中算是最友好的驱鬼之法。送鬼的最好日子,是二十八星宿中舆鬼所主日,如:

> 睡简《日甲》90 正壹:舆鬼,祠及行,吉……可以送鬼。

《史记·天官书》言:"舆鬼,鬼祠事;中白者为质。"《正义》曰:"舆鬼四星,主祠事,天目也,主视明察奸谋……中一星为积尸,一名质,主丧死祠祀。"舆鬼为主丧死祠祀之星,故其所主日可以送鬼。

对于送鬼,李鉴堂《俗语考原》言:"送鬼,人病以为鬼所祟,具酒食祭之也。"这里是认为疾病是鬼作祟,故要送鬼,送走鬼,病就好了。《荆楚岁时记》有"晦日送穷"之说,即在晦日祭送穷鬼。按云:"今日作糜、弃破衣,是日祀于巷,曰'送穷鬼'。"[1]这是为了辞旧迎新,送走旧日贫困,迎来以后美好生活而送鬼。宋人郭彖《睽车志》"冤鬼"条言:"有巫送鬼,自持咒前行,令一童担羹饭。既行,童觉担渐重,至不能任。巫曰:'此冤鬼,难送也。'"可知这里送鬼需要念咒、羹饭。云南景洪县基诺族有送火鬼之俗,为了送走火鬼,火灾当日人们取来一些火灾后的余烬剩木放在轿里,同时宰杀一猪一鸡,以牲血衅涂轿子,然后抬至寨外,旋即大喊大叫,扔出余烬,

---

① [梁]宗懔《荆楚岁时记》,宋金龙校注,太原:山西人民出版社 1987 年,第 30 页。

驱火鬼出寨①。

综上可知,送鬼必备之物为食物(如羹饭、糜、一猪一鸡或酒食),并配以咒语、大喊大叫等②。祭祀之后把食物等祭品拿出去扔掉,就算把鬼送走了。秦简并无楚地秦人具体的送鬼方法,据睡简《日甲》52 背贰—53 背贰言:"人生子未能行而死,恒然,是不辜鬼处之。以庚日日始出时濆门以灰,卒,有祭,十日收祭,裹以白茅,埋野,则无殃矣。"对付不辜鬼的方法是:在庚日太阳刚出时,用灰喷洒家门,然后祭祀鬼神,十天后结束祭祀,用白茅草包裹祭品埋到野外,就没有灾殃了。这种祭后送祭品至野外驱灾的办法,与上述送鬼法相似,当为楚地秦人送鬼法之一。

(二)做鬼厌恶的动作——鬼怕恶人

睡简《日甲》24 背壹—26 背壹:诘:诘咎。鬼害民妄行,为民不祥,告如诘之,召,导令民毋丽凶殃。鬼之所恶,彼屈卧箕坐,连行踦立。

彼,意思是"是"。箕坐,又名箕踞,指坐时两腿向前张开,形如簸箕。屈卧,即蜷曲而卧。连行即连步,《礼记·曲礼》注:"连步谓相随不相过也。"踦,《说文》:"一足也。"踦立即以一足站立。鬼所害怕的动作,是弯曲身子睡觉,双腿前伸张开像簸箕那样坐,连步走路,单腿独立。鬼为什么害怕这些动作呢?我们以为,这是人间以暴治暴,以恶治恶思想在鬼身上的应用。因为箕踞是一种放肆、野蛮无礼、轻慢傲视的动作,带有挑衅意味,如《礼记·曲礼上》:"立毋跛,坐毋箕。"箕坐、跛立属非礼范围。《史记·陆贾列传》云:"陆生至,尉他魋结箕倨见陆生。陆生因进说他曰……尉他乃蹶然起坐,谢陆生曰:'居蛮夷中久,殊失礼义。'"《史记·刺客列传》:"(荆轲)倚柱而笑,箕踞以骂。"这里的箕踞非但无礼,更带有挑衅意味。另有《张耳陈余列传》:"高祖箕踞詈,甚慢易之。"而《史记·游侠列传》中所载箕踞者的行为挑衅意味更浓:"解出入,人皆避之。有一人独箕踞视之,解遣人问其名姓。客欲杀之。"后来解以德报怨,致使"箕踞者乃肉袒

①宋恩常、董绍禹《云南省景洪县巴雅、巴夺两村基诺族宗教调查》,《世界宗教研究》1982 年第 1期。

②上述大喊大叫的内容也可视为类似咒语的东西,察今人仍有类似活动,总是在扔祭品的时候口中念念有词,其内容无非是希望鬼离开,如果不离开就采取软硬兼施的手段促使其不得不离开。

谢罪",可知箕踞者的行为是故意的挑衅。鬼面对一个轻视、挑衅自己的人,如何能不害怕呢!踦立和连行也都是非礼的行为,鬼怕也同此理。其实是人间欺软怕硬思想在阴间的延续和体现,这种怕其实是源自对恶人的怕。徐华龙记载山东陵县流传的一则《鬼怕恶人》的故事云:

> 传说有一天,卖肉旳张七赶完集回家,路中解溲,污染了鬼的货担,被鬼打了一巴掌。张七大骂起来,拔出尖刀,要与鬼拼命。鬼亦怒了,将张七弄到了地府。张七知道了,便暴跳如雷,用刀左砍右杀,把地府搅得乱七八糟。判官发觉此事,欲判张七死罪。张七急了,举刀便刺判官。判官无奈,只好放掉张七。出地府时,张七又强行拐走了一野鬼的老婆,看守鬼门关的小鬼们对此毫无办法,只好放其返回阳世了。①

该恶人之恶,其实就是敢于跟鬼府恶势力作斗争,这种斗争精神可以吓走鬼。楚地秦人尚武好斗,秦简驱鬼术中自然也少不了与鬼面对面的决战,如:

> 睡简《日甲》67 背贰—68 背贰:凡邦中之立丛,其鬼恒夜呼焉,是遽鬼执人以自代也。乃解衣弗袥,入而搏者之,可得也乃。

当遇到丛祠中的遽鬼时,只要鼓足勇气,解开衣服进入丛祠之林中与之搏斗,就可以抓到它,这是实实在在地与鬼搏斗。简文表明,只要敢于与鬼搏斗,不需要借助任何法器,凭勇气就一定能战胜遽鬼!可见鬼在秦人的眼里是不堪一击的。只要人有勇气,就没有斗不败的鬼,显示了楚地秦人的斗争精神和人定胜鬼的坚定信念。

(三)方术及其礼俗思想解读

1. 解发及其礼俗思想解读

秦简中,头发在驱除恶梦,战胜恶鬼方面有神秘的力量,如:

> 睡简《日甲》46 背叁:人行而鬼当道以立,解发奋以过之,则已矣。
> 睡简《日甲》13 背—14 背壹:梦:人有恶梦,觉,乃释发西北面坐,祷之曰:"皋!敢告尔貘竒。某,有恶梦,走归貘竒之所。貘竒强饮强食,赐某大富,非钱乃布,非茧乃絮。"则止矣。

---

① 徐华龙《中国鬼文化》,上海:上海文艺出版社 1991 年,第 81 页。

　　睡简《日乙》194—195 壹：凡人有恶梦，觉而释之，西北向释发而
呬，祝曰：皋，敢告尔宛奇，其有恶梦，老来□之，宛奇强饮食，赐某大
富，不钱则布，不茧则絮。

　　人走路，鬼正对着道路站着（阻人前行），人只要解开头发鼓足气力通
过，就可以制服鬼。人于恶梦中醒来，解开头发面向西北方向坐下祷告就
可化解恶梦。这里，头发有着驱邪制鬼的神秘力量。那么，为什么披发、释
发有此魔力？连邵名认为《太平御览》卷三百六十四引《裴子语林》中的一
个故事明确解释了"被发"的意义：

　　　　魏郡太守陈异尝诣郡民尹方。方被头以水洗盘，抱小儿出，更无
　　余言。异曰："被头者，欲吾治民如理发；洗盘者，欲使吾清如水；抱小
　　儿者，欲使吾爱民如赤子也。"

　　从而认为"'被发'是'理'的象征。"又言理、义古通："《管子·君臣》
上云：'别交正分之谓理。'理、义古通。《礼记·丧服四制》云：'理者，义
也。'又云：'知者可以观其理焉。'郑注：'理，义也。'《周易·系辞下》云：
'理财正辞，禁民为非，曰义。'"又据《说文》："梳，理发也"，把理发归义于
梳头。其论证逻辑为"被发"为"理"的象征，即理发梳头之意①。
　　连氏之意是要说明被发即理发，此背景下言"理"与"义"通的目的实
让人费解。从逻辑看，其意图似在说明"被发"是"理"的象征，然与"义"何
干？既言"理"与"义"古通，而前后文又皆无涉"义"之所指。事实上，尹方
被头而出，用意在于"治民如理发"，是希望太守治理民众要小心谨慎，像
梳理头发那样条理分明，根本与"义"和礼俗思想无干。且秦简所言"释
发"或"被发"是披散头发的现象，头发在驱鬼中的魔力与特定条件下的象
征意义无干，更何况披散头发和梳理头发是两个概念，根本不可相提并论，
因此，无论于训诂还是民俗，训"被发"为"理发"皆可商。
　　在民俗观念中，恶鬼总是披头散发即被发的形象。如《左传·成公十
年》："晋侯梦大厉，被发及地，搏膺而踊。"大厉，恶鬼。晋侯梦到的就是一
个长发披散到地上的恶鬼。常人眼中鬼的形象也是披头散发，《庄子·达
生》第十九载孔子观于吕梁，见一人游水"数百步而出，被发行歌而游于塘

_____

①连劭名《云梦秦简〈诘〉篇考辨》，《考古学报》2002 年第 1 期，第 35 页。

下。孔子从而问焉,曰:'吾以子为鬼,察子则人也⋯⋯'"非独鬼被发,道士也常被发,《水经注》卷二十七:"今有道士,被发饵术,恒数十人",巫师、道士作法更常以被发形象出现。古人眼里,常人被发更有神奇魔力,为鬼所怕。如《搜神记》卷十八载:秦文公二十七年,使人伐怒特祠梓树,总不能成功,后有伤者歇息树下,"闻鬼语树神曰:'劳乎攻战?'其一人曰:'何足为劳。'又曰:'秦公将必不休,如之何?'答曰:'秦公其如予何。'又曰:'秦若使三百人被发,以朱丝绕树,赭衣灰坌伐汝,汝得不困耶?'神寂无言。明日,病人语所闻。公于是令人皆衣赭⋯⋯有骑堕地复上,髻解被发,牛畏之,乃入水,不敢出"。头发到底有什么魔力,竟至为人、鬼及通灵的道士所好?

发,《说文》云:'根也。"《黄帝素问》:"肾之华在发。"《草木子》:"血之荣以发。"认为头发是人的精气之本,身体的好坏直接反映在头发的荣枯上,有其科学道理。而《孝经》"身体发肤,受之父母"之说,更是表明头发是父母精血的结晶。也概因为此,在民俗观念中,头发又被赋予了特殊的含义。如《音义》:"发,犹毛也。北极之下,无毛之坳也。毛,草也。地理书云:山以草木为发。"古人认为"山以草木为本,人以头发为根",山上没有草木,说明是一座没有生命力的秃山;若人没有头发,也同样说明生命力不旺盛,因此,头发是生命的象征。古人看到新生儿囟门的一起一伏,俗信这是灵魂出入和藏身的地方,俗称"天灵盖"。理发时也小心翼翼,不剃掉该处的头发,也是为了保护灵魂和生命。因此,头发又被认为是灵魂的栖息地[1]。《酉阳杂俎·广知》更言人有发神,"发神曰玄华。但在中国道教神中供奉的发神,叫苍华,字太乙。发,有时还作为吉凶之兆,汉应劭《风俗通》曰:五月,'盖屋令人发秃',无发也"。又据《云笈七签》卷四十七:"凡梳头发及爪,皆埋之,勿投水火,正尔抛掷,一则敬父母之遗体,二则有鸟曰鸺鹠,夜入人家取其发爪,则伤魂。"可知古人观念中,头发为灵魂所驻,发神所在,为父母精血所凝,是生命力的象征,故其可沟通神灵。头发之于巫师,就像其手中的剑一样,是其法器之一。巫师作法披散头发,念动咒语,一面通过头发与神灵沟通,一面头发作为法器发挥斩恶、驱鬼威力,达到借神驱鬼目的。人见鬼而被发,一则意味着惊动发神,头发为生命的象征,则

---

[1] 叶大兵《头发与发饰民俗——中国的发文化》,沈阳:辽宁人民出版社2000年,第12页。

发神可保护其生命不受伤害;再则鬼常披头散发吓唬生人,则人也以披发对之,是要表明鬼没什么了不起,人不怕鬼且起到吓唬鬼的作用。这样,人既有发神护身,又勇敢地"奋力"而过,鬼自然因恐惧而停止作祟。恶梦后的释发祷祝,也是通过头发的通神功能,借助神力,使自己的祝祷能够如愿。而恶鬼的披散头发,则是为了吓人。

2.笔(篦)及其礼俗思想解读

　　睡简《日甲》46 背贰:鬼恒从人游,不可以辞,取女笔以拓之,则不来矣。

游,行走。拓,以手推物,把东西推开。女笔,整理小组注"不详"(218 页)。研究者涉及该词时或有疑问,然未见相关讨论,而仍以"女子所用之笔"训之。今略陈陋见,望能抛砖引玉。夏按,此处"笔"或通"篦"。据王力先生上古音系,"笔"属帮母物部;"篦"属帮母脂部。二字双声,可旁对转①。则"女笔"即"女篦",即女性用的篦子。篦,古称"枇"。《释名》:"梳言其齿疏也,枇言细相比也。"一般木制或竹制,也有用牛骨或金属等制成,用以除去头上的虱子或发垢。因古时男女皆蓄发,故篦子男女皆可用,也有男性专门用以梳理胡须的篦子。然所别在于,"古代妇女常把精美的篦箕插在发髻上当作发饰,且非常流行,就像妇女头上流行的发夹一样"②。《太平广记》中引《小说》云:"汉武帝……以象牙为篦,赐李夫人。"女性发髻上插篦作装饰的风俗当流行于秦汉,因该时期出土的实物篦最多,如下图湖北云梦木匠坟秦墓出土的木篦,年代与睡虎地秦简基本相同③,湖北江陵凤凰山发掘出土的木篦,墓葬年代为西汉早期④。

如前文所言,头发里面藏着发神和自己的灵魂,篦子因为经常梳头用,与头发接触,自然有头发的法力和灵性。而女性的篦子更是经常插在头发上,法力就更强大。头发可以驱邪护主,则篦子自然拥有同样的功效,因此,秦简特言"女笔(篦)",而不单言"笔(篦)",是因还有男性用的篦子,其法力比不上女性所用。

---

①二音是否可以互通,请教了同事赵翠阳老师,特此感谢。

②《文摘周报》2006 年 7 月 31 日。

③张泽栋《湖北云梦木匠坟秦墓》,《文物》1992 年第 1 期,第 82 页。

④长江流域第二期文物考古工作人员训练班《湖北江陵凤凰山西汉墓发掘简报》,《文物》1974 年第 6 期,第 59 页。

鬼经常跟着人行走，没办法赶走它，只
要以女子所用之篦推开鬼，鬼就不会再跟着
人了。女篦让鬼害怕，具有驱鬼之力。因
此，"笔"理解为"篦"在礼俗思想上豁然可
通。若理解为"笔"，未见女子所用之笔有驱
鬼之效的说法。仅有鬼怕朱笔的俗信[1]，因
朱笔是判决死刑的用具，因此对鬼魅有强大
的震慑力。《子不语·阿龙》篇言韩氏仆人
阿龙，为鬼所害，痴迷不食，"韩氏召女巫眕
之。巫曰：'取县官堂上朱笔，在病者心上书

一"正"字，颈上书一"刀"字，两手书两"火"字，便可救也。'韩氏如其言。
书至左手'火'字，阿龙张目大叫曰：'勿烧我，我即去可也。'自此怪遂绝。
阿龙至今犹存"。这是弗雷泽所谓的顺势巫术和接触巫术[2]。此时阿龙是
被鬼附体，用朱笔书写在阿龙身上的字对附体的鬼有实际的法力和作用，
"正"字压在心口镇住鬼的邪气，"刀"字则如真刀架在鬼的脖子上，"火"字
也有真火的效力，所以鬼怕被烧而离去。

　　然从另一个角度言，古代女子很少有机会接受教育，特有女性之笔者
自然少之又少。若有，也是高门大户，而"篦"则可精美也可粗陋，富裕、贫
困之家皆可用，为常见易寻之物，按《日书》人群及书中所涉法术取材皆简
单方便的标准推测，当为常见的"篦"而非罕见的女性专用的"笔"。

　　3. 桃木、苇及其礼俗思想解读

　　　　睡简《日甲》27 背壹—28 背壹：人无故鬼攻之不已，是是刺鬼。
　　以桃为弓，牡棘为矢，羽之鸡羽，见而射之，则已矣。

----

[1]徐华龙《中国鬼文化》，上海：上海文艺出版社1991年，第94页。

[2]弗雷泽认为巫术赖以建立的思想原则有二：一是"同类相生"或果必同因，可称为"相似律"。第
二是"物体一经互相接触，在中断实体接触后还会继续远距离的互相作用"。可称作"接触律"
或"触染律"。巫师根据"相似律"引申出，他能够仅仅通过模仿就实现任何他想做的事，基于相
似律的法术叫做"顺势巫术"或"模拟巫术"。从第二个原则出发，巫师断定，他能通过一个物体
对一个人施加影响，只要该物体曾被那个人接触过，不论该物体是否为该人身体之一部分。基
于接触律或触染律的法术叫做接触巫术。巫师盲目地相信他施法时所应用的那些原则也同样
可以支配无生命的自然界的运转。换句话说，他心中断定，这种规律不局限于人类的活动而是
可以普遍应用的（［英］弗雷泽《金枝》，徐育新等译，北京：新世界出版社2011年，第15页）。

睡简《日甲》34 背壹—36 背壹：人无故而鬼取为撩，是是哀鬼，无家，与人为徒，令人色白然无气，喜洁清，不饮食。以棘椎桃柄以敲其心，则不来。

撩，纠结。人无缘无故地遭到鬼的不断攻击、袭扰，这是刺鬼。用桃木做成弓，牡棘做成箭，用鸡的羽毛做成箭羽，见到刺鬼就射过去，刺鬼就停止侵扰了。对于刺鬼无缘无故的侵害，以桃木做弓配以其他鬼惧怕之物射之，鬼便停止作祟。用桃木做的锥子柄敲打被哀鬼所缠之人，鬼也不会再来。可见在楚地秦人观念中，桃木有驱鬼功能①。据说，天上的桃仙把人间的恶鬼都杀了，从此人们知道桃枝有辟鬼作用，常把桃枝插在自己家的大门上，慢慢地形成了一种风俗②。桃枝可以驱邪避鬼的俗信古今皆存，且相当古老。《风俗通·祀典》卷八言："黄帝书：上古之时，有荼与郁垒昆弟两人，性能执鬼。度朔山上立桃树下，简阅百鬼，无道理，妄为人祸害，荼与郁垒缚以苇索，执以食虎。"③王充《论衡·订鬼》则对此大桃树进行了特写，极言其繁茂，言下之意似桃树愈繁茂，驱鬼、慑鬼能力愈强，其文为："《山海经》又曰：'沧海之中，有度朔之山。上有大桃木，其屈蟠三千里，其枝间东北曰鬼门，万鬼所出入也。上有二神人，一曰神荼，一曰郁垒，主阅领万鬼。恶害之鬼，执以苇索而以食虎。'"这里的大桃树，枝叶繁茂，鬼门也为桃枝搭建，以震慑万鬼。而苇用来绑缚恶鬼，对鬼的震撼力不亚于桃树。类似记录也见于《荆楚岁时记》："悬苇索于其（户）上，插桃符其傍，百鬼畏之。岁旦，绘二神披甲持钺，贴于户之左右，左神荼，右郁垒，谓之门神。"④《淮南子·诠言》篇言："羿死于桃棓。"注曰："棓，大杖，以桃木为之，以击杀弈，自是以来，鬼畏桃也。"御览九六七引《典术》："桃者，五木之精也，故厌伏邪气者也。桃之精生在鬼门，制百鬼，故今作桃人梗著门以厌邪，此仙木也。"在秦简中，桃木是最常用的驱鬼物，据周道光《纳雍傩戏收集》，当地驱赶作祟鬼神的办法是：上神则敬奉，善鬼则调停，恶鬼则驱赶；有不听劝告处置者，则施法斩除、迫使现形，后将其收回一小土罐内密封后

---

① 汉族人也有此俗信。
② 文彦生《中国鬼话》，上海：上海文艺出版社 1991 年，第 700—701 页。
③ 王利器《风俗通义校注》，北京：中华书局 1981 年，第 367 页。
④ ［梁］宗懔《荆楚岁时记》，宋金龙校注，太原：山西人民出版社 1987 年，第 5 页。

埋掉①。只有对那些无可奈何的恶鬼,才使出最后解数,强力驱赶逐除。实际上,即便对恶鬼也多有采取先"祭"后"驱"的办法,到祭不动了不得已时才使用"驱"之法。正因此,我国各民族的驱鬼活动往往伴随着祭鬼,有时祭中有驱,有时驱中有祭②。结合秦简和史料看,楚地秦人亦如此。《本草纲目》有言:"桃味辛气恶,故能厌邪气",古人以桃木驱邪,看来有一定的科学依据。

三、统一的影响

如前所述,因涉及故秦人关于鬼神看法的简文有限,无法考察其对鬼神的相关思想,但这并不影响我们对楚亡后始皇的统一对其礼俗思想影响的判断。因为,楚国对鬼神之信奉有史可据,从被秦亡国鬼神信仰不改,祭祀依然盛行,从大量反映楚文化思想内容的条文被官吏喜抄写在简册上作为日常行事的参考看,楚地还是依然流行着这样的信仰,并没有因秦的统一而有所收敛。而从被喜作为行事参考、鬼神信仰是国人普遍的信仰看,楚的鬼神信仰应该是被看作文化发达、研究深入的表现,而其信仰所包含的大无畏精神,求福避祸、洰灾除患的理念,对鬼神的态度和处理方法,无疑也是故秦人所追求的正能量和需要借鉴的。因此,楚人的鬼神信仰能够"放肆"地在始皇统一后依然存在,除了政治对信仰的影响极小,信仰不可能一时改变外,更重要的是楚人信仰所承载的理念也正是故秦人所追求的,并且故秦人同样也信奉鬼神,有共同的信仰基础。秦的统一使得楚文化可以广为流传,说故秦人默认甚至认可楚的礼俗思想也在情理之中。当然,楚也可能吸收一些故秦地的礼俗思想,接受其礼俗。

四、小结

总之,无论楚地秦人还是故秦人,其观念里的人鬼与物鬼并未区分开来。楚地秦人观念中的神指的是包括人神在内的自然万物之神,人鬼分家鬼和外鬼,这些鬼本质上都是害人的。楚地秦人对那些骚扰人生活的鬼充满厌恶和敌视,与家鬼也只是保持一种祭祀被祭祀的功利关系,显示一种

---

①转自徐建新《傩与鬼神世界》,《民间文学论坛》1989 年第 3 期。
②赖亚生《神秘的鬼魂世界——中国鬼文化探秘》,北京:人民中国出版社 1993 年,第 105 页。

人鬼殊途的界限感。从秦简看,"鬼七分怕人,人三分怕鬼"的现代说法并不适用于楚地秦人,因为楚地秦人并不怕鬼,鬼也不怕人。在人与鬼的斗争中,楚地秦人充满着一种大无畏的斗争精神。这种鬼神观同样存在于故秦人的思想中,非独楚地秦人,故秦人也同样认为,疾病等生活中的不幸多是没有处理好人和鬼的关系造成的,从中可以观照到时人对关系的重视。但并不意味着楚地秦人想与鬼有任何的亲近,他们对鬼多的是容忍态度,总是在鬼"经常(恒)"和"无缘无故"(无故)侵害人时才驱鬼,驱鬼也通常只是把这些鬼赶走了事,很少置于死地。他们对于那些喜欢入人房屋或者跟着人游玩的对人并没有伤害的鬼,也必驱之。可见楚地秦人虽尊神重鬼,但与鬼神的关系只想保持在不亲不近、不友不敌的范围。但楚地秦人观念中的鬼则总是喜欢骚扰人类与人类亲近,而人只想和鬼相安无事,互不干扰,折射出楚地秦人鬼神观中的中庸思想。

楚被秦亡后,富有楚地特色的社祭等祭祀活动仍大为盛行,秦律并没有禁止的条文,那些《语书》中提到的律令也无法禁止的乡俗,应是指楚地秦人礼俗中的所谓恶俗部分。秦律并不压制所有的民俗活动,其目的是为规范管理、维护等级秩序。而杜主为故秦人敬奉之神,也出现在楚人日书中,说明楚人对异族文化的接纳和宽容。而大量楚地秦人关于避免鬼害人方法的具体条文能够在楚亡国后依然存在于秦始皇统治之世,显然也是楚地礼俗思想被广为接受的体现。也就是说,楚人对鬼神的信仰,在亡国后,不但没有被压制,反而得到故秦人的接受而得以推广和发扬。

第三节　楚地秦人礼俗思想中的神及统一的影响

一、楚地秦人礼俗思想中的神

(一)神也害人

徐华龙在《中国鬼文化》中言:"善恶概念出现之后,才有了神鬼的区别,也就是说神代表善,鬼代表恶。"[1]秦简中有神鬼的概念,但如上文所言,楚地秦人存在神鬼不分的原始信仰残余,也概因此,楚地秦人眼里的神

―――――――――

①徐华龙《中国鬼文化》,上海:上海文艺出版社1991年,第13页。

并不都是善的,在睡简中,"神"字共出现 11 处,有二处属叙述性文字,七处皆涉凶、害人的内容,如:

> 睡简《日甲》148 背:正月不可垣,神以治室。
>
> 睡简《日甲》156 背:马禖:祝曰:先牧日丙,马禖合神。

简 148 背是说正月不能砌墙,因为神要在这一天修缮房屋。后简说的是祭祀马神,皆未言及好坏。类似不能修墙建屋等土功的简文还有:

> 睡简《日甲》132 背—133 背:正月亥、二月酉、三月未、四月寅、五月子、六月戌、七月巳、八月卯、九月丑、十月申、十一月午、十二月辰,是谓土神,毋起土功,凶。
>
> 睡简《日甲》138 背:正月申,四月寅,六月巳,十月亥,是谓地杓,神以毁宫,毋起土功,凶。

一为土神日,不能动土盖房子;一为地杓日,神毁坏房屋的日子,也不能有动土之事,否则"凶"。上简说上神修缮房屋的日子,人不能砌墙。神毁坏房屋的日子不能盖房子可以理解,怕被神一起毁了。但神修缮房屋时,人也不能垒墙就奇怪了。因为根据毁房逻辑,神修缮房屋也应该有益于人类造墙才是,但结果都是"凶"。说明楚地秦人意识中,神高高在上,跟神有关的日子,无论神界有好事还是坏事发生,人都应该避开这些日子,不能有同样的活动,以显出其与人类不同,高于人类。这就像人间对帝王名字的避讳一样,以示区别和其超然的地位。这里是与神的活动日相冲撞会招来凶殃,睡简还有路过神的"住所"就会招祸的条文,如:

> 睡简《日甲》27 背贰—28 背贰:大神,其所不可过也,善害人,以犬矢为丸,操以过之,见其神以投之,不害人矣。

大神,即社神,也就是土地神。《周礼·春官宗伯·肆师》:"类造上帝,封于大神,祭兵于山川。"郑玄注:"大神,社及方岳也。"《左传·僖公二十八年》:"不协之故,用昭乞盟于尔大神,以诱天衷。"土地神通常是管理、保护一方的神,但秦简《诘篇》却告诫时人不要通过土地神的住所(当为祠庙),因为他喜欢加害路过的人。《礼记·郊特牲》言:"社祭土而主阴气也。"概因土主阴气,与鬼主阴相类,所以土地神也如鬼一样善害人。与鬼不同处在于,鬼常常找上门去无故害人,而土地神则是因为人打扰了他的

清净(经过他的住所时)才害人。当然,也并非没有无故害人的神,如:

> 睡简《日甲》36 背贰—38 背贰:一室人皆无气以息,不能动作,是状神在其室。掘杳泉,有赤彖,马尾犬首,烹而食之,美气。

一家人忽然都没有气息,不能动弹,这是状神在他们的房室内。状神只要呆在人的房室内,该户人家就都会出现类死的状态。而解除状神之害的手段是掘地及泉,挖出马尾犬首、红色猪形的状神,烹调后吃掉,反而益气。在此,人类采取的是以牙还牙的对付办法。

神不但害人,而且还像凡人一样要娶妻,若放任不理,女方就会死去,如:

> 睡简《日甲》39 背叁—40 背叁:鬼恒谓人:"予我而女。"不可辞。是上神下取妻,击以苇,则死矣。弗御,五来,女子死矣。

上神,指天上神灵。有些上神喜欢下凡娶民间女子为妻,也即"神婚"。人类若听之任之,此神来五次,该女子就会死亡(也就意味着被娶走了。因为只有死了才能被神娶走)。而若击之以苇,该神则会死亡。这种神婚之俗,古已有之,《山海经·大荒西经》载:夏后"开上三嫔于天,得《九辨》与《九歌》以下。"郭璞注云:"嫔,妇也,言献美女于天帝。"而献美女于上帝,通常的方式不外乎杀、焚、沉三种,均可说是血淋淋的杀祭婚①。《史记·滑稽列传》褚少孙补记云魏国邺巫为河伯娶妇的故事便属于这一类:"常岁赋敛百姓,收取其钱,得数百万,用其二三十万为河伯娶妇。"神虽为人所畏惧向往,但无论从史料还是秦简看,人们对这种神婚是极为反感的。为祈福免祸而规定性的祭祀是另一回事,而非此的神婚(如本简所言上神自己下凡间娶妻),人们则决然排斥,甚至索性杀死神! 人对神婚、对害人之神的恨可见一斑。而神像人一样要娶妻,并且神也会死,更是把神世俗化,纯粹是人的映射。

(二)神也无聊

上一节提到了图夫鬼,该鬼经常让人做恶梦,且做的梦从来没有应验过,显然是只戏弄人的鬼,所以人要想办法驱赶它。该简告诉我们楚地秦人眼中的图夫鬼无聊且坏。当然,秦简显示,非独鬼有无聊的时候,看似高

---

①宋公文、张君《楚国风俗志》,武汉:湖北教育出版社 1995 年,第 165 页。

高在上、不可冒犯的神也有无聊的一面,而且还是冒充鬼来戏弄人:

　　①睡简《日甲》47 背壹—49 背壹:犬恒夜入人室,执丈夫,戏女子,不可得也,是神狗伪为鬼,以桑皮为□□之,炮而食之,则止矣。

　　②睡简《日甲》31 背贰—33 背贰:人若鸟兽及六畜恒行人宫,是上神相,好下乐入,男女未入宫者击鼓奋铎噪之,则不来矣。

　　③睡简《日甲》34 背贰—35 背贰:鬼恒从男女,见它人而去,是神虫伪为人,以良剑刺其颈,则不来矣。

第①例中,明明是神狗,却经常半夜潜入人的房间,抓男子、戏弄女子,但不敢以神狗的面貌示人,偏要冒充鬼,不知是怕影响了神的整体形象还是怕被神界追究责任。从简文看,当时人和神的普遍认识应该都是只有鬼才会这样做,神不会,所以才兑神冒充鬼。第②例也涉及喜欢出入人房间的神,外观是鸟兽或者六畜的样子。没事爱经常到人的房间转悠,也不做什么,显然是神界太无聊了,像神狗喜欢经常到人的房间戏耍人一样,都是为了找乐子。而第③例的神虫,更是经常跟着别人,也不加害于人,见到有其他人过来就离开。充分看出楚地秦人生活的不易,一面防备鬼,一面还要防备假扮或真面目示人骚扰人或默默跟着你吓人的神。但无论如何,人都有办法对付莫名其妙出现骚扰人生活的鬼和各种神。

二、秦简中的天神及楚地秦人的至上神探讨

(一)天神

天神指天上神灵,是对神的泛称。在秦简中被称为"上神",如:

　　睡简《日甲》31 背贰—33 背贰:人若鸟兽及六畜恒行人宫,是上神相,好下乐入,男女未入宫者击鼓奋铎噪之,则不来矣。

人或者鸟兽以及六畜经常到人的房间走来走去,是上神的相貌。这里的上神,显然是对天上众神的泛称。如《礼记·礼运》:"以降上神与其先祖。"疏曰:"皇氏、熊氏等云:'上神谓天神也。'"该上神喜欢变幻形象进出人的隐私之地——房间,对人构成骚扰,虽对人未有伤害,人也要设法驱赶。这点与上文所言人对鬼的态度相同。可见不管是神还是鬼,只要不是人通过祈祷、祭祀主动招来的,都不在欢迎之列。

上神是对所有天上神灵的泛称,"天"神威力强大,如:

睡简《日甲》102 背—106 背：春三月甲乙，不可以杀，天所以张生时。夏三月丙丁，不可以杀，天所以张生时。秋三月庚辛，不可以杀，天所以张生时。冬三月壬癸，不可以杀，天所以张生时。此皆不可以杀，小杀小殃，大杀大殃。

睡简《日甲》147 背：壬申会癸酉，天以坏高山，不可取妇。

这里的天，即指"天"神。张生，使万物生灵强大兴盛。张，使强大兴盛。"天"神的神力可使自然万物生命旺盛，毁坏高山，造成灾难，可见其神力强大。那么是否"天"神为上神中之至上神呢？从秦简看，楚地秦人的信仰中，"天"神并不是至上神，那么至上神是哪位神祇？

《史记·封禅书》言："天神贵者太一。"似乎太一应该是天神之最尊者，但太一神是汉武帝时才被作为官方宗教的最高天神祭祀，如《史记·封禅书》载："亳人谬忌奏祠太一方，曰：'天神贵者太一，太一佐曰五帝。古者天子以春秋祭太一东南郊，用太牢，七日，为坛开八通之鬼道。'于是天子令太祝立其祠长安东南郊，常奉祠如忌方。"元鼎五年，汉武帝又在甘泉建立太一祭坛。同年十一月，武帝亲临祭拜。至此，太一神为汉王朝至尊神的地位确立。在《楚辞》中，太一也被尊奉为至上神。但在睡简中，太一仅为普通的自然神灵之一，而且涉及太乙的简文只有一条，说明太乙并没有被时人过多关注，如：

睡简《日甲》101 正贰：毋以子卜筮，害于上皇。

害于上皇，即被太乙伤害。上皇，东皇太乙，为天神之一。《楚辞·九歌·东皇太一》："吉日兮辰良，穆将愉兮上皇。"王逸注："上皇，谓东皇太一也。"这抑或说明，因为《楚辞》和《日书》代表不同的阶层，所以有不同的信仰系统。信仰是有阶层和群体差异的。

（二）对楚地秦人至上神的探讨

中下层楚地秦人心目中的至上神是谁？从秦简条文看，这个至上神是他们的先祖—赤帝。

赤帝即炎帝。《帝王世纪》言其"有圣德。以炎德王，故号炎帝"，这个"炎德"，其一，指他以火纪事、名号百官。据《左传·昭公十七年》："炎帝氏以火纪，故为火师而火名。"杜预注曰："炎帝神农氏，姜姓之祖也。亦有火瑞，以火纪事，名百官。"其二，指炎帝是善用火的氏族。炎帝为"高辛氏"部属,辛即薪的初文,意谓木柴。古代所谓薪分为两类:1.爨薪,所以取热;2.烛薪,所以取光①。有薪则有火,薪火相连,说明高辛氏是个善于取火用火的氏族。赤帝即祝融,祝融出自高阳氏,《史记·楚世家》云:"楚之先祖出自帝颛顼高阳。高阳者,黄帝之孙,昌意之子也。高阳生称,称生卷章,卷章生重黎。重黎为帝喾高辛居火正,甚有功,能光融天下,帝喾命曰祝融。共工氏作乱,帝喾使重黎诛之而不尽。帝乃以庚寅日诛重黎,而以其弟吴回为重黎后,复居火正,为祝融。"集解引虞翻曰:"祝,大;融,明也。"韦昭曰:"祝,始也。"重黎和吴回担任高辛氏的火正,为祝融,说明祝融部落较早地掌握取火的知识,而火的产生和使用,使人类第一次支配了自然力②,故后世称祝融为火神。祝融是楚人的先祖。《左传·僖公二十六年》载:"夔子不祀祝融与鬻熊,楚人让之。对曰:'我先王熊挚有疾,鬼神弗赦而自窜于夔,吾是以失楚,又何祀焉?'秋,楚成得臣、斗宜申帅师灭夔,以夔子归。"夔为楚同姓小国,楚人以夔人不祭祀先祖祝融与鬻熊为由出兵灭之,可见祝融在楚人心中的神圣地位。湖北荆州一带发现的《包山楚简》也有楚人祭祀先祖祝融的条文,如其简 217 言:"举祷楚先老僮(童)、祝融、娲酓(鬻熊)各一牂。"③据前文可知,楚人的先祖为颛顼,但因颛顼氏后裔支属庞多,祝融仅是颛顼氏后裔的一支,故楚人只祀祝融,不祀高阳颛顼氏④。

　　综上可知,赤帝即炎帝,也即火神祝融,为楚人祭祀万世不替之先祖。刘邦就是借助楚人对赤帝的崇拜和敬畏来笼络、收买人心。如《史记·高祖本纪》载高祖酒醉斩蛇,后人到斩蛇之所见一老姬哭曰:"'吾子,白帝子也,化为蛇,当道,今为赤帝子斩之,故哭'……诸从者日益畏之。"时至今日,楚地人依然尚赤,对火神祝融的祭拜也是最为虔诚的⑤。从秦简所反映的赤帝神力看,赤帝应是楚地秦人心目中的至上神,如:

①参见朱芳圃《殷周文字释丛》,北京:中华书局 1962 年,第 20 页。
②李玉洁《楚国史》,开封:河南大学出版社 2002 年,第 14 页。
③湖北省荆沙铁路考古队《包山楚简》,北京:文物出版社 1991 年。
④李玉洁《楚国史》,开封:河南大学出版社 2002 年,第 14 页。
⑤详见柯小杰《湖北民俗》,兰州:甘肃人民出版社 2008 年,第 139 页。又,祝融在故楚地湖南被称为南岳圣帝,对其的朝拜不但要虔诚,还要一路上尽量吃苦,不能有半点奢华,否则认为不灵。有朝饿香(一路只喝水不吃饭),有朝肉香(用针穿线在手臂上,吊上盘香点燃,手平举,步行朝圣;有的在手臂上挖一个铜钱大的洞,内注香油,内置捻钱点燃,胳膊平举至圣帝像前朝拜)等等。详见龙海清主编《湖南民俗》,兰州:甘肃人民出版社 2003 年,第 319—320 页。

睡简《日甲》127 正—130 正：行：凡且有大行、远行若饮食、歌乐、聚（众）、畜生及夫妻同衣，毋以正月上旬午，二月上旬亥，三月上旬申，四月上旬丑，五月上旬戌，六月上旬卯，七月上旬子，八月上旬巳，九月上旬寅，十月上旬未，十一月上旬辰，十二月上旬酉。凡是日赤帝恒以开临下民而降其殃，不可具为百事，皆无所利，即有为也，其殃不出岁中，小大必至。有为而遇雨，命曰殃早至，不出三月，必有死亡之志至。凡是有为也，必先计月中闲日，苟无直赤帝临日，它日虽有不吉之名，无所大害。

睡简《日乙》132—137 所言同上，又孔简有基本相同的内容，如：

孔简 108—110：临日：正月上旬午，二月亥，三月申，四月丑，五月戌，六月卯，七月子，八月巳，九月寅，十月未，十一月辰，十二月酉，帝以此日开临下降殃，不可远行、饮食、歌乐、聚众、畜牲，凡百事皆凶。以有为，不出岁，其殃小大必至。以有为而遇雨，命曰殃早至，不出三月，必有死亡之志。凡举事，苟毋值临日，它虽不吉，无大害。

"大行、远行若饮食、歌乐、聚（众）、畜生及夫妻同衣"指重要的旅行、长途旅行或者宴饮吃喝、唱歌奏乐、聚集众人或畜生以及夫妻同房，这些都是日常生活常见内容，但赤帝降临的日子却不可为。非独此，还"不可具为百事""百事皆凶""凡是有为也，必先计月中闲日，苟无直赤帝临日，它日虽有不吉之名，无所大害。"凡是做什么事都不要选择赤帝降临凡界之日，其他的日子即使有不吉的说法，也没什么大的危害。由此可知赤帝的神力最强大，他高高在上，降临的日子也最可怕，人要表现出敬畏和恭敬，不能做任何事情，尤其是聚众歌乐、外出远行、夫妻同房等，否则一定会死亡！

为什么赤帝临日万事不可做呢？据《史记·天官书》："察刚气以处荧惑""赤帝行德，天牢为之空。"《索隐》注引《春秋纬·文耀钩》云："赤帝熛怒之神，为荧惑焉，位在南方，礼失则罚出。"《正义》天官占云："荧惑为执法之星"，可知赤帝掌管天牢，为惩凶罚恶的执法之神。"礼失则罚出"说明赤帝惩罚人的依据为是否循礼义。赤帝成为礼、法的代言人，可说是符合儒、法两家精神的神灵。但礼义繁缛一不小心或有悖逆，所以在其降临之日"凡百事皆凶"，什么事都不能做，唯恐失了礼仪丢掉性命。在楚地秦人眼中，赤帝当是最有威慑力的神。

从孔简"临日"内容看,除了把"赤帝"称为"帝"和叙述方式与睡简"行"篇略有不同外,其他内容皆同。可知孔简中"帝"其实就是睡简所说的"赤帝"。但孔简却不称"赤帝"而是直接称为"帝",可知在故楚地人的认知中,"赤帝"才是"帝",即他们的至上神,神力也最强大,又如:

> 孔简429贰—430贰:丙丁朔,赤帝产,高耂行没。赤禾为上,黄中,白下,少旱。

> 孔简435贰—436贰:壬癸朔,炎帝主岁,群巫没。赤黑禾为上,白中,黄下,禾不熟,水不大出,民少疾。事群巫①。

产,原简文为繁体產,当为岁(繁体歲)之误,其上脱一"主"字。"赤帝产"当为"赤帝主岁"。岁,即年景,一年的农业收获。水不大出,即没有水灾。这里需要注意的是,孔简除了上述赤帝、炎帝外,还有青帝、黄帝、白帝,如:

> 孔简427贰—428贰:甲乙朔,青帝主岁,人炊行没。青禾为上,白中中,黄下,麦不收。吏人炊。

> 孔简431贰—432贰:戊已朔,黄帝主岁,邑主行没。黄禾为上,赤中,白下,有风雨,兵起。

> 孔简433贰—434贰:庚辛朔,白帝主岁,风伯行没。白禾为上,赤中,黄下,兵不起,民多疾。

按五行所属,甲乙为木,主东方,色为青,故青帝主岁。丙丁火,主南方,色为赤,故赤帝主岁。戊己土,主中央,色为黄,故黄帝主岁。庚辛金,色为白,故白帝主岁。壬癸水,色为黑,当为后世所言之黑帝主岁,但上述简文并未出现黑帝,壬癸为炎帝主岁,炎帝色为赤黑,并非黑。孔简为西汉初年简,而据《史记·封禅书》:

> 二年,东击项籍而还入关,问:"故秦时上帝祠何帝也?"对曰:"四帝,有白、青、黄、赤帝之祠。"高祖曰:"吾闻天有五帝,而有四,何也?"莫知其说。于是高祖曰"吾知之矣,乃待我而具五也。"乃立黑帝祠,命曰北畤。

---

① 后世皆称炎帝为赤帝,本书也采用此观点。然从前述秦简看,炎帝和赤帝是并列关系,其身份是作为第五帝存在,当是后世黑帝的前身。具体如何,存疑待考。

也就是说,故秦祠四帝,五帝之说为高祖耳闻。然高祖初入关即立黑帝祠,而西汉时的孔简竟没有黑帝的位置,这一方面说明礼俗之根深蒂固,非一朝一夕可改变,政治对民间礼俗的影响很小;另一方面或也说明,汉高祖刘邦立黑帝之后,炎帝和赤帝才逐渐合二为一①。当然,也可能孔简所记内容为汉代建立之前即存(完全可能),故所记有炎帝而无黑帝,其所涉五帝或即刘邦耳闻的五帝,只是具体所指不同。

依后世把赤帝、炎帝看为一帝角度考量,赤帝的权力最大。其主岁时,少旱、无水灾、人们少疾,不好的地方是禾不熟。其他三帝主岁的情况是:青帝主岁,麦子不收;黄帝主岁有风雨和战乱;白帝主岁虽则没有战乱,但人民多病。可知,在楚地秦人的心目中,黄帝喜发动战争,故主战乱;白帝主疾病。对比之下,只有赤帝主岁最好(虽其降临之日百事皆凶)。又,睡简有《帝》篇:

> 睡简《日甲》096 正壹—099 正壹:帝:春三月,帝为室申,剹卯,杀辰,四废庚辛。夏三月,帝为室寅,剹午,杀未,四废壬癸。秋三月,帝为室巳,剹酉,杀戌,四废甲乙。冬三月,帝为室辰,剹子,杀丑,四废丙丁。

剹,攻击。四废,与后世"四废"同,《协纪辨方书》言四废日百事不宜,"与德合并犹忌,与月破并,诸事皆忌",并释其因为"四废干支皆死气,故所忌如此。与德合并,则德亦无气,故犹忌。"②四废日皆为与其天干相克之日(即死气),譬如甲乙五行属木,金克木,故四废日为庚辛金日,余以此类推。四废日做事不成、有始无终,是做事的忌日,如《宋书·武帝纪》言:"江陵平,加领南蛮校尉。将拜,值四废日,佐吏郑鲜之、褚叔度、王弘、傅亮白迁日,不许。"秦简所言的四废日为春三月庚辛、夏三月壬癸、秋三月甲乙及冬三月的丙丁,该日不可为室、修缮房屋,因为帝在该月为室、修屋。睡简《日甲》101 正:"四废日,不可以为室、覆屋。"睡简《日甲》102 正壹"室忌":"春三月庚辛,夏三月壬癸,秋三月甲乙,冬三月丙丁,勿以筑室。以之,大主死;不死,瘁,弗居。"瘁,即残废。可知在帝修建或毁坏房屋的月

①我们这里无法忽视的一点是,孔简把赤帝和炎帝分开称呼,主岁之"时"及主岁时的表征也有异,说明至迟在西汉初期,赤帝和炎帝还不是同一个神,此处炎帝的位置被后世黑帝替代。
②刘道超译注《择吉术注评——协纪辨方书》,南宁:广西人民出版社 1993 年,第 353 页。

份,人不能做与房屋相关的任何事情,即使打扫房间都被禁止,否则要遭到非死即残的惩罚。

上述各简没有明确"帝"之所指,从五行所主看,疑依次为后世之青、赤、白、黑四帝,这是把四方四帝看作一个整体来关注禁忌。上述单独把赤帝提出来言说,也可作为赤帝是楚地秦人信奉的至上神证据之一。

综上,赤帝主岁时,少旱灾,人民多受益;但会毁坏人民的居所或村落;其降临之日,任何事情都不能做(包括饮食)。这些都说明,赤帝的神力极大。在生病几乎等于死亡的医疗水平极其落后的古代,仅赤帝有使人"少疾"之神力,这足以让人们对其顶礼膜拜。何况农耕时代,农业是人们的生命,赤帝又能使少旱不涝,神力特出,处处显示出楚人先祖的关爱和与众帝的不同处,被奉为至上神,不足为怪。殷商以"天"神为自然神,以"帝"为人格化的至上神[1]。楚地秦人以赤帝为至上神,而把"天"神看作一个普通的自然神,可见其信仰与殷商类似。

三、"地祇"及相关礼俗思想

地祇指地神,《史记·司马相如列传》:"修礼地祇,谒款天神。"地神属于地面上所有自然物的神化者,包含山岳、河海、五祀神、百物之神等。秦简中出现的地祇主要有社神、动物神和五祀神等。

(一)社神及楚地秦人相关礼俗思想

社神古时叫土神,土是社的古字,二字古音也相转[2]。《论衡·顺鼓》:"社,土也。"翟灏《通俗编·神鬼》:"今凡社神,俱呼土地。"《白虎通·社稷》:"人非土不立,非谷不食。土地广博,不可遍敬也;五谷众多,不可一一祭也。故封土立社示有土尊。"《礼记·郊特牲》:"社祭土而主阴气也",祭祀社神即祭祀土地。先民自进入农业定居阶段,最基本的生产资料是土地,衣食来源是土地上生长的五谷桑麻,由此产生了土地五谷崇拜,土地神便是此崇拜的产物。而称土地神为社神,应该说是伴随中国历史上第一个国家夏朝的产生而来,且作为领主土地的象征与稷神同时祭祀。据《史记·封禅书》:"自禹兴而修社祀,后稷稼穑,故有稷祠。"至商,从卜辞看,

---

①陆忠发、夏利亚《论商代的"天"神》,《杭州师范大学学报(教育科学版)》2007 年第 1 期,第 1—3 页。

②详见戴家祥《社、杜、土古本一字考》,《古文字研究》第 15 辑,北京:中华书局 1986 年。

商代的"土"神不仅仅是"受年"的土地,而且还兼司日月风雨等天体气象。此时社神农业崇拜的意味已经开始淡薄,政治军事性质日益强化。《周礼·大宗伯》:"王大封,则先告后土";《大祝》:"建邦国,先告后土。"天子封建诸侯,先祭告大社,诸侯封建为邦国,也先告后土;营建都城,则先建宗庙社稷。社神也由原始崇拜的赐佑"受年"转变为政治上的邦国保护神,"社稷"从此取得了"国家"的意义①。对上层统治者而言,社神已经脱离了自然神的属性而具有重要的政治意义。但对于生活在社会底层的人来说,人们重视的依然是它最原始、最实用的作为土地的自然属性,无论社会发展到哪个朝代都是如此,楚地秦人更不例外。土地使万物生长,而母神繁衍人类,楚地便把"社"与"母"视为可以相互置换的概念,甚至直接称母亲为"社"。《淮南子·说山训》:"西家子见之,归谓其母曰:'社何爱速死?吾必悲哭社。'"高诱注:"江淮谓母为社。"《说文》也言:"蜀谓母为姐,淮南渭之社。"可见在楚平常人家,社神是作为繁衍万物的土地自然神来崇拜的。在秦简中,明确提到社神的仅一处,如:

> 睡简《日乙》163—164:卯以东吉,北见疾,西南得,朝闭夕启,朝兆得,昼夕不得。以入,必有大亡。以有疾,未少瘳,申大瘳,死生在亥,狗肉从东方来,中鬼见社为告。

此处所涉"社"即社神祠。中鬼即家鬼。见社,即在社祠显身。告,疾病。家鬼显身社祠作祟为疾,是因家鬼挨了饿在社神祭品里找食物吃,所以作祟致使家人生病以警示。此处人们关注的只是生病的原因,以求解除病痛,并不在意它有什么政治意义。西汉初年的孔简中,明确提到社神的条文,同样没有任何政治色彩,如孔简226贰:"今日庚午为鸡血社,此无殃邪。"是说庚午时用鸡血祭祀社神,不会带来灾殃。人们重视的也只是鸡血祭社的时间宜忌而已,关注的都是很实际的切身利益。与此关注相对应,楚地秦人对自然属性的土神要重视得多。当然,从含义而言,社神就是土神,所指为一。但从秦简条文看,楚地秦人称"社神"针对的是祭祀时的神主,对应于《说文》所训:"社,地主也。"地主,即土地神的神主。而称土神等与土有关的神灵时,指的就是具体的土地神灵,这从秦简相关条文可以

---

①参见詹鄞鑫《神灵与祭祀》,南京:江苏古籍出版社1992年,第60—62页。

看出,如:

> 睡简《日甲》132 背—133 背:正月亥、二月酉、三月未、四月寅、五月子、六月戌、七月巳、八月卯、九月丑、十月申、十一月午、十二月辰,是谓土神,毋起土功,凶。

> 睡简《日甲》149 背—150 背:田亳主以乙巳死,杜主以乙酉死,雨师以辛未死,田大人以癸亥死。田忌,丁亥、戊戌,不可初田及兴土功。

田亳主、田大人指的都是田神。岳牍 36 言:"田□人丁亥死,夕以祠之。"疑也为田大人,然死日异。"是谓土神"意谓这些日子被称为土神日。此土神日系取于五行中的三合局,"即春三月亥卯未合木,帝旺(卯)取其冲,故以亥酉未为春月土神日。寅午戌合火,帝旺(午)取其冲,故以寅子戌为夏三月土神日。巳酉丑合金,帝旺(酉)亦取其冲,故以巳卯丑为秋三月土神日。申子辰合水,帝旺(子)取其冲,故以申午辰为冬三月土神日。"[1]土神日及田神死日都不可做与土、田相关的事情,否则不吉。楚地秦人对土地的敬畏和重视还表现在土忌日很多,如:

> 睡简《日甲》134 背—135 背:春三月戊辰、己巳,夏三月戊申、己未,秋三月戊戌、己亥,冬三月戊寅、己丑,是谓地冲,不可为土功。

> 睡简《日甲》138 背—139 背:正月申,四月寅,六月巳,十月亥,是谓地杓,神以毁宫,毋起土功,凶。

> 睡简《日甲》137 背:正月乙卯,四月丙午,七月辛酉,十月壬子,是谓招摇合日,不可垣,凶。

由"是谓土神"所指或可推知"地冲""地杓""招摇合日"都是与土神相对而言的地神[2],在句中皆可理解为"地冲神日""地杓神日""招摇二神合日"。具体地说,地冲即地冲神日,指的是十二地支相冲之日。地支相冲之日有六,故称为六冲,为不吉之日。六冲具体为:子午相冲、丑未相冲、寅申相冲、卯酉相冲、辰戌相冲、巳亥相冲。地冲日正与六冲相合,并非如王小强所言地冲为"与地神相冲之日"[3]。杓,古时称北斗七星柄部的三颗

---

①刘道超《秦简〈日书〉五行观念研究》,《周易研究》2007 年第 4 期,第 20 页。

②目力所及,未见史料有这些神灵的相关记载,本书结论只是据前述推测而来。

③吴小强《论秦人的多神崇拜特点——云梦秦简〈日书〉的宗教学研究》,《文博》1992 年第 4 期,第 55 页;《秦简日书集释》,长沙:岳麓书社 2000 年,第 167 页。

星——玉衡、开阳和摇光为杓。地杓神日,疑为土神日与北斗星相冲之日,这些日子都不能做与土有关的事情。如,建房、毁墙、种树、种田等等,否则有祸殃(凶)。从秦简看,众多与土地相关的神灵中,土神处于主导地位,如睡简"土忌"篇有言:

> 睡简《日甲》104 正壹—106 正壹:土徼正月壬,二月癸,三月甲,四月乙,五月戊,六月已,七月丙,八月丁,九月戊,十月庚,十一月辛,十二月乙,不可为土功。正月丑,二月戌,三月未,四月辰,五月丑,六月戌,七月未,八月辰,九月丑,十月戌,十一月未,十二月辰,毋可有为,筑室,坏;树木,死。春三月寅,夏巳,秋三月申,冬三月亥,不可兴土功,必死。五月六月不可兴土功,十一月、十二月不可兴土功,必或死。申不可兴土功。

土,即土神。徼,巡视、巡察①。一年十二个月中的某些日子是土神巡视的时间,这些日子不能建造房屋,不能种树,否则房屋坏、树木死。而一年四季也有一些日子或月份不能动土,否则必死。上述各简表明,各位地神所主日动土的结果是"凶",即不吉利,有祸殃。土神巡察之日同样不可动土,然忌讳之日总量远超过上述诸神,且不敬(在其巡视之日动土)土神的后果更为严重,建造的房屋会倒塌、种树不会成活,甚至犯禁者"必死",可知土神当为众土地神的领导,这点从"徼"字也可看出。由此就不得不提到三土皇神,如:

> 睡简《日乙》145—146:行行祠:行祠,东行南〈南行〉,祠道左;西北行,祠道右。其号曰大常行,合三土皇,耐为四席。席馓其后,亦席三馓。其祝曰:"无王事,唯福是司,勉饮食,多投福。"

上简是说出行祭祀仪式的规矩,除了根据方向的不同在道路的不同位置祭祀外,还涉及祭祀行神和三土皇神。在仪式中,行神常和三土皇神合祭。其原因不外乎出行离不了走路,于是就难免涉及土地神。这三土皇神自然是土地神无疑,至于是哪三位土地神,这里不是讨论重点。关键是,皇有君主、帝王之意。《诗·周颂·酌》:"于昭于天,皇以间之。"郑玄笺:"皇,君也。"称土神为土皇相当于称土帝,而时人称天神至上者为天帝,则

---

① 吴小强《秦简日书集释》,长沙:岳麓书社 2000 年,第 81—82 页。

显然土皇为土地神之至上者。土神地位之高可见一斑。另外,土皇是道教的地神。而道教于东汉初创[①],秦简中已经出现后来道教敬奉的神仙,不能不说民间礼俗思想是精英思想的源头活水。

土地生长繁衍万物,建房架屋、种树坏墙也都离不开土,土神所辖与人的生产、生活、生命息息相关。较之高高在上的天、帝,土神也最为贴近古人生活,楚地秦人对其极其重视,充满敬畏,但土神在他们心中的形象似乎并不好,如:

睡简《日甲》27 背贰—28 背贰:大神,其所不可过也,善害人,以犬矢为丸,操以过之,见其神以投之,不害人矣。

大神,即社神,也就是土地神。所,处所。这个社神所在的地方当是指土地庙所在,否则神的住所人是无法知道并经过的。在楚地秦人观念里,即使只是路过社神的居所,都会被其伤害,社神的不近人情及清高孤傲可谓被表现到了极致。而如前文所言,在天神与人的"交往"中,其害人的手段只是间接的(如为了娶妻),但这里的土神则是在差不多(如果说路过也是原因的话)无缘无故的情况下害人,就此点而论,土神更让人战战兢兢。

如前文所言,楚地秦人排斥神,并不想跟神有什么来往,即使神只是到人的房室里面走走也会被人驱赶。而由上简可知,秦人眼中的神也同样排斥人,即使人经过其居所都会被伤害,而此时人也毫不客气地投以"犬矢"反击以避害,反映了楚地秦人心目中人神关系不可调和的一面。秦简中,人与神鬼之间都是一种现实的利益关系,除此而外,毫无感情可言。但当人和神的利益发生冲突时,人不是任其宰割,而是采取手段驱除甚至杀死它们。这个时候,神已经不再是高高在上被楚地秦人膜拜的对象,而成为其斗争的敌人。而人的勇于斗争永远可以战胜鬼神,反映了楚地秦人征服大自然、人定胜神的民族精神和信念。

(二)动物神及楚地秦人相关礼俗思想

人和其他动物是区别性存在的,没有其他动物也就无所谓人,人的生存更离不开其他动物。费尔巴哈指出:"动物是人不可缺少的、必要的东

---

①金正耀《中国的道教》,北京:商务印书馆 1996 年,第 7 页。

西;人之所以为人要依靠动物;而人的生命和存在所依靠的东西,对于人来说就是神。"①费尔巴哈从人的生存对动物的依靠角度解说动物崇拜的源起。从精神层面而言,神秘主义主导下的古人,生产生活都离不开动物,奉动物为神,其根本原因在于他们认为动物如人一样是有感情有灵魂的。古人为了生活需要而猎杀、食用动物,自然害怕其死后的魂灵报复,所以对动物进行膜拜,以求宽恕;另外,动物是人们赖以生存的重要物质保证,农耕、打猎、看家护院、饮食等都离不开它们,把动物奉为神灵祭祀,也是希望得到动物神的庇护。《山海经》中的许多神灵皆与动物有关,而这些动物中,家畜马、牛、羊、猪等又占很大比例,说明动物被尊为神有悠久的历史。秦简涉及的动物神有马神、状神等。

1. 马祖

农耕时代,马用于耕作、乘骑、运输、征战等,在人类生活、生产中作用十分重大。因此,马神信仰起源很早,《山海经》中就有"人身马面""马身人面""马身龙首"等神化后的马形象的记载。据考证,早在原始社会,生活在我国北方、东北、西北和西南多马地区的氏族部落就以马为图腾②。我国周代有明确祭马神的记载,据《周礼·春官·甸祝》:"禂牲禂马。"禂,指为牲畜肥壮而祭祷。《说文》言:"祷牲马祭也。"郑玄注引杜子春曰:"禂,祷也,为马祷无疾,为田祷多获禽牲。"田,同"畋",打猎。《诗·小雅》:"既伯既祷。"《疏》曰:"伯,马祖,天驷房星之神,为田而祷马祖,求马强健。"显然,祭祀马神的初衷是为了求其庇佑使马强健无疾,打猎时多获禽兽。但战争祭祀马神则是因为相互征伐,《诗·大雅·皇矣》:"是类是祃。"《尔雅·释天》注:"师出征伐,'类'于上帝,'祃'于所征之地。伯祭,马祖也,将用马力,必先祭其先。"因为战争要用马力,祭祀马神是想让其保佑战马充分发挥力量,以确保战争胜利。这样的祭祀显然已经失去了马神崇拜的本初意义,打上了阶级社会的政治、军事功利色彩。

据《周礼·夏官·校人》:"春祭马祖、执驹;夏祭先牧,颁马攻特;秋祭马社,臧仆;冬祭马步,献马,讲驭夫"③,可知一年四季皆有马神之祭。马

---

①(德)路德维希·费尔巴哈《费尔巴哈哲学著作选集(下卷)》,荣振华、王太庆、刘磊等译,北京:
　　商务印书馆1984年,第438—439页。
②易夫《俗界诸神》,北京:大众文艺出版社1999年,第282页。
③〔汉〕郑玄《周礼·仪礼·礼记》,陈戍国点校,长沙:岳麓书社1989年,第90页。

与人不同,无先祖可言,称马祖者,疏曰:"马与人异,无先祖可寻,而言祭祖者,则天驷也,故取《孝敬说》'房为龙马',是马之祖。"是称天驷星,即房星为马祖。晋郭璞《马赞》亦曰:"马出明精,神出天驷。"先牧、马社、马步分别指始养马者、始乘马者、神为灾害马者①。周代根据季节特点祭祀不同的马神,以求马的繁殖、肥壮、无疾,以满足人对马的各种需求。然对于祭祀时的具体仪式,未见周礼言及。

楚人尚武好战,《战国策·楚策》言楚国:"地方五千里,带甲百万,车千乘",马是重要的战争工具,马神更是祭祀不可缺少的神祇。楚礼又多承周制,日书马神之祭补充了周礼马神祭祀仪式方面的缺失,如:

　　睡简《日甲》156 背—160 背:马禖:祝曰:"先牧日丙,马禖合神。"东向南向各一马□□□□□中土,以为马禖,穿壁直中,中三腏,四廏行:"大夫先牧四席,今日良日,肥豚清酒美白粱,到主君所。主君笱屏詷马,驱其殃,去其不祥,令其口嗜□,□嗜饮,津律弗御自行,弗驱自出,令其鼻能嗅香,令巨聪目明,令头为身衡,脊为身刚,脚为身□,尾善驱□,腹为百草囊,四足善行。主君勉饮勉食,吾岁不敢忘。"

马禖,祭祀马祖。廏,马二百一十六匹称为廏。这里指出祭祀先牧神之日为丙日,该日将先牧、马禖神合在一起祭祀。然后详细介绍了祭祀马神的仪式,通过祈祷的方式展开:在西面和北面分别放一匹良马,马首分别面向东面和南面。在中心位置设立土坛,将马禖神位设置在上面。穿过马廏墙壁,使马的位置与祭坛对直。中间上三次祭祀酒饭,八百六十四匹马排成行列(,祝曰):"主祭大夫布四张酒席,今天是好日子,肥猪、清酒、上好小米都来到了主君的住所。敬请主君执拘调训暴躁不驯的烈马,驱除它的灾殃,赶走它的不祥,让它喜欢吃草,喜欢饮水,性情温顺听话,不需驾驭就能自己行走,不用驱赶就能自动从马廏出来;让它鼻子能敏锐地嗅到香气,让它耳朵聪灵、眼睛明亮;让马头是马身的衡木,马脊梁是马身的总绳,马脚当作马身的□□,马尾巴善于驱赶蝇虻,马腹成为盛装百草的宝囊,四只脚善于行走奔驰。主君要多饮多食,我们一辈子都不敢忘记您的福佑大德。"②总之,对马祖的祭祀,根本目的是期待马神帮助人类驯服烈马,驱除

①见[清]阮元《十三经注疏》之《周礼注疏》卷三十三,北京:中华书局 2009 年。
②参见吴小强《秦简日书集释》,长沙:岳麓书社 2000 年,第 176 页。

灾殃,使马健康无疾,各方面表现优异。这里完全以功利性为目的,没有前文所言之任何政治、军事色彩。

2. 状神

> 睡简《日甲》36 背贰—38 背贰:一室人皆无气以息,不能动作,是状神在其室,掘杳泉,有赤豕,马尾犬首,烹而食之,美气。

一家人都没有气息,不能动弹,是状神在房间的缘故。掘地至泉,会发现一头红色的大猪,长着马尾巴狗头,如果宰杀烹调吃掉,家人气息顺畅。可见状神是一个生活在地下、形貌似猪、马尾狗头的实实在在的动物神,可以烹调吃掉,处其所在的人因其存在而不能呼吸和动弹,也就是说,状神什么也不做,只是存在就能给人带来伤害。

3. 神狗

> 睡简《日甲》47 背壹—49 背壹:犬恒夜入人室,执丈夫,戏女子,不可得也,是神狗伪为鬼,以桑皮为□□之,炮而食之,则止矣。

狗经常在深更半夜时溜进人家的卧室,把熟睡中的男人抓起来,调戏玩弄睡眠中的女人,怎么也抓不住那条坏狗,其实那条狗是神狗,故意变作鬼来作祟。用桑树皮做成食物,经过烧烤后喂狗吃,那狗就不来了[①]。这是神狗假装为狗鬼骚扰人类。狗通常被看作人类的朋友、忠诚的化身,常以正面的形象存在,即使是神狗也是如此。如在神话传说中,天地的开辟者、蛮夷的始祖盘古(或盘瓠)就是一条狗或者说是神狗,《后汉书·南蛮西南夷列传》言:

> 昔高辛氏有犬戎之寇,帝患其侵暴,而征伐不克。乃访募天下,有能得犬戎之将吴将军头者,购黄金千镒。邑万家,又妻以少女。时帝有畜狗,其毛五采,名曰槃瓠。下令之后,槃瓠遂衔人头造阙下,群臣怪而诊之,乃吴将军首也。帝大喜,而计槃瓠不可妻之以女,又无封爵之道,议欲有报而未知所宜。女闻之,以为皇帝下令,不可违信,因请行。帝不得已,乃以女配槃瓠。……其后滋蔓,号曰蛮夷。……今长沙武陵蛮是也。[②]

---

① 吴小强《秦简日书集释》,长沙:岳麓书社,2000 年,第 139 页。
② [宋]范晔撰《后汉书》,[唐]李贤等注,北京:中华书局 1999 年,第 1911 页。

该狗"毛五采",不同于一般的狗,帝高辛不能战胜的犬戎吴将军被其打败,"衔人头造阙下",显然是一只有神通的狗。帝高辛把小女儿嫁给槃瓠……后代繁衍强盛,形成蛮夷族。槃瓠自然就成了蛮夷的始祖。又,蒙古族神话中,有其鼻祖阿阑·豁阿感天狗而生子的传说,畲族以狗为图腾,所以"至今天不杀狗,不吃狗肉。"并且现今尚忌呼狗,"关于'家狗'及'家狗骨'等名词,多严禁出口"①。但在楚地秦人这里,狗显然并不都是好的善的,也有会作祟害人的神狗,而且这条神狗还很坏,自己作恶却要嫁祸于鬼狗,真是恶且毒了。

4. 五祀神

五祀神是指司掌人的饮食、起居、出行等生活琐事的俗神。殷商卜辞中未见"五祀神",可见殷人不祀。"五祀神"之祭祀当源于周人,据《礼记·曲礼下》:"大夫祭五祀。"郑玄注:"五祀,户、灶、中霤、门、行也,此盖殷时制也。"詹鄞鑫先生言:"郑玄所谓殷制的五祀恰恰是周代有代表性的制度。"②也就是说,这五祀的内容其实是殷周两代皆有的。如此,则楚人所祀"五祀神"与殷周人一致,说法上略有区别。包山2号楚墓394号竹笥内放的五块小木牌,分别写有室、门、户、行、灶5个字,应是墓主生前所祭"五祀神"的神主③。又据睡简《日乙》040贰:"祠五祀日,丙丁灶,戊己内中土,乙户,壬癸行,庚辛□(门)。"与殷周人"五祀神"相比,门、户、行、灶四神相同。周人的"中霤",据《礼记·月令》季夏之月:"中央土,……其祀中霤,祭先心。"郑玄注:"中霤,犹中室也,主中央而神在室。"《楚辞·刘向〈九叹·愍命〉》:"制诶贼于中庯兮,选吕管于榛薄。"王逸注:"中庯,室中央也。"《礼记·郊特牲》:"家主中霤而国主社。"孔颖达疏:"中霤谓土神。"班固《白虎通·五祀》:"六月祭中霤。中霤者,象土在中央也。"可知中霤即室中土神,秦简称为"内中土"神或"室中"神。如前述睡简《日乙》040贰及睡简《日乙》031贰—032贰:"祠室中日,辛丑,癸亥,乙酉,己酉,吉。龙,壬辰、申。"可见,楚地秦人其实是承袭了殷周的五祀礼俗。然与殷

①凌纯声《畲民图腾文化的研究》,《囗研院史语所集刊　论文类编:民族与社会》第16本,北京:中华书局1947年。
②詹鄞鑫《神灵与祭祀》,南京:江苏古籍出版社1992年,第75页。
③参见湖北省荆沙铁路考古队包山墓地整理小组《荆门市包山楚墓发掘简报》,《文物》1988年第5期,第10页。

周人不同的是,据《礼记·月令》,殷周人"春祀户,夏祀灶,中央祀中霤,秋祀门,冬祀行",五祀分季节而祭。而秦简显示,楚地秦人祭五祀神只有哪一天的要求,并没有提到季节,尚没有固定在一年的某一个日期。抑或可以说,可以一年数祭,如前述睡简《日乙》040 贰所言,祭祀五祀神的日子,丙丁日是灶神日,戊己日是内中土神日,甲乙日是户神日,壬癸为行神日,庚辛为门神日。五行属性中,丙丁、戊巳(己)、(甲)乙、壬癸、庚辛分别属火、土、木、水、金,据此也可知,灶、室、户、行、门五祀神的五行属性分别为火、土、木、水、金,占全了五行,也与五方相对应。从秦简看,五祀择日也是根据五行生克制化原理。

(1)灶神

灶,这里是指可以烧火用来烹饪食物的一种设备,繁体写作"竈",从穴。《说文》:"灶,炊穴也。"其最古字形见于周早期的"弭伯鼎",写作""①,从穴从火。可知早期的灶其实是掘地为坑的类似于火塘的一种设备。《左传·成公十六年》有言:"塞井夷灶,陈于军中,而疏行首。""塞井夷灶"也就是填井平灶,也可知灶是掘地为坑的。灶为日常生活不可缺少之物,故灶神地位很高。《礼记·祭法》云:"灶,主饮食之事。"主,掌管。灶神职能是掌管与饮食有关的事项。

中国传统习俗中,拜祭灶神都是诸多拜神活动中的一项重要内容。究其因,《礼记·礼器》注云:"祭灶神,言其有功于人,人得饮食,故祭报之。"是说饮食是人类生存不可缺的必要条件,灶神有功于此,所以祭祀以报答。除此而外,关键还在于灶神的另一职能,郑玄在《礼记·祭法》说灶神等七祀之神是"小神居人之间,司察小过,作谴告者尔"。就是说灶神还有督察一家的过错报告给上帝的任务。《论语·八佾》也有言:"王孙贾问曰:'与其媚于奥,宁媚于灶,何谓也?'子曰:'不然。获罪于天,无所祷也。'"奥,室内西南隅,指房间西南角的神,古时祭祀设神主或尊长居坐之处。意谓与其巴结屋里西南角的神(或可理解为室神),宁可巴结灶君司命。说的也是灶神有实权,除了掌管人间饮食,赐予生活便利外,还负责考察一家之善恶。如果不讨好灶神,他就会向天帝告恶状。由于人与天帝无法沟通,所以,天帝那里只能任凭灶神胡言乱语,凡人也无可奈何,没有任何分辨的

①高明、涂白奎《古文字类编(增订本)》,上海:上海古籍出版社 2008 年,第 850 页。

机会,故言人"无所祷也"。人害怕灶神告黑状,是因为天帝听了灶神的话会降下惩罚。至于惩罚内容,葛洪《抱朴子·微旨》说:"月晦之夜,灶神亦上天白人罪状。大者夺纪。纪者,三百日也。小者夺算。算者,三日也。"也就是说,若得罪了灶神,灶神上天乱列你的罪状,严重的少活三百天,轻的也要少活三天。秦简中,灶神被列为五祀之首,可见作为主饮食之神,在民间祀典中处于最高地位。

五祀神中的灶神,除了上简提到"丙丁灶",丙丁是祭祀灶神的日子外,另见岳山秦牍①:

> 岳牍贰Ⅲ:祠灶良〔日〕,乙丑、酉、未、己丑、酉、癸丑、甲辰。忌:
> 辛、壬。

灶神五行属火,祭灶神之日同样据五行生克原理,此不赘述。这里祭灶良日有数个。据《荆楚岁时记》:"十二月八日为腊日。其日,并以豚酒祭灶神。"显然祭灶只在十二月八日。现在湖北人(中原也是如此)是在腊月二十三日晚上祭灶神。但无论哪一天,可以肯定的是现在祀灶一年只有一次。由多次到仅一次,是祭祀行为发展演化的结果。秦简中每年几次的繁琐祭祀,必然不利于生产和生活,财力也多损耗,而一年一次的祭祀显然要经济得多。神灵祭祀由多到少的变化,可以看出礼俗仪节由繁琐到简约的发展趋势,它是人们越来越理性认识神灵力量,越来越依靠自己、相信自己的表现。

(2)内中土

秦简称为"内中土"神或"室中"神,即房室中的土神,前文涉及的是房室之外的土神。《礼记·祭法》注:"中雷,主堂室居处",就是说,内中土神的职能是保佑一家的房屋住处之平安。

> 睡简《日乙》031贰—032贰:祠室中日,辛丑、癸亥、乙酉、己酉,
> 吉。龙,壬辰、申。
> 睡简《日乙》148:……祠室,己卯、戊辰、戊寅,吉。

龙,禁忌。《淮南子·要略》:"操舍开塞,各有龙忌。"注曰:"中国以鬼神之日忌,北胡、南越皆谓之青龙。"祭祀室神的吉日为辛丑、癸亥、乙酉、己

---

①陈伟主编《秦简牍合集(叁)》,武汉:武汉大学出版社2014年,第1C3页。下文岳牍释文皆参此书,不俱注。

酉、己卯、戊辰、戊寅。忌日为壬辰、申。究其因,内中土神五行属土,壬辰五行水土相克;其在择吉术中又被定为十方墓日之一①,该日天地不和,为凶日;水又生于申,与内中土神属性土相克,故言壬辰、申为忌日。吉日当为利土之日,辛丑、己酉五行皆为金土相生日;乙酉为金克木之日,而木克土,木被金所制则土不为木所克,也利于内中土神;己卯为土木相生日;戊辰为二土日,干支相同为不吉,或因内中土神五行属性也为土,据五行生克制化原理,土旺火熄水生,当对房屋有利,故该日为吉;戊寅为木克土日,内中土神属性为土,土盛则木反被制或者说盛土生金,金能克木,从而达到利土的目的,所以这些日子皆可祭室神。癸亥五行皆为水,据五行生克制化原理:水旺得土,方成池沼。癸亥水旺之日,有土为助,正可成事。或可从五行相克来说,旺水得土削减其势,达到一种平衡,反而有利。

（3）户神

户,甲骨文写作"曰",是单扇门的象形。可知"户"意谓单扇门。通常而言,宅内的室门都是单扇的,城门、大门都是双扇的。《礼记·祭法》:"门、户,主出入。"户神与下文所涉门神的神职一样,皆为"主出入",掌管出入之平安。

> 睡简《日乙》033 贰—034 贰:祠户日,壬申、丁酉、癸丑、亥,吉。龙,丙寅、庚寅。
> 睡简《日乙》148:……祠户,丑、午◇。

祠户神日为壬申、丁酉、癸丑、亥。忌日为丙寅、庚寅。户神五行属木,壬申五行为金生水日,而水可助木生;丁酉为火克金日,金衰则利木。癸丑虽为土克水日,水得到克制,但水可生木,木能克土,土又被制,依然利属木的户神。亥五行为水,水生木利户神。而丙寅五行为木生火日,户神属木,木被火伤;庚寅为金木相克日,故为户神龙日。又据:

> 睡简《日乙》066—067:木良日,庚寅、辛卯、壬辰,利为木事。其忌,甲戌、乙巳、癸酉、丁未、癸丑、□□□□寅、己卯。
> 岳牍壹Ⅲ:木良日:庚寅、辛卯、壬辰。其忌:丁未、癸酉、癸亥。

---

① 十方墓日,即六十甲子中从甲申至癸巳之间的十天。这十天除了丙戌和己丑,都是上下两气相克。由于天地不和,因而这十天是凶日。六十甲子一年循环六次,这样一年约有六十天。刘道超《神秘的择吉:传统求吉心理及习俗研究》,南宁:广西人民出版社 2004 年,第 242 页。

可知，祭祀属木的户神与木日有关，有些祠户日王是为木事之忌日，如癸丑；与之对应，祠户忌日是为木事之良日，如庚寅。然而祠属水行神的良日却并不是水之忌日，也为水之良日之一。这或说明择吉术的博大精深，抑或说明其本身逻辑存在问题。

（4）行神

行，甲骨文写作"彳亍"，本义为道路。行神也就是道路之神。《礼记·祭法》云："行，主道路行作。"

睡简《日甲》079 正贰：祠行良日，庚申是天昌，不出三岁必有大得。

岳牍壹Ⅰ：水良日：癸未、酉、庚申，其忌：癸己、乙巳、甲戌。

"天昌"意谓"'天道'赐降之'昌美'"①。天昌为大吉之日，"不出三岁必有大得"，不出三年一定有大收获。这里的天昌日也为水之良日。水之良日及祠行良日皆为利水之日，如癸未为土生水日，酉为金生水日，都与水相生。癸巳为水火相克日，也为择吉之十方墓日之一；乙巳为木生火日，与水相克。甲戌为木克土日，与水相克，故皆为忌日。又如：

睡简《日乙》037 贰—038 贰：祠行日，甲申、丙申、戊申、壬申、乙亥，吉。龙，戊、己。

睡简《日乙》144：行祠：祠常行，甲辰、甲申、庚申、壬辰、壬申，吉。毋以丙、丁、戊、壬◇。

其择日宜忌与上述原理相同。据《礼记·祭法》："庶士、庶人立一祀，或立户，或立灶。"说明庶人没有祭祀行神的资格。詹鄞鑫先生亦言："据《祭法》称，天子诸侯祭'国行'，大夫士祭'行'。'国行'指都城的道路。庶民不祭行，所以民间也没有祭行风俗。"②睡简日书为民间用书，从其中有祭祀行神的吉日看，秦时民间应当是祭祀行神的，不祭行神或是殷周时情况。

（5）门神

门，甲骨文写作門，是古代双扇门的象形。门神属金，其良日"甲申"与金钱良日之一同，如：

①郑万耕《太玄校释》，北京：北京师范大学出版社 1989 年，第 59 页。

②詹鄞鑫《神灵与祭祀》，南京：江苏古籍出版社 1987 年，第 77 页。

　　睡简《日乙》035 贰—036 贰：祠门日，甲申、辰、乙亥、丑、酉，吉。龙，戊寅、辛巳。

　　岳牍贰Ⅱ：祠门良日：甲申、辰、乙丑、亥、酉、丁酉。忌：丙。

　　岳牍壹Ⅵ：金良日：甲申、乙卯。其忌：戊寅、戊午、甲午。

　　睡简《日甲》004 正贰：交日……以祭门、行、行水，吉。

　　门神属金，祭祀门神的吉日当为利金或干支相生相合之日，如土日或金日，反之则为忌日。因此，辰（土）、丑（土）、酉（金）、乙亥（水生木）、乙丑（木土相生）为吉日，丙（火）、戊寅（木土相克）、辛巳（金火相克）为忌日很可理解。使人困惑的是，"祠门日"之甲申为木金相克日，丁酉为火金相克之日，却也被择为吉日。如果如下解释合理：甲申日金克木，但金能生水，水能生木，金木矛盾得到化解；丁酉火克金日，但金能生水以克火；那么，对于戊寅、辛巳忌日，我们同样可以说：戊寅木克土日，但土可生金以克木；辛巳火克金日，但金可生水以制火。由此，我们认为，其原因正如刘筱红所言："择吉术虽然以五行原理作为它的理论基础，但它本身又存在一些与五行理论相矛盾的地方。有些本是干支相生的宝日义日，却被定为凶日……像这一类吉日不吉，凶日不凶，吉凶无据，自相矛盾的情况在择吉术中比比皆是。其根本原因来自术士们的胡编乱造。一方面他们用五行作为自己的理论武器，使之更具欺骗性，另一方面，他们又想使自己的术数更高深玄妙，便又编出一些让人不得其所以然的吉日、凶日。"①但无论如何，五行是支配时人思想、行动的思想律，是人们对宇宙系统的信仰，它深深嵌入人们生活的方方面面，让人时时事事对自然宇宙怀有一种敬畏之心，对于协调自然与人的关系有着积极的意义。

　　《礼记·祭法》言："王为群姓立七祀：曰司命，曰中霤，曰国门，曰国行，曰泰厉，曰户，曰灶。王自为立七祀。诸侯为国立五祀：曰司命，曰中霤，曰国门，曰国行，曰公厉。诸侯自为立五祀。大夫立三祀：曰族厉，曰门，曰行。适士立二祀：曰门，曰行。庶士、庶人立一祀。或立户，或立灶。"②说明庶士、庶民只能祭祀户神或灶神，然从秦简看，楚地秦人平民百姓的祭祀，五神皆在之列。这或者正是春秋战国时期礼崩乐坏在民间的反

---

①刘筱红《神秘的五行——五行说研究》，南宁：广西人民出版社 1994 年，第 193 页。
②[清]阮元《十三经注疏（全二册）》，北京：中华书局 1980 年，第 1590 页。

映,周时的礼乐秩序已被打乱,由其决定的行为规范、礼俗仪节自然也不被人们遵守,人们只从实际利益着眼来决定自己的祭祀对象,等级特权在此已被消弭。

5.其他神

(1)食梦之神——宛奇

学术界普遍认为,灵魂观念的产生,与梦有着密切的关系。"由于人们不能正确区分醒时的感觉和梦中的幻觉,以致把精神同肉体分离开来,视精神独立于肉体之外而存在"①,这个精神就是灵魂。布留尔用大量的事实反驳了这种观点,他认为原始人"对于在梦中获得的知觉和在清醒时获得的知觉区别得很清楚⋯⋯为什么原始人深知梦就是梦,但又相信它呢?⋯⋯对我们来说是知觉的东西,对他来说则主要是与神灵、与灵魂的交往,⋯⋯对他来说,梦根本不是低级而错误的知觉形式。相反地,这是一种高级的最佳的形式,在这种形式中,物质的和可触的因素的作用乃是最小限度的作用,而与看不见的神灵的力量的交往则是最直接最充分地实现着。"②在"他们看来,梦又主要是未来的预见,是与精灵、灵魂、神的交往。"③世界著名的"心理分析之父"弗洛伊德在谈及古人对梦的看法时更是特别强调了梦的预言作用:"他们深信梦与超自然的存在有密切的关系,一切梦均来自他们所信仰的鬼神所发的启示。也就是说梦是预卜未来的。"④而"在人类中间,不存在为铜墙铁壁所隔开的两种思维形式——一种是原逻辑的思维,另一种是逻辑思维。在同一社会中,常常(也可能是始终)在同一意识中存在着不同的思维结构。"⑤的确如此,我们在秦简中发现了同样的思想,它折射出楚地秦人对梦预言作用的相信,如:

> 睡简《日甲》44 背贰—45 背贰:鬼恒为人恶梦,觉而弗占,是图夫,为桑杖倚户内,覆羸户外,不来矣。

> 睡简《日乙》187 壹—193 壹:梦:甲乙梦被黑裘衣冠,喜,入水中及谷,得也。⋯⋯戊己梦黑,吉,得喜也。庚辛梦青黑,喜也,木水得也。

---

①宋兆麟《巫与巫术》,成都:四川民族出版社 1989 年,第 95 页。
②(法)列维·布留尔《原始思维》,丁由译,北京:商务印书馆 2010 年,第 51—52 页。
③(法)列维·布留尔《原始思维》,丁由译,北京:商务印书馆 2010 年,第 48 页。
④(奥地利)弗洛伊德《梦的解析》,周艳红、胡惠君译,上海:上海三联书店 2008 年,第 4 页。
⑤(法)列维·布留尔《原始思维》,丁由译,北京:商务印书馆 2010 年,第 3 页。

壬癸梦日,喜也,金,得也。

因为人们相信梦有预言作用,所以当恶梦不能占问时,就认为必是图夫鬼作祟所致,要施法驱除。谷,此指两山之间的水流。如果甲乙日梦到自己穿戴着黑色衣帽,预示着有喜事,到水中和山间的水流中,会有收获。如果戊己日梦到黑色,是吉兆,会有喜事。如果庚辛日梦到青黑色,有喜事,在木和水方面有得。壬癸日梦到太阳,有喜事,在金方面有收获。显然这里是把做梦时间的干支、梦到的颜色与五行五色联系起来,甲乙日五行为木,黑色五行属水,水生木,于是该梦便预言着有喜事发生,入于水中有得。戊己日五行为土,梦到五行为黑色的水,虽土克水,但土能生金,金又能生水,故金又化解了土与水之间的矛盾;水又能生木克土,五行可以相制相化①,故也为吉兆。庚辛为金日,青黑五行为木水,所以在木水中有收获。壬癸梦到太阳,太阳五行为金,故在金方面有收获。秦人利用五行生克制化及与五色的对应关系占算梦的吉凶及得喜所在,一方面说明对梦的笃信,另一方面可以看到五行观念对生活的主宰。

正是因为人们相信梦的预言作用,所以做了恶梦之后,害怕它真的发生,就在梦醒之后求之于食梦之神——宛奇,如:

睡简《日甲》13 背—14 背壹:梦:人有恶梦,觉,乃释发西北面坐,祷之曰:"皋! 敢告尔豹犄。某,有恶梦,走归豹犄之所。豹犄强饮强食,赐某大富,非钱乃布,非茧乃絮。"则止矣。

睡简《日乙》194—195 壹:凡人有恶梦,觉而释之,西北向释发而呬,祝曰:皋,敢告尔宛奇,其有恶梦,老来□之,宛奇强饮食,赐某大富,不钱则布,不茧则絮。

豹犄,《日乙》作"宛奇",食梦之神。《续汉书·礼仪中》:"伯奇食梦。"伯奇即宛奇、豹犄。人做了恶梦,醒来之后,散发面向西北坐下,祈祷道:"噢……,敬告你啊豹犄,我做了恶梦,你赶快让此恶梦到你那里去。你要努力吃、喝,把恶梦吃掉。赐给我大量财富,不是钱就是布,不是茧就是絮。"这样之后,就不会受恶梦之害了。乙种内容与此相似。无论宛奇还是豹犄,都为食恶梦的神,人们可以通过祷告请求其吃掉自己的恶梦,并赐福

①相制即通过相生来制服克我之物。刘筱红《神秘的五行——五行说研究》,南宁:广西人民出版社 1994 年,第 41 页。

于己。《白泽精怪图》中提到的食梦之神为伯奇："人夜得恶梦,旦起,于舍东北被发祝曰:'伯奇伯奇,不饮酒食宍(肉),常食高兴地,其恶梦归于伯奇,厌梦息,兴大福。'如此七咒,无咎也。"其厌攘方式与睡简类似。但希望通过食梦神吞吃恶梦,避免凶害之事发生,过吉祥、美好生活的愿望却是共同的。

(2)人伏神

人伏即伏日、伏天,是三伏总称,也是一年中最热之时。三伏即初伏、中伏、末伏。《初学记》卷四引《阴阳书》:"从夏至后第三庚为初伏,第四庚为中伏,立秋后初庚为后伏,谓之三伏。"人伏神即主三伏之神,三伏主要在夏天,故该神五行也当属火。

祭祀人伏神、设伏祠始于春秋时秦德公,《汉书·郊祀志上》:"秦德公立,卜居雍……用三百牢于鄜畤。作伏祠。磔狗邑四门,以御蛊菑。"蛊菑,指鬼怪等作祟为害。颜师古注引孟康曰:"六月伏日也。周时无,至此乃有之。"《史记·秦本纪》"(德公)二年,初伏,以狗御蛊。"因祭祀伏神时有以狗血涂门避鬼怪作祟的做法,致使对何以称"伏"有两说:1. 金气伏藏,人藏避暑说。如:《艺文类聚·岁时·伏》引《历忌释》:"伏者何也,金气伏藏之日也。"又引晋程晓诗:"平生三伏时,道路无行车。闭门避暑卧,出入不相过。"意谓称"伏"一是因"金气伏藏",再是因人们都闭门避暑,罕少互访。《正义》云:"伏者,隐伏避盛暑也。历忌释云,伏者何? 以金气伏藏之日也,四时代谢,皆以相生……立秋以金代火,故至庚日必伏,庚者金,故曰伏也。"也倾向于两方面含义。2. 万鬼出行,人藏伏说。《汉旧仪》:"伏者,万鬼行日,故闭不干求也。故东观汉记'和帝初令伏闭昼日'是也。"李贤注引《汉官旧仪》:"伏日万鬼行,故尽日闭,不干它事。"泷川资言《史记会注考证》:"柯维骐曰:伏者,攘邪气使退伏。"也就是说,伏日是万鬼出现游走之日,人闭门不出是为避二万鬼之扰。

夏按,从五行来说,春夏秋冬对应五行木火金水,除了秋夏之交五行为火克金外,其余三个季节皆五行相生。因此,庚金遇克己之夏火,必伏藏以避;三伏是夏天最热之时,人要隐伏以避暑热,但若仅以此现象解释伏之含义,则失其本旨。又,汉刘熙《释名》:"伏者何? 金气伏藏之日。金畏火,故三伏皆庚日";宋高承《事物纪原·正朔历数》释伏日也用此,因此伏日从根本说是指伏藏金气,天气炎热,人们闭门避暑只是一种现象而已。泷川资言《史记会注考证》引中井积德言："当时未尝有五行生克之说"①，认为该训"当删"。其实，秦简中已有明显的五行生克之说，其言不足信。秦简所涉祭祀人伏神的条文仅一，如：

> 睡简《日乙》147：□（伏）祠：正□□□□□□□□□癸不可祠人伏，伏者以死。

吴小强言，标题疑为"伏祠"②，是。从前文所涉祭神日期规律看，通常是祠日的五行不能与所祠神的五行所属相克，人伏神不能于癸日祭祀，是因癸日五行为水，人伏神五行属火，水克火，故该日不可祠人伏神。

四、秦楚共有的神灵及其礼俗思想探讨

（一）四方四帝

故秦人四帝信仰由来已久。据《史记·封禅书》："秦襄公攻戎救周，始列为诸侯。秦襄公既侯，居西垂，自以为主少皞之神，作西畤，祠白帝。""德公立二年卒。其后六年，秦宣公作密畤于渭南，祭青帝。""其后百余年，秦灵公作吴阳上畤，祭黄帝；作下畤，祭炎帝。"可知秦国自襄公起，先后建畤祭祀白帝、青帝、黄帝、炎帝，四帝显然为秦国官方祭祀的最高神灵。此时说的是"炎帝"而非"赤帝"。又《史记·封禅书》："二年，东击项籍而还入关，问：'故秦时上帝祠何帝也？'对曰：'四帝，有白、青、黄、赤帝之祠。'"此处已称"赤帝"，可见赤帝、炎帝所指当为一。放简也有相关内容，如：

> 放简《日乙》95 壹—99 壹：帝以春三月为室亥，剽卯，杀辰，四废庚辛。夏三月帝为室〔寅〕，剽午，杀未，四废壬癸。秋三月帝为室巳，剽酉，杀〔戌〕，四废甲乙。冬三月帝为室申，剽子，杀〔丑〕，四废丙丁。凡四时帝为室日矣，不可筑大室内，大人死之……

睡简有近乎相同的内容，如：

> 睡简《日甲》096 正壹—099 正壹：帝：春三月，帝为室申，剽卯，杀

①上文及本处所引泷川资言语皆出自［日］泷川资言《史记会注考证（全八册）》，上海：上海古籍出版社 2015 年，第 1579 页。
②吴小强《秦简日书集释》，长沙：岳麓书社 2000 年，第 223 页。

辰,四废庚辛。夏三月,帝为室寅,剽午,杀未,四废壬癸。秋三月,帝
为室巳,剽酉,杀戌,四废甲乙。冬三月,帝为室辰,剽子,杀丑,四废
丙丁。

所别者,放简春三月为室亥,冬三月为室申,而睡简分别为申和辰。有
学者指出:"睡简、放简两种《帝》篇中的'剽日'及'杀日'皆互相对冲,由
此来看,'帝为室日'四辰亦当对冲。此处春'亥'正与秋'巳'对冲"[1],故
认为放简为是。

"室"和"内"所指不同,前者指房屋,后者指房屋内的卧室,结合睡简
《日甲》100正:"凡为室日,不可以筑室。筑大内,大人死。"所指有"室"有
"内",故放简"大室内"即"大室""大内",兼指室和内。四帝信仰于官方
而言,有其历史、政治原因和目的。故秦居西方,故祭主西方的白帝,秦收
周遗民后祭炎帝和黄帝,实为安抚和便于统治中原遗民。而中下层民众对
四帝筑房建屋日的关注纯粹是为了生活需要和生命安全。虽然四帝信仰
故秦人和楚地秦人皆有,是被他们普遍接受的信仰,但如前所述,四帝为故
秦人官方祭祀的最高神灵,楚国祭祀的至上神只有祖先神赤帝,显然楚人
对四帝的重视不如故秦人。然相对而言,故秦人虽祭四帝,然从历史记录
看,祭祀白帝更多,原因在于故秦人认为白帝是他们的祖先。《史记·秦本
纪》:"秦之先,帝颛顼之苗裔。"颛顼是黄帝之孙,而少昊是黄帝长子,因
此,《史记·封禅书》:"秦襄公既侯,居西垂,自以为主少昊之神,作西畤,
祠白帝。"秦襄公自己认为应当主持祭祀少昊神,因秦人"居西戎",故而少
昊成了"西方白帝"。祭祀四帝方面,二国皆有所侧重,也可见出祖先神的
特殊地位。说明在秦人观念里,对祭祀神灵的认识是:同是神灵,祖先神会
更偏向自己的子民,多祭祀祖先神,得到庇佑的机会更多。孔加坡汉简中
出现的五帝为青帝、赤帝、黄帝、白帝、炎帝,并无刘邦所封之黑帝。

(二)二十八星宿神

无论楚地秦人还是故秦人,都有着对二十八星宿神和建除十二神的共
同信仰。晚于始皇三十年的周家台秦简也有二十八宿主日的吉凶占算。
二十八星宿神,具体是角、亢、抵(氐)、房、心、尾、箕;斗、牵牛、须女、虚、
危、营室、东辟(壁);奎、娄、胃、昴、毕、此(觜)、参;东井、舆鬼、柳、七星、

---

①陈伟《秦简牍合集(肆)》,武汉:武汉大学出版社2014年,第66页。

张、翼、轸,这些星宿神轮流值日。人们日常生活内容都要关注它们当值日的吉凶,不敢有所违逆。放简被称为"星度"的12枚竹简,仅记载了二十八宿距度及逐月日躔之次,并无对人们日常生活吉凶宜忌的指导内容。如:

> 放简《日乙》167:角十二　□□□□十五·二月
> 放简《日乙》168:氐十七·九月胃十四十三·三月
> 放简《日乙》169:心十二·十月毕十五·四月
> 放简《日乙》170:□□三十二·五月东□□
> 放简《日乙》171:虚十四·□□□□□六月
> 放简《日乙》172:昴廿·正月张·七月

湖北故楚地的周简及睡简有二十八宿主日吉凶宜忌的具体条文,由此可了解其对日常生活的主宰情况,如:

> 周简225—226:觜嶲:斗乘觜嶲,门有客,所言者钱财事也。狱讼,解;约结,不成;占病者,已;占行者,发;占来者,亟至;占市旅,吉;占物,黄、白;占亡,不得;占战斗,不合。

> 周简227—228:参:斗乘参,门有客,所言者急事也。狱讼,解;占约结,不吉;占逐盗、追亡人,不得;占病者,□;占行者,未发;占来者,未至;市旅,不吉;占物,黄、白;战斗,不合。

> 睡简《日甲》087 正壹:觜,百事凶。可以徵人攻雠。生子,为正。
> 睡简《日甲》088 正壹:参,百事吉。取妻吉。唯生子不吉。

生子为正,意谓生的孩子将来可以做官长。从上述秦简可以看出,客人来访、诉讼、解除约定、疾病、出行、贸易、婚娶甚至打斗、追逃亡之人等日常生活的各种事项都要关注二十八宿神值日情况。这些星宿神还能决定所生孩子的命运。同为故楚地简牍,所不同者,周简占算内容丰富,而睡简概括性更强。从放简没有二十八宿对日常影响情况的占算条文,也可看出故秦人更重视现实生活而楚地秦人更迷信天象的一面。但这些不同地域和年代出土的秦简,涉及的二十八宿名称却完全相同,不同地域虽各有自己的占算内容,但却有着共同的系统,可知当时社会科学文化大一统背景下的交流和沟通。

(三)建除十二神

十二神也叫十二直,又称建除十二客、十二神。历家以之配合值日,十二日为一循环,周而复始,观其所值,然后定吉凶。《历书》言:"历家以建、除、满、平、定、执、破、危、成、收、开、闭凡十二日,周而复始,观所值以定吉凶,每月交接则叠两值日。其法从月建上起建,与斗杓所指相应。如正月建寅,则寅日起建,顺行十二辰是也。"《淮南子》有进一步的说明:"正月建寅,则寅为建,卯为除,辰为满,巳为平,主生。午为定,未为执,主陷。申为破,主衡。酉为危,主杓。戌为成,主小德。亥为收,主大德。子为开,主太阳。丑为闭,主太阴。"①这当是故秦人建除的沿用。

　　秦、楚对建除十二神的信仰是共同的,但其名称有所不同(详见下图)。睡简"秦除"建除十二神名称与后世《历书》《淮南子》说法几乎完全相同,楚除则与九店楚简之"楚除"名称相同(用字有异),然如果与北大秦简之三十一年、三十三年的质日建除日相比则大异。以正月为例,十二神所值日如表所示②:

正月	寅	卯	辰	巳	午	未	申	酉	戌	亥	子	丑
睡简秦除十二神	建	除	定	挚	柀	危	成	收	开	闭	盈	平
睡简楚除十二神	濡	嬴	建	陷	彼	平	宁	空	坐	盖	成	甬
九简楚除	蜀	敓	建	赣	敓	坪	宁	工	坐	盇	城	复
北大简三十一年质日	衢	剽	成	定	开	收	建	除	訾	平	盈	臽
北大简三十三年质日	闭	建	除	盈	平	定	挚	衢	剽	成	收	开

　　上述各简对比的结果验证了饶宗颐所言"建除在当日亦非一家,名称间有出入,而以配十二辰则无二致"③。刘道超也指出"建除之说源于战国,有人伪托是黄帝所创。关于建除十二神的名称及其吉凶,众说纷纭,莫衷一是。"④当然,它们之间还是有相同之处的,即都是用建除十二直配地支十二辰,赋予十二直以主宰十二月每日吉凶的神力,使得人们对之敬畏有加,为趋吉避凶,只好顺其"脾性",不敢违逆。

　　古人赋予十二月每月各日以神的称谓,共十二神,充满迷信色彩。但是这十二直的安排并非盲目,里面包含着科学"玄机"。"十二直的安排和

①转引自刘道超译注《择吉术注评——协纪辨方书》,南宁:广西人民出版社 1993 年,第 132 页。
②北大秦简资料来自陈侃理《北大秦简中的方术书》,《文物》2012 年第 6 期,第 91 页。
③饶宗颐、曾宪通《云梦秦简日书研究》,香港:中文大学出版社 1982 年,第 10 页。
④刘道超译注《择吉术注评——协纪辨方书》,南宁:广西人民出版社 1993 年,第 134 页。

破军星即北斗柄头之星有关系。在正月节气那天初昏,它的前端指寅的方向,叫作建寅,二月节初昏指卯,故二月建卯。……到了翌年正月节初昏又复寅,因而正月节后寅日的十二直为建,次日即卯日为除,其余顺推。"①

　　概因其科学的一面,使得敬畏者众,至今仍在民间广为流传,生命不衰。虽诸国建除名称各异,但从上述可知,故秦人的建除是被后世沿用至今的,而楚地秦人的建除十二神名称则被放弃。故秦建除在后世获得统治地位,可从书于汉初的孔简建除名称与故秦人的一致看出。如孔简正月建除为:"正月,建寅,除卯,盈辰,平巳,定午,执未,破申,危酉,成戌,收亥,开子,闭丑。"②故秦人放简正月建除为:"正月,建寅,除卯,盈辰,平巳,定午,挚(执)未,柀(破)申,危酉,成戌,收亥,开子,闭丑。"③孔简除了"执""破"与放简"挚""柀"二字形异字通,即文字上有所规范外,内容与秦除皆同,这显然是秦始皇文化大一统的结果,也说明建除采用的是故秦人自己常用的,而非取自六国。

(四)人伏神　杜主

　　如前文所述,人伏神和杜主本就是秦人所敬奉的神灵,人伏神更是秦德公时所设,本是故秦人的神灵,进入楚人祀典,显然是统一的影响,秦楚文化融合的结果。

(五)马神及其他

　　据《史记·秦本纪》,秦先祖非子因善养马而被周王封为附庸,号曰秦嬴。故秦人受益于养马,且马在古代战争中的地位很高,生活中与牛羊一起作为家畜豢养。如放简《日乙》101:"筑外垣,牛马及羊死之。"因此,无论放简还是睡简,都有关于某日是否适合买卖马匹、乘坐车马的占算。虽则放简中未见马崇拜的痕迹,但从睡简为秦楚文化融合的产物这一事实看④,睡简中对马神的崇拜也应当是故秦人该礼俗思想的共同反映。

　　放简没有明确提到五祀神的祭祀,但有具体关于门神及行神祭祀的条文,如:

①刘道超译注《择吉术注评——协纪辨方书》,南宁:广西人民出版社1993年,第134页。
②湖北省文物考古研究所、随州市考古队《随州孔家坡汉墓竹简》,北京:文物出版社2006年,第129页。
③睡虎地秦墓竹简整理小组《睡虎地秦墓竹简》,北京:文物出版社1990年,第182页。
④前文"动物神及楚地秦人相关礼俗思想"中"马祖"部分有涉楚地秦人马神崇拜内容,此略。

放简《日乙》024：祠门良日：甲申、庚申、壬申。

放简《日甲》66—67：禹须臾行不得择日，出邑门，禹步三，向北斗质画地，视之日，禹有直五横，今利行，行无咎，为禹前除……

五祀神当也在故秦人祀典，如前所述，故秦人简关于鬼神的条文极少，其崇拜的神灵显然少于楚地秦人，但这并不等于故秦人不信奉神灵，他们对鬼神的信奉和敬畏之心是一致的，有着共同的思想基础。这种思想即使在今天，也仍然在多数人心中存在，这应该是中华民族几千年来积淀的共同礼俗思想。这也并不都是坏事，因为相信鬼神，便会相信"举头三尺有神灵"，神灵在头顶三尺的地方看着自己，这样做事便有了敬畏心，不敢欺瞒、不敢做坏事，否则神灵会降下灾殃处罚；而在历史上的关键时刻，它还能够成为一种向心力和凝聚力。如刘邦假托赤帝让众人服从自己，陈胜、吴广冒充狐狸夜呼"大楚兴，陈胜王"等等，都是利用此点使民心归己。

五、秦始皇统一的影响

如上所述，秦、楚都有四方四帝、建除十二神等，有着与之相关的共同礼俗思想基础，这使得彼此的观念产生千丝万缕的交错和联系，共同的信仰会互相吸收己方所缺但有利的部分，政治的力量无法阻止，因此秦始皇的统一只能加强彼此间的交流，使之更加丰富，而不可能使之走向灭亡或部分灭亡（如《语书》所言"恶俗"就屡禁不止）。故秦人的杜主神、人伏神进入楚地秦人的祀典就是明显文化融合的表现，这当也跟楚地秦人崇尚巫鬼有一定关系。因为信鬼神，所以听说或看到故秦人祭祀某种鬼神，就会担心如果自己不祭祀敬奉，可能会遭受凶殃，或者不被庇佑。本来人与鬼神的关系就是建立在利益基础上的。

六、小结

楚地秦人信鬼神重祭祀，楚除中择日的内容有：作事、祭祀、生子、财货、凿井、祭祀门户、婚娶、见人、出行、田猎、入财、之野外等。可以说，除了吃饭睡觉无法择日外，差不多生活中的一切事情都要择吉日进行，唯恐冲撞了鬼神，造成不利后果。神秘意识操纵着他们的生活，对生活的敬畏、对大自然的恐惧，使得他们处处小心，任何的小小变动都害怕出现意外。但无论如何，追求平安、富裕、吉利的生活是他们信奉祭祀鬼神的终极目标。

　　对于楚地秦人的神灵信仰,林剑鸣认为:秦人不仅仅崇拜"天"和"上帝",世间的事物和现象都可成为秦人的崇拜对象①。言下之意秦人是以"天"和"上帝"为至上神的多神崇拜;李晓东、黄晓芬认为从《日书》看,秦人的"至上神为'帝'……秦人对上帝神的祠奉,与祠奉赤帝、白帝、青帝、黄帝、黑帝一样,没有被特别突出与强调。"②联系其他年代相近的秦汉简帛看,以赤帝为至上神的多神崇拜主宰着楚地秦人的信仰。该信仰直接承继了殷周的多神崇拜思想而有着自己的特色。殷人多神崇拜的至上神为"帝",是一个能够兴风作雨、降灾降祸、统领自然与社会、管理人间事务的最高主宰。周人的至上神为"天","天"神除保留了世俗功能的特性外,还被赋予政治、伦理等新的社会功能,成为宗法等级秩序的决定者和社会道德原则的总根源。《礼记·表记》指出了殷周鬼神观的这种区别:"殷人尊神,率民以事神,先鬼而后礼";"周人尊礼尚施,事鬼敬神而远之"。楚地秦人以赤帝为至上神,而把"天"神看作一个普通的自然神,与殷商有类似点。但楚地秦人敬奉鬼神,却不愿与鬼神有任何亲近;其观念中,人与鬼神完全是一种祭祀被祭祀的利益关系,这种对鬼神敬而远之的态度,又显然与周人"事鬼敬神而远之"的思想相同。另外,商代没有五祀神,楚地秦人五祀神的祭祀实际是承袭周的体系,可见楚地秦人其实是吸收了商周的文化信仰,并不仅仅是商或周。另外,人伏神是春秋时秦德公所设,而在楚地秦人的日书系统中找到其信仰,说明秦人的神也在进入楚人的生活,这显然是秦始皇政治一统、民族融合的结果。另外,三伏天的炎热也应该更能让信奉鬼神的楚地秦人相信人伏神的存在,从而加强了人伏神信仰的传入。可知,政治的影响作用,要么是长期的、强制性的、处罚极其严厉的法令,要么是与人民利益和信仰切实相关的部分,否则其作用微乎其微。太一神的存在,又让我们看到了道家至上神的影子。可见楚地秦人的信仰其实是吸取了商周的特点杂糅而成,并不能简单说"其鬼神观与殷人相近而与周人相距甚远"③。

------

①周人较高层次的鬼神观指的是周人观念中的鬼神均以"德"为标准赏善罚恶,人间的吉凶祸福都与"德"相联系。文见林剑鸣《从秦人价值观看秦文化的特点》,《历史研究》1987 年第 3 期,第 69 页。
②李晓东、黄晓芬《从〈日书〉看秦人鬼神观及秦文化特征》,《历史研究》1987 年第 4 期,第 57 页。
③李晓东、黄晓芬《秦人鬼神观与殷周鬼神观比较》,《人文杂志》1989 年第 5 期,第 92 页。

秦以白帝为祖先神,四帝皆祭;楚地秦人以赤帝为祖先神,主祭赤帝。虽被秦灭国,但以赤帝为中心的多神信仰一直保持着秦统一前的状态,并未因统一而改变。秦、楚有共同的思想信仰,秦的有些神灵已进入楚人祭祀的范围,不能不说这是始皇统一、民族融合、文化交流的结果。日书反映的楚地秦人信仰与《楚辞》反映的信仰系统也不同,一则说明了信仰有层次的区别,日书本身自成一个信仰体系;再则,大一统条件下的礼俗思想背景也与屈原所处的背景有异,出现一些不同也当在情理之中。

第四节 楚地秦人礼俗思想中的怪及统一的影响

一、何谓怪

近代妖怪研究的创始人为日本佛教哲学家井上圆了,其"妖怪"范围涉及与人有关的所有奇异现象,如其言:"凡妖怪种类,细别之虽不知凡几,而概括之,则得别为物怪心怪之二大门,而参以二者互相关系之一种,如鬼火不知火,物怪也;奇梦灵梦,心怪也;催眠术魔法幻术,则物心相关之妖怪也。妖怪种类,世人多以触于耳目感觉者为限,而感觉以外,如卜筮人相九星方位,凡关于观理开运诸术,及鬼神灵魂、天堂地狱,凡关于死后冥界诸说,亦皆妖怪之一种也。"①其观点比国人对"妖怪"的认识要宽泛得多。从文献资料看,凡是奇异的事物,木石水土等我们都可称之为"怪"。《说文》言:"怪,异也。"《国语·鲁语下》:"木石之恠,曰夔、蝄蜽,水之恠,曰龙、罔象;土之恠,曰羵羊。"恠,即"怪"之俗体。怪包括妖和孽,《说文》言:"地反物为祦②也。"段注曰:"衣服歌谣艸木之怪谓之祦,禽兽虫蝗之怪谓之蟹。此盖统言皆谓之祦。析言则祦蟹异也。祦省作祅,经传通作妖。"可知祦(妖)蟹(孽)常统称为妖。秦简条文通常对妖、蟹(孽)也不加细分,如:

睡简《日甲》59背壹—60背壹:□鸟兽能言,是妖也。不过三言。言过三,多益其旁人,则止矣。

---

① (日)井上圆了《妖怪学讲义录(总论)》,蔡元培译,上海:上海科学技术文献出版社2023年,第8—9页。
② "祦"同"祅"。也作"妖"。

鸟兽如果能说人话,则是妖,并不称为孽。但是,秦简中并非没有"孽":

> 睡简《日甲》31 背叁:一室中,卧者容席以陷,是地蠥居之,注白汤,以黄土窒,不害矣。

这里的地蠥就是指的禽兽虫蝗之怪。根据上述情况,我们也依段注统言"妖孽"为妖,并不加以细分,基于表达习惯,文中以"怪"或"妖怪"统称之。也就是说,怪是指除鬼神之外的一切事物变成的精灵,可以是衣服、歌谣等无生命的东西,也可是动物、植物等有生命的事物。日本学者柳田国男《妖怪谈义》一书中的"怪"也涉及金银、木石之物。

《汉书·地理志》言楚地秦人"信巫鬼,重淫祠",只是对其观念的概括,并不是说其不相信有"怪"的存在。事实上,在楚地秦人心目中,与对鬼神的看法一样,"怪"也存在于生活的方方面面,如:

> 睡简《法律答问》069—070:"擅杀子,黥为城旦舂。其子新生而有怪物其身及不全而杀之,勿罪。"今生子,子身全也,无怪物,直以多子故,不欲其生,即弗举而杀之,何论?为杀子。

> 孔简 298 壹:高门:宜豕。五岁弗更,其主为巫,有妖。

豕,指猪。擅自杀死自己的孩子,要以黥城旦舂处罚之,但如果新生儿有怪物附体以及身体不完整被杀掉的,(父母)就无罪。秦人如果认为新生儿有妖怪"附体",则会杀死自己的孩子,并且这种行为受法律保护;门是家家户户不可缺少的,高门对养猪有益,但如果五年不更换,主人会成为巫,且会有妖怪作祟。秦律是针对所有秦人的,显然故秦人也存在着同样的认识。

从这些简文可以看出,时人相信妖怪存在并对其深深恐惧,为此不惜杀死自己的亲生子。从法律保护人们杀死认为有怪物"附体"的孩子看,相信"怪物"存在是普遍的认知,非独寻常百姓,上层社会同样存在这种认识,否则不会立法保护此行为。但上层社会的妖怪思想往往与政治联系在一起,认为妖怪的出现是因为社会人事混乱,如《左传·庄公十四年》载:

> 初,内蛇与外蛇斗于郑南门中,内蛇死。六年而厉公入。公闻之,问于申繻曰:"犹有妖乎?"对曰:"人之所忌,其气焰以取之,妖由人兴

也。人无衅焉,妖不自作。人弃常,则妖兴,故有妖。"①

衅,过失、罪过。常,即社会的、政治的、道德的常规。这里是把两只相斗的蛇称为妖。认为妖的兴起是因为人,人如果做事没有过失,就不会有妖;如果人能保持正常的秩序,使伦常得以保持不乱,妖就不会出现②。妖怪显然是被作为一种征兆来理解。《左传·宣公十五年》亦言:"民反德为乱,乱则妖灾生",是把妖灾的出现归结于社会的道德混乱,与申繻表现出的都是一种民本或人本主义思想。社会乱则妖怪出,妖怪是社会混乱、伦常失序的征兆。显然,这种思想源自社会和妖怪之间存在的"互渗"观念。

日书中反映的妖怪观与上层统治者对待妖怪的民本主义思想完全不同。文化、生活水平的限制,使得他们关心的只是妖怪给生活带来的直接影响,关注的是自己的切身利益。希望生活平安、吉祥,不受异类干扰主导着他们的妖怪观。也就是说,治人者看到的是妖怪背后的东西,而作为被治者的平民百姓关注的则是怎样避免妖怪可能带给自己的伤害。安全和生存是他们的第一需要。

二、秦简中的"怪"及相关礼俗思想分析

从日书内容看,在楚地秦人的观念里,自然界及生活中的一切都可以是怪,怪如鬼神一样,充斥着他们的生活。具体有哪些怪,下面分类进行讨论。

(一)禽兽虫豸类怪

禽兽虫豸类别的怪在秦简中最多,包括鸟兽怪、虫豸怪、鼠怪、狼怪、水怪和爰母怪。

1.鸟兽怪

睡简《日甲》59背壹—60背壹:□鸟兽能言,是妖也,不过三言。言过三,多益其旁人,则止矣。

鸟兽本不会说人话,如果说人话则判断为妖。说人话不超过三句没关

---

① 杨伯峻《春秋左氏传(修订本)》,北京:中华书局2000年,第196—197页。
② 陈来《古代思想文化的世界——春秋时代的宗教、伦理与社会思想》,上海:三联书店2009年,第109页。

系,但如果超过了,只需要多增加身边的人,鸟兽就不说话了。显然秦人也没把这看作多大的事情,但从中却可看出,对于看似反常的事物,古人更重视其经常性,对于"恒"怎样的东西总是充满警惕,如:

> 睡简《日甲》47 背叁:鸟兽恒鸣人之室,燔鬈及六畜毛鬣其止所,则止矣。

鬈,指脱落的头发。鬣,泛指动物头、颈上的毛。如果鸟兽"恒"——总是在人的房间鸣叫,就是妖,要设法对付。在鸟兽停落的房间焚烧人脱落的头发和六畜的毛,它们就不再叫了。反过来说,如果鸟兽不是经常性在人的房间鸣叫,人也不会把它当回事的。鸟兽在人的房间鸣叫,驱赶的方法是烧人的头发和动物毛,鸟兽看到就不敢吭声了,这应该起到烧毛骇鸟的作用。

秦人对待经常在自己房间鸣叫的鸟兽的态度是想办法制止,但统治阶级则往往把这种情况看作是一种征兆,如《史记·殷本纪》载商王武丁为先王成汤举行肜日之祭的次日,有飞雉落在鼎耳上鸣叫,武丁认为是不祥之兆,很是忧惧。大臣劝其修政事。于是,武丁"修政行德,天下咸欢,殷道复兴。"这里武丁见野鸡鸣于鼎,并不像寻常百姓那样想办法制止,而是看作不祥之兆,从而听取祖己建议,修明政教、治国以德,对自然现象的敬畏终使"天下咸欢,殷道复兴。"这种见"妖"修德的事同样发生在商中宗太戊之时,据《史记·殷本纪》:

> 帝太戊立伊陟为相。亳有祥桑谷共生于朝,一暮大拱。帝太戊惧,问伊陟。伊陟曰:"臣闻妖不胜德,帝之政其有阙与? 帝其修德。"太戊从之,而祥桑枯死而去。……殷复兴,诸侯归之,故称中宗。①

商都城亳有妖桑、妖谷二木长于朝,一个晚上长成两手合围那么粗,这种超越常理的现象令太戊害怕,后来听从伊陟的建议,修明政德,妖树也就死了。太戊害怕是因为相信妖的存在且把上述情况看作一种凶兆,这种凶兆是上天感应到当政者的政事和德行有问题而给予的一种警告,若统治者警惕这种预兆,修政立德就可免灾,否则将灾难临头。伊陟也正是基于此进行的规劝,这应该说是神灵信仰的正面力量。其思想的根本点是相信自

---

① [汉]司马迁撰《史记(全十册)》,[宋]裴骃集解,北京:中华书局 2009 年,第 100 页。

然与人之间存在感应或"互渗",反映了当政者对自然现象怀有的敬畏之心及民本主义思想。

可见,上层统治者对待"怪"的态度与普通民人不同,前者着眼于国家大事,修身立德,是从长远利益、国家利益考虑;而后者只关心眼前利益,这与各自的身份、地位、承担的责任有关。

2. 虫豸怪

楚地秦人判断怪的另一标准是"独",如:

> 睡简《日甲》49 背叁:鸟兽虫豸甚众,独入一人室,以箸鞭击之,则己矣。

如果很多鸟兽虫豸单单进入一个人的房间,用箸鞭击打它们,就会停止进入了。显然,如果这些鸟兽虫豸不是单单进入一个人的房间,而是见房间就进,秦人也不会视其为怪或者说按照驱怪的手法驱赶。后文所言之寒风怪,人们之所以"施法"驱赶,也是其"独"入一人室,被人们判定为怪的原因。

楚地秦人判断怪的另一标准就是出现"怪"事。譬如,如果被杀的虫豸自己把断了的身体连接起来,那么就可以判断该虫豸为"怪"。在虫豸身上撒上灰,就连接不起来了。如:

> 睡简《日甲》62 背壹:杀虫豸,断而能属者,溃以灰,则不属矣。

如果所有人都同得一种病,也被看作是"怪"在作祟,如:

> 睡简《日甲》39 背贰—41 背贰:一室人皆缩筋,是会虫居其室西壁,取西南隅,去地五尺,以铁椎段之,必中虫首,掘而去之。弗去,不出三年,一室皆缩筋。

> 睡简《日甲》31 背叁:一室中,卧者容席以陷,是地蟗居之,注白汤,以黄土室,不害矣。

《说文》:"蟗,禽兽虫蝗之怪谓之蟗。"一家人都曲筋或者睡觉的时候人连同席子一起陷下去,是因为虫怪或禽兽虫蝗怪居住在自己家里。这时候就要采取措施驱除,否则这些怪会继续作祟害人。看来,在楚地秦人观念里,怪是邪恶的东西,哪怕它不主动害人,只是住在那里,都会给人带来伤害。这应该是其虫子可以把毒性"互渗"给邻近人的思想在起作用。当

然,不是所有的虫怪只是老老实实呆着而已,它们像人一样有矛盾不和甚至打斗的时候。此时遭殃的依然是人类,如:

> 睡简《日甲》53 背叁—56 背叁:一室井血而腥臭,地虫斗于下,血上漏,以沙垫之,更为井,食之以馈,饮以霜露,三日乃能人矣。若不,三月食之若傅之,而非人也,必枯骨也。旦而撮之,苞以白茅,裹以贲而远去之,则止矣。

更,另外。馈,蒸米。傅,指皮肤接触,如同擦、拭、涂、抹。食之若傅之,意谓饮用此水或洗涤用此水[1]。贲,读为“蕡”,指大麻籽[2]。地虫在地下打斗,血水上翻,使得家里的井水变成血水。这时候就要另挖一口井,连续三天吃蒸米饭,饮霜、露,才能过正常人的生活。否则,饮此水或洗涤用三个月,人就不是人了,一定会成枯骨。在白天有太阳的时候,从掩埋血水井的地方撮取沙子,用白茅草包起来,内裹以大麻籽跑到很远的地方扔掉,地虫就停止打斗了。从现代观点看,饮井水得病,应该是寄生虫所致,但在古人看来,是地虫怪附体。地虫怪能夺人性命,是虫怪中最厉害的。

3. 鼠怪

怪除了自己打斗殃及人造成危害外,它们也如鬼一样会骚扰人,如:

> 睡简《日甲》45 背叁:人过于丘虚,女鼠抱子逐人,张伞以向之,则已矣。

丘虚即丘墟,指坟墓。女鼠,母老鼠。人经过坟墓时,母老鼠会抱小老鼠追赶人。这反常的情况自然被看作怪,打开伞对着女鼠,就会停止。骚扰人的还有狼怪。

4. 狼怪

> 睡简《日甲》33 背叁:狼恒呼人门曰:“启,吾非鬼也。”杀而烹食之,有美味。

狼经常在人家门前呼叫说:“开门,我不是鬼。”这只狼是怪,可以杀了烹调后吃掉,味道鲜美。吃掉怪也算一种驱怪方法,可吃的还有水怪。

---

[1]王子今《睡虎地秦简〈日书〉甲种疏证》,长沙:湖北教育出版社 2003 年,第 444 页。
[2]转引自王子今《睡虎地秦简〈日书〉甲种疏证》,长沙:湖北教育出版社 2003 年,第 445 页。

5. 水怪

睡简《日甲》65 背贰—66 背贰：人恒亡赤子，是水亡伤取之，乃为灰室而牢之，悬以蕃，则得矣；刊之以蕃，则死矣；烹而食之，不害矣。

赤子，刚出生的婴儿。《书·康诰》："若保赤子，惟民其康乂。"孔颖达疏："子生赤色，故言赤子。"水亡伤，刘乐贤先生指出即"水罔象"①，是。《白泽精怪图》言："水精名罔象，其状如小儿，赤色，大耳长爪。以索缚之则可得，烹之吉。"为灰室而牢，即在房间内铺上灰并以灰画圈于地作为牢。为灰室，即铺灰于室。蕃，指扫帚。牢，圈禁②。刊，斫削。人经常丢失新生的婴儿，这是水怪罔象偷走了，就在房间里铺上灰并用灰画地为牢，（在圈上方）挂上扫帚，就能抓住它；用扫帚砍削它，就能杀死它；烹调后吃掉，也没有伤害。

水怪形象如小孩子，红色，长着大耳朵长爪子，加害对象也是婴幼儿。刘钊先生言为后世之淹死鬼③，《白泽精怪图》称其为"怪"，而《庄子·达生》又称其为"鬼"："桓公曰：'然则有鬼乎？'曰：'有……水有罔象，丘有莘，山有夔，野有彷徨，泽有委蛇。'"陆德明《经典释文》又称其为"神"："司马本作无伤，云：状如小儿，赤黑色，赤爪、大耳，长臂。一云：水神名。"水罔象身份的各种说法，当是因为斯时鬼神怪不分。我们称之为"怪"，是因后世所言淹死鬼的显著特点是找替身，通常作祟对象也是那些落水或在水中游泳之人。如元好问《续夷坚志》卷二所言淹死鬼要找的替身是到河中洗浴之人，《聊斋志异》卷一《王六郎》载将要替代六郎死的是一个落水的少妇。然秦简条文显示水罔象作祟的对象为形貌与之相似的赤子，而非落水者，显然与淹死鬼不同。"人恒亡赤子"强调一个"恒"字，在婴幼儿死亡率很高的古代，婴儿偶尔死亡并不被看作不正常的，恒——经常这样，就会认为是水怪作祟了。"恒"是古人判断异常现象是否为鬼怪的一个准绳，当是古人理性的反映。

6. 爱母

睡简《日甲》50 背叁—51 背叁：人无故一室人皆垂涎，爱母处其

---

① 刘乐贤《睡虎地秦简日书〈诘咎篇〉研究》，《考古学报》1993 年第 4 期。
② 刘信芳《〈日书〉驱鬼术发微》，《文博》1996 年第 4 期。
③ 刘钊《秦简中的鬼怪》，《中国典籍与文化》1997 年第 3 期，第 105 页。

室,大如杵,赤白,其居所水则干,旱则淳,掘其室中三尺,燔豕矢焉,则止矣。

淳,浇灌。爰母像一根一头粗一头细的圆木棒,红白色,当为虫类。怪物所在是有征兆的,爰母所居之处,有水时会变干燥,干旱时是湿润的。更重要的是它会让一家人无缘无故都流口水,挖地三尺对付它也就不奇怪了。这里判断是否怪物作祟的标准是"无故"——无缘无故。如果全家人没有原因地都流口水(这确实很奇怪),事出反常必有妖。若真出现这种情况,当是因为传染病。比起水怪取人性命,爰母对人的伤害小多了。

(二)气流类怪

指的是由旋风或其气流等形成的怪。秦简涉及风怪、风气怪、云气怪和病气怪四种。

1. 风怪

秦简所涉风怪主要是"飘风"怪,如:

> 睡简《日甲》58背壹:票(飘)①风入人室,独也,它人【莫为,洒以沙】,则已矣。
>
> 睡简《日甲》64背贰:凡有大飘风害人,释屦以投之,则止矣。
>
> 睡简《日甲》57背叁—59背叁:飘风入人宫而有取焉,乃投以屦,得其所,取盎之中道;若弗得,乃弃其屦于中道,则无恙矣。不出壹岁,家必有恙。

独,单独、独自②。飘风单单进入某人的房间,其他人的(房间)没有去,就是怪物作祟了,用沙洒过去,风怪就会停止。这里的风怪是进入人的房间,结合最后一条,或为有所取。即使无所取,作为一种非人类的东西单单进入一个人的房间,别人的不去,就足以令人心生恐惧,而这恐惧本身就是一种伤害,所以人要想法制止它,何况它要害人、进入人的房间拿走人的东西。对付飘风怪的办法很简单,脱下鞋子扔过去就可以了。

《玉篇》风部:"飘,婢遥切,旋风也。"飘风即旋风,古人认为旋风乃鬼

---

① 陈伟《秦简牍合集(壹)》(武汉:武汉大学出版社2014年,第443页)注曰:"票,整理者释为'寒'。今按,据红外影像改释。"我们取其意见。

② 连邵名先生言"'独'义同'一',是'道'的别名。"意思是"精专"(《睡虎地秦简〈日书〉及〈诘篇〉补正》,《江汉考古》2001年第1期,第79页),疑误。详见后文附录之"独"。

怪所变。《太平广记》有旋风卷三四二"独孤穆"条载:"既至恶王墓下,为旋风所扑三四。"卷三五二"牟颖"条载:"邻家飘风骤起,一宅俱黑色。"卷三五三"张瑗"条载:"妇人忽尔回头,化为旋风扑瑗",等等。旋风为鬼怪所化且可用鞋子驱除的观念至今尚存,河南洛阳地区现在还有若遇旋风在自己周围盘转,脱下鞋子朝着旋风拍扔过去(鞋底子朝上,鞋口对着风)就可以除灾免害的观念,甚至还有如果打到鬼怪(这种情况通常是鞋子拍扔过去刚好鞋口朝下),鞋里面会有血迹的说法。当然,小时候试过多次,从来没有打到鬼怪的事情发生。之所以忌讳旋风,在于其起得突然而且只在个别地方打转,不像平常的风普惠万物,鬼神观支配下的人们自然觉得是鬼怪作祟。对付其的方法流传至今,说明礼俗及思想的传承性和"顽固"性。礼俗思想也有世界性的一面,如旋风为怪的信仰并非中国人独有,英国人类学家弗雷泽在《金枝》一书中说:"格兰查科的伦瓜印第安人把旋风说成是妖精路过,他们向它投掷棍棒,好把它吓跑。"[1]他们驱除旋风怪的办法是用棍棒,虽方法不同,但相信怪可以驱除的信念是共同的。然随着现代对旋风来由的科学解释,洛阳地区该对付旋风怪的办法已经没人再用。换句话说,如果一些神秘现象没有解释得令人信服,仅用"迷信"二字概括是不科学也是没有说服力的。

2. 风气怪

风可以为怪,其汇聚的精气也能成怪。精气即阴阳精灵之气。古谓天地间万物皆秉之以生。《易·系辞上》:"精气为物,游魂为变。"孔颖达疏:"云精气为物者,谓阴阳精灵之气,氤氲积聚而为万物也。"如:

睡简《日甲》52 背壹—53 背壹:野兽若六畜逢人而言,是飘风之气,击以桃杖,释屦而投之,则已矣。

如果野兽或者六畜见人就说话,那是飘风的精气在作怪。用桃木击打并脱下鞋子投向它们,就会停止说人话了。人们碰到旋风已经很害怕了,这里还是旋风的精气形成的怪,"法力"当更强更难对付,于是不但用了鞋子,还用了驱邪能力强大的桃木棒。《白泽精怪图》有言:"丘墓之精名狼鬼,善与人斗不休。为桃弓棘矢,司以鸥羽,以射之,狼鬼为飘风。脱履投

---

[1]（英）弗雷泽《金枝》,徐育新等译,北京:新世界出版社 2011 年第 2 版,第 83 页。

之,不能化。"狼鬼化为旋风欲逃,用鞋子投之就不能变化了。

3. 病气怪

病人身上散发出来的病气凝聚成的怪被称为病气怪。被病气怪缠上的人头发眉毛都会有异常反应。如:

> 睡简《日甲》60 背贰—61 背贰:人无故而发拳若虫及须眉,是是恙气处之,乃煮枲屦以抵,即止矣。

拳,弯曲。恙气,即病气。枲屦,即麻鞋。抵,《说文》:"侧击也。"人如果无缘无故头发眉毛都像虫子那样卷曲起来,则是病气附体,就把麻鞋煮过后拍打此人,病气就会停止作祟。上述提到的鞋子都是直接脱下来(说明这鞋子是穿过的,不能是新鞋)当"法器"使用,而这里驱赶病气怪用过的鞋子则需要煮过,其原理或在于鞋子煮过就有了杀毒功能,通过用之拍打病人身体,这个功能就可以"互渗"到病气怪身上,从而杀死或吓跑它。

4. 云气怪

人穿过的鞋子可驱飘风之气及恙气,人火可以驱走云气怪,如:

> 睡简《日甲》44 背叁:云气袭人之宫,以人火向之,则止矣。

《左传·宣公十六年》:"凡火,人火曰火,天火曰灾。"人火,相对于"天火",是人出于主观意愿而"举"的火,如战火、兵火、纵火。而雷击、陨石等引起的火称为天火。云气怪侵入人的房屋,用"人火"对着云气(燃烧),就停止作祟了。这样做,或许因为云气含水,火可克水之故。总之,在楚地秦人观念里,怪再可怕,人都可以用最普通的东西来驱除或降伏它们。火不但为怪所怕,鬼同样怕火。在河南和江苏北部地区,无论男女,夜间走路点燃一支香烟,据说可使鬼怪远离。

(三)天象类怪

1. 火怪

人火不但可以制服云怪,还能驱除火怪和雷怪,如:

> 睡简《日甲》35 背叁:有众虫袭入人室,是野火伪为虫,以人火应之,则已矣。

> 睡简《日甲》41 背叁:天火燔人宫,不可御,以白沙救之,则止矣。

野火即野外之火,当为磷火。火怪有天火怪和野火怪两种。前者烧人房屋,后者则可变化为虫入人房间。人火可用来对付野火怪变化成的虫子,但不能对付天火怪。天火怪烧人房屋,只能用白色沙子才能消除其造成的灾害。生活中虫子确实怕火烧,而失火时洒沙子的确也可以压灭火,这些应该都是古人常用的灭虫灭火之法。但在科学技术落后的古代,不可解释的现象太多,对周围的一切满怀敬畏的人们而言,天火当然是神秘的东西,此法出现在《诘咎》篇中,与禁忌鬼神凶灾放在一起言说不足为怪。人火可对付野火,说明人火的阳气足,“法力”之强大超过了野火。《白泽精怪图》言:“火之精名曰必方。状如鸟,一足。以其名呼之则去。”其对付火精的办法更简单,只需呼其名即可。

2. 雷怪

睡简《日甲》42 背叁—43 背叁:雷焚人,不可止。以人火向之,则已矣。到雷攻人,以其木击之,则已矣。

雷怪的作祟方式是焚烧人或攻击人(其实焚烧人何尝不是攻击人的一种方式呢),雷烧人,不能停止。用人火对着它,就会停止了。如果雷攻击人,用雷击木(或叫霹雳木)击打雷,就停止了。这种雷怪的特征很像今天所说的暴雷——球形闪电,会随着气流飘移,颜色多变,红绿白黑皆有可能,甚至会发出声响,所过之处皆有不同程度的损伤,碰到障碍物还会爆炸或者消失,秦简所记雷焚人情况颇合其特征。若是,则为球形闪电的最早记载,其方法也就成为对付球形闪电的良方。北宋沈括在《梦溪笔谈》“雷震”篇中也记录了一次球形闪电(暴雷)出现的实况,言其“非人情所测也”[1],可知至北宋这种情况仍被看作怪异,何况更早的秦。秦人对付雷烧人的办法与对付野火怪相同,说明人火法力最强,可以对付所有怪火,这应该与时人的生活经验密切相关。打雷的确能引起火灾,因对此没有科学的认识,故认为是雷怪作祟。

(四)无气类

1. 无气怪

精气可为怪,无气息的东西同样能为怪,如:

---

① [北宋]沈括《梦溪笔谈》卷 20,成都:四川美术出版社 2018 年,第 217 页。

睡简《日甲》61 背壹：无气之徒而动，终日，大事也；不终日，小事也。

没有气息的东西自己动起来了（如土、石、木、水、金等），如果整天这样，就是大事；不是整天这样，就只是件小事。古人看来并非草木皆兵，他们虽然相信有怪，但不是视一切异常为怪。其判定无气息的东西为怪的标准，是据其是否每天都动，否则也不看作什么大不了的事情。《左传·昭公八年》有无气之徒——石能言的记录：

石言于晋魏榆。晋侯问于师旷曰："石何故言？"对曰："石不能言，或冯焉。不然，民听滥也。抑臣又闻之曰：'作事不时，怨讟动于民，则有非言之物而言。'今宫室崇侈，民力凋尽，怨讟并作，莫保其性。石言，不亦宜乎？"①

讟，怨恨。晋魏榆这个地方的人听到石头说话。晋侯就向师旷询问石头为什么说话？师旷回答说，石头能说话，要么是有精灵附体，要么是听错了。当然也有做事不合时宜，导致人民怨恨，如此就会有不应当会说话的东西说起话来。然后指出，当时民力耗尽，怨恨并起，生命得不到保障。这种情况下，石头说话就没什么奇怪的了。其意是说"人弃常则妖兴"，人失伦理纲常、社会混乱就会出现妖怪。暗指晋侯当时奢侈腐化，耗尽民力，石头能说话是民怨鼎沸的表现。反映了一种社会与自然相互联系、社会混乱则自然有兆的思想。石头能言也被作为讽谏的话头，以婉转规劝帝王弃恶从善、改良政治，维护好自己的统治。另外，晋侯或师旷的着眼点也不在于石头说话对自己可能的伤害，从而采取什么直接的措施制止石头说话或作祟害自己，而在于追究其为什么说话和对国家的预兆意义，与中下层民人对妖怪出现就反击的态度截然不同。

（五）物老为怪

睡简《日甲》27 背叁：大魅恒入人室，不可止，以桃梗击之，则止矣。

大魅，物老变成的精怪。《左传·宣公三年》："螭魅罔两，莫能逢之。"杜预注："魅，怪物。"大魅经常进入人的房间，无法制止。制服办法是以桃

---

① 杨伯峻《春秋左传注（修订本）》，北京：中华书局 1981 年第 3 版，第 1300 页。

梗击之,就不来了。这种方法,在前文所言驱鬼术中常用,可见桃木也为怪所怕,驱怪之法与驱鬼术相通。

如前所述,无论对鬼神还是怪,条文中最常出现的词是"无故"——无缘无故,鬼神怪无缘无故害人时秦人则驱之(好像有缘有故就理当承受似的);秦人也多以是否"恒"——经常怎样作为判断怪的标准。其实,他们也常常以"无故"和"恒"作为人是否正常的标准,如:

> 睡简《日甲》63 背壹—64 背壹:人有思哀也弗忘,取丘下之荠,完掇其叶二七,东北向茹之乃卧,则止矣。

> 睡简《日甲》67 背壹—68 背壹:人无故而心悲也,以桂长尺有寸而中折,以望之日日始出而食之,已乃餔,则止矣。

> 睡简《日甲》54 背贰—55 背贰:人无故而忧也,为桃梗而敂之,以癸日日入投之道,遽曰:"某",免于忧矣。

> 睡简《日甲》56 背贰:人无故而怒也,以戊日日中而食粟于道,遽则止矣。

如果人的思念悲哀一直不能忘却,或者无缘无故伤心、忧愁、愤怒,在楚地秦人看来都是不正常的,需要施法治疗,显示了对心理疾病的早期关注,这点是今人所不能比的。他们希望能忘掉思念和悲哀,不希望这些坏情绪长久地缠着自己。不好的情绪应该是有原因的,如果没有明显的原因就是不正常的。我们应该注意到,这里没有无故高兴、兴奋为不正常的条文,从中可以感到人们对快乐的重视,对美好、幸福生活的向往。

三、驱怪法器及其礼俗思想解读

因为科技的不发达,生活中的很多现象无法得到合理的解释,古人便归因于鬼神怪。因此,古人眼里的世界是充满鬼神怪的,很不安全。但是从秦简看,他们总有办法去对付,而这些办法也都是代代相传的经验总结,很多看起来迷信,实则有其科学道理。而今人大环境属于"科学观",面对古人的"迷信观",难免对其所言神秘的东西嗤之以鼻而不屑加以辨别,其实又陷入了另一种迷信。下面分类对秦人对付怪的主要"法器"进行梳理,并试图解读其礼俗思想。

（一）生活用品类——屦、人火、扫帚、伞

1.屦（4）①

在秦简中，鞋是最喜闻乐见的驱怪法器。秦简所见涉及 4 处（详见上文所涉睡简《日甲》60 背贰—61 背贰、52 背壹—53 背壹、64 背贰、57 背叁—59 背叁），使用方法简单，只需脱下脚上的鞋子朝着怪物扔过去即可。鞋可以祛除病气怪、旋风之气怪、旋风怪。从"释屦"看，作为法器的鞋是旧鞋而非新鞋。而驱赶病气怪的鞋需要用麻鞋且要煮过。穿过的旧鞋有辟邪作用，在全国各地很多地区都有此说法。有说其能辟邪是因"鞋"谐音"邪"，或因穿过的鞋子走过很多地方，吸收了很多地上的能量，有人间五行之气，等等。夏按，古人祭祀鬼神之前，必先斋戒沐浴更衣，一则示其诚恳庄重，再则因为鬼神喜洁净（前引《墨子·明鬼下》："酒醴粢盛之不净洁也？"），据说不洁之物会夺去鬼神身上之气，因此污秽之物为鬼神所厌恶甚至惧怕，因此在古人眼里，越是污秽之物驱鬼怪的法力越强大。穿过的鞋子或刚从脚上脱下的鞋子污秽且异味重，"法力"特别强大，故深为鬼神怪所厌恶惧怕。

2.人火（3）

人火相对于天火。人火作为法器可以驱除雷怪、野火怪、云气怪（详见上文睡简《日甲》42 背叁—43 背叁、35 背叁、44 背叁）。因为火属阳，且水火相克，虫类天生怕火，云中含水汽，因此带有人间烟火气、阳气十足的人火可驱除云气怪和野火怪伪装成的虫怪。而"雷"五行属水，因此人火也可克之。以人火对付雷怪（如上文所言，或为球形闪电），看似迷信的做法，却有一定的科学道理在里面。

3.扫帚（1）

罔象总是偷走别人家初生的婴儿，要驱赶它，除了用灰在房间里画圈为牢外，还需在"牢"内悬挂扫帚，这样就可以抓到它，然后用扫帚砍打它，它就会死（详见前述睡简《日甲》65 背贰—66 背贰）。能作为驱怪法器，当因扫帚本身可以扫除污秽，故有可将晦气扫出家门的俗信；又因其经常用来扫除，自身带有长期扫除沾染的污秽之气，而污秽之气为鬼神怪所厌恶和惧怕，故而有驱除作用。

---

①后面的数字是该"法器"在研究所涉秦简中使用或出现的次数，下文同此，不俱注。

4.伞（1）

伞作为法器，秦简仅一处，如睡简《日甲》45 背叁："人过于丘虚，女鼠抱子逐人，张伞以向之，则已矣。""张伞以向之"意思是撑开伞对着它，可知是人拿着伞柄而伞面对着母老鼠，而母老鼠因此就不会追逐人了。说明伞有辟邪作用，伞能辟邪很多民族都有此说，然其原因各异或已无法解释。推其理，或在于伞有阴阳两面，外面为阳，里面为阴。其遮阳的伞面对着阳光，因常吸收阳光之气而阳气十足，而伞里则相反。今天会见到大白天从火葬场出来的人张黑伞罩在骨灰盒上，就是因为鬼怕白天（阳气盛），黑伞罩在上面是为了遮住阳光或天光使鬼处于"阴"的环境，以能"生存"。秦简中用伞的阳面对着母老鼠，鬼怪类为阴，阳克阴，因此母老鼠被吓跑。

又，《考工记》和《大戴礼记》都说，盖弓一般有二十八根，象征天上的二十八宿。宋代沈括《梦溪笔谈·象数》也言："车盖二十八弓，以象二十八宿。"车盖是古代车上遮雨蔽日的篷子，形圆如伞，下有柄。类似现在的"伞"。说明古代的"伞"有二十八弓，以像二十八宿。古人认为天圆地方，故而圆形的伞面象天，二十八根伞骨像天上的二十八星宿，有天神、二十八宿神"入驻"的伞自然有无上的"法力"，其辟邪作用自然非它物可比。加上古代的伞柄和骨架皆为竹制，竹子的辟邪作用更加强了伞的法力。不过，秦始皇陵西侧出土的两辆铜车马上面的车盖伞骨数量分别为二十二、三十三根，并不是二十八根。从实际考古发掘结果来看，很多汉代车盖的盖弓数量也不到二十八根[1]。但今天的广西贵港壮族地区，在汉朝时已广泛使用的油纸伞，制作工艺代代传承至今，一直是二十八根伞骨，对应二十八宿，与考工记等说一致，秦简所记当为这种伞。至于秦始皇的伞盖为何不是二十八根伞骨，今天的伞骨更是有六、八根不等，一则说明是不同的伞，否则不会至宋沈括犹有此说；再则或说明伞在朝简约处发展，但其包含的礼俗思想没有变。

（二）植物类——桃木、箈鞭、白茅

1.桃梗（3）

桃木不但有强大的驱鬼作用，也可以用来驱赶大魅、野兽或六畜之怪等（详见于前文睡简《日甲》27 背叁、52 背壹—53 背壹）。若是碰到后者，

---

①王力《中国古代文化常识》，北京：世界图书北京出版公司 2009 年，第 187 页。

或因野兽及六畜怪法力强大,除了需要桃木杖,还需要脱下鞋子扔过去。桃木有关的礼俗思想已在第二节有述,此略。

2. 箸鞭(2)

箸鞭作为驱怪法器,秦简有二处(分别见于上文睡简《日甲》48 背叁、49 背叁)。箸,《说文》:“楚谓竹皮曰箸。”段注曰:“今俗云笋箨、箸是也”,笋箨即竹笋的皮。可知箸鞭即用竹笋外面的皮做成的鞭子。竹子有辟邪作用,因此竹鞭可以打跑鬼和鸟兽虫豸这些怪物。不仅可以用来驱怪,还可以降鬼。

3. 白茅(1)

以白茅作为“法器”对付怪,秦简仅一(见于上述睡简《日甲》53 背叁—56 背叁),然用来对付鬼,则多次提到。如:

> 睡简《日甲》52 背贰—53 背贰:人生子未能行而死,恒然,是不辜鬼处之。以庚日日始出时渍门以灰,卒,有祭,十日收祭,裹以白茅,埋野,则无殃矣。

> 睡简《日甲》57 背贰—58 背贰:人无故室皆伤,是粲牙之鬼处之,取白茅及黄土而洒之,周其室,则去矣。

在对付不辜鬼时,也是用白茅包起来埋掉。对于粲牙鬼,用白茅和黄土洒在房屋周围就可以赶走它。如前文所言,鬼喜欢白茅,是因为在鬼界白茅是丝绸。用白茅包裹,对鬼怪而言就是用丝绸包裹,等于是在讨好鬼怪,目的是让鬼怪高兴地离开。而大麻籽有毒性,有毒的东西鬼怪都怕,可驱邪。因此睡简《日甲》56 背叁言:“苞以白茅,裹以贲,而远去之,则止矣”,这是用软硬兼施的方法驱除鬼怪。

(三)沙土类——白沙、灰

1. 白沙(2)

天火烧人房屋,可用白沙救火,如前述睡简《日甲》41 背叁。沙土本就可以灭火,这是客观事实,然特言“白沙”,显然是因其有辟邪功能,为鬼神怪所惧怕。睡简《日甲》58 背壹则言:“飘风入人室,独也,它人【莫为,洒以沙】,则已矣。”仅说“沙”不说“白沙”,或因时人观念中有辟邪驱鬼怪作用的沙只有“白沙”,故不言“白”。沙有辟邪除凶功能,非独汉族,藏族人们也有此信,如鱼通人坛城法会“转八卦”中所画的“八卦”,就是用石头磨成的白沙或部分白沙染色绘成。法会结束"撒八卦"后还会把沙分给信徒和为法会做出贡献的人。人们相信,"拥有这些彩沙,就能获得神灵的保佑,让自己和家人消灾免祸。不仅如此,这些彩沙还具有避邪除凶的能力,在夜晚独自行走或是在地里劳作遇见野猪、熊等野生凶猛动物时,也具有一定的保护作用。所以人们经常将其缝制在一小袋内,佩戴在脖子上,以祈盼平安吉祥、逢区化吉"①。从五行角度而言,无论"白"还是"沙",五行皆属水,水克火,因而可以用来驱赶火怪。

2. 灰(2)

《艺文类聚·果部》引《庄子》:"插桃枝于户,连灰其下,童子入不畏,而鬼畏之。"这里涉及的"灰"为桃木焚烧后的灰,桃木有辟邪作用,其灰亦然。因此秦简用来驱除鬼怪的"灰"或为桃木灰。如前文所涉之睡简《日甲》65 背贰—66 背贰。而睡简《日甲》62 背壹所言的阻止虫豸把断了的身体连接起来而用的"灰",或为普通灰土。有此说是在河南洛阳地区也有此俗,通常是小孩子调皮,因为听说把蠕虫断开,它自己还可以连接,而撒了灰就连不上了,就去检验,用的就是路上随便撮来的土,而确实屡试不爽。客观而言,即使这个土没有法力,洒在虫子断开的部位上,身体组织受到破坏,虫子确实也无法再连接起来。这只是生活经验的折射,是口耳相传的经验,也是秦简中人主动杀怪的唯一记录。因为虫豸并没有做什么危害人的事情,只是受伤后身本可以相连罢了。当然,也看出人在自然万物面前的小心。在古人看来,虫豸有这种功能肯定是怪,如果不想办法对付,自己可能会受到伤害。

(四)动物类——豕矢

1. 豕犬矢(1)

豕矢即猪屎,用猪屎驱怪,秦简仅见一例(如前所涉睡简《日甲》50 背叁—51 背叁),常见的是用犬屎,然用以驱赶鬼神。如:

> 睡简《日甲》27 背贰—28 背贰:大神,其所不可过也,善害人,以犬矢为丸,操以过之,见其神以投之,不害人矣。
> 睡简《日甲》49 背贰:人无故而鬼伺其官,不可去。是祖□游,以

---

① 林俊华《鱼通　一个古老而神秘的部族鱼通传统文化调研》,成都:四川民族出版社 2021 年,第 126 页。

犬矢投之，不来矣。

睡简《日甲》38 背叁：鬼恒从人女，与居，曰："上帝子下游。"欲去，自沐以犬矢，击以苇，则死矣。

可用犬屎驱赶大神、号称上帝子的鬼及祖□鬼，《韩非子·内储说下六微》有"燕人惑易，故浴狗矢"，燕人以为自己碰到了鬼，驱鬼的"法器"就是狗屎。狗屎的驱邪功能当因为狗，荀子《礼论》言狗属于"至阳之畜"，鬼怪属阴，阳克阴，故狗能辟邪免灾，今人不乏信者，古人更无不信者。如李时珍《本草纲目》言："术家以犬为地厌，能禳辟一切邪魅妖术。按《史记》云秦时杀狗磔四门以御灾，风俗通义云今人杀白犬血题门以辟不祥，则自古已然。"①狗驱邪功能强大，狗屎自当亦然。以屎作为"法器"，当还有另一个原因，即如前文所言，鬼神皆喜洁净，厌恶、惧怕不洁净的东西，狗屎、猪屎毋庸置疑，是极为污秽之物，用来驱怪，自为怪所怕。由此看来，鬼神怪之性情在此点是相同的，故而犬屎既可用来驱怪又可用来驱鬼神。那么是否也可以用别的什么屎驱邪，在今天的俗信中，只要是污秽之物皆可破邪物之"法"。秦简未见记载或是其时无此俗，亦或是狗屎猪屎法力更强大才被记录，当然，也可能是礼俗思想发展变化的结果。

（五）食物类——白汤

1. 白汤（1）

用食物作为"法器"，秦简仅见一处，即睡简《日甲》31 背叁："一室中，卧者容席以陷，是地蟹居之，注白汤，以黄土窒，不害矣。"白汤，当指捞过面条或煮过饺子剩下的汤，有类似浆糊的粘合作用，注入白汤再填入黄土，粘合力和密封性都增强，地蟹就会被窒息而死。在今天看来，这是防备地下虫害的合理方法，实在跟巫术搭不上边，也"是巫术中的合理部分"②。不合理的是"卧者容席以陷"的原因，本来是地下有虫挖洞导致，但却认为此虫是妖怪，显然是古人的鬼神观蒙蔽了基本的认知。随着科学的发展、认识的提高，剥离开迷信不合理的成分，剩下的就应该是宝贵的防虫害经验了。

总之，秦人用来降服妖怪的"法器"皆为日常习见甚至必备之物（如鞋

①宋敬东《〈本草纲目〉全解》，天津：天津科学技术出版社 2014 年，第 364 页。

②刘信芳《〈日书〉驱鬼术发微》，《文博》1996 年第 4 期。

子），即使碰到妖怪也能很容易保护自己，反映出秦人妖怪不可畏、人总有办法对付妖怪的观点和信念。从秦简条文看，这些法器很多既可以用来驱赶鬼神，也可用来驱赶怪，可知秦人眼里的鬼神怪皆为阴邪之物，可用同样的法器驱除①。秦人驱除鬼神怪的方法，很多有其合理的一面，是古人积累下来的宝贵经验的总结。

四、小结及统一的影响

总之，楚地秦人观念里，有气息和无气息的东西、鸟兽虫豸、风雨雷电都可能是怪。旋风虿单进入某个人的房间、刮走人的东西、野兽或六畜会说话、人无缘无故眉发卷曲如虫、云气或虫入人室、雷电引起火灾、鸟兽总在人的房间鸣叫等，只要出现上述情况就都是怪。楚地秦人对"怪"的态度与"鬼"一样，都是排斥的，充满警惕，哪怕云气只是进入房间都要设法"止"之，说明其心目中的怪都是邪恶的，它们干扰人的生活，使人得病甚至死亡，怪和人之间是不可调和的关系。但也存在着"互渗"，只要有怪的地方人都不会安宁。怪之间的不和谐也会影响人的生活甚至可能造成人的死亡。可见和谐是楚地秦人对社会和自然共同的潜意识的要求，表现出对和谐的重视。但秦人对怪还是保持理性的态度，并不以为凡物皆怪，他们有一定的判断标准，符合其标准的怪一定有办法驱除，体现了人定胜怪的信念和捍卫健康、平安生活的愿望和决心。

除了睡简有大量言及"怪"的条文，研究涉及的其他简帛皆无类似内容。就秦始皇统一的影响而言，显然楚地秦人仍保持着浓重的鬼神怪信仰本色，未见统一带来的明显影响。若说有影响，那当表现在楚地这么多的神怪内容被秦吏喜抄写保存，表明楚文化在大一统背景下与故秦文化融合、故秦人接受其信仰的趋势。

---

① 这当也是其鬼神怪不分的原因之一。

第四章　秦简时间、空间、出行礼俗思想

本章涉及的内容是与时间、空间、出行有关的礼俗思想。出行即离家外出。外出是在空间展开的行动，离不开时间和空间的转换和变化，这里主要是指秦人以出行活动为中心并涉及时空的礼俗思想。秦简《日甲》有《行》《归行》《到室》篇，《日乙》有《行日》《行者》《行忌》《行祠》《行行祠》等篇，专门记载了楚地秦人出行的时日禁忌、行神祭祀等，完整再现了楚地秦人的出行礼俗。以往对秦人出行活动的研究，集中在民俗、文化、交通等方面，对其礼俗思想的研究尚未见有专门探讨。本书试从礼俗思想角度，通过梳理出行和关涉的时空礼俗，了解楚地秦人出行礼俗思想。并通过与故秦人和楚亡国前相关思想的对比，考察秦始皇统一可能带来的影响。

第一节　秦简"行"的含义

行，甲骨文字形为𢔃，"象四达之衢，人所行也"①。"行"是个象形字，象四通八达的道路，故"道路"是其基本义。《尔雅·释宫》："行，道也。"行走、路程又都离不开道路，故"行"也用来表示行走、路程等。

那么秦简中的"行"所指为何？贺润坤先生说，"行"的含义是"指人们出门旅行的交通工具、道路设施及出门所进行的社会活动"②。夏按，从"行"的含义推究，道路设施不当在"行"之列。而刘增贵先生未对秦简中的"行"进行解释，只是列出具体事项，如：祭门、行、行师出征、田猎、之四方野外、乘车等③。我们认为，祭门不当在其列。为明其然，我们试看刘先生所列条文④：

---

① 于省吾《甲骨文字诂林》，北京：中华书局 1996 年，第 2227 页。
② 贺润坤《云梦秦简〈日书〉"行"及有关秦人社会活动考》，《江汉考古》1996 年第 1 期，第 90 页。
③ 刘增贵《秦简〈日书〉中的出行礼俗与信仰》，《中研院史语所集刊》，2001 年，第 72 本第 3 分，第 505 页。
④ 刘先生标注方式与我们有异，我们在此按照本书的标注方式展示刘先生所引用的内容。

睡简《日甲》004 正贰：交日，……以祭门、行、行水，吉。

睡简《日甲》005 正贰：害日……祭门、行，吉。

睡简《日甲》007 正贰：达日，利以行师、出征、见人。

睡简《日甲》08 正贰：外阳日，利以达野外，可以田猎。以亡，不得……

睡简《日甲》009 正贰：外害日，不可以行、作①。之四方野外，必遇寇盗，见兵。

睡简《日甲》010 正贰：阴日，利以祭祀。……不可以之野外。

睡简《日甲》012 正贰：夬光日，利以……猎卬方野外。

睡简《日甲》13 正贰：秀日，……冠、制车、折衣裳、服带吉。

达，至也。野外，即郊外、人烟稀少的地方。"之四方野外"即"到四方野外"。之，至、到。祭门、行，意谓祭祀门神和行神。折衣裳即裁制衣服。祭祀行神与出行有关，但祭祀门神只是五祀之一，与出行无关。故祭门不当列入"行"的范围。制，整理小组言"读为制，制有服义……制车疑即服车，亦即乘车。"②刘氏把该条列入"乘车"例证当与此释有关。然，王子今认为制从寸，据《说文·寸部》："有法度者也，从寸"，段玉裁注"法度字多从寸。《又部》曰：'度，法制也。'""制车"之"制"正与车辆制作尺度规范十分严格的情形相合③。制车即制造车辆而非乘坐车辆，其义从词义、词性方面也甚与前后协调（加冠礼和裁制衣裳），因此，我们采用王氏观点，刘氏该例证有误，当删。不过，秦简另有明言"乘"的条文，如：

睡简《日甲》014 正贰：建日，良日也。……可以入人、始冠、乘车。

睡简《日乙》025 壹：复秀之日，利以乘车、冠、带剑……

乘车，此处意思是出门乘坐车辆。言下之意是乘车出行，可入"行"之列。从秦简看，除了刘氏所言出行事项（除祭门）外，乘船、逃亡、入邦、做买卖、抓捕盗贼等都离不了"行"，如：

睡简《日甲》038 正：敫……可以穿井、行水……

---

① 整理小组释文为"行作"，当点开为"行、作"，意谓出行、劳作，是并列关系。参见王子今《睡虎地秦简〈日书〉甲种疏证》，武汉：湖北教育出版社 2003 年，第 35 页。

② 睡虎地秦墓竹简整理小组《睡虎地秦墓竹简》，北京：文物出版社 1990 年，第 182 页。

③ 王子今《睡虎地秦简〈日书〉甲种疏证》，武汉：湖北教育出版社 2003 年，第 44—45 页。

睡简《日甲》004 正贰：交日……以祭门行、行水，吉。

睡简《日甲》015 正贰：除日……利市、积彻，□□□除地、饮乐。攻盗，不可以执①。

睡简《日甲》019 正贰：执日，不可行。以亡，必执而入公而止。

睡简《日乙》019 壹：平达之日，利以行师徒、见人、入邦。网猎，获。作事，吉。

行水，即乘船。市，做买卖。做买卖通常在室外进行，自然涉及出行。乘船更是如此。分析秦简中涉及的"行"之内涵，与外出行走有关，关注的是路途的遭遇及出行的目的是否达到，强调的是行有所获，出行目的和结果的一致。如：

睡简《日甲》08 正贰：外阳日，利以遮野外，可以田猎。以亡，不得……

睡简《日甲》009 正贰：外害日，不可以行作，之四方野外，必遇寇盗，见兵。

睡简《日甲》032 正：秀，是谓重光，利野战，必得侯王。

外阳日可以到野外打猎，意谓会有收获。如果该日逃亡，不会被抓到。外出打猎的目的就是有所获，逃亡的人当然不希望被抓到。到野外却遇见寇盗，是谓行途不顺。打仗抓获侯王，逃亡不被抓住，可谓出行大顺。需要指出的是，虽葬埋也涉及"行"，但葬埋择日关注点在是否利于死者入土为安、不重丧（即百日内或一年内家人连续意外死亡）和带给生者吉福，与嫁娶关注点是夫妻是否和美、白头到老一样，虽两者都涉及路上行走，但都不重视路途是否顺利②。因此，丧葬、嫁娶不在"行"的范围。另，从秦简看，"行"通常是指有去有回的行动，如：

睡简《日甲》107 背—108 背：正月七日、二月十四日、三月廿一日、四月八日、五月十六日、六月廿四日、七月九日、八月十八日、九月廿七日、十月十日、十一月廿日、十二月卅日，是日在行不可以归，在室不可

---

① 整理小组原断句为"除日……利市责（积）、彻□□□除地、饮乐。攻盗，不可以执。"现断句采用王子今先生意见。详见王子今《睡虎地秦简〈日书〉甲种疏证》，武汉：湖北教育出版社 2003 年，第 60 页。

② 从秦人婚娶简未有涉及路途是否顺利看，当时的婚娶双方或通常相距不远，或嫁娶时通常双方相随人员众多，不存在路途风险。

以行,是是大凶。

睡简《日甲》109 背—110 背:正月乙丑、二月丙寅、三月甲子、四月乙丑、五月丙寅、六月甲子、七月乙丑、八月丙寅、九月甲子、十月乙丑、十一月丙寅、十二月甲乙以以行,从远行归,是谓出亡归死之日也。

在行不可以归,在室不可以行,意谓出行的人不能回来,在家里的人不能出行。仅从此点看,葬埋也不属于秦简所言"行"的范围。这个"行"的含义与称皇帝死的"大行"不同,"大行"之"行"有"离去"之意,与下文所言"大行"也不同,详见下文有关解释。

综上,"出门旅行的交通工具、道路设施及出门所进行的社会活动"是与"行"有关的一切,并不是"行"本身,贺氏的定义可商。我们认为,秦简中的行通常指的是与路途、外出行走密切相关的、有来有回的活动。无论何种目的,"行"者关注的都是出行路途的顺利与否、能否顺利返家及跋涉的目的能否达到,它涉及出行的方式(船行或陆行)和为顺利出行所进行的一切活动等。

第二节　秦简"行"的种类

秦简涉及"行"的种类很多。楚地秦人把它们分为大行、远行、长行、久行、急行等,如:

睡简《日甲》127 正—130 正:行:凡且有六行、远行若饮食、歌乐……

睡简《日乙》043 贰:久行毋以庚午入室,长行毋以戌亥远去室。

睡简《日乙》138—139:行日:庚◇即有急行,以此行吉。

文献通常视"大行"同"远行",如《左传·哀公二十五年》:"以鲁国之密迩仇雠,臣是以不获从君,克免于大行,又谓重也肥?"杨伯峻注:"大行,犹远行。"从睡简把二者并提判断吉凶看,其意义当有异。刘增贵也认可此点,但认为"古代皇帝死无谥时曾有'大行'之称……即有去无回的意思,指丧葬之事……《日书》的'大行'或许与丧事有关",怀疑指"有去无回的丧事"[1]。据

---

[1]刘增贵《秦简〈日书〉中的出行礼俗与信仰》,《中研院史语所集刊》,2001 年,第 72 本第 3 分,第 510 页。

前所述,《日书》中"行"常指有来有回的出行;而"大"之含义往往与"小"相对而言,大行相对于小行,当指路途远、离家时间长且事情比较重大的出行。远行侧重指所去之地离家距离远,大行侧重出行所办事务的重大。秦简长行与久行分开言说,也表明其意义不同。久,指时间长。久行指的是离家外出的时间长,强调的是长久在外不在家的"久";长行则是指长距离的出行,强调出行走的路很多很长。急行在秦简中指有急事不能考虑吉凶日的出行,强调的是"急"。"远行""长行"与"久行"含义相互有交叉,但楚地秦人却对此区分甚细,有着不同的忌讳,从一个侧面反映了对外出的高度重视。

第三节　秦简出行及其礼俗思想

出行是离开自己熟悉的地方进入另一个陌生的空间,陌生的环境使人没有安全感,心生不安,和平年代尚且如此,何况秦时社会环境恶劣,战火纷扰,盗贼横行,人们对不可知的陌生时空更充满了恐惧,加重了他们素有的不安全感。出行情况的不可预测和危险性,使得鬼神观主导下的秦人,把出行的不利归结于鬼神、天道使然。因此,为确保出行顺利,安全返家,秦人出行前,不但要选择利于出行的吉日、祭祀行神并遵守各种出行的禁忌,而且还常在出行前及行途中借助某些巫术仪式达到趋吉避凶的目的。弗雷泽说:"原始未开化人踏上陌生国土时,感到自己正走进魔地,(需要)采取步骤防卫来往魔鬼及当地居民实行魔术的侵害。例如毛利人在出发往他乡之前,总要先进行一定的仪式使其旅行成为'一般'的旅行,否则就有可能变成受禁忌的'神圣'的旅行。"①秦人虽然不属于未开化人,但这种思想和类似毛利人的仪式却依然存在。从秦简情况看,为保证出行者顺利返家,楚地秦人的仪式和禁忌几乎贯穿整个出行过程。相对而言,故秦人重视哪天可以出行,哪天不可以出行,注重的是出行的时间、方向和吉凶祸福,并不关注行途中如何,也没有行途中祭祀行神等繁琐的仪式,与楚地秦人出行的战战兢兢不同,显出豪放、粗犷的一面。

---

① (英)弗雷泽《金枝》,徐育新等译,北京:新世界出版社 2011 年,第 198 页。

一、故秦人、楚地秦人皆重视的出行择吉

无论故秦人还是楚地秦人，出行皆要择吉。即通过各种方式卜算适合出行的吉利日期或时间，包括择吉日和择吉时两种。

（一）出行择日及其礼俗思想探讨

故秦人对出行不像楚地秦人那样有精细的分类，这应当与商鞅变法承认土地私有、重农抑商，以让人民集中精力于耕战有关。人民少外出，自然不会有很多占算外出的条文。但故秦人与楚地秦人一样，对出行都很重视和谨慎，在出行前都要择吉日而行。他们眼里，出行的日期关乎整个行途是否安全顺利。因此，出行大忌是择日不当，如：

> A. 睡简《日乙》142—143：行忌：凡行者毋犯其大忌，西□□□巳，北毋以□□□戊寅，南毋以辰申。行龙戊己，行忌。凡行，祠常行道右左◇。

> B. 放简《日乙》315：凡为行者毋起（？犯）其乡之忌日，西毋起（？犯）亥未，东毋起（？犯）丑巳，北毋起（？犯）戊寅，南毋起（？犯）辰申。

> C. 放简《日乙》316：凡六行龙日，丙、丁、戊、己、壬、戌、亥，不可以行及归。

据睡简，第2条放简之"起"当为"犯"[1]，察之原简，涉及"起"的五个字的字形为 ![字形] ![字形] ![字形] ![字形] ![字形] 。不能不说，除第一字可勉强辨别左旁为"犬"外，余字皆漫灭难识。对照之下，该字与睡简"![字形]"（《语书》简05）字高度相似。另，类似内容也见于马王堆汉墓帛书第20行：

> D. 出行占：凡行者毋犯其乡之大忌日，西毋犯□未，东毋犯□巳，北毋犯戊寅，南毋（犯）□□，不可以行至◇。

"犯"字形分别为：![字形] ![字形] ![字形] ![字形]

显然，"犯"之左旁为犬，而"起"分上下两部分，上部为"犬"，"犬"下为"止"。据上，放简"起"当隶定为"犯"。然后，A、B和D条内容互相参

---

①后来发现陈伟《秦简牍合集（肆）》（武昌：武汉大学出版社2014年，第80页）该条"起"已改为"犯"。

照,结合 A 条行文特征,文义可相补足,则 A 条可补充完整如下①:

　　　睡简《日乙》142—143:行忌:凡行者毋犯其大忌,西【毋以亥未,东毋以丑】巳,北毋以戌〈戌〉寅,南毋以辰申。

　　察原简,"巳"及其前一字字形为"[图]"(130 页),"巳"右上有墨迹,似为"丑"字中间一笔,睡简"丑"字如:[图](《日乙》125,129 页)、[图](《日乙》129,129 页),两相对照,甚似。戌当为戌之误写,因该简所言禁忌方向,皆为地支名,而"戊"为天干名称,结合放简相关条文,当为"戌"无误。如此,则可知行忌利用的是五行三合局的术数原理,即:亥卯未合木局,巳酉丑合金局,寅午戌合火局,申子辰合水局。各取其帝旺之冲,即卯、酉、午、子,成为亥未、丑巳、戌寅、辰申。西东北南四方对应五行分别为金木水火,正与三合之五行相克。出行大忌理据正在于此。出行忌日(龙日)为戊己,是因为行神五行为水,而戊己为土日,土克水之故。放简也有行忌篇,如:

　　　放简《日乙》123—126:行忌:春三月己丑不可〖东行〗,夏三月戊辰不可南行,秋三月己未不可以西行|◇·冬三月戊戌不可北行,百里大凶,二百里外必死。

　　"东行"为据下文补。春夏秋冬各月的忌讳日分别为丑、辰、未、戌,正是睡简所言土忌之日,如:

　　　睡简《日甲》104 正壹—105 正壹:土忌……正月丑,二月戌,三月未,四月辰,五月丑,六月戌,七月未,八月辰,九月丑,十月戌,十一月未,十二月辰,毋可有为,筑室,坏;树木,死。

　　究其原理,是五行三合理论的体现。三合由五行寄生十二宫而来。所谓五行寄生十二宫,是说五行在一年中依次有长生、沐浴、冠带、临官、帝旺、衰、病、死、墓、绝、胎、养十二种状态的变化,抽取生、旺、墓,即为三合。其中木长生于亥,旺于卯,墓于未,故亥卯未合木;火长生于寅,旺于午,墓于戌,故寅午戌合火;金长生于巳,旺于酉,墓于丑,故巳酉丑合金;水长生于申,旺于子,墓于辰,故申子辰合水②。土忌日系取三合前一辰而成。三

---

①原简自"西"字后面与后文断开。该简字小且密集,所缺字当不止整理小组所注。
②刘道超《秦简〈日书〉择吉民俗研究》,《广西师范大学学报(哲学社会科学版)》2004 年第 3 期,第 139 页。

合前一辰分别为未、丑、戌、辰,皆为土日,戊、己也皆为土日,可知出行忌讳土日及土忌之日,这当是因行和五行属水,而土克水之改。总之,行忌在于所选出行之日不能与季节和方向相冲撞,否则"百里大凶,二百里外必死"。

1. 出行须避开的固定忌日及其礼俗思想

其实,秦人的出行择日要比"行忌"所言复杂,行忌只说出行之日不能与季节和方向相冲,而出行择日对时间的占算却已精确到某日某时辰;出行不但据日择吉,还要避开俗信认定的固定忌日,如出行须避大败日、陷日、四门之日。

（1）大败日

> 睡简《日甲》01背:春三月季庚辛,夏三月季壬癸,秋三月季甲乙,冬三月丙丁,此大败日……行,傅。

傅,读为痡,为疲劳以致于不能行走的病症。此大败日也是《帝》篇之四废日,睡简及放简皆有此内容:

> 睡简《日甲》096正壹—099正壹:帝:春三月,帝为室申,剸卯,杀辰,四废庚辛。夏三月,帝为室寅,剸午,杀未,四废壬癸。秋三月,帝为室巳,剸酉,杀戌,四废甲乙。冬三月,帝为室辰,剸子,杀丑,四废丙丁。

> 放简《日乙》95—9〖〗:帝以春三月为室亥,剸卯,杀辰,四废庚辛。夏三月帝为室〖寅〗剸午,杀未,四废壬癸。秋三月帝为室巳,剸酉,杀〖戌〗,四废甲乙。冬三月,帝为室申,剸子,杀〖丑〗,四废丙丁。

亥,《秦简牍合集4》按曰:"睡简《日甲》'帝'此处作'申'。今按,似以本篇为是。睡简、放简两种《帝》篇中的'杓（剸）日'及'杀日'皆互相对冲,由此来看,'帝为室日'四辰亦当对冲。此处春'亥'正与秋'巳'对冲。"[1]其言有理,如此,秦、楚二地关于四废日的日期相同,帝为室日时间小异,但皆以五行这种古老的普通系统论为共同的思想基础。此大败日或四废日也与后世"四废日"相同,即五行无气之日。梅毂成《协纪辨方书》卷五引《蓬瀛经》云:"四废者,是五行无气,福德不临之辰。百事忌用。"其日为春庚申、辛酉,夏壬子、癸亥,秋甲寅、乙卯,冬丙午、丁巳。观此,"四废

---

[1] 陈伟《秦简牍合集（肆）》,武汉:武汉大学出版社2014年,第66页。

日"就是五行无气日。只是秦简《日书》所载仅为天干，并无地支相配，更显宽泛①。五行无气就是五行的囚或死。如春的五行属东方木，庚辛日为金，金克木，但若木旺金就被囚；同理，夏为丙丁南方火，而壬癸日为水，水克火，但火旺水囚；秋为西方庚辛金，甲乙日为木，金克木，但金旺木死；冬季为壬癸水，与丙丁火不相容，水旺火死，故称"无气"，此日百事不吉。若出行，则会疲劳而无法行走，正是"无气"之日出行之故。

（2）陷日

　　睡简《日甲》136 正肆—139 正肆：四月甲臽。五月乙臽。七月丙臽。八月丁臽。

　　睡简《日甲》136 正伍—139 正陆：九月己臽。十月庚臽。十一月辛臽。十二月己臽。

　　睡简《日甲》136 正陆—139 正陆：正月壬臽。二月癸臽。三月戊臽。六月戊臽。

　　睡简《日甲》136 正捌—139 正捌：凡臽日，可以取妇、嫁女，不可以行，百事凶。

臽即臽，《说文》："小阱也"，即小陷阱，臽日即陷日。究其原理，刘信芳言"'正月壬臽，二月癸臽'者，是因为正月、二月为春季，'壬、癸'于日干代表冬季，冬季已过，故壬、癸为臽。其余三季可按表逐一类推。"②刘增贵据刘信芳上述简抄自楚日书，而楚以四月为首，实当夏历正月之言，把上述"臽日"全部换算成夏历，据此认为正月陷甲，二月陷乙，各月所陷，正是当月所属之干，在甲月（正月）出行时避开甲日，正与春天避免东行之原理类似……属土之月中的属土天干之日（即辰月陷戊，未月陷己，戌月陷己，丑月陷戊），自然是土最旺的日子，土克水，与属水的行神相背，其不利出行，或在于此？③

　　夏按，楚以四月为岁首，然楚称"四月"为"刑夷"或"䚻屄"，并不直呼四月。如：

①刘道超《秦简〈日书〉五行观念研究》，《周易研究》2007 年第 4 期，第 22 页。
②刘信芳《〈日书〉四方四维与五行浅说》，《考古与文物》1993 年第 2 期，第 87 页。
③刘增贵《秦简〈日书〉中的出行礼俗与信仰》，《中研院史语所集刊》第 72 本第 3 分，2001 年，第514—515 页。

睡简《日甲》067 正贰：正月楚刑夷，日七夕九。

九简 13 上：玿层：建于辰，赣于巳，彼于午，坪于未，宁于申，工于酉，坐于戌，盍于亥，城二子，复于丑，蜀于寅，敫二卯。

刘信芳因前述陷日简"以'四月'为首，初看不伦不类"，而认为这些简当为楚简，因为夏之正月为楚之四月①。依此逻辑，则其作为历法参照依据的《岁篇》以"刑夷"——楚四月开首岂不同样匪夷所思②？因此我们并不赞成其"该组简……是将楚月名换成夏历序月"③之言。因为，如果抄写者有意改换月名的话，不可能仅改换部分简。《史记·历书》："夏正以正月，殷正以十二月，周正以十一月"，夏历是以正月为岁首，冬至月只是作为子月，并非岁首。其"夏历以冬至月（十一月）为岁首"之言④，显然是混淆了子月和正月的差别，难以令人信服。陷日简以四月为岁首，也完全可以说是秦历。《史记·历书》言：秦"正以十月，色上黑。"虽则秦以夏历十月为正月，但秦却并没有更改月名⑤，即秦历四月也为夏历四月，如下表所示⑥：

夏历月份	秦历月份	楚历月份	昼夜长短
正月（岁首）	正月	刑夷（四月）	日七夕九
二月	二月	夏屎（五月）	日八夕八
三月	三月	纺月（六月）	日九夕七
四月	四月	七月	日十夕六
五月	五月	八月	日十一夕五
六月	六月	九月	日十夕六
七月	七月	十月	日九夕七
八月	八月	爨月（十一月）	日八夕八

①刘信芳《秦简中的楚国〈日书〉试析》，《文博》1992 年第 4 期，第 51 页。
②如睡简《日甲》064 正壹：刑夷、八月、献马，岁在东方，以北大羊（祥）、东旦亡，南遇英（殃），西数反其乡。
③刘信芳《秦简中的楚国〈日书〉试析》，《文博》1992 年第 4 期，第 51 页。
④刘信芳《秦简中的楚国〈日书〉试析》，《文博》1992 年第 4 期，第 49 页。
⑤于豪亮《秦〈日书〉记时记月诸问题》，载《云梦秦简研究》，北京：中华书局 1981 年，第 356 页。
⑥此表据睡简第 064 正贰-067 正肆条，结合秦历制成。

夏历月份	秦历月份	楚历月份	昼夜长短
九月	九月	膚(献)马(十二月)	日七夕九
十月	十月(岁首)	东夕(一月)	日六夕十
十一月	十一月	屈夕(二月)	日五夕十一
十二月	十二月	援夕(三月)	日六夕七(十)

　　然刘信芳先生对陷日的说法还是可信的。九、十二、三、六诸月所陷皆为土日己戊,对应月的地支为戌、丑、辰、未。《礼记·月令》:"土无专气无定位,寄旺于辰戌丑未之末。未月在火金之间。又居一岁之中,故特揭中央土于此,以成五行之序焉。"与《白虎通》"土王四季各十八日"之说亦相合,说明《日书》中已有中央土寄于四维的观念。属土之月中的属土天干之日(即辰月陷戊、末月陷己、丑月陷戊)土最旺,而土克水,与属水的行神相背,故不利出行①。

　　(3)四门日

　　　　睡简《日甲》132 正:毋以辛壬东南行,日之门也。毋以癸甲西南行,日(?)(月)之门也。毋以乙丙西北行,星之门也。毋以丁庚东北行,辰之门也。凡四门之日,行之敚也,以行不吉。

　　辛壬、癸甲、乙丙、丁庚为四门所在方位,出行不吉。究其理,还在于五行的生克使然。四门依次对应于西北、东北、东南、西南方向,西北方辛壬的五行属性金水,正与东南方乙丙的木火相克(所谓对冲),故辛壬不能东南行。以下的癸甲等同此理。

　　(4)大行龙日

　　　　放简《日乙》316:凡大行龙日丙、丁、戊、己、壬、戌、亥,不可以行及归。

　　　　睡简《日乙》037 贰一乙 038 贰:祠行日,甲申,丙申,戊申,壬申,乙亥,吉。龙,戊、己。

---

① 参见刘增贵《秦简〈日书〉中的出行礼俗与信仰》,《中研院史语所集刊》第72本第3分,2001年,第514—515页。

龙日即忌日。睡简没有明确提到大行龙日,但既为"祠行"简,其"龙日"自是行忌之日。龙日"戊、己"与放简大行龙日重合,显属同种性质,反映着共同的思想基础。五行属性中,丙丁为火,戊己戊为土,火与行神水五行相克,而土又克水,故为忌日。壬、亥皆为水,行神五行为水,正如戊己土日不能为土事一样,出行之日也不能选在与行神五行属性相同的日子。睡简《日甲》139 正叁"毋以亥行"(亥五行属水)与此同理。出行不能选在与行神属性相同之日,与土神日不做土事的事神忌讳一样,是人类尊崇自然造化之功、对大自然感恩和敬畏心的表现。这样做客观上能使人类不断保持一个良好的生存和生态环境,有其积极的一面。

2. 具体出行时辰占算及其礼俗思想

避开固定的出行忌日,秦人出行的具体时辰还需另外卦算决定。他们采用各种方法选择吉日良时。

(1)据星宿

据二十八星宿占算吉凶,仅见于睡简,也就是楚地秦人用此法。如:

> 睡简《日乙》096 壹:八月:角,利祠及行,吉。
>
> 睡简《日乙》098 壹:九月:氐,祠及行、出入货,吉。
>
> 睡简《日乙》100 壹:十月:心,不可祠及行,凶。

这是据二十八宿轮值日判断吉凶。二十八宿轮值日,是以一宿代表一日,二十八宿代表二十八日,周而复始。秦简《玄戈》篇已经用二十八宿和月份结合来占算吉凶。如:

> 睡简《日甲》047 正壹:玄戈:十月,心、危、营室大凶,心、尾致死,毕、觜觿大吉,张、翼少吉,招摇系未,玄戈系尾。
>
> 睡简《日甲》053 正壹:四月,毕、张、翼大凶,毕、觜觿致死,心、尾大吉,危、营室少吉,招摇系丑,玄戈系觜觿。

从前涉睡简《日甲》68 正壹—95 正壹(如 93 正壹:"张,百事吉。取妻,吉。以生子,为邑杰。")内容可知,二十八宿本身有固定的吉凶,但当跟别的星宿相遇时又呈现出不同的吉凶。如十月心宿值日为凶日,但在四月时,其碰到尾宿时又为大吉之日,体现了古人事物之间相互联系、相互作用的辩证观。而这样的占算方法与今天相同,一方面显示出礼俗及其反映思想的传承性,另一方面也可看出,在唯物论主导的今天,依靠二十八宿占算吉凶并没有得到发展,甚至可说是处于失传状态。因为在田野调查过程中,目之所及、耳之所闻,未有用此术卜算者。又,刘道超说:"以二十八宿轮流值日以断吉凶的渊源,现在已难详考。大概和十二直值日一样,都是在唐代由星占家所创立的。"①现在看来,这个渊源至少可以追溯到先秦时期。放简未见类似占算,然有关于二十八宿的内容。如:放简《日乙》167—169:"角十二。氐十七。心十、十二。十月,毕十五"等,可能故秦人尚无此种择日法,抑或是有关卜算不见于放简。本来,故楚地人笃信鬼神,其卜算择日比故秦人要繁杂、完善得多。

(2)据吉凶日

秦人有固定的出行凶日,这些凶日名称本身带有倾向性,因此仅据名称就可判断出非吉日良辰。而且,无论是故楚地的睡简、孔简、九简还是故秦地的放简,凶日内容一致,说明他们在这方面有着共同的思想信仰,如:

> 睡简《日乙》021 壹:空外遝之日,不可以行。
>
> 孔简 18:执日,不可以行,以是,不亡,必执入县官。
>
> 放简《日甲》18:执日,不可行,行远,必执而于公。
>
> 九简 32:酉、戌、亥、子、丑、寅、卯、辰、巳、午、未、申,是谓外害日,不利以行,作,赵四方野外。

"外遝日"即"外害日"。害,《说文》:"伤也。""执日"之"执"为建除神煞名。其后的"执"字,《说文》言:"执,捕罪人也。""外害日、执日"字面的意思就是"外出有害或不利的日子、捕罪人的日子",一听就知道不是好日子。睡简、孔简"执日"主要内容与放简一致。执日出行会被抓入官府,显然与该日神煞"执"行使神职密切相关,外害日不利于行的原因当与之同。

(3)据五行之数

五行之数来自五行的序数,《尚书·洪范》:"一曰水,二曰火,三曰木,四曰金,五曰土。"郑玄认为一至五这五个自然数就是五行之序数,以"五行之数"解说"天地之数",自成一家②。他指出:

> 天地之气各有五。五行之次,一曰水,天数也;二曰火,地数也;三曰木,天数也;四曰金,地数也;五曰土,天数也。此五者阴无四,阳无

①刘道超《神秘的择吉:传统求吉心理及习俗研究》,南宁:广西人民出版社 2004 年,第 71 页。
②林忠军《周易郑注导读》,北京:华龄出版社 2019 年,第 22 页。

耦,故又合之。地六为天一匹也,天七为地二耦也,地八为天三匹也,天九为地四耦也,地十为天五匹也,二五阴阳各有合,然后气相得,施化行也。(《左传》疏)

《易经》又有言①:

小衍之数即五行之数,一(水)、二(火)、三(木)、四(金)、五(土),一至五为生数,六至十为成数。万物有生数方能生,有成数方能成。生与成皆有其数。一、三、五为阳数,和为九,九为阳数之极,二、四为阴数,和为六,六为阴数之极。

可知五行之数为水火木金土五行的序数,各有阴阳归属,且阴阳相配为生数或成数,然后根据需要选择代表"生"或"成"的时间行事,如:

睡简《日甲》107 背—108 背:正月七日、二月十四日、三月廿一日、四月八日、五月十六日、六月廿四日、七月九日、八月十八日、九月廿七日、十月十日、十一月廿日、十二月卅日,是日在行不可以归,在室不可以行,是是大凶。

该简指出每月都有一日不可出行。"是日在行不可以归,在室不可以行",意思是这一天已经出行在外的,当天不能回来,而在家的不能外出。总结不能出行之规律,春三月为七及七之倍数,夏三月为八及八之倍数,秋三月为九及九之倍数,冬三月为十及十之倍数,与后世的"气往亡日"完全一致②。气往亡日是根据五行之数来确定,即以一六为水、二七为火、三八为木、四九为金、五十为土,其中一二三四五为生数,六七八九十为成数。秦简《日书》出行忌日取的是成数,因为一六为水,古人认为水即气,故不取③。

---

①鲍扬佀《周易本经通诠》,北京:九州出版社 2017 年,第 94 页。

②清人梅毂成《协纪辨方书》卷六"气往亡":"盖一二三四五,五行之生数也。六七八九十,五行之成数也。一六为水,水即气也。气以终而复始,往而不亡者也。火木金土则有质矣,其气乃有时而尽。而二三四五为生数,至则伸者也。七八九十为成数,返而归者也。故七八九十为往亡日,而以四时之序配之。立春七,立夏八,立秋九,立冬十。仲月为四时第二月,故二之为仲月往亡日。季月为四时第三月,故三之为季月往亡日。"(刘道超译注《择吉术注评——协纪辨方书》,南宁:广西人民出版社 1993 年,第 243 页。)

③刘道超《秦简〈日书〉择吉民俗研究》,《广西师范大学学报(哲学社会科学版)》2004 年第 4 期,第 138 页。

（4）据五行生克

睡简《日甲》95 背贰—99 背贰：久行毋以庚午入室。□□行毋以戌亥入。丁卯不可以船行。六壬不可以船行。六庚不可以行。

睡简《日乙》043 贰：久行毋以庚午入室，长行毋以戌亥远去室。

刘增贵认为"何以久行不能在庚午入室，长行不能在戌亥出入？还有待进一步的研究……六庚不可以行，以前两句'不可以船行'例之，颇疑其漏'船'字，六庚属金，金能生水，故亦行船所忌……"①夏按，首先，庚午五行为火克金，戌亥为土克水，它们皆五行相克之日，自然不利做事。至于何以独选这些日子而非其他，愚以为，或因天干始于甲，地支始于子，甲子为一年的开始。久行之人常年离家，希望归家一切顺利，有新的开始。故卦算也以天干地支之始定吉凶。然子与午对冲，甲逢庚为煞，皆大不利。因此久行要避开庚午。当然，此皆为猜测，尚无理据可寻，敬请方家指正。

"毋以戌亥远去室"意思是不要在戌亥日远离房间，即不能远行。前简言不能以"戌亥"入，这里言该日也不能离家远行，远行的也不能回来，属于不能出入之禁忌日。睡简《日甲》156 正有"毋以戌亥嫁子、取妇，是谓相。"相，整理小组注为"读为霜，《说文》：'霜，丧也。'《白虎通·灾变》：'霜之为言亡也，阳以散亡。'孀字是后起字。"②也即戌亥日主离散，为丧偶日。由此来说，该日自然不能远行（否则离散不归），远行的人也不能回家（要散）。

至于"六庚不可以行"秦简中相同条文另有二处，如：

睡简《日甲》127 背—128 背：子、卯、午、酉不可入寄者及臣妾，必代居室。久行，毋以庚午入室。长行毋以戌、亥远去室。丁卯不可以船行，六壬不可以船行，六庚不可以行。

睡简《日乙》044 贰：丁卯不可以船行，六壬不可以船行，六庚不可以行。

前述刘增贵先生言"以前两句'不可以船行'例之，颇疑其漏'船'字"。夏按，由此两简说法皆与前简相同看，三处皆漏的可能性令人生疑。

---

①刘增贵《秦简〈日书〉中的出行礼俗与信仰》，《中研院史语所集刊》第 72 本第 3 分，2001 年，第 516 页。

②睡虎地秦墓竹简整理小组《睡虎地秦墓竹简》，北京：文物出版社 1990 年，第 207 页。

因睡简《日甲》99 背壹与 99 背贰内容写在同一支简上,其中 99 背壹占三分之二的竹简长度,99 背贰在其下部,占三分之一。饶宗颐就把它们放在一起整体考量,其释文为:

睡简《日甲》99 背壹:己亥、己巳、癸丑、癸未、庚申、庚寅、辛酉、辛卯、戊戌、戊辰、壬午,市日以行有七喜。

睡简《日甲》99 背贰:六庚不可以行。

据纳音①,则睡简《日甲》99 背壹所涉干支"皆为属木之日辰,木为金所克,故六庚不可行,六庚即庚午、庚辰、庚寅、庚子、庚戌、庚申为金,金胜木,故六庚皆不宜出行。"②刘乐贤认为饶氏是把两简强拉在一起,六庚条文出现三处(如前所述)皆与纳音条文无涉,而禹须臾简也未有提到六庚③,然其并无新的解释。夏按,察秦简,六庚之庚申日还是大好的日子,可祭祀行神;"庚□"(疑"庚"后一字也为"申"字)日还是急行吉日,如:

睡简《日甲》079 正贰:祠行良日,庚申是天昌,不出三岁必有大得。

睡简《日乙》138—139:行日:庚□◇,即有急行,以此行吉。

睡简《日乙》144:行祠:祠常行,甲辰、甲申、庚申、壬辰、壬申,吉。

也就是说,并非所有的六庚之日都不可行(资料显示六庚中仅庚辛日为五行无气不宜百事的四废之日)。且六庚日金盛,金能生水,行神五行为水,六庚日当利于行路。但金盛生水,船行水上,自然怕水盛,则该日不能船行。因此,从这个角度说,即使秦简有三次皆言"六庚不可以行",目前也只有前述刘氏漏字之说可以解释,然三处皆漏,可能性极小,存疑待考。至于丁卯、六壬不可船行,当因丁卯纳音为水,六壬之日水盛,船行水上,水盛则船危,恰如陆行忌土盛一样,船行则忌水盛。

故秦人同样有据五行生克关系择吉日出行的占算,如:

放简《日乙》263:□里之行,毋以壬戌、癸亥。徒,死。行,亡不复迹。

---

① 因为纳音的基本意义还是用"五行"来阐述。
② 饶宗颐《秦简中的五行说与纳音说》,《古文字研究》第 14 辑,北京:中华书局 1979 年,第 273 页。
③ 刘乐贤《五行三合局与纳音说——谒饶宗颐先生〈秦简中的五行说与纳音说〉》,《江汉考古》1992 年第 1 期,第 91 页。

放简《日乙》95—99：甲乙毋东行，丙丁毋南行，庚辛毋西行，壬癸毋北行。

岳牍及孔简也皆有相同说法，如：

岳牍贰Ⅳ：壬戌、癸亥不可以之远役及来归入室。

孔简146壹：五百里外毋以壬戌、癸亥到室。

湖北地区的秦岳牍及西汉时期的孔简，远行忌日与西北地区的放简相同，这或说明秦始皇的统一，使秦文化被楚吸收并传承下去。当然，也无法排除这些都是吸收西周中原礼俗思想文化的结果。壬戌、癸亥之所以不能远行，是因在六十甲子中，二者纳音皆为大海之水，且为水势汹涌之水。水盛则不宜再遇水，而行神五行为水；加上人行土上，千里之行，土当更盛，遇到汹涌之水，土水相克，故不利于远行。而下简有"壬癸毋北行"之说，又说明壬癸水日除了五行也为水的北边，其他方向皆可出行。可知，水日不能出行仅限于千里之行。不过，上述二简卦算所据当属不同的系统，简263为六十甲子纳音五行，简95—99为十天干五行。下简所涉也皆为出行的方位禁忌，甲乙日五行为木，而东方五行也为木，与所行方位五行相同，为忌讳之日。同理，庚辛五行为金，故不能向西方行，因为西方五行也为金，余以此类推。

秦人对出行的重视，还表现在对危险系数比较高的出行，如船行、长行、远行、远役之行等，有特别的占算，如：

放简《日乙》18：执日不可行，行远必执而于公。

放简《日乙》214：凡黔首行远役，毋以甲子、戊辰、丙申，不死必亡。

睡简《日乙》044贰：丁卯不可以船行，六壬不可以船行，六庚不可以行。

睡简《日甲》127正—128正：行：凡且有大行、远行若饮食、歌乐、聚畜生及夫妻同衣，毋以正月上旬午，二月上旬亥，三月上旬申，四月上旬丑，五月上旬戌，六月上旬卯，七月上旬子，八月上旬巳，九月上旬寅，十月上旬未，十一月上旬辰，十二月上旬酉。凡是日赤帝恒以开临下民而降其殃，不可具为百事……

行远必执而于公，意思是远行一定会被官府抓走。今天的占算，没有人会说得非常肯定,因为未必应验。而放简占卜条文竟用"必"这个说法绝对的词语,说明当时离家远行之人被抓的几率很高。赤帝降临之日,会降下灾殃,为避灾祸,人们什么事都不敢做,以免惹祸上身,故为行忌之日。据学者考证,赤帝临日即后世历书中常出现的临日①。《抱朴子内篇·登涉》载入山之大忌:"正月午、二月亥、三月申、四月丑、五月戌、六月卯、七月子、八月巳、九月寅、十月未、十一月辰、十二月酉。"因入山也为出行,故与行忌日期相同。

(二)出行择时及其礼俗思想

出行日期确定后,还要据此判断合适出行的具体时辰,主要是根据"禹须臾"术择日,如:

A. 睡简《日甲》135 正:禹须臾:戊己丙丁庚辛旦行,有二喜。甲乙壬癸丙丁日中行,有五喜。庚辛戊己壬癸铺时行,有七喜。壬癸庚辛甲乙夕行,有九喜。

B. 睡简《日甲》97 背壹:禹须臾:辛亥、辛巳、甲子、乙丑、乙未、壬申、壬寅、癸卯、庚戌、庚辰、暮市以行有九喜。

睡简《日甲》98 背壹:癸亥、癸巳、丙子、丙午、丁丑、丁未、乙酉、乙卯、甲寅、甲申、壬戌、壬辰,日中以行有五喜。

睡简《日甲》99 背壹:己亥、己巳、癸丑、癸未、庚申、庚寅、辛酉、辛卯、戊戌、戊辰、壬午,市日以行有七喜。

睡简《日甲》100 背:丙寅、丙申、丁酉、丁卯、甲戌、甲辰、乙亥、乙巳、戊午、己丑、己未,暮食以行有三喜。

睡简《日甲》101 背:戊申、戊寅、己酉、己卯、丙戌、丙辰、丁亥、丁巳、庚子、庚午、辛丑、辛未,旦以行有二喜。

C. 放简《日乙》078:甲子、乙丑、壬申、癸酉、◇夕行九喜。

放简《日乙》079:戊辰、乙(? 己)巳、壬午、癸未、庚寅、辛卯、戊戌、己亥、壬子、癸丑、庚巳、辛酉、日失行七喜。

放简《日乙》080:丙子、丁丑、甲申、乙酉、壬辰、癸巳、丙午、丁未、甲寅、乙卯、壬戌、癸亥、日中行五喜。

①郑刚《论睡虎地秦简日书的结构特征》,《中山大学学报(社会科学版)》1993 年第 3 期,第102 页。

放简《日乙》081：丙寅、丁卯、甲戌、乙亥、戊子、己丑、丙申、丁酉、甲辰、乙巳、戊午、己亥（？未）、日莫食北三喜。

放简《日乙》082：庚午、辛未、戊寅、己卯、丙戌、丁亥、庚子、辛丑、戊寅（？申）、己卯（？酉）、丙辰、丁巳、平旦行二喜。

A 条基本是 B 与 C 省去地支后的省写。睡简标明此术是"禹须臾"，放简未有题名，但除简 079、081 多出壬子、戊子外，其余内容完全相同（顺序有异），当为"禹须臾"无疑。另，放简《日乙》079 释文之"乙巳"，原简字形为████，当为"己巳"之误。放简《日乙》081 除"己亥"外，皆为纳音火，据睡简《日甲》100 背当为"己未"。索之放简该字形为██，而亥的字形为██（放简《日乙》001），它简"未"字形为██（放简《日乙》001），该字更接近"未"，当为该字。放简《日乙》082，整理小组释文有二个戊寅、己卯。察原简，后面的戊寅、己卯字形为████、████显是"戊申、己酉"的错写，睡简《日甲》101 背内容更可为据。故释文皆于括号中正之。

须臾，即立成。《后汉书·方术传序》："其流有挺专（即筳篿）、须臾、孤虚之术。"李贤注曰："须臾，阴阳吉凶立成之法也。"说明须臾是古代阴阳家的一种占卜术。"禹须臾"是将须臾之术托名于禹①。睡简和放简中的"禹须臾"皆言一日内何时出行吉利，故该术当有一日内出行时辰速查表的性质。据饶宗颐研究，睡简中的这五条"禹须臾"干支日的排列，完全与古代的纳音说符合。所谓纳音，简言之，即以六十甲子，按顺序配合十二律、五行之五音及隔八相生之规律而成。据饶氏之说，睡简五条纳音五行顺序分别为金、木、水、火、土，放简同之。喜数分别为九、七、五、三、二，呈逐渐减少趋势。究其理，刘增贵言"这可能与五行生克有关。按出行是行于土，土气太旺表示险阻甚多，不利于行……土盛不利于行，又可能与后文所说行神于五行中属水相关，土克水，最不利于行；火亦水之相反，次之。而金能生水，最利于行……"②夏按，据"五行同性比旺"原理，土土相遇，缓缓增加。人行于土路，遇土日土增加，则险阻增大，或属我们上文所言土日行于土，为触犯避讳之举，故土的喜数最少。另，刘氏对木、水喜数原理也

①湖北省文物考古研究所、随州市考古队《随州孔家坡汉墓竹简》，北京：文物出版社 2006 年，第 149 页。

②刘增贵《秦简〈日书〉中的出行礼俗与信仰》，《中研院史语所集刊》第 72 本第 3 分，2001 年，第 514 页。

未作说明。我们以为,是因为人行于土,木克土,意味着险阻的减少;而行神为水,与木又是相生关系,故仅次于能生水的金之喜数。水与行神五行相同,水盛则害,故喜数次于金和木。

综上可知,出行吉日之吉表现在吉利、有喜、有收获、得病不死。不吉之日的结果是凶、得病死、被官府抓走、出而不返、迷失道路等。从中可以看出时人对出行的期望:希望出行顺利、有收获、得病不死、不要出现意外(如迷路、被官府抓走)。这些期望也正说明了当时出行可能会出现的问题,反映了社会大环境的不安全。睡简《日乙》022 壹有言:"垒外阴之日……不可远行,远行不返。"又反映了外出者希望顺利返家的愿望,蕴含着残酷环境下对家的依赖、重视和责任感。

面对无奈的现实和危险的出行,无论是务实的故秦人还是笃信鬼神的秦人都只有把平安返家的希望寄托于占卦,意欲通过占算选择吉日良辰,达到趋吉避凶的目的。从秦人择日理念来看,首先,常据五行或星宿值日择吉,可以看出五行观念已深入人心,人们习惯用五行生克、星宿值日的吉凶决定行事的宜忌,用五行或星宿神值日的吉凶来约束或决定自己的行为,一切惟自然之首是瞻,对自然满怀敬畏之心。在自然面前,完全把人类放在一个卑微低下、服从、恭敬的地位,这使得在秦简出行礼俗思想上,即使是主观能动性的发挥,也限制在对前述认识的极其有限的范围内(详见下文"急行不及择日及其思想")。

这种卑下的态度,与荀子"人定胜天"的思想恰好相反,也更与现代部分人把人的主观能动性完全凌驾于大自然之上、敬畏之心完全丧失相反。然而,自然界的确有其固有的规律,它按照这个规律在时间和空间中运行着,不以人的意志为转移。人不能创造规律,而只能顺应规律并按照规律行事,这才是正确的做法。无论何时,人的主观能动性的发挥也只能在自然界获得相对的自由,任何蔑视自然规律的举动,终究要受到自然的惩罚。因此,秦人的做法自然比部分今人的狂妄自大要胜出很多。这也说明,秦人其实是充分认识到了自然界这个客观力量对人的制约作用,他们是在努力掌握和运用他们心中的自然规律(五行等),怀着极度的敬畏之心立身行事,试图通过按照自然规律办事,达到除灾避祸的目的。另,无论反映楚地秦人礼俗思想的睡简还是反映故秦人礼俗思想的放简,在出行日期及出行结果上,几乎完全相同,说明至少在出行上,他们有着共同的信仰或信仰基础,这也为民族融合打下良好的基础。

其次,对于出行,并非所有五行相生的日子都是好的,行神五行为水,金能生水,金利于行是可以理解的。但木土相克的日子也利于行,究其因是人行走于土路,木克土意味着该日出行利于克服路途险阻,反映了秦人的"互渗"思想。于是也就可以理解土日不利于行的原因,一是土旺会加重路途险阻,一是土日为土神忌日。而纳音大海水日也为远行忌日,但壬癸水日出行只需避开五行为水的北方即可,又因为水水交融,水旺土囚,而不利于土路出行,这里看到"五行同性比旺"原理的运用,也看到古人五行运用的智慧和变通的哲学思想。但也看到,因为占算所据不同而出现的矛盾结果。

二、秦人急行不及择日及其礼俗思想

出行及祭祀都需择日后才能进行,出行前的准备工作可谓繁杂。由此,一方面可以充分领会到出行的危险和秦人对出行的重视,另一方面可知通常情况下的出行都是有准备有计划的。那么,遇到不及择日或等不到良日的紧急出行怎么办? 秦人自有破解之法,如:

> 睡简《日乙》138—139:行日:庚□◇即有急行,以此行吉。
>
> 周简363:有行而急不得须良日,东行越木,南行越火,西行越金,北行越水,毋须良日可也。
>
> 放简《日乙》165:禹须臾行不得择日。出邑门,禹步三,向北斗,质画地,视之曰:"禹有直五横,今利行,行无咎,为禹前除道。"

据睡简可辨文字,急行有一个"庚□"日可供不时之需。周简所用之法是若向东边走就越过木,南方走就越过火,西行越过金,北行越过水,这样不用等到良日出行也没关系。究其理,是五行配五方思想的运用,同时反映了类似法国列维·布留尔所言之"互渗"观念。因为,东南西北四方的五行配属分别为木火金水,越过四方五行在现实中的对应物木头、火、金属、水,就象征着出行该方顺利。这其实就是相信越过的实际物体和虚幻的四方五行之间存在着关联,从而因联想而产生的互渗。放简用的禹须臾术,显然比睡简和周简复杂,这与故秦人不重鬼神、占算粗略的一贯风格迥异,说明故秦人对出行的重视,也看出其出行环境的险恶。前文涉及该术是出行择吉,本简用于"行不得择日",而孔简又有"禹须臾所以见人日"
"禹须臾行日",后者放简也涉,且内容相同,说明楚地秦人和故秦人有着
共同的"行日"信仰,也说明"禹须臾"术的运用非独限于出行择日,还用于
见人择日等。

不及择日时运用的"禹须臾"术及上文的出行除道仪式都涉及到"禹
步"。《抱朴子·登涉》云:"凡作天下百术,皆宜知禹步。"《云笈七签·洞
神八帝元变经·禹步至灵》也说"禹步"乃是"召役神灵之行步,以为万术
之根源,玄机之要旨。"睡简、放简是出行用到"禹步",而周简医龋、心、痈、
人疾、马心病、祈禾丰收等皆用到它,足以证明"禹步"为万术之根源,并非
仅用于出行。为明其详,我们录周简相关条文如下①:

> 周简326—327:已龋方:见东陈垣,禹步三步,曰:"皋! 敢告东陈
> 垣君子,某病龋齿,苟令某龋已,请献骊牛子母。"

> 周简329—330:已龋方:……复还,禹步三步,祝曰:"呼! 垣址,
> 苟令某龋已,予若菽子。"而徽之七,龋已。

> 周简332—333:已龋方:见车,禹步三步,曰:"辅车,车辅,某病齿
> 龋,苟能【令某】龋已,令若毋见风雨。"

> 周简335:病心者:禹步三,曰:"皋! 敢告泰山,泰山高也,人居
> 之。□□之孟也,人席之。不知……"

> 周简338—339:操杯米之池,东向,禹步三步,投米,祝曰:"皋!
> 敢告曲池,某痈某破。禹步擩房焚,令某痈数去。"

> 周简340—344:禹步三,汲井。以左手袤繘,令可下免瓮,□下免
> 繘瓮,左操杯,鲭瓮水。以一杯盛米,毋下一升。前置杯水女子前,即
> 操杯米,禹步,祝曰:"皋! 敢告鬶。"步投米地,祝投米曰:"某有子三
> 月,疾生。"即以左手抭不水饮女子,而投杯地,杯□□。

结合前述简文,可知走"禹步"目的是为"召役神灵"。至于召的是哪
位神灵,则据其目的而异。治疗龋齿召役的神灵为陈垣君子或车神,治疗
心疾求助于泰山神,疗痈则号曲池神,子疾召役鬶神(即食神)。可以说,
"禹步"能召来任何所需的裨灵为其服务,其法力可谓大矣。时人认为通

---

①湖北省荆州市周梁玉桥遗址博物馆《关沮秦汉墓简牍》,北京:中华书局2001 年。

过模仿禹走路步法,可以使神灵相信自己就是禹,从而达到役使神灵为自己服务的目的,为模仿巫术。而"禹步"之所以能召来神灵为其服务,缘自禹既为传说中的部落领袖,也为神力广大的大巫,也可从中看出禹在传统思想文化中至高无上的地位。出行涉及行神、土神及其他有关神灵,出行走"禹步"所召神灵无外乎此。也就是说,出行者为求行途顺利而走的"禹步",同样是把自己模拟为禹,所召之神当为保佑其行途平安的行神、土神等神灵①。因此,"为禹前除道"是对行神、土神等神说的,是以禹的身份命令他们为禹开道。并非如胡文辉所言"禹先行"和"先为禹除道""为禹前除"的意思都是出行时先让"禹"开路保平安②。禹不是被役使者,而是役使者,这点从上述周简内容也可看出。禹是作为一个至高无上、法术高明的神灵身份出现的,所以才可役使各路神仙。因此,工藤元南以"禹步"作为禹为行神依据的论断是可商榷的③。

上述简文可以看出,禹步的实施者是出行者或患病者本人。一方面可知巫术的大众化,普通秦人都可掌握为己服务。另一方面可知时人观念中,人只要懂得通神之术(如禹步)就可以暂时"成为"神,以神的身份命令其他神灵。可以看出时人对神力的期盼和向往,甚至可以看作是对神威的挑战。

这里我们就有一个疑问,既然可以走"禹步"模拟"冒充"禹来对行神发号施令,为什么不凡行皆用此法,却仅在急行中用此术呢?究其因,这里除了时人对神灵的敬畏外,或与后世法术不能轻易使用,否则会被反噬遭报应的说法有关,此方面的证据及论述尚未见到,存疑。

秦人平日的出行,程序繁杂,仪式隆重,但却并不影响其突然而来的紧急出行,中规中矩中显示出灵活变通的一面。虽则其中包含着"没有人战胜不了的困难"的思想,但无论如何,他们的变通,也还是囿于吉日良辰、神灵掌管且决定一切的礼俗思想范围。

---

① 刘增贵认为,从"禹步"到祝辞,行者将自身模拟为禹,以便役使鬼神,为其清除出行途中的险害。我们的观点同其一致。详见刘增贵《秦简〈日书〉中的出行礼俗与信仰》,《中研院史语所集刊》第 72 本第 3 分,2001 年,第 523 页。
② 胡文辉《中国早期方术与文献丛考》,广州:中山大学出版社 2000 年,第 152、151 页。
③ 详见(日)工藤元男《睡虎地秦简所见秦代国家与社会》,上海:上海古籍出版社 2010 年,第205 页。

三、楚地秦人独有的祭祀行神及其礼俗思想

由上可知,故秦人和楚地秦人出行前都要先择吉日良时。然对楚地秦人来说,择日完毕,并不就能立刻踏上行途,还要举行祭祀行神仪式,而这个仪式依然离不开择吉,如:

A.睡简《日乙》037 贰—038 贰:祠行日,甲申,丙申,戊申,壬申,乙亥,吉。龙,戊、己。

B.睡简《日乙》144:行祠:祠常行甲辰、甲申、庚申、壬辰、壬申,吉。毋以丙、丁、戊、壬◇。

C.九简 27:辰、巳、午、未、申、酉、戌、亥、子、丑、寅、卯,是谓交日……以祭门、行,享之。

A 不能祭祀行神的日子为戊、己土日。行神为水,土克水,故戊己不可祭祀行神。适合祭祀的日子申日五行为金,水金相生,利于行神水。乙亥为水生木,也为相生之日。B 祭祀常行神之日与 A 有所不同。从纳音的角度说,甲辰、甲申、庚申、壬辰、壬申的纳音依次为火、水、木、水、金。水、木、金和行神水是相生关系,可以作为祭祀之日。但甲辰纳音为火,水火相克,即使从五行生克关系说,也为木克土的不良之日,却为祭祀常行神的良日。探究起来,当因甲辰之火属人间夜明之火,以木为心,以水为油,遇阴遇水皆为吉[1],而行神五行为水,水五行为阴,故该日出行吉利。

对于祭祀行神,楚地秦人有自己的一套分类与联系观念,如:

睡简《日乙》142—143:……凡行,祠常行道右左◇。

因简文残断,"左"下一字不明。据睡简《日乙》145—146:

行行祠:行祠,东行南〈南行〉,祠道左;西北行,祠道右。其号曰大常行,合三土皇,耐巺四席。席餟其后,亦席三餟。其祝曰:"无王事,唯福是司,勉饮食,多投福。"

可知楚地秦人行神祭祀方位的确定与出行方向有密切的联系。到东南方要在道路左侧祭祀;朝西北方出行,则在道路右侧。考其术数原理,当

---

①参见[清]陈梦雷、蒋廷锡著《钦定古今图书集成(精华本)》第 6 册图文珍藏版,刘宇庚主编,北京:线装书局 2016 年,第 2430 页。

因东南方向路左靠近东方,东方五行为木,如前文所言,木克土,利于克服道路险阻;又,行神五行属水,水木相生,故于路左祭祀吉利。不能在路右当因道路右侧接近南方,南方五行为火,刚好与行神水相克。西北方向的路右接近北方,北方五行为水,正与行神属性相合,故西北方出行在路右祭祀。

馓,《说文》:"祭酹也。"《字林》:"馓,以酒沃地祭也。"因为出行涉及道路,而古代道路是土质的,所以出行还要祭祀土神。楚地秦人把出行涉及到的行神和土神归入一类,放在一起祭祀,以求其共同保佑出行顺利。行神名字叫大常行,与三土皇神相配组成四组祭祀对象,共设四个祭席,每席都馓祭于席后,每席都馓祭三次①。祭祀祝辞说:"不要有王命差遣的工事,只有福气。请您多吃多喝,多多赐福于我。"出行祭祀的目的是求神灵保佑出行顺利圆满,但时人的祝辞却是不要有王事,可见王事是妨碍出行或者说是打乱人们出行计划的主要因素。楚地秦人祭祀的根本目的也包含在祭辞中,祭祀供品请神吃喝也是为了让神保佑赐福,显出祭祀礼俗处处渗透着的功利性思想。而在人们的认知中,只要祭祀了,神灵也就会真的如己所愿,获得心理上的踏实和安全感,带着这种感觉出行,也多了很多自信,家人也会因此放心。祭祀神灵,是古人的胆,有强大的精神安慰剂作用。

四、楚地秦人独有的走出家门的忌讳及其礼俗思想

择好良辰吉日,祭祀行神完毕,可以正式踏上行程了,但楚地秦人走出家门时还有很多讲究,如:

> 睡简《日甲》130 正:凡民将行,出其门,毋敢顾,毋止。直术吉,从道右吉,从左咎。小顾,是谓小伫,咎;大顾,是谓大伫,凶。

出其门,意谓出行者走出自己的家门。直术,意思是"走道理中央"。术,道路。咎,为《周易》占断的常用词,在此意思是出行有困难②。伫,《说文》:"久立也。"走出家门后,不能朝回望,不能停下脚步。走道路中央或右边吉利,从左边走会遭遇不顺。短时间停步回头看,称为小停留,出行会

①睡虎地秦墓竹简整理小组《睡虎地秦墓竹简》,北京:文物出版社 1990 年,第 243 页。
②(日)工藤元南《睡虎地秦简所见秦代国家与社会》,上海:上海古籍出版社 2010 年,第 203 页。

不顺;长时间停步回头看被称为大停留,出行会遭遇不幸。该简强调出行不能停下脚步,不能回头看,否则是违反禁忌,会受到出行不顺或遭遇不幸的惩罚。

从简文可知,出行走路□间或路右吉利,睡简《日甲》020 背陆言:"入里门之右,不吉。"似乎是回乡进入里门后反而不能靠路右行走,也就是说出行右(或道中)入行左是吉利的。这种秩序正与古人的习惯相合,《太平御览》卷一九五引陆机《洛阳记》言:"宫门及城中大道皆分作三。中央御道……凡人皆行左右,左入右出。""古建筑以坐北朝南为正,左为东,右为西,是则左入右出,都是靠右行走。大道分为三,是古代的驰道之制,起源甚早,楚郢都(纪南城)考古遗址中就发现了这种三道通衢之制,估计左入右出,应是旧制。"①可见俗信与建筑、社会秩序千丝万缕的联系。

离开家门要不停地走,回头看则凶。我们知道,"回顾"时不一定非要停下脚步,因此,出行不能"回顾"应该是个特别的禁忌。除了离开家门不能回顾,走出邦门登车正式踏上行程后同样不能回顾,如:

> 睡简《日乙》102 叁—107 叁:出邦门,可◇行◇禹符,左行,置,右还,曰□□□□右还,曰:行邦◇令行。投符地,禹步三,曰:皋,敢告◇符,上车毋顾,上◇。

邦门,即城门。离开家门是出行的第一步,走出城门,就意味着开始踏入未知区域的行程,要借助禹符、禹步、祝咒等施行法术,凭借神力以确保出行无阻。此处是登车后"毋顾",类似的内容也见于《备急千金方》卷二七《黄帝杂忌法第七》:"行及乘马,不用回顾,则神去人不用,鬼行踏粟。"《云笈七签》卷三五《禁忌篇》:"或运行或乘马,不用回顾,顾则神去人。"可知上车和出家门"毋顾"是因为如果回头看,用法术召来护佑自己的神灵会离开(等于法术失灵),行途再也受不到保护,就会有灾祸或出现变故。除了睡简,此种禁忌在中外古代传说及法术中很是常见,如《吕氏春秋》卷十四言伊尹:

> 其母居伊水之上,孕,梦有神告之曰:"白出水而东走,毋顾!"明日,视白出水,告其邻,东走十里而顾,其邑尽为水,身因化为空桑。故

---

① 刘增贵《秦简〈日书〉中的出行礼仵与信仰》,《中研院史语所集刊》第 72 本第 3 分,2001 年,第 522 页。

命之曰伊尹。

伊尹之母因不听神的警告而回头看,视线与灾祸发生"互渗",使得神对她的特别佑助失灵,自己也沾染了灾祸而化为空桑。"回顾"使法术失灵也见于古希腊神话,在俄耳甫斯和欧律狄刻的故事中,俄耳甫斯终于感动冥界放其妻子欧律狄刻返回阳间复活,阴司女神吩咐俄耳甫斯①:

> 你就带上她回去吧,可是得记住:只要你们二人没有穿过冥界的大门,你就决不允许朝她回顾一眼。这样她就能够重归于你。要是你过早地看她一眼,那末你将永远地失去她。

但俄耳甫斯最终还是回头看了,欧律狄刻的身影"却不由自主地往后移动起来,坠入可怕的深渊。他绝望地伸出双臂,希望挽回自己的妻子。然而不成,她第二次死去了。"这里的"回顾"导致他妻子不能跟他返回阳间,遭受第二次死亡的命运。

古代治病法术中也常见"勿顾",如:

> 马帛103:令疣者抱禾,令人呼曰:"若胡为是?"应曰:"吾疣。"置去禾,勿顾。

> 马帛105—107:以月晦日日下晡时,取块大如鸡卵者,男子七,女子二七。先【以】块置室后,令南北【列】,以晦往之块所,禹步三,道南方始,取块言曰:"今日月晦,磨疣北。"块一磨□。已磨,置块其处,去勿顾。

治病法术中,第一种是以禾来象征疣:病疣者抱禾,另一人问禾是什么,答曰"是我的疣",然后把禾扔掉也就等于把身上的疣给去除了,这是模拟人与疣的附属关系以禾象征疣的顺势或模拟巫术;第二种则是禹步招唤神灵之后以土块磨疣,等于把疣转嫁到土块上,那么扔掉土块就等于扔掉了疣。既属于弗雷泽所言之转嫁灾祸的方式,或可称之为转嫁巫术,也属于顺势巫术之一种。这两种法术都要求"勿顾",简单说是因为回顾会让法术失灵,具体说可能是因为回头看那已经被丢弃的"疣",视线会与"疣"产生关联或"互渗",以致那丢弃的"疣"重新回到自己身上,从而使法

---

① 同下文所引皆见于(德)古斯塔夫·施瓦布《希腊古典神话》,上海:译林出版社1995年,第121页。

术失灵,属于接触巫术。

出家门不能停下脚步,不能舍不得而驻足回头看,否则要遭受不幸。这其实是以俗信禁忌的形式促使外出办事者毅然出行、不能犹豫。对于人的出行,以禁忌惩罚的形式迫使其不得不离开,而对于交通工具——所乘坐的马不愿行走时,这种禁忌显然是发挥不了作用的。但人自有应对之术,如:

> 放简《日乙》104:乘马到邑□不肯行者,以□中□入其口中。

> 放简《日乙》106:乘马不肯行,□街上从二七,即引之令行。

衔,《说文》:"马勒口中。"指马嚼子。因简文有残缺,秦人对于马不愿意继续前行的具体"施法"方法不明,但从现有文字可以看出,当与睡简有关内容相似,皆为巫术范围。如:

> A.睡简《ヨ甲》63 背壹—64 背壹:人有思哀也弗忘,取丘下之莠,完掇其叶二七,东北向茹之乃卧,则止矣。

> B.睡简 47 背贰—48 背贰:女子不狂痴,歌以生商,是阳鬼乐从之,以北向□之辨二七,燔,以灰□食食之,鬼去。

此二简与放简皆有"二七",A 简用以治疗哀伤,B 简女子"歌以生商","商"音悲凉哀怨,治疗所用朝北的某植物(简文缺)叶瓣数也是"二七",说明是利用该数字的术数"法力"来治疗忧郁哀伤。据"气往亡日",一六为水、二七为火,火属阳,悲凉哀伤为阴,阳可克阴,故用此数驱邪治病。马匹走了很远的路不肯再走,自是因为劳累精神不振,二七为阳火,古人自然认为其可驱除疲惫,使马匹阳气上升、精神振奋从而能够继续前行,其原理与前述睡简相同。

如前所述,秦人的出行事项有行师出征、田猎、逃亡、做买卖、抓捕盗贼等,战国秦汉时期战乱纷起、社会动荡,离家出行充满危险,除了不得已的逃亡,不愿外出者应是多数。但笃信鬼神的楚地秦人用各种法术促使办事者坚定决心、义无反顾地离家踏上行途,表面看来,这只是"一种没有成效的技艺"①,实际上这种精神控制的形式反映了秦人深深的家庭责任感,在一定程度上也促使事情的尽快办理。或许正是这种既然要出行就想方设

---

① (英)弗雷泽《金枝》,徐育新等译 北京:新世界出版社 2011 年,第 15 页。

法离开、不反顾、不停留的坚毅的大楚精神,锻造了楚人"楚虽三户,亡秦必楚"的决心和毅力,使得强秦最终亡于其手。出行自路右入而行左的俗信,是把秩序隐于禁忌中,约束行路者遵守,说明秩序观念的深入人心。

五、楚地秦人独有的行途中礼俗及其思想

楚地秦人出行走出家门需遵循一直向前走,不能回顾的禁忌和遵守行道秩序,这是以秩序禁忌的形式迫使外出者毅然出行,不能犹豫,待走出家门后才算是正式踏上行途。反映故秦人礼俗思想的放简却未见有类似楚地秦人祭祀行神、走出家门的禁忌等相关内容,从故秦人鬼神之事从略的"习惯"看①,故秦人应该是择日之后就正式踏上行途了。因为出行有风险,楚地秦人和故秦人都借助禹符、禹步、祝咒等形式施行法术,借助神力以确保出行无阻,有着共同的礼俗思想信仰。所不同者,在于楚地秦人是在行途中实施,而故秦人却是因为仓促出行来不及选择出行日期而实施。如反映楚地秦人礼俗思想的睡简《日甲》111 背—112 背有言:

> 行到邦门閭,禹步三,勉壹步,呼:"皋,敢告曰:某行无咎,先为禹除道。"即五画地,掫其画中央土而怀之。

閭,指城郭的门槛。勉壹步,即进一步。掫,《广韵》:"拾也。"走到城门门槛处,通过走禹步、祝告、画地、怀土的术数仪式来求得行路顺利。走出家门已是踏上行途,走到城门自然是在行途中,"门"可以隔离、区分、沟通内外,起到类似界碑的作用。那么,前一个区域进行的仪式不适用于这一个区域,因此依然要举行仪式以确保出行无虞。楚地秦人出行对"门"的空间分隔作用非常敬畏,他们开始施行法术或禁忌总是以"门"为分界点,如前述"家门""邦门",还有故秦人因为仓促出行来不及选择出行日期施行"禹须臾"术时所涉的"邑门",如:

> 放简《日乙》165:禹须臾:行不得择日。出邑门,禹步三,向北斗,质画地,视之曰:"禹有直五横,今利行,行无咎,为禹前除道。"

邑门即乡村、县城的城门②。紧急出行来不及选择适合的日期,走出

---

① 该"习惯"的得出依据是放简有关内容。

② (日)工藤元男《睡虎地秦简所见秦代国家与社会》,上海:上海古籍出版社 2010 年,第 250—251 页。

城门，所行仪式也是先"禹步三"，然后画地、祝告。可见，无论楚地秦人还是故秦人，在走出城门、邑门，或者行途中遇到城门、走出城门时，都要"禹步"后祝告施法以保证旅途顺利无阻。"门"是一个界碑和阻碍，而禹步是通行法术。在古代，门"不仅被看作内与外的界隔、人与鬼的界隔、正与邪的界隔、善与恶的界隔，同时又是阳界与阴界、现世与往世的界隔。"①在秦人心中门是此地域与彼地域的分界线，此门到彼门是不同的空间；是由熟悉到陌生、由已知到未知、由安全到凶险的分水岭。因此，当时人从自己熟悉的空间进入陌生的空间，或出行时由一个已经举行过祝祷等仪式的空间进入以门为标志的另一个空间时，则在前一个空间施行的法术已在此处失效，因此，总是选择门这个分界点作为举行趋吉避凶仪式的场所，以保证进入由其分隔的另一个空间后能一切顺利。并不如吴小强所言是因为行途中"被阻挡在城外不能进去"才举行的仪式②。楚地秦人行途中之所以在门槛处开始除道仪式，正是因为过了门槛就算出了门，就是进入另一个充满神秘的空间，需要重新"施法"以求得该区域行神的护佑。从中可以看出其对"门"的敬畏，以门为标志的空间分割观念的影响。故秦人虽是紧急出行不能择日时才实施"禹步"等法术，但在走出"邑门"时进行，无疑"门"对他们来说，也是一个分界点，这点与楚地秦人的思想观念是一致的。

　　出行者在走到城门门槛处举行的仪式中，除了禹步、祷告外，还涉及"画地""掫土"之举。除了上述放简"禹须臾"条，周简及马帛也有类似条文，如：

　　　　马帛13：伤者血出．祝曰："男子竭，女子戴．"五画地□之。
　　　　周简345—346：马心：禹步三，向马祝曰："高山高郭，某马心天，某为我已之，并企侍之。"即午画地，而撮其土，以摩其鼻中。

　　五画地和午画地，整理小组分别注为："在地上画五下"③，"'午'，纵横相交。《玉篇·午部》：'午，交也。'《仪礼·大射》：'度尺而午'，郑玄注：

①王子今《门祭与门神崇拜》，上海：三联书店1996年，第21页。
②吴小强《秦简日书集释》，长沙：岳麓书社2000年，第159页。
③马王堆汉墓帛书整理小组《马王堆汉墓帛书——五十二病方》，北京：文物出版社1979年，第30页。

'一纵一横曰午,谓画物也。''午画地',即在地上画出一纵一横的两条交叉的直线。"①对于前者,饶宗颐引《道藏》所载禹步资料"用白垩画作九星,斗间相去三尺,从天罡起,禹步随作一次第之,居魁前逆之",推测说:"日书叙禹步,即五画地,想亦用白垩画于地上作北斗状。"②吕亚虎采用周简整理小组观点,进一步论述说:"五"与"午"古同而通,"五画地"即"午画地",意谓在"地上画纵横交错的'十'字形。"③

夏按,联系上述诸简,前引睡简和放简内容皆为除道仪式,其形式也近似,都是禹步后祝祷。放简"质画地"所画正是其所"视之"的"直五横",且此"直五横"为"禹有"。也就是说,在地上画直五横是除道仪式所必须的,而且这个直五横与禹步、禹符一样都与禹有关。而若按吕氏观点,则"禹有直五横"成为"禹有直午横",则上下文义难以通畅,故以饶氏之说为上。然饶氏并未详述原因,为明其理,我们有必要对禹步步法略作探讨。秦简资料有言:

> 睡简《日甲》24背壹—26背壹:诘:诘咎,鬼害民妄行,为民不祥,告如诘之,召,导令民毋丽凶殃。鬼之所恶,彼屈卧箕坐,连行踦立。

连行,即连步,《礼记·曲礼注》:"连步谓相随不相过也。"《尸子》云:"古时龙门未辟,吕梁未凿,……禹于是疏河决江,十年未窥其家,手不爪,胫不毛,生偏枯之疾,步不相过,人曰禹步。"可知,连行是禹步步法,为鬼所恶,故而走此步可避鬼。至于如何连行,秦简未见有言。但我们知道,禹步后来被道家广泛运用,据《洞神八帝元变经·禹步致灵第四》:"禹步者,盖是夏禹所为术,招役神灵之行步,此为万术之根源,玄机之要旨。……推演百端……触类长之,便成九十余条种,举足不同,咒颂各异。"④然万变不离其宗,道家崇拜北斗七星,禹步步法都是依北斗七星排列的位置而行步转折,如踏在罡星斗宿之上,故后人又称其为"步罡踏斗"。北斗七星之轨迹如下图左圆中间部分:

---

① 湖北省荆州市周梁玉桥遗址博物馆《关沮秦汉墓简牍》,北京:中华书局 2001 年,第 132 页。
② 饶宗颐《睡虎地秦简日书研究》,《饶宗颐二十世纪学术文集》第 3 卷,台北:新文丰出版公司 2003 年,第 270 页。
③ 吕亚虎《出土简帛资料所见出行巫术浅析》,《江汉论坛》2007 年第 11 期,第 98 页。
④ 张继禹《中华道藏》第 4 册,北京:华夏出版社 2004 年,第 494—495 页。

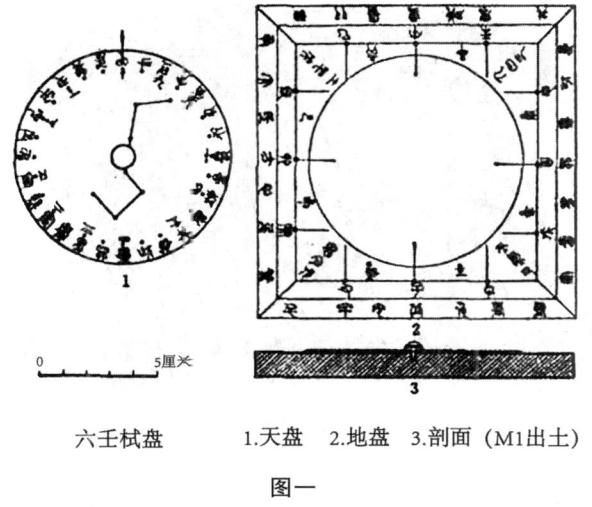

六壬栻盘　　　1.天盘　　2.地盘　　3.剖面（M1出土）

图一

　　图一源自安徽阜阳双古堆西汉汝阴侯墓，为六壬栻盘①。唐司马贞
《史记索隐》释栻："栻之形上圆象天，下方法地，用之则转天纲加地之辰。"
西汉距秦颇近，该六壬栻盘中间之北斗形状正是五个直笔画出，也就是说
施术者禹步后在地上画的"直五横"正是北斗七星的形状。北斗七星在古
人心目中地位极高，被看作日月五星的主宰，如《尚书》言："旋玑玉衡，主
宰日月五星运行。"旋玑玉衡，即指北斗七星。五星即辰星、太白、荧惑、岁
星、镇星，今天称之为金星、木星、水星、火星、土星。施术者走的禹步和画
的"直五横"皆为北斗七星形状，其实是通过步法把自己模拟为禹（属"顺
势巫术"或"模拟巫术"），从而召唤、役使神灵为禹（其实是为自己）服务。

　　另，北斗居中宫，五行方位属中央土，因此古人常将北斗与土相联系。
曾侯乙墓出土漆箱盖上的"斗（ ）"字即由"土""斗"二字组成，如下
图二②。

　　前述双古堆汉墓出土六壬栻盘地盘内层左上角书"土斗戊"三字（图
一），也是将斗与土联系起来。《白虎通·五行》："土在中央，主吐万物，土
之为吐也。"另就五行而论，金木水火四行皆依赖土成局，世间万物都归藏
于土。土生万物，为五行主宰，恰与天上之北斗相配。如此就可以理解秦
人在地上画出北斗形状后，取其中央土放于怀中的原因了。撮取北斗之中

①王襄天、韩自强《阜阳双古堆西汉汝阴侯墓发掘简报》，《文物》1978 年第 8 期，第 25 页。
②湖北省博物馆《曾侯乙墓（下）》，北京：文物出版社 1989 年，彩版一三。

图二　曾侯乙墓漆箱

央土入怀,根据泰勒之"互渗"原理,这个土除了是"主吐万物"的土外,同时已经"互渗"获得了七星的神力。放土入怀,就等于拥有了天地之主宰——北斗及土遣神召灵、驱鬼避邪、生化万物的神力,这个神力足以保佑出行者平安出行,这应该是模拟巫术和接触巫术相结合的法术,反映了古人的北斗七星信仰,对天和土地的尊崇,在一定程度上折射出时人对自然规律的认识。通过模仿禹走禹步等交感巫术欲役使神灵的举动,让我们看到了古人除了想通过占卦预知事物的发生发展,通过择吉努力遵循自然规律,顺应天道自然,以求得良好结果外,还想控制和支配自然力的愿望。

六、楚地秦人独有的解除行途风险的礼俗及其思想

出行者虽然在出行前及行途中都遵奉秩序和禁忌,每到一个以"门"为空间分隔标志的不同区域都进行除道仪式,但楚地秦人并不相信从此便万事大吉,他们相信有神灵保护不到的地方或祭祷不起作用的时候,因此便有破解行途凶险之法的条文出现,秦简涉及此类别的简共有三条,第二、三条所言未必仅限于外出远行中,如:

A. 睡简《日甲》46 背叁:人行而鬼当道以立,解发奋以过之,则已矣。

B. 睡简《日甲》27 背贰—28 背贰:大神,其所不可过也,善害人,以犬矢为丸,操以过之,见其神以投之,不害人矣。

C. 睡简《日甲》45 背叁:人过于丘虚,女鼠抱子逐人,张伞以向之,

则已矣。

　　显然,行途中遇到神鬼妖魅的对付办法远比离家和行途中的"祖道"简单:遇鬼阻挡道路,解开头发奋力通过,就可以了;经过喜欢害人的大神之所,只需用狗屎丸投过去,就可以控制大神不害人;而碰到妖鼠追人,打开伞对着它,也可避祸。解发、狗屎丸和伞都是具有法力的东西(前文已有论述),且这些法器或易找或易带,方便易行,因此至今仍被人们认可和使用。另外,人们对行途中鬼怪妖魅的态度与前述出行有关仪式也大不同。前者是抱着虔诚的态度,诚惶诚恐地希望通过择日以敬天顺时,通过法术借助神力或祈求神灵保佑出行。而对后者,则一扫恭敬惶恐,表现出的完全是一种大无畏的抗争精神。对于神不佑助的情况,楚地秦人用简易法术救助自己出水火,一方面表现了楚地秦人的斗争精神,另一方面反映了时人心中法术的万能。也同时说明楚地秦人对神灵并非盲目相信,他们准备的应对之术,显然是预防万一和意外,反映了相对、绝对思想已经在楚地秦人心中形成,应该是辩证法思想早在中国人头脑中存在的证明。

七、行宿礼俗及其思想

　　行宿指旅途停留,或曰旅行夜宿也[1]。宿,《说文》:"止也。"远行难免要涉及住宿问题,依照楚地秦人神秘思想,行宿中不可能没有巫术相随,惜乎秦简没有相关内容,今见出土于湖南长沙的西汉马王堆汉墓《养生方》有涉此项,附论于此,以为出行礼俗思想之补充,其所关涉条文如下[2]:

　　　　A. 马帛 189—190:【一曰】:行宿,自呼:"大山之阳,天□□□,□□先□,城郭不完,□以金关。"即禹步三,曰以生荆长二寸周画中。

　　　　B. 马帛 191:【一曰】:东向呼:"敢告东君明星,□来敢到画所者,席彼裂瓦,何人?"又即辰中。

　　晋代葛洪的道教典籍《抱朴子内篇·登涉》中有暮宿山中避虎狼之方与马帛颇有相同之处,今录如下以对照理解:

　　　　以左手持刀,闭气,画地作方,祝曰:恒山之阴,太山之阳,盗贼不

---

[1] 周一谋、萧佐桃《马王堆医书考注》,天津:天津科学技术出版社 1988 年,第 302 页。

[2] 所引条文皆参见周一谋、萧佐桃《马王堆医书考注》,天津:天津科学技术出版社 1988 年,第 302—305 页。

起,虎狼不行,城郭不完,闭以金关。因以刀横旬日中白虎上,亦无所畏也。

对照《抱朴子》,可知马帛"大山"当为"太山",也即今天所言之"泰山"。泰山自古以来被看作圣山,是离天最近的地方,也被人们认为是人死后灵魂的归属地。道家经典《洞玄灵宝五岳古本真形图》载泰山神曰:

> 东岳泰山君,领群神五千九百人,主治死生,百鬼之主帅也,血食庙祀宗伯也。俗世所奉鬼祠邪精之神而死者,皆归泰山受罪考焉。①

东岳泰山神为百鬼之主、冥界主帅,掌管人的生死轮回②。人间所供奉的各路神灵包括各种精怪"神"灭后,也归泰山接受有罪拷问。所以,古人行宿野外为避免鬼神等各种精怪的骚扰或侵害,会求助泰山神庇佑。周画中,指在地上画一个圆圈。"曰以生荆"即"以生荆","曰"字无义③。"荆"见于记载的有紫荆、牡荆等多种。其中"牡荆"因在古代常用作鞭挞的刑具,故常被看作具有超自然力的灵物。故此处用于画地作法之"生荆"当指"牡荆茎杆"④。另,牡荆也具有轻身除湿热的药用价值,《神农本草经》上品"蔓荆实"言荆"主筋骨间寒热痹、拘挛……久服轻身,耐老。小荆实亦等。""案《广雅》云:牡荆,蔓荆也。"⑤A 条所涉应该是荆的双重功效,一是希望荆之药用功效能"互渗"到自己身上,二是作为一个法器借助禹步使所画圆圈具有法力,这样出行者宿于其中,圆圈就如一道围墙,隔开鬼魅神妖和其他外来之人,从而把行宿者保护起来。此处行宿法术与前述秦简"除道"术相似,所不同处在于秦简是先禹步后祷告、画地,而该处是先祷告后禹步、画地,后者或是前者的继承和发展。

东君明星,周一谋等作为一个名词注曰"巫术中的天神名"⑥,具体是哪位天神未有明释。夏按,东君明星当点开句读为东君、明星。东君指太阳神,《史记·封禅书》:"晋巫,祠五帝、东君……先炊之属。"司马贞索隐

---

① 张继禹《中华道藏》,北京:华夏出版社 2004 年,第 348 页。
② 逯凤华《泰山、岱庙、东岳庙祭祀用乐研究》,上海:上海音乐出版社 2019 年,第 17 页。
③ 马王堆汉墓帛书整理小组《马王堆汉墓帛书(四)》,北京:文物出版社 1985 年,第 116 页。
④ 周一谋、萧佐桃《马王堆医书考注》,天津:天津科学技术出版社 1988 年,第 304 页。
⑤ [魏]吴普等述;[清]孙星衍辑《神农本草经》,石学文点校,沈阳:辽宁科学技术出版社 1997 年,第 16 页。
⑥ 周一谋、萧佐桃《马王堆医书考注》,天津:天津科学技术出版社 1988 年,第 304 页。

引《广雅》:"东君,日也。"明星,指启明星,即太白金星。《诗·郑风·女曰鸡鸣》:"子兴视夜,明星有烂。"朱熹集传:"明星,启明之星,先日而出者也。"《史记·天官书》云:"察日行以处位太白。"《索隐》案:"太白辰出东方曰启明,故察日行以处太白之位也。"①太白与太阳皆晨出东方,昏见(落)于西方,观其可辨方位,故它们是古人出行中辨别方位的标志物。出行者最怕迷失道路,这些指示方向的星宿被其作为保护神不足为怪。B条之"席彼裂瓦",意谓用破瓦片攻击。席,昔韵邪纽。袭,缉韵邪纽,二字古音声母相同,韵母桕近,可通。袭,意思是袭击、攻击。"何人"此处不当理解为"什么人",从上下文意看,或可理解为"何况是人",意思是鬼神精怪都会被破瓦片攻击,何况是人(更会受到严惩)。

从内容看,B条帛书当紧承A条,也为行宿之术。行宿者画完圆圈,祈请太阳神和太白金星保护,然后进行警告,警告后又回到圆圈中(休息)。A条帛书求助于泰山神和人神禹,该条求助于天上神灵,从内容看,显然为野外住宿,所求诸神皆为管理或役使鬼怪精灵最高最强的直接领导者,可见古时野外住宿的极端不安全性②。在这种情况下,除了求助神灵没有别的办法,这可使自己得到心理上的安慰,能够在长途赶路之后安心休息。也反映了时人对人神(禹)、山川(泰山)、星宿(太阳和金星)的信仰和崇拜。

八、秦人归家禁忌及其礼俗思想

秦人出行,除了行途中无涉择吉外,离开家门及返家都要择吉。睡简有"归行"篇(包括下文ABC三条),放简有"行忌"篇,都涉及自外归家日期的禁忌。也就是说,无论故秦人还是楚地秦人,对归家都同样重视,如:

A.睡简《日甲》131正:归行:凡春三月己丑不可东,夏三月戊辰不可南,秋三月己未不可西,冬三月戊戌不可北。百中大凶,二百里外必死。

B.睡简《日甲》132正:毋以辛壬东南行,日之门也。毋以癸甲西

---

① [汉]司马迁撰《史记(全十册)》,[宋]裴骃集解,北京:中华书局2009年,第1322页。
② 不可否认,今天野外住宿也同样不安全,但对认为鬼神怪充满空间的古人来说,其宿在野外的不安全,还涉及心理上认为的鬼神怪的隐患。

南行,月之门也。毋以乙丙西北行,星之门也。毋以丁庚东北行,辰之门也。凡四门之日,行之欸也,以行不吉。

C.睡简《日甲》133 正:入正月七日,入二月四日,入三月廿一日,入四月八日,入五月十九日,入六月廿四日,入七月九日,入八月九日,入九月廿七日,入十月十日,入十一月廿日,入十二月卅日,凡此日以归,死;行,亡。

D.放简《日乙》123—126:行忌:春三月己丑不可〔东行〕,夏三月戊辰不可南行,秋三月己未不可以西行,◇冬三月戊戌不可北行,百里大凶,二百里外必死。

E.放简《日乙》95—99:甲乙毋东行,丙丁毋南行,庚辛毋西行,壬癸毋北行。

归行,吴小强解释为"即自外归家日期的禁忌"①,工藤元南亦言"虽然占题叫《归行》,但这些占辞将归家、出行的忌日放在一起说"②。显然也是把"归行"理解为归家的忌日。

夏按,二者结论可商。从秦简用语看,单音词占绝对优势,出行就用"行"字表示,未见专门的词语"出行"。归家就用"归"表达,并不用"归行",如下文睡简《日甲》107 背—108 背所言之"在行不可以归,在室不可以行",孔简 142 壹—143 壹亦有言:"……亥午丙申,在行不可归,在室不可行……"都是"行"与"归""家"相对,可理解为出行、出游或在路上走。因此,"归行"是一个并列词组,意思是归来和出行,故其条文是言归家、出行的禁忌。从秦简另有"到室"篇看,秦简的"归"仅指开始返程或在回家途中,并不表示"到室"——回到家中。语言的细化表明对出行各环节的高度重视,同时也暗示着当时社会环境恶劣,出行的极度不安全。"到室"篇条文也多言"行",从其另辟一篇看,此"行"当专指"到室"的"行",毕竟归家也要在路上行走,否则其专辟一节则失去意义。另,从放简同样内容的条文(D 条)题目为《行忌》看,此条文不仅仅用于归家,还用于出行。题目本就名副其实,不存在上述工藤元男所说的转折关系。故,归行,涉及的

①吴小强《秦简日书集释》,长沙:岳麓书社 2000 年,第 95 页。
②(日)工藤元南《睡虎地秦简所见秦代国家与社会》,(日)广濑熏雄、曹峰译,上海:上海古籍出版社 2010 年,第 225 页。

是归家及出行的禁忌。

A条之所以说己丑、戊辰、己未、戊戌不能分别向东、南、西、北行，是因为己丑、戊辰、己未、戊戌皆为土日，土日犯土神。另外，春、夏、秋、冬五行依次为木、火、金、水，对应方向为东、南、西、北。春日己丑东行，己丑与土神属性同，春为木，东方五行也为木，木木相同，也等于犯了忌讳。余与此原理同。其余几条的禁忌原理前文已有所论，此不赘述。

"归行"篇的C条涉及到了归与行的具体忌日，该条在睡简日书甲篇中另有相似条文，如：

> 睡简《日甲》107背—108背：正月七日、二月十四日、三月廿一日、四月八日、五月十六日、六月廿四日、七月九日、八月十八日、九月廿七日、十月十日、十一月廿日、十二月卅日，是日在行不可以归，在室不可以行，是是大凶。

结合本条文，对照原简图片，可知C条有若干讹误，今正其如下：

> 睡简《日甲》133正：入正月七日，入二月【十】四日，入三月廿一日，入四月八日，入五月十九〈六〉日，入六月廿四日，入七月九日，入八月九〈十八〉日，入九月廿七日，入十月十日，入十一月廿日，入十二月卅日，凡此日以归，死；行，亡。

结合两简，可知上简所谓归行触犯忌日的"大凶"即指"归，死；行，亡"。亡，意谓迷失道路。可见，古人外出经常遭遇的不幸是迷路，而外出返家者容易死在路上（或累病而死或遭遇盗贼等原因）。对行归的畏惧可以理解。两简行归的禁忌之日与后世"气往亡日"完全一致，其原理前文已有论述，此不赘言。

除了"气往亡日"不可出行、归家外，另有"出亡归死之日"需避开，如：

> 睡简《日甲》109背—110背：正月乙丑、二月丙寅、三月甲子、四月乙丑、五月丙寅、六月甲子、七月乙丑、八月丙寅、九月甲子、十月乙丑、十一月丙寅、十二月甲子以以行，从远行归，是谓出亡归死之日也。

乙丑、丙寅、甲子为出亡归死之日，意谓这些日子外出则迷失道路，归家则会死亡。《后汉书·郭陈列传》言："桓帝时，汝南有陈伯敬者……还触归忌，则寄宿乡亭。"注引《阴阳书》："《历法》曰：'归忌日，四孟在丑，四仲在寅,四季在子,其日不可远行、归家及徙也。'"两相比对,所忌日期相同,只不过秦简天干地支皆涉,而后世只涉地支,其用途更加宽泛,当由前者发展而来。其术数原理与后世"归忌"同,其日为子、丑、寅。《协纪辨方书》卷六"归忌"条引《广圣历》言:"'归忌者,月内凶神也。其日忌远行归家,移徙娶妇。'《历例》曰:'孟月丑,仲月寅,季月子。'"并释其因曰:"子,旺之始也;丑,墓之始也;寅,生之始也。寅申巳亥四生之月,归忌在丑,是忌生之退归于墓也。卯午酉子四旺之月,归忌在寅,是忌旺之退归于生也。辰未戌丑四墓之月,归忌在子,是忌墓退归于旺也。故其日忌远回移徙。"[1]结合本简,正月、四月、七月、十月寅巳申亥四生(四孟)之月,行、归之忌在丑,是忌生退于墓;二月、五月、八月、十一月卯午酉子四旺(四仲)之月,行、归之忌在寅,是忌旺退于生;三月、六月、九月、十二月辰未戌丑四墓(四季)之月,行、归之忌在子,是忌墓退于旺。由此看来,无论是墓退于旺还是旺退于生,古人眼中,都是悖逆自然规律之举。此日归行,会带来不幸。表现了对五行的笃信、自然规律的敬畏和认为敬天顺时便可无灾无祸的礼俗信仰。它与《周易》"时止则止,时行则行,动静不失其时,其道光明"的辩证思想是一致的。

第四节　小结

由上可以看出,故秦人和楚地秦人都重视出行,为确保出行顺利,出行前都要择吉日良辰。但楚地秦人对出行的卦算条类繁多,有一套细致完整的出行系统,从出行前的择吉、来不及择日出行的应对方法到出行前祭祀行神的仪式、走出家门的忌讳、为行途中顺利所施的法术、解除行途中风险的办法到归家禁忌等等,可谓细致入微,无所不包,为楚地秦人提供了一本丰富的顺利出行法术大全。可以说,一册在手,出行无忧。而故秦人的出行占算,只有出行择吉、应对紧急出行来不及择日的法术和归家禁忌三种,简单地说,故秦人的出行手册只有出行和归家择吉两种,简单而实用,但显然楚地秦人的更为全面周到,也更易受人欢迎。鉴于此,就统一的影响来说,故秦官吏"喜"能够把反映楚地秦人出行礼俗思想的条文抄写下来与

---

[1]刘道超译注《择吉术注评——协纪辨方书》,南宁:广西人民出版社1993年,第239—240页。

故秦建除对照使用①，显然是接受、认可楚地文化的反映。本来，他们有出行择日、信奉鬼神、"禹步"等共同的礼俗思想信仰，所以，秦始皇的统一会促进秦楚文化的融合。若说统一对礼俗思想的影响，在出行方面，也只可能是楚地丰富详备的出行大全被故秦人借鉴和使用。

　　总之，秦人无论是出行还是归家，择吉还是施法术，都以安全返家为目的，蕴含着残酷环境下对家庭的依赖、亲情的重视和强烈的家庭责任感。出行民俗背后是家庭伦理的礼俗思想主导。另外，从日书看，五行作为一种哲学观念，在战国时期已经完备和成熟。把阴阳五行思想与天命、上帝结合在一起决定行事吉凶，是秦时空礼俗思想的基本特征。五行思想渗透在生活的方方面面，揭示了以敬天顺时为宗旨的礼俗思想，在一定程度上又反映了时人对自然规律的认知。

①本书接受杨剑虹的观点，即喜为在故楚地任职的故秦官吏（杨剑虹《睡虎地秦简〈编年纪〉作者及其政治态度——兼与陈直、商庆夫同志商榷》，《江汉考古》1984 年第 3 期）。

第五章　秦简"梦"礼俗思想

《史记·日者列传》:"孝武帝时,聚会占家问之,某日可取妇乎?五行家曰可,堪舆家曰不可,建除家曰不吉,丛辰家曰大凶,历家曰小凶,天人家曰小吉,太一家曰大吉。"①各家依自己的方法占算同一件事结果却各自不同,为人们对占算产生怀疑埋下伏笔,但我们也从中看到占算方法的多种多样,正所谓"众占非一"。虽则占卦的方法多种多样,然以梦占最为重要。《艺文志》曰:"杂占者,纪百事之象,候善恶之征。《易》曰:'占事知来。'众占非一,而梦为大。故周有其官。"②概因各种占算方法所据不同,各有解释,而梦为自己的体验,以之为沟通人神、预测吉凶的中介,故较之于其他占卜,占梦更有一种特殊的神秘性和迷惑力③,在古人看来自是最为可靠,因此也成为古代很重要的一种礼俗活动内容。

占梦为班固所言占卦术中之杂占,同前述其他占算一样,皆为礼俗之反映。周专设占梦之官,可见梦为官方所重视。然梦作为一种与睡眠相伴而生的日常,必伴随着人类的出现而出现,不分贵贱贫富,梦都会降临。因此,对梦的重视当不限于达官贵人。作为秦楚俗民常用的《日书》出现梦占相关条文,即可为一证。通过考察秦简中有关占梦的条文,可了解古人关于占梦的礼俗,从而考察其包含的礼俗思想。

第一节　关于"梦"

放简未见关于梦的条文,下文所涉为睡简《日甲》《日乙》之"梦"篇,岳简壹之"占梦书",共计三篇,涉及简文计57条。

①[汉]司马迁撰《史记(全十册)》,[宋]裴骃集解,北京:中华书局2009年,第3222页。
②[东汉]班固《汉书》卷三十《艺文志》,北京:中华书局1962年,第1773页。
③刘文英《梦的迷信与梦的探索》,北京:中国社会科学出版社1989年,第9页。

一、"梦"何以产生——古人心中的"梦"

"梦"本字为癥,后省写作"夢",本义为做梦①。该字甲骨文已存,且有多种写法。如陈絜先生指出其主要形构,大体上有如下 12 种:

（字形）（《合集》376 正,宾组）　　（字形）（《合集》17410 正,宾组）

（字形）（《合集》456 正,宾组）　　（字形）（《合集》17446,宾组）

（字形）（《合集》1027 正,宾组）　　（字形）（《合集》22145,𠂤组）

（字形）（《合集》17440,宾组）　　（字形）（《合集》17451,宾组）

（字形）（《合集》17441,宾组）　　（字形）（《合集》32212,历组）

（字形）（《合集》19829,𠂤组）　　（字形）（《花东》29,子卜辞）

陈先生指出,竖排右侧的后四种字形为形声字②,"夢"的字形当取此。以上诸形的主要区别在于床二人形的各种不同姿势,突出做梦时的肢体表现。梦境不同,则肢体表现不同,给梦者的预兆自然也不同。字形如此繁多,固然因为早期古文字字形不固定,但更是因其常见常用,才有各种写法,由此可见梦在古人生活中的重要地位。

何谓梦?古人认为跟魂有关,《论衡·纪妖篇》:"人之梦也,占者谓之魂行。梦见帝,是魂之上天也。"如前文所述,古人认为人有魂魄,魄为肉体,是物质的;而魂为气,为精神意识。人一旦死亡,魄随身体入土,魂则离开身体成为鬼,说明魂是可以脱离肉体的。魂脱离肉体,一是在肉体死亡时,另一是在睡眠中,其明证便是"梦"。魂离开肉体到处游荡,反映到人的大脑中便是"梦"。非独占者认为梦是人睡眠时魂脱离肉体外出游走所遇,上至帝王下至平民百姓,也多深信不疑,古人不信此者当为罕见。甲骨文中商王占卜的关注重点为梦所蕴含的吉凶祸福③,说明古人眼里的梦还有预兆作用,占卜的人可根据梦者所梦预测其在未来的吉凶祸福。弗洛伊德说:"在古代族人中,人们总是主观地认为,梦是赐予他们力量的超自然

---

① 李学勤《字源》,天津:天津古籍出版社;沈阳:辽宁人民出版社 2013 年,第 670 页。
② 陈絜《卜辞中的"梦"字及其他》,《殷都学刊》2011 年第 4 期,第 1—2 页。
③ 陈絜《卜辞中的"梦"字及其他》,《殷都学刊》2011 年第 4 期,第 2 页。

界的神灵给他们的启示,是鬼神给他们灵感的一种方式,并且,这似乎已经是通用的观念。"①布留尔也指出,在原始人看来,"梦又主要是未来的预见,是与精灵、灵魂、神的交往,是确定个人与其守护神的联系甚至是发现它的手段。他们完全相信他们在梦里见到的那一切的实在性。……梦永远被视为神圣的东西,梦被认为是神为了把自己的意志通知人们而最常用的方法……梦常常被认为是精灵的命令"②。中国正史中有不少祖先托梦的记录,如《左传·昭公七年》:

> 卫襄公夫人姜氏无子,嬖人婤姶生孟絷。孔成子梦康叔谓己:"立元,余使羁之孙圉与史苟相之。"史朝亦梦康叔谓己:"余将命而子苟与孔烝鉏之曾孙圉相元。"史朝见成子,告之梦,梦协。晋韩宣子为政聘于诸侯之岁,婤姶生子,名之曰元。③

嬖人,《春秋左传正义》卷三:"嬖,必计反。贱而得幸曰嬖。"孔成子,卫上卿。康叔,卫国始祖。元,孟絷弟。杜注:"梦时元未生。"羁,孔成子之子。因为卫襄公夫人姜氏没有生下儿子,只有嬖妾生了一个儿子孟絷,面对立国君问题。卫国上卿孔成子和史官朝同时被卫国祖先康叔托梦,告知要立"元"为国君……后来该妾又生一子名为"元",最终继承君主之位,即卫灵公。这种梦谓之托梦,是指鬼神等其他灵魂进入梦中并有所诉求、嘱托等。结合上述种种,可知中国古人眼里梦的来由大概有两种,一是自己的灵魂出游导致做梦;二为祖先或其他灵魂来找做梦者导致做梦。其原因有的为有所嘱托(如前例),有的为发出警告④,有的可能什么也不为(详见下文)。

晚出的《酉阳杂俎·卷十九·草篇》中录有"梦草",言为"汉武时异国所献,似蒲,昼缩入地,夜若抽萌。怀其草,自知梦之好恶。帝思李夫人,怀之辄梦。"旧题汉郭宪《洞冥记》卷三亦言:"种火之山,有梦草,似蒲,色红,

---

① (奥地利)西格蒙德·弗洛伊德《梦的解析》,邢雷雷、高申春译,北京:北京师范大学出版社 2021年,第 3 页。
② (法)列维·布留尔《原始思维》,丁由译,北京:商务印书馆 2010 年,第 48—49 页。
③ 杨伯峻《春秋左传注(修订本)》,北京:中华书局 1981 年第 3 版,第 1297—1298 页。
④ 如《左传·昭公七年》:"或梦伯有介而行,曰:'壬子,余将杀带也。明年壬寅,余又将杀段也。'及壬子,驷带卒。国人益惧。齐、燕平之月壬寅,公孙段卒。国人愈惧。"伯有在梦中的话后来都得以实现,该梦有预言也有警告作用。

昼缩入地,夜则出,亦名怀梦。怀其叶,则知梦之吉凶,立验也。帝思李夫人之容不可得,朔乃献一枝,帝怀之,夜果梦李夫人。'两文所言为一物,可知梦草也叫怀梦,怀其叶,就能知梦之吉凶,且可梦到自己想梦到的。这种梦为人为之梦,非自然产生,不在本书讨论范围,秦简也无涉此类,故不论。

二、占梦之道

今天,在多数人眼里,占梦被看作很荒唐的事,即使有所涉及也很少被重视,但在古人生活中却占有非常重要的地位。商代甲骨文中已有数十条贞人卜问商王及其子梦象休咎的条文,周代甚至设有"占梦"一职,如《周礼·春官·宗伯》言:"占梦:掌其岁时,观天地之会,辨阴阳之气。以日月星辰占六梦之吉凶。"该句大意是说:占梦通过观察本年四季建厌所处之天干地支①,辨别阴阳之气,依据(做梦时)日月的运行情况及合辰所在,占算六类梦的吉凶。可知,周时占梦用到星占堪舆之术和阴阳学说,占梦官根据梦者做梦的时间、结合四季五行生克、日月运行情况等占算六类梦的吉凶,欲达到沟通天地人神、预知未来之目的。此时梦已有明确的分类,并且有完善的占梦理论,占梦已处于成熟阶段。显然,占梦作为一种制度化的官方信仰至迟在周代已经确立。《周礼·春官》:"占梦,中士二人,史二人,徒四人。"周礼所涉占梦官专为皇家和官方服务,无涉民间占梦礼俗,秦简的出土或可一窥其大略。

(一)要顺应自然规律

上述《周礼》所言占梦需遵循的占梦之道,秦简有与之类似的表述,如:

> 岳简壹02正—03正:□□□□□□始□□之时,巫令梦先,春曰发时,夏曰阳,秋曰闭,冬曰臧,占梦之道,必顺四时而豫其类,毋失四时之所宜,五分日、三分日夕,吉凶有节,善萧有故。

---

① 贾公彦疏《周礼·占梦》:"云'天地之会,建厌所处之日辰'者,'建,谓斗柄所建,谓之阳建,故左旋于天;厌,谓日前一次,谓之阴建,故右旋于天。'云'阴阳之气,休王前后'者,按《春秋纬》云:'王者休。王所胜者死,相所胜者囚'。假令春之三月木王。水生木,水休。木胜土,土死。木王,火相王,所生者相,相所胜者囚。火得金,春三月金囚。以此推之,火王金土水王义可知。观此建厌所在,辨阴阳之气,以知吉凶也。"([汉]郑玄注《四库家藏　周礼注疏2》,济南:山东画报出版社2004年,第697页)

阳,生长。占梦之道,即占梦的法则、规律。豫,变化、变动。《史记·太史公自序》:"夫春生夏长,秋收冬藏,此天道之大经也。弗顺则无以为天下纲纪。"春生、夏长、秋收、冬藏被古人看作自然规律,占梦也要顺此规律,否则就违背了"天道"。因此占梦起始以"春曰发时,夏曰阳,秋曰闭,冬曰臧,占梦之道,必顺四时而豫"导入,说明占梦之道也一定要顺应自然规律,暗含着如此才灵验之意。此种理念与上述《周礼》所涉占梦官要遵循的占卜原则是相同的。可以看出,在古人那里,占梦是一种顺应天地规律、有科学依据的严肃而神圣的行为,与今人多不信梦、不占梦或占梦时多戏谑的态度大异。

(二)做梦时日可变通

　　岳简壹01 正:若昼梦亟发,不得其日,以来为日;不得其时,以来为时;昼言而暮梦之,有◇。

如果屡次发生白天做梦(的事情),不知道做梦的具体日子,以前来占梦的日期作为日期;不知道做梦的确切时辰,以前来占梦的时辰作为时辰。如前所述,占梦需要知道做梦的具体日期和时间,好结合日月运行、阴阳之气推算预兆或占算吉凶。然本简对于记不住日期和具体时间的白日梦,采用临时变通之法,皆以前去占梦时的日期为准。从"以来为时"看,当时民间占梦也有专门的人员,占梦者需上门求占。南宋洪迈《容斋续笔》卷一五《古人占梦》云:"然则古之圣贤,未尝不以梦为大,是以见于《七略》者如此。魏晋方技,犹时时或有之。今人不复留意此卜,虽市井妄术,所在如林,亦无一以占梦自名者,其学殆绝矣。"[1]是知早在南宋,已没有专司占梦的人了,占梦之术也已成绝响[2]。

三、梦有不占——占梦者的姿态

虽然占梦是古人精神生活的重要内容,但占梦者却非逢梦必占。对于不占之梦,多指有干扰因素,使人魂不能与天地阴阳之气很好或完全沟通者,这种情况下,梦占就不会应验,也就失去了占算的价值。明代陈士元《梦占逸旨·古法篇》"梦有五不占,占有五不验"说的就是这种情况。其

①[南宋]洪迈著《容斋随笔》,北京:北京燕山出版社2007年,第212页。
②宋镇豪《甲骨文中的梦与占梦》,《文物》2006年第6期,第62页。

所言"五不占"之梦为:1. 神魂未定而梦者不占;2. 妄虑而梦者不占;3. 寤知凶厄者不占;4. 寐中撼寤而梦未终者不占;5. 梦有终始而觉佚其半者不占。通俗地说就是:心神不定的情况下做的梦不占;胡思乱想的情况下做的梦不占;醒后知道梦有凶险的不占;睡眠中被摇醒而梦还没有做完的不占;梦虽有头尾但醒后记不全的不占①。可见只有完整、自然、正常、平稳状态下的平常心之梦,才会复占算。由"五不验"也可看出,在古人眼里或在古人的生活中,只要不是这几种梦,其他梦的占算都可应验! 而从"五不占"也可看出,占梦所具有的辩证的一面:古人并非盲目相信梦的预兆作用,他们对梦的占算是很理性的,虽然这种理性与今人的理解不同。

秦简同样有不占之梦,虽则与前述"五不占"内容不同,但对后世"不占之梦"的提出当有启发作用,如:

> 岳简壹 16 正:梦一腊五变气,不占。
>
> 岳简壹 01 正:醉饱而梦雨、变气不占②。
>
> 岳简壹 01 正—02 正:昼言而暮梦之,有☒不占。
>
> 岳简壹 37 正:其兵卒不占。

一腊,也就是一个腊月。醉饱,谓酒食过度。变气,奇异的云气。《汉书·天文志》:"迅雷风袄,怪云变气:此皆阴阳之精,其本在地,而上发于天者也。"

可知岳简最少涉及四种不占③:

1. 梦到一个腊月出现五次变气现象不占。
2. 酒食过度时梦到雨、奇异的云气不占。
3. 白天说到的事情晚上就梦到,不占。
4. 梦到士兵,不占。

为什么梦到多次变气不占,尚未见有学者论及。据《春秋繁露·同类相动》:"阳阴之气,因可以类相益损也。天有阴阳,人亦有阴阳。天地之阴气起,而人之阴气应之而起;人之阴气起,而天地之阴气亦宜应之而起,

---

① 王伟光《民俗全书(典藏精品版)》,哈尔滨:黑龙江科学技术出版社 2012 年,第 247 页。

② 原释文为:"醉饱而梦、雨、变气不占",本书据文意改。后见释文修订本也如此句读(陈松长《岳麓书院藏秦简(1-3)释文修订本》上海:上海辞书出版社 2018 年,第 71 页)。

③ 因有残简,故有此论。

其道一也。"是说人与天地一样,皆有阴阳二气,二者互相影响、相互感应,天阴阳之气改变则人之气也随之改变。如果天的阴阳之气不断变化则人的阴阳之气自然跟着变化,如此人自身的气就无法稳定。虽是在梦中,也同样影响人的阴阳之气。而阴阳之气的考察也是占梦必备要素之一,总是变化则无法把握,因此不占,也符合上文所言"只有完整的自然、正常、平稳状态下的平常心之梦,才会被占算"的《周礼》占梦原则。酒食过度时梦到雨、奇异云气不占的原因,当与此相似。因为"酒食过度,损伤脾胃,脾失健运,不能输布水谷精微,反酿湿浊,困阻气机,郁而化热,熏蒸肝胆,又外感风湿,内外合邪……"[1]因为酒食过度,导致脾胃功能受损而身体出现异常,故而滋生湿浊,阻碍气机,则体内气不足。做梦就会出现与体内病症相对应的事物,因体内湿浊,故而梦雨;因气不足,故而梦到变气,属于非正常状态下的梦,所以不占。可见,古人已经注意到了梦象与医学和健康之间的联系。这点《黄帝内经》关于梦与病的解释可为证,如其《灵枢·淫邪·发梦篇》:"阴气盛,则梦涉大水而恐惧;阳气盛,则梦大火而燔;阴阳俱盛,则梦相杀。……肝气盛,则梦怒,肺气盛,则梦恐惧、哭泣、飞扬;心气盛,则梦善笑恐畏"等等。

白天说到的事情晚上就梦到,也不在古人梦占范围,显然古人已悟到今人常说的"日有所思,夜有所梦"的道理,也注意到梦的心理暗示作用。至于梦到士兵不占的原因,因文意不完整,无法解读。但由前几个不占之梦推测,其不占原因当不出前述"五不占"范围。目前看来,秦简涉及的"不占"并未加系统整理形成理论,当为"不占"梦的早期形式,目前未见更早记录,则秦简之"不占"或为后世"不占"之滥觞。

第二节　梦的制造者

如前所述,梦的产生有两种原因,一为梦者的灵魂出游,一为其他鬼神(灵魂)侵入(托梦)。因为放简无相关条文,以下从楚地出土秦简考察其关于梦的制造者的种类。《周礼·春官·宗伯》从梦象的角度把梦分为了六种,然各种梦的制造者是谁并未涉及,楚地出土秦简有相关条文,下面分

---

①郑全雄等主编《张仲景方方族》,北京:中国医药科技出版社 2012 年,第 373 页。

类进行考察。

一、恶梦制造者——鬼

古人观念中,人为阳,鬼为人魂所化为阴,阴阳相克。通常情况下,人是实体在明处,鬼在暗处为气体,人看不到鬼,但鬼能看到人,因此,人鬼"天生"相克且人处于劣势地位。于是,人鬼不能共存,共存时受害者必是人。其对人不利之一便是使人做恶梦。

> ①睡简《日甲》44 背贰—45 背贰:鬼恒为人恶梦,觉而弗占,是图夫。为桑杖倚户内,覆鬴户外,不来矣。
>
> ②睡简《日甲》14 背叁:一室中卧者眯也①,不可以居,是□鬼居之……
>
> ③睡简《日甲》40 背壹—42 背壹:一宅中无故室人皆疫,多梦寐死,是是匀鬼埋焉,其上无草,如席处。掘而去之,则止矣。

①恶梦的制造者为图夫鬼,它能经常使人做恶梦且醒来后不能占问,这种情况或属"神魂未定而梦者不占"或醒来后梦记不完整没法占断行列。古人对梦极其重视,若经常碰到无法占验的情况,就会认为不正常,是鬼在戏弄人,因此要设法驱鬼。②眯,梦魇。一个房间里的人睡觉时都做恶梦,是□鬼居住在房间里的原因,也是鬼致恶梦。③孕鬼埋在房子下面,一个院子的人就都会染上疫病且多在睡梦中死去。孕鬼使人染病且在梦中死去,如此之梦当非美梦。这里也看出时人将恶畏与恶梦、疫病相联系的观念,这种观念商代卜辞已有反映,如《殷墟书契前编》四·一八·三所记"贞,亚多鬼梦,亡(无)(疾病)?"就是典型的例子②,说明礼俗思想的承继性。

二、托梦者——鬼神

前文提到常人观念中,鬼魂靠人的祭祀生存,如果不能得到祭祀,会挨饿受苦。秦简显示,非独跟人有亲缘关系的鬼魂希望得到人的祭祀,跟人没有亲缘关系的其他神灵鬼怪也有此想,他们会以托梦的形式表达诉求。

---

①王子今《睡虎地秦简〈日书〉甲种疏证》,武汉:湖北教育出版社 2003 年,第 427 页。
②参见胡新生《周代的礼制》,北京:商务印书馆 2016 年,第 296 页。

（一）神灵托梦

　　　　岳简壹 42 正：梦见犬者，行欲食。

　　　　岳简壹 43 正：梦见□□，灶欲食。

　　行，指行神。梦见狗，是行神想要被祭献。因为想要被祭献，就让人们梦到狗，所以这是行神在托梦。"灶"指灶神。岳简 43 正"梦见"后二字不可识，据《敦煌写本解梦书》："梦见黑犬，灶作索食"①，此二字或为"黑犬"。当灶神想要被祭祀时，也是托梦给人，让人梦到黑狗。甚是奇怪诸神为何不直接说出诉求。推测狗是神的信使，梦中出现信使就是告诉人们该神需要祭祀了。譬如希腊神话中的犬神赫耳墨斯就是一个信使。《敦煌本梦书》有相似的占算，如"梦见犬齿，先人求食"，但犬齿无法充当信使，概因"先人"是鬼不是神，没有信使也不能以犬作信使使然。该书涉梦犬的占算条文多分类处理，如："梦见煞犬，所（求）皆得，通达；梦见犬子，有喜事"等②。《梦书》则更多："梦见犬齿，忧刀兵。梦见犬口，死，一云家欲丧。梦见犬子，有喜乐事。梦见犬伤，大吉事。梦见黄犬，所求皆得"③，等等。而秦简关于"犬"的梦占仅上述二处，可见时间愈晚，梦占的内容愈细化和丰富④。

（二）亲人鬼托梦

　　　　岳简 44 正：梦见□□，大父欲食。

　　　　岳简 45 正：梦见马者，父欲食。

　　大父，即祖父。祖父如果想要被祭祀，就让亲人梦到□□，从下简推测，此处也当为六畜之一。而死去的父辈想要被祭祀，梦到的就是马。也就是说，如果亲人鬼想被祭祀，托梦的形式是让梦到马或别的六畜。

（三）非亲人鬼托梦

　　古人观念中，非独亲人鬼想被祭祀时会托梦，非亲人鬼也会托梦求祭祀，愿望得不到满足就会作祟害人，如：

---

①郑炳林《敦煌写本解梦书校录研究》，北京：民族出版社 2005 年。

②与前条皆见于郑炳林、羊萍编《敦煌本梦书》，兰州：甘肃文化出版社 1997 年，第 87 页。

③刘文英《中国古代的梦书》，北京：中华书局 1990 年，第 57 页。

④该部分内容多参照笔者之专著《岳麓书院藏秦简（壹—肆）文字集释》（上海：上海交通大学出版社 2023 年）。

岳简壹 41 正：梦见羊者，殇欲食。

岳简壹 41 正：梦见豕者，明欲食。

岳简壹 42 正：梦见汲者，疠、诅欲食。

岳简壹 44 正：梦见贵(？)人者，遂欲食。

殇鬼即无人祭祀之鬼。《小尔雅·广名》："无主之鬼谓之殇。"《说文》："殇，不成人也。"明，读为"盟"，指盟诅之神。汲者，指打水的人。疠、诅指疠神、诅神。遂，犹"道"也，此指路神。

梦到羊，是无人祭祀之鬼想被祭祀；梦到猪，则是盟诅之神想享受祭品。因为猪肉是祭祀时常见常用的祭品，因此梦到猪是盟诅之神托梦想被祭献，可以理解。但殇鬼为什么托梦以羊来求祭祀，目前未见相关资料。推测起来，或因羊上古音为兰声阳韵，殇为易声阳韵，二字上古发音相同，故而有此占算。鬼神以动物毛梦表达"欲食"的愿望，这并不是什么好事，然后世所见《梦书》涉及羊的，却皆与鬼神无关且都是吉梦，如"梦见群羊，有客(来)""梦见骑羊，得奴婢；一云好妇""梦见羊车，吏有迁位，民凶"[1]。"梦见牛羊，大吉，所求如意""梦见牛羊，口舌散，吉"[2]等。梦到猪肉，也不再是盟诅神在托梦，而是有官事烦恼。如《敦煌本梦书》有"梦见猪肉，忧官事"[3]，说明了梦书的演变和发展。至于为何梦到汲水的人、贵(？)人分别是疠神、诅神或路神在托梦求祭祀，目前无相关资料可以解读，存疑。

三、自魂出游——自己

秦简中梦的制造者除了鬼神外，更多的梦并未提到是谁导致，显然此类梦属于自魂出游类型，此类内容的简在数量上占绝对优势。如：

岳简壹 09 正：春夏梦亡上者，凶。梦亡下者，吉。

岳简壹 09 正：梦夫妻相反负者，妻若夫必有死者。

岳简壹 22 正：梦见项者，有亲道远所来者。梦身生草者，死沟渠中。

看来，古人并非把所有的梦因都归入鬼神，鬼神致梦只是几率很小的

---

①刘文英《中国古代的梦书》，北京：中华书局 1990 年，第 57 页。

②郑炳林、羊萍《敦煌本梦书》，兰州：甘肃文化出版社 1997 年，第 193 页。

③郑炳林、羊萍《敦煌本梦书》，兰州：甘肃文化出版社 1997 年，第 87 页。

一部分,更多的梦还是自己的魂出游所致,这应该看作是当时社会发展条件下的"科学"或理性认识。

总的情况看,恶梦的制造者为鬼,梦见六畜之类可能是神灵或亲人、非亲人鬼托梦求祭祀,而最常见的梦还是自魂出游所遇所感。子曰:"非其鬼而祭之,谄也。"说明人们通常祭祀的鬼是自己的祖先亲人,别人家的鬼是不去祭祀的(通常认为即使祭祀了也没用,不会得到护佑)。而秦简却有言托梦者是殇鬼求祭祀,说明常人平时偶尔还会祭祀无主之鬼。无主之鬼本无人祭,求祭尚可理解,然疠神、诅神、路神也托梦求祭祀,似匪夷所思。由殇鬼求祭推之,或因这几位神灵也并无专门供奉的场所,没有常供,而人们只在需要的时候才会祭祀,这几位也会出现挨饿的情况,所以才会托梦求祭祀。说明时人心目中,鬼神是分类别的。

第三节　禳梦之术

甲骨文中已有禳除梦扰记录,如:

> 《合集》17442:癸未卜,王,贞畏梦,余勿御。
> 《合集》22145:……梦,御亳于妣乙艮鼎……

畏梦,即恶梦。该梦占者尚不知如何攘除,故曰"勿御",即没有办法息止。亳谓亳社,外祭地。为了禳梦,在亳社向妣乙献祭人牲及艮鼎。举行祭祀是最常见的殷人禳梦方式,致祭的对象往往是被视为致梦者的已故先人。此时尚没有专设的占梦官①。随着社会的发展,至周始已设占梦官,专门负责占梦、禳梦等有关事务。如《周礼·春官·宗伯》:"占梦……季冬,聘王梦,献吉梦于王,王拜而受之,乃舍萌于四方,以赠恶梦,遂令始难驱疫。""舍萌于四方"郑玄注:"舍,读为释,舍萌犹释菜,古书释菜、释奠多作舍字;萌,菜始生也。赠,送也,欲以新善去故恶。"又作"祭菜"。《礼记·学记》:"大学始教,皮弁祭菜,示敬道也。"郑玄注。"祭菜,礼先圣先圣师。菜谓芹藻之属。"②"舍萌于四方,以赠恶梦"意思是在四方放上刚发芽的芹藻之类菜(祭鬼)以送走恶梦。该仪式完毕,就命令方相氏除去凶

---

①参见宋镇豪《甲骨文中的梦与占梦》,《文物》2006年第6期,第69页。
②许嘉璐主编《中国古代礼俗辞典》,北京:中国友谊出版公司1991年,第351页。

恶,驱除疾疫厉鬼①。送恶梦仪式完毕马上开始驱疫病、恶鬼仪式,说明周人如殷商人一样已有将恶鬼与恶梦、疫病相联系的观念。恶梦预示着不吉,驱除已做的恶梦就是去捍将来可能发生的疾病、灾殃不祥等。为了避免再做恶梦就需要驱除制造恶梦的恶鬼,驱疫病、恶鬼是相连通的行为,二者相辅相成。

周人官方送恶梦主要通过行奠菜之礼,辅以大傩驱鬼之术。具体如何驱鬼,《后汉书》有详细记录,研究的需要,我们仅取其咒语考察。汉代大傩仪式上的逐鬼咒语为:

> 甲作食歺,肺胃食虎,雄伯食魅,腾简食不祥,揽诸食咎,伯奇食梦,强梁、祖明共食磔死寄生,委随食观,错断食巨,穷奇、腾根共食蛊。凡使十二神追恶凶,赫女躯,拉女干,节解女肉,抽女肺肠。女不急去,后者为粮!②

伯奇,传说中能食恶梦的神兽。"伯奇食梦"是说让伯奇吃掉制造恶梦的鬼,如此恶梦就不再被制造出来,疾病也就不会产生。秦简涉及的驱除恶梦之术与前述有相似之处,如:

> 睡简《日甲》13 背—14 背壹:梦:人有恶梦,觉,乃释发西北面坐,祷之曰:"皋!敢告尔豾琦。某,有恶梦,走归豾琦之所。豾琦强饮强食,赐某大富,非钱乃布,非茧乃絮。"则止矣。
>
> 睡简《日乙》194—195 壹:凡人有恶梦,觉而释之,西北向释发而呵,祝曰:皋!敢告尔宛奇,其有恶梦,老来□之,宛奇强饮食,赐某大富,不钱则布,不茧则絮。

释发,即解散头发。释,《说文》:"解也。"段注:"解也,散也。""觉而释之"之"释"意为"解除",睡醒后解除恶梦。皋,拟音词,长声也。强饮强食,即多吃多喝③,这里吃喝的对象是恶梦。二简皆为禳梦,都是请求所呼叫的神灵吃掉恶梦,故豾琦和宛奇同为食恶梦神无疑,也即前述之食恶梦

---

①参见钱玄等注译《周礼》,长沙:岳麓书社 2001 年,第 229 页。

②[宋]范晔撰《后汉书》(全十二册)、[唐]李贤等注,北京:中华书局 1973 年,第 3128 页。

③刘钊先生言"强食强食"是劝勉被祭之神多多吃喝祭品的意思(《江苏高邮邵家沟汉代遗址出土木简神名考释》,《东南文化》2003 年第 1 期,第 70 页)。按,刘先生之言甚是,然就本简来说,是让豾琦吃恶梦,而非祭品。

之神"伯奇"。此点也可从敦煌本《白泽精怪图》相关记录中得到证明：

> 人夜得恶梦，旦起，于舍东北披发咒曰："伯奇！伯奇！不饮酒食宾常食，高兴地，其恶梦归于伯奇，厌梦息，兴大福。"如此七咒，无咎也。①

睡简为"西北面坐"即面向西北坐下，结合此简，知道人是坐在东北，面向西北，与秦简有互补作用，方向上是一致的。披发、求伯奇食恶梦、得到大福报等皆与秦简所言相同。伯奇、豹谲、宛奇实为一神，之所以名称略别（第一个字的发音不同），或与方言口语、不同地方对食恶梦神的称呼不同有关。也由此可知，古代官方和民间所用礼俗有相同的内容，或意味着有同一源头。

做了恶梦，醒来就解散开头发，面向西北坐下，发出"皋"一长声，然后祝祷说：斗胆禀告您豹谲/宛奇之神，我有恶梦，都跑到您那里去，请您多吃多喝，赐给我大富，不是钱就是布，不是茧就是絮。前文说到散发是为唤出发神，求其庇佑，此处散发，当也有此效。发神有保护梦者的作用。面向西北方向坐，当是因食梦神在西北方向。上述二处禳梦之术皆出于睡简，具体说法有异，然其术相同，根本皆为求豹谲/宛奇吃掉恶梦。有意思的是，梦者在求豹谲/宛奇吃掉恶梦时候，顺势还求赐富，但并没有摆放祭品。显然，其言下之意是你（豹谲/宛奇）喜欢吃恶梦，我"供奉"的就是恶梦，你得到了好吃好喝的，应该也回报我一些好处，譬如钱啊茧啊丝絮啊什么的，让我非常富裕。完全忽略了豹谲/宛奇是自己唤来帮忙的，这显然有点无耻，带有哄骗的性质。也可看出在秦人眼里，豹谲/宛奇是很单纯好骗的。当然，从另一个角度说，求豹谲/宛奇吃恶梦，确实也是互惠互利的事，这里或透露着"供奉"必要有所求的观念，从中更可看到楚地秦人重利轻义狡猾的一面。

第四节　秦简梦占及其礼俗思想

殷人已有吉梦与凶梦两分的观念②，至周，官方把梦分为六种，如《周

---

①游自勇《敦煌本〈白泽精怪图〉校录》，《敦煌吐鲁番研究》第12卷，上海：上海古籍出版社2011年，第307页。
②参见宋镇豪《甲骨文中的梦与占梦》，《文物》2006年第6期，第69页。

礼·春官·宗伯》："一曰正梦,二曰恶梦,三曰思梦,四曰寤梦,五曰喜梦,六曰惧梦。"[1]但秦简《日书》并未见类似描述,这当跟其为民间用书的性质有关。秦简对梦占的结果,泛泛而言的有"吉(13)、喜(6)、得(4)和凶(4)"四种[2],前三可归为一,故总括起来有吉凶两种。除此而外,更多的是对梦占结果的具体描述。至于梦占之法,殷有甲骨贞卜占梦和梦象占梦二种,而商则"掌三梦之法,一曰致梦,二曰觭梦,三曰咸陟。其经运十,其别九十",即掌握了夏商周三代梦书的占梦方法。这些梦书记载占梦的正法有十种,又变化出九十种。可见占梦法之多。以上皆为官方所属,而秦简《日书》是民间用书,所涉占法或在周礼所述九十种之列,然《周礼》未见详述,今考察秦简日书占法或可窥古法之一斑。秦简涉及的占梦法主要有如下三种。

一、季节/时辰+吉凶(3)

这种占法颇为独特,为殷人占法之所无,周有否不详。它具有高度的概括性,仅凭什么季节或什么时间做梦,没有梦象就可以直接给出吉凶,所有人这个季节或某时辰无论做什么梦占算,结果都是一样的。如:

①岳麓壹03 正:甲乙梦开藏事也,丙丁梦忧也。
②岳麓壹04 正:戊己梦语言也,庚辛梦喜也,壬癸梦生事也。
③岳麓壹05 正:晦而梦三年至,夜半梦者二年而至,鸡鸣梦者〖一年而至〗。

这里的甲乙等皆指季节。五行之中,春为甲乙木、夏为丙丁火、季夏为戊己土、秋为庚辛金、冬为壬癸水。以上各简意思是:春天做梦,适合做或要做的是开藏之事。夏季做梦,当有疾病或忧心之事(发生)。季夏做梦,有争吵之事。秋天做梦,有喜事。冬天做梦,要有事端。夏按,春天万木复苏、阳光明媚,确实适合做开藏之事,其后皆为根据季节特点进行的占算。从该文前所言"春曰发时,夏曰阳,秋曰闭,冬曰臧,占梦之道,必顺四时而豫其类,毋失四时之所宜,五分日、叁分日夕"可知,该部分属于"其类"范

---

[1] 依郑注六梦之意分别为:1. 正梦,指无所感动,平安自梦;2. 噩梦,谓惊愕而梦;3. 思梦,指觉时所思念之而梦;4. 寤梦,觉时道之而梦;5. 喜梦,喜悦而梦;6. 惧梦,恐惧而梦。(《周礼注疏》卷25)
[2] 后面的数字是该字在所涉秦简中的出现次数,下文同。本书仅统计了表示结果的"得"。

围,即属于四季哪一季,结合"春曰发时,夏曰阳,秋曰闭,冬曰臧"来确定占梦的大方向,然后根据做梦时间及梦象占梦。

第③条涉及"晦、夜半、鸡鸣"是一夜的三个时间段,为前文所言之"叁分日夕"之"夕"之时间分段。日暮时候做梦三年到,夜半做梦的二年到,鸡鸣做梦的(一年到)。如上述季节占法,也属占梦开始之前确定的大方向。

二、时间+梦象+吉凶(13)

在上述占梦大方向确定之后,剩下就开始结合时间和梦象占算吉凶了。用这种方法占梦的比例较前述稍高,皆为根据五行生克解梦,如:

> 睡简《日乙》189 壹:甲乙梦被黑裘衣冠,喜,入水中及谷,得也。
> 睡简《日乙》193 壹:壬癸梦日,喜也;金,得也。
> 岳简壹 04 正:壬癸梦伐木,吉。

甲乙五行为木,黑色为水,水生木,故而梦黑裘衣冠、入水及谷为喜、吉。壬癸五行为水,"日"五行为火,水胜火,故占梦结果为"喜";金胜水,故梦金为得;水日梦伐木,水生木,为吉。运用这种方法占梦的有 13 条,梦象涉及衣服、颜色、日、山川丘陵、草木、死亡、宫事,等。

三、梦象+吉凶(63)

殷商时期占梦有二法,一是用甲骨直接占问梦之吉凶,一是甲骨占卜结合梦象占问[①]。秦简仅通过梦象占算吉凶的方法所占比例最高,达 63 条,后世所见也皆属此类。从诸法中胜出,当因其查对便捷。此法占梦,有宜解者,也有难解者,如:

> 岳简壹 19 正:梦燔其席蓐,入汤中,吉。
> 岳简壹 20 正:梦燔络坠堕至手,毂凶,吉。
> 岳简壹 22 正:梦身生草者,死沟渠中。

《敦煌本梦书》言:"梦见荐席者,忧病身。"[②]《中国古代的梦书》:"梦

---

①参见宋镇豪《甲骨文中的梦与占梦》,《文物》2006 年第 6 期,第 69 页。
②郑炳林、羊萍《敦煌本梦书》,兰州:甘肃文化出版社 1997 年,第 18 页。

见坐荐出门,凶。"①汤,《说文·水部》:"热水也。"这与荐席相关的梦占联系起来便可得解。垫席为床铺常见常用之物,久病之人更是常在垫席之上,故梦见它有"忧病身",即担忧疾病缠身;而古时穷困人家亲人死亡,多以垫席卷裹抬出门埋葬,故梦见坐在垫席上出门,意味着死亡凶险之事,故为凶。这也就有岳简梦到烧掉席子且扔到热水中为吉之占,因烧掉席子就意味着远离病榻之苦,也就没有烦扰;扔到热水里说明疾病被杀灭或烦恼被消除,故而为吉。这是"接触巫术"思维模式在梦占中的反映,类似思路还有岳简壹20正,梦到焚烧绳索,绳索坠落到手上,在押的犯人吉利。因为犯人被绑缚要用到绳索,梦到绳索断了也就意味着犯人生涯的结束或出现与之有利的事。沟渠,借指荒野。梦到身体长出草的人,会死在荒野之中。荒野自然多草,死在野外的人,尸体无人收埋,身体腐烂于荒草中,故有此占。上述诸梦也多联想、象征成分,皆与日常生活联系密切,也可从中了解古人生活状况。但占梦条文中更多的是难以理解的梦占,如:

> 岳简壹45正:梦见马者,父欲食。
>
> 岳简壹09正:梦夫妻相反负者,妻若夫必有死者。
>
> 岳简壹23正:梦见肉,忧肠。

为什么梦见马是父辈的鬼魂想被祭祀,《敦煌本梦书》言:"梦见马出行,家神不安。"②在家神中,除了灶神、门神、井神外,还有马神、牛神等。其中马为六畜之首,对人类贡献最大,因此,自古以来,人们尤为重视马神③。古人信仰中,马是有着重要地位的家神,父亲通常为一家之主,故而梦到马是父辈的鬼魂想要被祭祀的信号。梦到马出门远行,就象征着家神不安。"夫妻相反负"即夫妻互相反过来靠着,也就是背对背靠着。二者方向不同,意味着分离,故而必有一人死。至于最后一简,正所谓"酒肉穿肠过","肉"与"肠"联系密切,梦见"肉"则意味"肠"会出毛病。是利用事物之间的相关性、象征性、关联性的特点来解梦,不能不说古人于解梦充满哲学之思。

总之,用梦象+吉凶法占梦的种类涉及山川草木、禽兽虫鱼、六畜、粮

---

① 刘文英《中国古代的梦书》,北京:中华书局1990年,第6页。

② 郑炳林、羊萍《敦煌本梦书》,兰州:甘肃文化出版社1997年,第158页。

③ 参见傅功振主编《关中民俗文化概论》,西安:西安交通大学出版社2018年,第37页。

食、水火有关的事物、天象(云雨等)、死亡死者、歌舞、夫妻、自己、老人、人体部位、毛发、失物、钱财衣物、做事、吃喝等等,都为日常生活所常见,说明梦终究还是日常生活的反映。颇奇怪的是,从睡简到岳简,并未见言梦到鬼神之类,只有因鬼而做噩梦之事,看来鬼神之类的梦很难造访平民百姓。

第五节 小结

文字可考的占梦记录早在殷商已存,其时占梦只是龟甲占卜的内容之一,并未独立出来。而殷商能够用龟甲占卜者,皆王室贵族之属。至周,官方已设立占梦官专职占梦、禳梦等事,此时梦已有明确的分类,说明周时官方已对其有深入系统的研究,占梦已从其他占卜中独立出来。秦汉之时官方沿用周制,有过而无不及,如《史记·秦始皇本纪》:"始皇梦与海神战,如人状。问占梦,博士曰:'水神不可见,以大鱼蛟龙为候,今上祷祠备谨,而有此恶神,当除去,而善神可致。'乃令入海者赍捕巨鱼具,而自以连弩候大鱼出射之。自琅邪北至荣成山,弗见。至之罘,见巨鱼,射杀一鱼。"①秦专设有占梦博士,显然始皇对其言十分信服,才有亲除大鱼之举。《汉旧仪》有宫廷举行禳梦仪式的记录,规模宏大、程序繁杂,对梦的笃信可见一斑。官方重视梦,根本在于认为梦有预示作用,对国运、政治有重要影响,恶梦对国运不祥。至于是否所梦真如史书所记,真假莫辨,然为政治服务的意图比较明显。占梦官占卜时多灵活解释,然春秋时当已有《梦书》之类书籍存在,如《晏子春秋·内篇杂下》:"景公病水,卧十数日,夜梦与二日斗,不胜。……占梦者曰:'请反具书。'晏子曰:毋反书……""请反具书"意思是请让我回去拿(占卜的)书过来。这里的占卜之书显然与占梦有关,但未必有《占梦书》之名。从最终占梦者没有拿书查对而是按晏子说法占梦且景公信之来看,当时灵活解释为常态,未尝事事皆有固定之解②。而秦简《日书》,尤其是《占梦书》,则是固定的吉凶,无论谁人所梦,皆可如此解释,当是占梦说法固定的较早记录。

放简未见占梦类内容,但并不说明故秦人不信梦,从始皇占梦、根据占

---

① [汉]司马迁撰《史记(全十册)》,[宋]裴骃集解,北京:中华书局2009年,第263页。
② 从前文所引《周礼》所言占梦之道看,当时对所有梦象皆有固定吉凶解释也不可能。

梦博士所言行事可以看出,故秦人一样笃信梦境。睡简和岳简之梦书皆反映楚地秦人之礼俗思想,睡简因属秦吏抄写,故其梦书内容当也为故秦人所接受,否则也不会与律令、为吏之道等抄在一处,也说明其与秦律条文一样重要,关系社会治理,当然也关乎抄写者的日常生活,甚至升迁。结合前述秦始皇做梦询问占梦博士并依言行之之举,可知占梦在当时社会是一件十分严肃的事情,不但上层统治者重视,负责管理民众的地方官吏也需其"预言"功能管理民众和指导生活中的一切。从上古平民百姓没有资格接受教育来看,地方官吏或也负责当地占梦诸事务。

　　上古之人重视梦,在他们那里,梦同今人认为的一样是一种复杂的现象。当时有从医学角度解释的梦,如《黄帝内经》有关于梦的科学解释,其《灵枢·淫邪·发梦篇》言:"厥气客于心,则梦见丘山烟火;客于肺,则梦飞扬,见金铁之奇物;客于肝,则梦见山林树木;客于脾,则梦见丘陵大泽,坏屋风雨;客于肾,则梦临渊,没居水中;客于膀胱,则梦游行;客于胃,则梦饮食……"等等[1],这种医学角度的解释今天依然被大众接受。还有医学不可解释的梦,这种梦也属梦占范围,而这种范围的梦又有可占不可占之分,显见其梦占的理性色彩。虽则从秦简梦占条文看,梦占之人并未将上述对梦的医学解释归入身体的病理反应而不占,但至少可以看到当时社会跟现代社会一样,有信梦者,也有进行科学解释者,所别在于二者占比的多少。但在官方占梦者那里,其占梦所据日月星辰、阴阳五行等,无疑是当时条件下的理性成分和科学依据。既然梦有医学的解释,就不能忽视其医学价值和预兆、警示作用,这是其一;其二,"现代心理学认为,梦绝不是单纯的生理或心理现象,这是人类经过几千年的迷惘及奋斗之后才得出的结论。"[2]"分析梦,无论是过去的梦占或是释梦,多少反映了一些不可直接触摸的实际,并非完全是迷信或反科学的。"[3]目前科学发展的水平,尚处于很多现象无法解释阶段,相信随着科学的进一步发展,一些得到应验的梦是怎么回事,梦到底有没有预兆吉凶作用等,当都能得到合理的解释。而在此之前,完全把占梦、对梦境的分析等看作迷信,则应该是另一种迷信。

　　总之,秦简占梦条文有丰富的内容,但所梦皆为日常生活常见之物或

---

[1]佚名《黄帝内经灵枢》,太原:山西科学技术出版社 2019 年,第 90 页。
[2]赤舟等《中国秘术大观》,西安:陕西人民教育出版社 1992 年,第 70 页。
[3]马伯英《中国医学文化史》,上海:上海人民出版社 2019 年,第 131 页。

常做之事,梦象不离日常,说明梦境是日常生活、个人见闻和时代的反映。如岳简壹 31 正:"梦以溺洒人,得其亡奴婢。"而当"奴婢"随时代消亡,《梦书》只有言"梦到尿屎污衣,大吉"①,已不涉奴隶,然结论其实是一致的,都是"吉"。梦占依据多涉五行生克,梦象解读多象征等法,然梦象和梦占结果之间的联系,难以解释的多。但相信梦占在远古产生之时,是当时的社会生活状况、生活条件和观念决定了梦象和梦兆之间的联系,因其与鬼神等诸思想的思维模式是一致的,所以也就有了类似"接触巫术"思维模式的梦象和梦兆联系。也正因其联系源自远古文化,而梦占文化在民间并无人专门研究、更新,只是代代传承,而今多已失其远古文化生活背景,故难以解读。但梦象皆为日常之事,亦可举一反三,触类旁通,便代代传承,经久不绝。

秦简时代已有关于梦的医学解释,但占梦仍是人生活的一部分,是某些人的信仰,今天亦然。人有生有死,有各种需求,世界又充满神秘。目前来看,无论科学如何发达,随着社会的进步,生活中都会出现新的科学无法解释清楚的事象,因此,关于神秘的一切解释便不会消失。祈禳、占梦之类也会长存于日常生活。

---

①刘文英《中国古代的梦书》,北京:中华书局 1990 年,第 41 页。

第六章　秦简礼俗思想的发展和演变

为了解礼俗思想的发展演变情况,笔者特于 2022 年暑假期间前往湖北云梦、甘肃天水和浙江普陀山等地区进行田野调查,以考察秦礼俗思想的发展演变情况。而对普陀山等地民俗信仰的考察,主要是为了了解佛教对礼俗思想的影响情况。通过田野调查,可以考察从秦至今礼俗思想明显变化和传承不变的地方,从而通过与前文相关方面的对比,总结礼俗思想发展演变的规律。

第一节　云梦、天水地区择吉礼俗思想

择吉,今天多称为"看日子"。从古到今,需要"看日子"的都是大事或自认为重要的事情。秦人择日之事众多,涉及婚娶、丧葬、出行、筑墙盖屋、裁制新衣、穿新衣、出逃、祭祀、外出服役、伐木、挖井、买卖奴隶等等,目的皆为趋利避害、趋吉避凶。随着时代的发展,奴隶退出历史舞台,裁制新衣、穿新衣成为常态,即使有嫌犯出逃也不敢找人占算;现代交通发达,出行也是平常之事,因此无论是今天的湖北云梦,还是甘肃的天水,这类占算都已退出历史舞台。但择吉之"初心"未改,凡是碰到人生大事或自己认为重要的事情,一定还要择吉日进行,以期一切顺利、没有灾殃。现代择日事项主要是婚娶、丧葬,还有就是城市建厂房奠基、农村盖新房起地基、伐木等。但城市和乡村也不尽相同,农村更有"十里不同俗"情况,但都需择日的观念是相同的。

一、婚娶、丧葬等择吉

与秦时不同者,在于今天的婚娶,有一部分人会选择国家重大节日如劳动节、国庆节进行,并不因循旧例专门找人根据新人生辰八字选择吉日。其主要原因,在于选择这些日子结婚,是因为属放假时间,大家都有空闲。可见部分年轻人的婚娶择日更倾向于实际,也可看出国家的节日放假措施

对婚俗的巨大影响。当然,更说明多数年轻人已经越来越不相信吉日凶日之说。而相信择吉的长辈,之所以迁就其子女选择这些日子成婚,一方面是出于无奈(子女坚持),一方面是在他们心中,重大的节日是由"政府"选择的,那么一定是吉日,自然没什么问题。这当然是一种自我安慰,但也表现出择吉观念的松散。因为婚礼通常都由相信择吉的长辈操持,而且不一定刚好碰到节假日,因此,现实生活中传统的择吉仍占主流。

如前所述,无论楚地秦人还是故秦人都非常重视丧葬,必择日而行。因为如果在吉利的日期埋葬,去世的亲人还可以给活着的人带来好处。当然,更多是为了避免"重(chóng)丧"及给活着的人带来不利。今天的甘肃天水地区,并没有中原地区流行的停丧三日而葬之说,而是丧葬一定要择吉日进行,保持着传承下来的古俗,但已失其希望给亲人带来好处的一面,目的只为避免重丧。也许有附带的好处,然非择日者所期之重点。湖北云梦农村之俗与之相同,丧葬一定要找人占算吉日,如果近期没有吉日可选,就停棺不葬,儿女跟着守灵,(主要是女儿)负责承担做法事的费用,时间长的能停半个月之久,这当是传承秦楚古俗的结果。然武汉市区的人则通常没有这种信仰,亲人去世,一般情况都是停丧三天即埋葬,并无选择吉日之说。

二、天水独有的买车择吉

甘肃天水人与湖北云梦人择吉不同者,在于天水人除了婚娶、丧葬择吉外,还有买车择吉,这透露了对购车的重视,也说明购车对天水人来说是一件大事。这当与经济发展水平有一定的关系,相信随着经济的进一步发展,天水人购车择吉也会成为历史。

总的说来,看日子的目的都为趋吉避凶,这点古今皆同。今与秦时所别者,在于随着时代的发展和进步、新事物的出现、旧事物的消亡,买卖奴隶、出逃、出行等内容从择吉中消失,而新的择吉内容出现(如天水地区买车择吉),反映了经济发展程度对礼俗思想行为的影响。云梦人和天水人埋葬必择日,而湖北武汉市和中原不择日,出现城市和农村、经济较发展城市和较不发展城市的分化,是其礼俗思想变化的反映,也从中看出礼俗思想的稳定不变性和地区消亡性。

三、同与不同,各显其能——择吉之法

楚地秦人和故秦人择吉之法,所据皆有建除、时辰、二十八宿和五行,

故秦人更有五音、孤虚占算法,也为前者所不涉。今天的云梦人和放马滩人在择吉方面也各有自己的特点和共同之处。

放马滩秦简出土于麦积区,而该区渭南县吴家庄西北有卦台山,为《周易·系辞》所记人文始祖伏羲仰观天象、俯察万物、始画八卦的地方[①]。也就是说,天水是伏羲故里,天水市建有伏羲庙,每年有盛大的伏羲祭祀。相应地,这里的人占算吉凶基本皆用伏羲八卦,占卦者或代代相传或师传弟子。无论用牛角起卦法还是抛铜钱起卦,但最终还是结合易经八卦相关内容占算。当然,也有用其他方法占算的,有易有难,其中相对较复杂的,限于少数占者,如易学"金罗盘奖"获得者霍养生,即精通天星推步、日月五星、奇门、风水等术。

湖北云梦地区的占算之法不像天水那样有明显地方特色,而是杂无定法,占者有抽签算命、有根据生辰八字推算的,有查对老黄历结合孤虚五行等卦算的,不一而足,各显其能。这"杂"的部分当与天水地区"其他占者"的占法有相同之处。但无论用什么方法,其目的无外乎试图通过占算,参透"天机""命运",预测吉凶祸福,从而化解凶灾,达到趋利避害,防患于未然的目的。其有一定的心理安慰作用,反映了人们对美好生活的向往。

第二节　云梦、天水地区生育礼俗思想

古人重男轻女是世人之共识,如《韩非子》载:"父母之于子也,产男则相贺,产女则杀之。"但在楚地出土的简牍文献中,只看到占算胎儿命运的条文,并没有像出土于西北地区的放简那样有专门测算生男生女的内容,可知楚人信命信鬼神,重视有无男性后代,但重男并不轻女。这应该跟丝织业发达、国民富裕有关。今天,湖北人最不重男轻女也是一直以来国人的共识。

重视生男,跟家族承继制有关,更与农耕经济有关,总的来说经济是主要原因,而现在除了经济原因还有政策的影响。计划生育政策之前,重男轻女的家中没有男孩的无论如何都要生,而独生子女政策使得无男孩家庭

①参见内部资料:天水市文化和旅游局《天水市非物质文化遗产资料汇编》,2020年,第299页。

增多,人们的观念也不得不随之改变。但无论湖北还是甘肃,在农村地区依然存在这种观念,然已无法与计划生育前相提并论。城市里这种观念要淡化更多,究其因,在于"养不起",即使政策放开允许多生,也因生活的压力,情愿多生的不多,甚至愿意生孩子的年轻人数也呈下降趋势。也就是说,"男女平等"等政策的宣传基本已经瓦解了年轻一辈心中本就微弱的传宗接代、延续祖先香火的观念,所以很难去重男轻女,这是根本;而现实的经济压力成为摧毁坚持这种想法者的最后一根稻草,重男轻女的生育观在年轻人那里几乎已荡然无存。当然,这种观念还根深蒂固存在于老一辈人如爷爷奶奶的心里,爸爸妈妈一辈已经淡化。

第三节　云梦、天水地区巫鬼礼俗思想

由秦简可知,故秦人轻鬼神、重实际;楚地秦人信巫鬼,重淫祠;虽然时代已有极大的发展,但因为礼俗思想的稳定性,这些情况延续至今未见明显改变。

一、云梦人的巫鬼信仰

秦简中,有大量楚地秦人占算新生儿命运的条文,其对命运的信奉可见一斑。古云梦人信巫信命,今天的云梦人也如此。云梦孝感县城,无论层次、受教育程度高低,几乎皆喜算命,形成了一种风俗习惯。只要有空,只要听说某地有新来的算命者算得很"准",就一定会成群结队过去算命,成为日常休闲的方式之一。占算的内容丰富多彩,从子女是否孝顺、前途如何,到将来会有几个孩子,甚至还有自己和亲人的寿命多长等都可以拿来占算。占者通常要有被占者的生辰八字,通过查看新旧老黄历,结合其他道家卦书,经过一番推算,总能给出一个答案。而被占者也丝毫不加怀疑,都是欣然给出卦金。但也有不需生辰八字者,或看相或看命理、风水,多种占算各显其能。云梦人热衷算命,可从云梦孝感市南环城路的"算命一条街"体现出来,这条街长度大约1千米左右,街道两边集中了众多民间巫医和算命先生。尤其早上,这里人声鼎沸,生意火爆,人们都聚集在这里,诉说所遇难题和困惑,寻求神秘力量的帮助或预测行事吉凶,以判断做事方向。而天水人碰到婚丧嫁娶类大事也会去找"阴阳先

生"择日算吉凶①,但无事时的消遣绝不是算命,体现出礼俗思想根深蒂固的"遗传"性。两地对占算者所用占卦方式皆不在意,只求"准"。而判断"准"与否,要根据其对以前发生之事的言说,说对的多,则判断为"准",否则为"不准"。这是大一统环境下的实用、功利主义思想使然。

楚地秦人信鬼神,今天的云梦人也一样。奇怪的是,云梦人的生活中还经常会出现某人"中邪""撞鬼""鬼附体"之类的事情,通常发生在看到烧冥钱或路过荒坟时,具体表现就是人突然变得呆滞,或突然之间胡言乱语说出祖先一辈或其他人经历的事情等,而且发生的比例还很高(一半以上),但凡碰到此类事,当地人就会用祖辈传承下来的"驱鬼"之术驱赶②,通常百试不爽。当然,也有不灵验的,这时才会请人专门设坛"驱鬼",其源头在《楚辞》所载之"驱邪"仪式,历史悠久。该仪式需供奉"三清"神像,由巫人做法,做法前要先在痞人的房前屋后贴上"符咒",先焚香化表敬神灵,然后道士做法……③

屈原《楚辞》有《招魂》篇,今天的云梦人一直传承着这种习俗,有人久病不愈或小儿受了惊吓都被观为"丢了魂",需要招魂,被称为"招生魂";招引暴卒或初死之魂,被称为招"亡魂",招魂手法多样,无可解读者多,然皆属巫术范围④。至于楚人的祖先火神祝融祭祀,普通人并不参与,好多人甚至不知道火神或谁是火神。

湖北人信鬼神者众,随着佛教的进入,佛教人神也进入其信仰范围。主要表现为初一、十五去寺庙烧香拜佛,尤其是大年三十"烧头香"时候,千家万户纷纷出动涌往各个寺庙,实在是甘肃天水地区看不到的盛况。湖北人信鬼神,烧香不分佛家还是道家,对其来路不感兴趣,只要对自己没有坏处的,都去磕头都去拜,这是国人信仰的一个普遍特点,属于"泛神论"者,信的标准是对自己有利,表现出明显的功利性,也可看出宗教信仰的跨国界性和普世性。

---

① "阴阳先生"是天水人对占卦人的称呼。湖北云梦人一般找道士择吉或专门操此业者,并无专门称呼,皆称为"算卦/命的"。
② 常见的方法是随手撮一点土放进水碗里,嘴里念叨一些"请走"之类的话,让"中邪"者喝下去即可。
③ 参见董乐生、刘俊明、张泽栋《云梦风》,深圳:珠江文艺出版社2015年,第202页。
④ 参见董乐生、刘俊明、张泽栋《云梦风》,深圳:珠江文艺出版社2015年,第203页。

二、甘肃天水地区对鬼神的态度

天水地处山区、土地贫瘠、交通闭塞、经济落后,该地区的民众对鬼神都是一种无所谓态度,这点跟放简中鬼神条文极少表现出的态度一致,就是都不重视鬼神,大有一种"听天由命"的感觉。

天水是伏羲故里,伏羲是他们的骄傲,但伏羲庙烟火也并不旺盛,游客稀少。三新阳地区位于天水麦积区西北部,相传是人文始祖伏羲创造八卦的地方,但该地以前也只在每年的正月十六、二月十五、五月十三日祭祀伏羲庙,目前 6 月 21 日被定为官方民间祭祀伏羲日①,也只在这一天伏羲庙才热闹起来。天水市区,无论是伏羲庙还是道家道观,无论有多么久远的历史,都非常萧条。

第四节　云梦、天水地区死亡、梦占等礼俗思想

前文专门讨论了秦人死后世界和梦占等礼俗思想,随着国家的大一统,湖北云梦和甘肃天水地区在这些方面的礼俗思想已基本趋同,故把其在今天的情况放在一起讨论。

一、死亡礼俗思想

今天,无论云梦人还是天水人,虽各地都有"十里不同俗"现象,但总的看来,根深蒂固的"阴间""阳间""人死为鬼"观念没有变。主要表现就是碰到亲人去世,都会大量烧纸钱和各种各样的纸制品,如纸做的童男童女、楼房、金山银山等,也会把去世的人生前喜欢的东西随葬。在他们看来,去世的人到了阴间,这些纸钱和纸做的楼房什么的,烧了之后在"阴间"就能变成真正的钱或楼房等供去世的人使用。据秦简所载死而复生者言,"阳间"的黄豆芽、白茅到了"阴间"能变成金子、丝绸。今天这些都不再使用,代之以各种纸制品。虽然具体的形式不同,但其观念跟古人并无二致,即都认为或相信,人间的物品(譬如纸或黄豆芽)一旦"死亡"(即烧毁、埋葬或打碎),就跟人死变成鬼一样,到了"阴间"就变成了实在的东西

①参见内部资料:天水市文化和旅游局《天水市非物质文化遗产资料汇编》,2020 年,第 300 页。

供"鬼"使用。

　　无论今天的天水市区还是民间，都极其重视丧葬，亲人去世皆必请阴阳先生择吉日出殡，无一例外。所别在于，虽则大部分人选择停灵三天，但非固定时长，具体停多久要据阴阳先生的占算，实在选不到吉日而停五天、甚至七八天的都大有人在。若刚好碰到吉日，也有去世当天或两天就送葬的，总之，送葬时间一定是阴阳先生说了算。但如前所述，湖北武汉市区通常都是停放三天且并不择日，但也一样祭烧纸钱等；而云梦市及其农村则与天水地区相同，丧葬必择日进行。

　　与秦时不同者，在于现在的丧葬习俗中，加入了佛教成分。无论云梦还是天水地区，亲人去世，信佛的人家会找来和尚诵经超度或者在举行亲人告别仪式的时候播放"阿弥陀佛"或者"大悲咒"之类佛教经咒辅助进行，但烧纸钱等也是必备的程序。云梦地区还有一些专门做法事的组织，其中就有诵经，但诵者并非出家人。诵经只是丧葬法事中的一道程序，显出佛教的商业化。无论天水还是云梦，信佛者众，但并不排斥道家，通常都是请道士诵经，专门请出家和尚诵经超度的为少数，多是费用原因，因为后者需要的费用比道士多得多。

　　人们一方面相信人死变为鬼继续在阴间生活，一方面又相信佛教的轮回观念，相信超度和来世之说。既然生死轮回，逝去的亲人当早已转生阳间为人或其他，又何必年年上坟祭祀供品、烧纸钱拜祭亲人？既信亲人在阴间生活需要祭祀，又何来投胎转世？这显出丧葬习俗矛盾和无逻辑性的一面。只要是有利的，只管去做，全然不需要去分辨是否矛盾是否合理。吸收外来礼俗和思想观念，完全以是否有好处为判断标准。

二、梦占礼俗思想

　　梦占，从甲骨时代到周代至秦汉，皆有官方占梦记录，更有记录显示至周已有专门的占梦官和成熟的占梦体系。然在南宋，已没有专门的占梦者了，占梦之术也已成绝响[1]，今天更是如此。对于做了自己觉得了不得的梦，无论天水人还是云梦孝感人，皆无专门找人占算者。一方面并不那么看重，另一方面可解释者也众，多为老辈，通常会依照上辈传下的经验解

①宋镇豪《甲骨文中的梦与占梦》，《文物》2006 年第 6 期，第 62 页。

读。再者现在网络发达,总有相关内容可以解惑。若做了自己觉得情况严重的恶梦,天水人会写一份咒语"夜梦不详,写在西墙。太阳一晒,化为吉祥"贴在西面墙上①来求化解,从而得到心理上的安慰。而云梦人并未有具体的应对措施,或与其重命运、鬼神,而不重视梦境有关。如《左传·僖公二十八年》载楚国将军子玉梦河神向其索要"琼弁玉缨",并许他以"孟诸之麋"(杜预注:"孟诸,宋泽薮"),但子玉并不信梦,数人规劝都不听。可见楚人对梦的信奉远远比不上对所谓"现实中"所见鬼神的敬畏。俗信的传承性,使得今之故楚地湖北人也对梦并不如对命运、鬼神那么重视。

第五节　秦简礼俗思想发展演变的特点和规律

一、秦简礼俗思想发展和演变情况

为更好地说明问题,下文先对前述内容进行简单总结和梳理。

(一)关于重男轻女

1. 变化之处:秦时重男轻女思想是普遍现象。今天该思想只在部分落后农村存在,城市人已多无此观念。原因:1)早期计划生育宣传,解放了大多数人的传宗接代观念。2)养孩子观念变化,成本增加。祖辈们生养多个孩子,只求温饱,要求不高;现代人养孩子讲究质量、生活品质,攀比成风,这种风气下,生养多个孩子的成本不是一般人可以承受。3)多数现代人更懂得享受人生、享受生活,不愿意被孩子连累。

2. 不变部分:落后地区和城市中的少数人还存在这种观念。原因:1)这少数人通常是老人,有着根深蒂固的传宗接代思想,经历过艰苦而艰难的多子生活,并不在意孩子生活质量。2)落后地区的生育观还停留在"能活就行"阶段。或在于落后地区农耕为主,男孩是主要劳动力。

(二)关于婚嫁

1. 变化之处:秦时择日是婚嫁必要环节之一,现在婚嫁择日出现灵活的一面,有不去占算直接选择国庆、五一等国家统一的长假进行的。

原因:1)长假时候大家都有时间可以准备或参加婚礼。2)方便好记,

---

①该占梦习俗请教了天水民俗学家李子伟先生,特致谢意。

不用选日子,还不容易忘了结婚纪念日。3)选择这些日子举行婚礼,能得到相信择吉的长辈认可,在于长辈认为这些重大节日由国家选定,自然是好日子。根本原因在于择吉观念的松散,年轻一代多已没有此信仰。

2. 不变部分:婚期赶不上节假日的依然会择吉日进行。

原因:大家都这么做,如果不这么做,就显得自己对婚姻不重视的从众从俗心理。

(三)关于死亡

1. 变化之处:1)丧葬加入新元素,佛教加入。2)人死可以投胎转世,相信生死轮回。

2. 不变部分:1)人死为鬼,生活在阴间,需要人祭祀。2)阳间的东西到了阴间都会发生变化,阳间不值钱的东西到了阴间会很珍贵。

原因:1)佛教生死轮回观念的影响。2)旧礼俗的根深蒂固。

问题:两种观念矛盾。

(四)关于鬼神怪礼俗思想

湖北人信奉鬼神的观念不变,甘肃人对鬼神依然冷漠,但也并不是完全不信,处于一种似信非信、说不清楚的状态。

原因:传统思想代代传承、代代影响、根深蒂固。

(五)时空行礼俗思想

经济发展、交通便利,不再担心安全问题,出行择日习俗二地皆消失。

(六)占梦礼俗思想

1. 变化部分:两地所涉的占卦书籍,皆无梦占内容,所见也是《周公解梦》之类流传下来的书籍,网络解读更是五花八门。

2. 不变部分:与秦一样,没有专门的解梦者。

原因:梦被视为迷信,年轻一代多不相信梦的预兆作用。

二、秦简礼俗思想发展演变的特点

通过以上探讨,可以看出秦礼俗思想的发展演变有如下特点。

(一)传承性、保守性和封闭性。王元化先生在《癸酉日记》中写道:"思想是古怪的东西。思想不能强迫别人接受,思想也不是暴力可以摧毁的。"礼俗及其思想具有传承性,而传承性决定了它的保守性和封闭性,从上述礼俗及其思想历经千年不变的情况可看出此点。礼俗本就源自民间、活在民间,经过代代传承、口口相传,已经成为民众血液中的一部分。小辈们耳濡目染,自然骨头里浸染着祖辈的思想观念,各方面按照旧习惯行事成为思维定式,具有公认的合理性。即使有年轻人并不信鬼神,也不认同择吉等观念,但在社会俗信的群体性压力下,也不得不行此举。从另一个角度说,面对人生大事,现代人也没有更好的处理办法表现自己的重视。

(二)开放性和兼容性。礼俗思想封闭性的一面表现在外力很难侵入、破坏或瓦解某种礼俗及其思想。因为礼俗的根本是利己的,外来干扰等于损害了受众的切身利益。反之,如果不损害其利益,外来思想和礼俗是可以被慢慢接受的,这就使其又具有开放性的一面。譬如佛教前生后世、生命可以循环的生死轮回观念给人以希望,使得现世的生活有了更大更多的意义,填补了人死为鬼观念的空白,给人提供了死后的出路;而信奉佛教对自身并没有坏处,反可缓解对死亡的恐惧,得到心理安慰,因此人们会把对佛教的信仰融入丧葬习俗中,出现道家择吉、佛家超度、烧纸钱和诵佛经共存的情况,这是其兼容性的表现。

(三)无逻辑性或不讲逻辑性。一切以有利为根本,无理可讲。如一面相信人死后活在阴间,一面又相信生死轮回;一面上坟烧纸,一面念佛超度,二者的矛盾全然不去管,体现了礼俗思想及行为的不讲逻辑性,或可说是其不讲逻辑性决定了其开放性和兼容性。

(四)滞后性和超越性。礼俗的"俗"决定了礼俗思想的滞后性①。秦人信鬼神、凡事择日而行。现今信鬼神者也大有人在,且碰到大事依然择日而行。而且,今天反而有过而不及,烧香拜佛者众,佛教兴盛,说明信奉鬼神的观念没有变化。原因在于,长期以来,鬼神信仰、择日、星象等都被归入迷信行列,信者往往被看作愚昧、思想落后,这并不影响信众继续信,但却直接影响相关的研究。因为相关研究也会被同行视为难登大雅之堂,导致研究者凤毛麟角,礼俗事象科学研究的缺失,使得礼俗及其思想停留在远古时的状态而没有根本性的发展。而人们在面对婚娶、丧葬等大事时也只能沿用旧俗,表现出与科学发展严重脱节的一面。

礼俗思想不仅有与时代脱节的一面,也有与已有知识脱节的一面。因为缺少新的研究,无论多高地位、受过多高教育的人,其所知礼俗都停留在

---

① 即看起来与社会的文明程度不匹配。

古时阶段,礼俗思想自然也如此,本质上并没有变化,表现出礼俗的跨知识性和超地位性,这也决定了礼俗思想的超越性。超越地位和其他思想,是稳定性的表现,也是从众心理的体现。在田野调查中发现,有些受过高等教育的人,在礼俗,如婚丧嫁娶方面,普遍有着从众心理。有一个被调查者说,因为从小受教育而不信鬼神,他自己也是一个党员,但当结婚需要算日子时,也会去算;亲人去世需要的仪式也一样去做,因为大家都这样做,不这样做一是会被别人说(指责),更重要的是也没有别的可以表达对婚丧等重视的仪式可以代替。

三、礼俗思想发展演变的规律及原因

(一)礼俗形式会随时代有所调整,但主宰此形式的礼俗思想不消失,形式就不会消失,这由其第一个特点决定。世界的神秘性也决定了礼俗及其思想的长期存在。上古时期,自然环境恶劣、交通不便,无论楚地秦人还是故秦人,视自己为大自然的一员,对自然充满敬畏,相信人死为鬼、天地万物皆有神灵主宰,而礼俗手段是消灾去难、趋吉避凶的"法宝",是人类与鬼神怪等进行和解、求得生存的有效手段,因而皆信鬼神,尤其故楚人。传统礼俗皆传承而来,旧时的神秘现象今天依然多不可解,盲目看作迷信,也不能让所有人信服。再加上并没有新的可信的解读或解惑手段,源自远古的那一套跟神秘有关的传统礼俗就会继续发挥作用。经济的发展,礼俗被甩在后面,而且无法解释的现象总以各种面目存在或出现,因此礼俗及其承载的思想也永远不可能完全消失。与秦时相比,今天的湖北故楚地和甘肃天水故秦地民众,对鬼神的态度与秦时并无明显不同也说明了这点①。虽然跟礼俗的传承性有关,但根本在于礼俗思想未变。

(二)经济对礼俗思想的影响

经济发展程度不同,对礼俗思想的影响也不同。譬如楚信奉儒家思想,且农耕时代,重男轻女并不奇怪,然睡简显示楚人重男而不轻女,这当与其桑蚕业发达有关;故秦人经济不发达,耕战为生活主调,自然需要社会提供大量男性劳动力,重男轻女思想严重成为必然。今天甘肃地区的经济发展仍落后于全国多数地区,但天水市放马滩人反倒未见明显的重男轻女

---

①这是排除外来宗教的理想化说法。

观念。没有男孩也不会千方百计生，原因还在于经济，因为孩子多了承受不起养育的各种费用。也就是说，经济的发展，温饱问题已经解决，但人们生养孩子的观念也发生改变，由老一辈的"养得活"，变成现在的"养得好"，因此养育孩子的经济压力增大。又，经济发展创造了很多赚钱机会，使得多数父母有自己的收入，多不寄希望于子女养老，子女的关键作用——"养儿防老"松散甚至消失；加上生养子女需要大量的时间、精力和金钱作后盾，又没有了传宗接代、延嗣祖宗香火的思想支撑，那么，讲究生活质量和品质的现代人，不结婚或者结婚也不生育现象的存在也是必然结果甚至大的发展趋势，秦时的"多子多福"观念已成为历史。

礼俗思想如果没有受到外力干预，经济发展不但不会改变其本质，反而可能促进其发展。这个外力干预，指的是国家政策或相关法律长时间的强力干预，没有这样的干预，某种礼俗思想就很难消失或改变。如睡简《语书》中言及故楚国恶俗，秦虽专门制定法律禁止，但并未见有所改变。对今天而言，佛教兴盛，就普陀山来说，全国各地乃至世界各地前去烧香拜佛的都很多。如果经济不好，路费、食宿和门票都需要不少钱，可能门票买不起就不去了，经济发展情况下，这些都不是问题，而且有足够的香火钱表达虔诚，这样就无形中促进了佛教的发展和兴盛。但总的来说，经济发展对礼俗的影响，只能说是形式上的影响。不管经济好坏，其本质不会变。另外，经济发展也出现了很多机会，而机会的不均等、成败的不确定性，使得民众多归于神灵主宰的"命"。于是，科学高度发展的今天，人们反而越来越信奉神灵。普陀山上一年四季尤其是节假日、佛教"纪念日"烟火更是鼎盛，烧香拜佛的各个年龄段都有，且以中青年居多，正是这种情况的反映。

（三）社会大环境对礼俗思想内容有决定作用。无论故秦人还是楚地秦人对子女的卦算都有道德品质方面的内容，如反映故秦人思想的睡简《日甲》032 正："以生子，既美且长，有贤德。"反映楚地秦人思想的睡简《日甲》147 正贰："辛卯生子，吉及谷"等。谷，善良。希望孩子贤德善良，今天的天水人或云梦人并不关心这些。云梦人喜算卦，涉及子女的占算，都是问前途、问工作、问是否孝顺，甚至问寿命长短，但未有人占算子女或亲人道德品质的。可以说，人品从不在求卦者的关心范围，他们更重视现实利益。故秦人抑或楚地秦人也当是因为现实中贤、善、孝的孩子受人欢迎、命运好才有道德品质方面的占算。

（四）国家政策对礼俗思想的影响

政策干预礼俗，通常从两方面入手：一是从行为上强制性约束，再就是通过宣传解散其礼俗思想。如果没有强制性，想取消某种礼俗是不可能的。如秦灭楚后，制定律令，想去掉故楚国之恶俗，然并没有成效。睡简《语书》："今法律令已布，闻吏民犯法为间私者不止，私好乡俗之心不变。"从秦官员把楚《日书》跟法律条文抄写在一起看，显然是要在了解当地礼俗、把握礼俗思想的基础上进行治理。因此，推测秦改楚俗的结果最终应该是规范而不是断绝之。

而有惩罚措施的政策干预，会在短时间内出现形式上的效果，但如果没有一系列的配套措施，本质上也解决不了问题。譬如，河南洛阳地区部分农村的火葬，曾被强制执行过一段时间，但因并没有可以配套的公墓，火化后照样装进棺木埋进自家祖坟，除了由土葬改为火化外没有别的改变，这种举措显得毫无意义，因此不久便不了了之。

礼俗思想一旦瓦解便再难重建。重男轻女观念的基本消失，跟1982年实行的计划生育政策有极大关系，因为政策是只生一个，违者重罚；辅以生男生女一个样的宣传，使得广大民众由一开始的被迫只生一个，发展到现在放开二胎、三胎，多数人也不生的局面。经济发展是一方面（如前所述），但根本点还在于支撑生育的思想基础瓦解。而思想一旦瓦解就很难重建，从二胎三胎政策放开，人口并没有爆发式增长也可看出此点。这就需要构建新的生育观或制定新的政策来激励生育。

礼俗思想的不讲逻辑性使其可兼容新礼俗进入，甚至在形式上出现变化。不讲逻辑性决定了兼容性。前者如既相信人死为鬼，又相信投胎转世，丧葬时信佛人家会请佛家诵经超度，但照样年年祭祀死去的亲人。二者逻辑上相互矛盾，但人们并不去追究。只要是有利的，都可以无缝对接到旧礼俗上，获得心灵的安慰。后者如近几年湖州一带流行的"不娶不嫁"婚俗，就是女方不算嫁到男方去，男方也不算娶老婆。表现形式是没有彩礼，房子双方一起凑钱买，生了孩子一个随男方姓，一个随女方，如果只要一个孩子则大家协商解决姓氏问题。女方父母不再被称为"外公、外婆"，两边都叫"爷爷、奶奶"。这仍然是礼俗不讲逻辑性和兼容性的表现，其根本思想还是传宗接代、养儿防老，只不过主角变成了男女双方，"外公、外婆"叫法的消失，正是为了抹除这个区别。

总之,礼俗思想发展变化是一个复杂的过程,受国家政策、经济发展、文化冲击等多种因素的影响,上述规律只是立足某一个方面的考察,如果要追究某一礼俗思想的发展演变规律,尚需结合多种因素进行综合考量。

四、秦简礼俗思想与秦文化精神的关系

礼俗思想是文化精神的重要组成部分,秦简礼俗思想反映了中下层秦人的文化精神。秦简中故秦人那种质朴无华、求实主义、尚武、开放包容等故秦文化精神,在秦占领云梦后传播渗透到故楚地,与楚地秦人富于反抗、追求自由幸福、独立自强等故楚文化精神融合而成为大一统环境下的秦文化精神。这种精神"成为后来辉煌的汉文化的基础"[①],"汉文化的主体乃秦文化"[②],"汉承秦制、汉袭楚风",加上礼俗思想传承性、保守性和封闭性的特点,使得这种文化精神得以代代相传;它的开放性和兼容性使得其能通过改变表现形式(思想不变)而随时代发展,其不讲逻辑性的特点又使其可接受新的礼俗进入,从而形成一个礼俗思想和文化精神相互依存、相互促进的有机良性循环,最终层累地形成了今天的中国大众礼俗思想文化。因此,可以说,秦文化经过一代又一代的继承和改造,成为两千年中国文化之基石[③]。

第六节　小结

人生在世,大事无非生育、婚姻、丧葬及相关事宜,无论社会如何发展,这些方面都不会改变。秦时,楚地秦人和故秦人在这些方面还有很多的不同,二千多年过去,大部分礼俗及其思想被传承下来,本质未有变化。但在大一统局面下,秦简所涉礼俗及其思想在今天的湖北和天水地区大的方面已基本趋同,然也呈现多元化的特点。

无论湖北还是天水,消失的是"多子多福"观念,重男轻女思想在年轻

---

①袁仲一《从考古资料看秦文化的发展和主要成就》,秦始皇兵马俑博物馆研究室编《秦文化论丛》第1辑,西安:西北大学出版社1993年,第28页。

②丁毅华《丁毅华史学论文自选集》,武汉:湖北人民出版社2002年,第100页。

③黄留珠《秦文化概说》,秦始皇兵马俑博物馆研究室编《秦文化论丛》第1辑,西安:西北大学出版社1993年,第94页。

一代那里很难存在,但老一辈中还存在这种思想。婚娶择日在年轻人那里也不是必要之举,更没有生育多个后代的欲望,多重视个人生活质量。养育后代的要求也由以前的"养活"转为"养好",生育后代压力增大,致使部分年轻人不愿结婚或结了婚也不想要孩子,但这并不是主流。通常情况下,结婚皆要择日,结婚后想要孩子的还占多数,养儿防老的观念有所松动,但依然是多数人生养孩子的根本目的。

　　无论楚地秦人还是故秦人,丧葬皆要择日,以免死者给生人带来不利甚至导致其他亲人接连死去。在今天,湖北地区出现农村丧葬择日而城市不择日的情况;天水地区则是极其重视丧葬,有亲人去世,必择日而葬,无有例外。丧葬和婚娶礼俗及思想出现多元化。具体表现为落后农村和较富裕农村、经济较发达城市和较不发达城市的分化。形式是思想的外在表现,礼俗的多元化是礼俗思想多元化的反映。旧思想发生变化的根本原因在于新思想的冲击,"新知识作为思想的资源,其实在很厉害地瓦解着旧思想"①。之所以出现婚娶、丧葬有不择日,允许多生也很少有人多生的情况,根本是政策和宣传影响,旧思想发生改变所致。

　　思想观念的变化无疑由社会变革和受教育程度等决定,但受教育程度高低并不是必然因素。"人们在智力上差异最大,但他们却有着非常相似的本能和情感。在属于情感领域的每一种事情上——宗教、政治、道德、爱憎等等,最杰出的人士很少能比凡夫俗子高明多少。"②又,择日、卦算等传统礼俗有广泛的群众基础,自久远沿用而来,其所承载的礼俗思想早已深植民众内心,且因一直被视为迷信,被科学和社会发展甩在后面,故而其礼俗思想本质上并没有随着时代更新,因此,即使受过教育的人不齿择日,在所处大环境压力之下,婚娶丧葬等也必然遵照老一辈流传下来的习俗仪式行事,否则会被人唾骂,表现出明显的从众心理。这也完全符合法国社会心理学家勒庞所说的群体心理特点:"构成这个群体的个人不管是谁,他们的生活方式、职业、性格或智力不管相同还是不同,他们变成了一个群体这个事实,便使他们获得了一种集体心理,这使他们的感情、思想和行为变得与他们单独一人时的感情、思想和行为颇为不同。"③

①葛兆光《中国思想史》,上海:复旦大学出版社 2013 年,第 25 页。
②(法)古斯塔夫·勒庞《乌合之众 大众心理研究》,北京:中央编译出版社 2005 年,第 15 页。
③(法)古斯塔夫·勒庞《乌合之众 大众心理研究》,北京:中央编译出版社 2005 年,第 14 页。

　　秦人信鬼神,尤其楚地秦人。今天的云梦人依然笃信鬼神,天水人依然对鬼神冷漠。而显然前者经济发达程度高于后者,若说受新思想的影响,也应当是前者受到的影响强于后者。也就是说,虽则宣传鬼神不存在,鬼神信仰属于迷信,但对有笃信鬼神传统的故楚地今人来说,并没有多大的影响。所以说,新知识新思想的出现未必能改变旧礼俗,礼俗及其思想的代代传承性和公认的合理性很难改变。旧的礼俗思想很难改变,但现实未必皆如其所愿。因此,当现实不能满足民众礼俗思想需求的时候,就会有新的礼俗形式产生,如前述湖州地区流行的"不娶不嫁"新婚俗,其以新的婚娶形式满足着"养女防老""传宗接代"的礼俗思想和生命需求。总的来说,无论旧礼俗还是新出现的礼俗,其本质是利己的,如甘肃地区新出现的购车择日礼俗,根本是担心买车遇凶日,导致以后出行不顺或遇凶灾。

　　总之,自秦至今,除了"多子多福"观念的消失,其他人生大事方面的礼俗思想并未有本质的变化,全国观念趋同。这种趋同的源头当可追溯到远古时代夏商周大一统国家世代沿袭下来的鬼神信仰,这是他们共同的思想基础。后经历春秋战国几百年的分崩离析,至秦始皇统一全国始有意识地整顿礼俗思想信仰,促进了其趋同。经过漫长的历史进程,随着旧思想消失、新思想的产生,传统礼俗及其思想受到挑战,且在趋同的大背景下出现多元化的社会现实,但总的情况看,礼俗及其思想总能以其兼容性和不讲逻辑性接受新的事物,或产生新的礼俗形式,以满足民众礼俗思想主导下的生活需要,其根本点在于对幸福生活、顺利人生的向往和追求。本来,无论社会怎样发展,趋吉避凶、求好运、希望平安健康等的礼俗思想永远不会改变。

第七章　结论

　　有学者指出,《日书》都是世代相传、反复使用的手册,内容完全是设计好和程式化的,几千年来很少变化,它们并不是实际的占卜记录,更不是社会生活的写实。我们认为,不能否认《日书》的反复使用、很少变化,但可以肯定的是,能够流传和继续流传的内容都是"不过时"的,其思想为当时社会所接受。那些"过时"的、已被当时社会所淘汰的思想也不会再被抄录流传。因此,日书内容能反映时人思想和信仰当没有大问题。据此,我们再结合传世文献及能够反映当时社会情况、具有时代特征的秦律条文等来辅助了解时人思想信仰等,应该是科学可行的。

　　从秦简看,楚地秦人关注子女命运,运用多种方法推测新生儿的命运吉凶。从中可以看到楚地秦人尚武好斗、尊祖重孝、重名声、爱面子的礼俗思想特色。儿女是他们的寄托和希望。但一旦儿女不孝,就会采用极端手法对待——奏请官府杀掉儿女,显出"狠"的一面和生养儿女的功利性。孝的家族承继性的一面,在秦统一后受故秦人功利思想影响而基本消解。

　　楚地秦人重感情、重视婚姻是否幸福美满,害怕分离和不合。然而,一旦婚姻不幸,他们就会选择各种方式反抗——男子休妻、女子逃亡。因为楚人婚姻自主性强,没有贞操节烈观念,崇尚浪漫自由、向往美好的爱情和婚姻,使得逃离不幸婚姻后再娶再嫁者众。

　　楚地秦人信奉鬼神,凡事必择日而行,唯恐冲撞了鬼神,造成不利后果。认为疾病死亡是择日不当冲撞凶煞鬼神、疾病遭遇不吉之日、没有处理好与巫的关系等神秘原因所致。总之,死亡在他们眼里,几乎都是非自然的。人活着时受命运主宰,但人死为鬼,脱离形体束缚的鬼则自由强大——可"施法"报复伤害自己的人,也能降下福祉给善待自己者。死人能给活着的人带来福佑,在这种现今所谓迷信思想主导下的楚地秦人,无疑对死亡多了份坦然和淡定。

　　秦简显示,楚地秦人的生活中充斥着鬼神,邪恶的怪也无处不在。在他们眼里,鬼都是恶的,神也有坏的,鬼神怪常常骚扰人类。他们对神灵充满敬畏，但并不想与鬼神有任何亲近，只愿意保持在两不相扰、各自独立的状态，祭祀也只是一种利益关系。他们对鬼神是一种容忍态度，但一旦这种容忍超越底线（即鬼神怪经常骚扰，影响了正常生活），则毫不留情驱赶、杀死甚至吃掉。

楚地秦人重视出行，有一套细致繁琐的出行卦算系统，从出行前的择吉、急行不得择日法到出行前祭祀行神的仪式，从走出家门的忌讳到行途中法术、解除行途中风险的办法、归家禁忌等等，无所不包。但都以安全返家为目的，蕴含着残酷环境下对家庭的依赖、对亲情的重视和强烈的家庭责任感。

由上可知，楚地秦人相信天命和运气，凡事必卦，对自然和周围的环境充满敬畏，千方百计遵循自然规律行事，以趋吉避凶、避祸求福，是热爱生活的象征，也是千百年来沿袭下来的礼俗思想信仰。重名声、爱面子、热爱家庭、追求自由和幸福，为此可以离家出逃甚至以身殉命、以死抗争。笃信鬼神，认为鬼神主宰一切，生活中处处有鬼神和怪物。但楚地秦人不是一味忍让，认为人只要充满勇气、不畏惧，总有办法驱逐甚至杀死鬼神和怪物，表现出一种大无畏的斗争精神。可以说，念祖重孝、尊神奉鬼是楚人礼俗思想的核心和精神支柱。富于反抗精神、追求自由幸福、独立自强，是这种礼俗思想长期浸润下成长起来的民族精神，跟笃信鬼神的信仰一起，共同构成了楚地秦人的核心价值观。

故秦人并非不信奉鬼神，但从日书情况看，故秦人对鬼神怪的研究深度和精细度明显不如楚人。作为同样信奉鬼神的"日书人群"，他们有着共同的思想基础，所以在被秦统一后，楚地秦人笃信鬼神的一面并不见有削弱，反而把故秦人信仰的神灵，吸收进自己的祭祀行列，表现出对故秦文化接纳的一面。从秦的官吏喜把楚秦日书抄写在一起看，楚秦两种文化处于一种各自独立却又有合流的状态。这种状态至西汉似乎还没有完成，这点可从西汉时期的孔家坡汉简中兼收秦楚日书的条文得到证明。另外，楚地秦人热衷商贾的习俗也并未因秦的重农抑商政策有明显变化，尚武好斗、喜欢音乐等习惯亦是如此。这是秦简中下层"日书人群"在统一背景下的礼俗思想状况。

但是，从上层统治集团的态度看，秦对楚礼俗思想文化一直是一种排斥态度。如《史记·楚世家》记载楚顷襄王二十一年发生在郢的大事："秦将白起遂拔我郢,烧先王墓夷陵。"白起攻克楚都,所做最重要的事就是烧毁楚人先王之墓,目的就是端掉楚人的保护神,摧毁楚人的精神支柱。秦始皇同样在统一后琅琊刻石表明要"匡饬异俗"。睡简《语书》则表明,在秦亡楚后,就开始了匡饬楚俗的工作,《语书》言:"古者,民各有乡俗,其所利及好恶不同,或不便于民,害于邦。是以圣王作为法度,以矫端民心,去其邪僻,除其恶俗,法律未足,民多诈巧,故后有间令下者。凡法律令者,以教导民,去其淫僻,除其恶俗,而使之之于为善也……"就楚地而言,秦始皇要匡饬的异俗正是楚人笃信鬼神、热爱经商、不务本业,包括奢靡之风、淫僻通奸,甚至包括刚武、尚气力等(这一习俗容易引起各种刑事犯罪)。去除恶俗的办法,是教民遵守法令①。"而这所谓的'恶俗'正是楚文化的主要特征。"②这无疑是践踏楚地秦人的精神信仰,摧毁他们的精神支柱,必然引起追求自由独立、尚勇好斗的楚地秦人深深的不满和抵抗,从《语书》后文"今法律令已布,闻吏民犯法为间私者不止,私好乡俗之心不变",结合前述楚地秦人礼俗思想状况,可知秦虽颁布整治异俗的法令,但楚地秦人故风不改,私下爱好乡俗——笃信鬼神的心思并未有所改变。

《商君书·算地》篇云:"故圣人之为国也,观俗立法则治,察国事本则宜。不观时俗,不察国本,则其法立而民乱,事剧而功寡。"从秦简看,秦并非不"观俗立法",因为秦律并不是禁止鬼神信仰,而是对其进行规范治理,如前述对偷盗祭祀用品的人和擅建祠庙的人进行法律制裁等,起到的是对鬼神信仰整顿的作用。但痴迷鬼神,视其习俗为祖宗之法、天经地义的楚地秦人却并不买它的帐,这种状况与其说与前述故秦民众有共同的思想基础有关,不如说是楚地秦人不变的信念使然。

秦始皇的错误之一,或在于他根本不该在亡楚后就立刻规范整治民俗,欲迅速清理掉所谓的恶俗,以实现"普天之下,抟心揖志"的思想一统和专治统治。这就很容易激起本对秦充满亡国之恨的楚人更深刻的反感,成为触怒楚地秦人反抗强秦的导火索。而陈胜、吴广大泽乡振臂一呼,能够应者云集,表面看是因为"公等遇雨,皆已失期,失期当斩"(《史记·陈涉世家》),但关键原因,在于其拥有的敢于反抗、勇于斗争的大楚民族精

①周振鹤《从"九州岛异俗"到"六合同风"——两汉风俗区划的变迁》,《中国文化研究》1997年第4期,第62页。
②王勇《楚文化与秦汉社会》,长沙:湖南大学出版社2009年,第23页。

神,更在于作为楚人的陈胜、吴广信奉鬼神,了解楚人笃信鬼神这个特点,所以在起义之前先是占卜,然后自己在帛上用红字写上"陈胜王",放在别人所捕捉的鱼肚中,引起士卒的注意,又让吴广躲在驻地旁边的丛祠(土地庙)中,夜里点起篝火,伪装成狐狸的声音叫道"大楚兴,陈胜王",使得士卒都惶恐不安,终于引起众人重视,使得第二天"卒中往往语,皆指目陈胜"。正是利用楚人对鬼神的敬畏心理,让众卒认为陈胜为王乃神灵旨意。后来的刘邦也是利用这种心理,制造了赤帝杀白帝事件,让众人认为他是楚先祖赤帝的化身,天生拥有亡秦的领导权。他们都是靠着楚人这种共同的礼俗思想信仰,靠着思想文化认同的凝聚力、向心力,靠着礼俗思想锻造的民族精神,同心协力,奋勇抗敌,最终实现了"楚虽三户,亡秦必楚"的誓言。

总之,秦亡有多方面的原因,对故楚国而言,秦始皇禁止"恶俗"的律令无疑会引起民众的反感,从而为反秦埋下伏笔。但根本来说,楚最终能灭秦,还在于楚人追求自由、幸福,重视名誉、爱国爱家,为此敢于以身殉命、以死抗争的民族精神。在神灵思想的支持下,达到精神和信仰的统一,因此,与其说是陈胜、吴广、刘邦等亡了秦,不如说是秦毁于楚人的信仰和民族精神。

今距秦二千多年,随着时代的不断更替,秦时的礼俗形式有所变化,但礼俗思想在本质上并没有多少改变。在国家大一统局面下,礼俗及其思想更是出现趋同的一面;经济文化发展的不平衡,使得各自旧有的礼俗思想受到的冲击不同,有的旧礼俗形式被改变或更新,而有的依然保持不变,从而使礼俗及其思想也呈现多元化特点。如丧葬礼俗,秦人皆需择日而葬,然今天的湖北武汉市已无此俗,但云梦农村和甘肃仍存,无论是否择日而葬,是否信奉人死为鬼,皆会在节日烧纸钱摆酒食等祭祀亲人。因此,礼俗思想作为沉淀在礼俗形式下面的本质性的东西,显然很难随时代改变。"人类这个物种最稳定的因素,莫过于他世代相传的思维结构。"①礼俗思想就像一个祖传宝物,一代又一代被珍藏被传承。

礼俗思想属于靳庞所说的群体性思想范围,具有社会性和独立性,生活在社会中的每一个人皆为群体中的一员。当某种涉及礼俗的事象发生,

①(法)古斯塔夫·勒庞《乌合之众 大众心理研究》,北京:中央编译出版社2005年,第2页。

无论受过多高的教育,是否认同该礼俗思想,作为这个心理群体的一员,都会丧失自己的意见,群体的思想占据统治地位,出现从众现象。因为"在集体心理中,他们的才智被削弱了,从而他们的个性也被削弱了。"因而,世代传承的礼俗及其思想很难被改变,"当观念通过不同的方式,终于深入到群体的头脑之中并且产生了一系列效果时,和它对抗是徒劳的……一旦他们变得根深蒂固,其不可抗拒的威力尽人皆知……让观念在群众的头脑里扎根需要很长时间,而根除它们所需要的时间也短不了多少。因此就观念而言,群体总是落后于博学之士和哲学家好几代人。"①礼俗思想的生命力强大,它是受群体保护和认可的。因为礼俗涉及个人利益,禁止礼俗活动显然就是损害了这种利益,因此,任何改变或毁灭礼俗的行为都被看作对群体利益的损害和侵犯,必然会激起众怒。旧礼俗的消灭,必要先消灭此礼俗承载的思想才有可能;而新礼俗的形成,往往有旧礼俗思想的根基。要想改变某种礼俗或注入新的礼俗,会是一个漫长而艰难的过程,而一旦旧的思想观念被改变也就很难寻重新建立。所以在认为一种习俗影响社会发展,从而想要革除或更新的时候,一定要慎之又慎。

---

① 两处引文分别见于(法)古斯塔夫·勒庞《乌合之众 大众心理研究》,北京:中央编译出版社 2005 年,第 16、47 页。

附　录

一、小议"寄人""寓人"

　　睡简《日甲》002 正贰：结日，做事，不成。以祭，咨。生子无弟，有弟必死。以寄人，寄人必夺主室。

　　寄人，整理小组释为"让人寄居。"李学勤先生指出："我们怀疑这里的寄人、寓人、客，就是古书讲的庸客、楚青铜器铭文中的铸客之类，他们与主人的关系是依附或者雇佣。"①何润坤先生认为"寓人"显然是专有名词，"寄人"与"寄者"身份相同或相似，应与"客"及臣妾有别，是以各种原因在食宿形式上寄居他人房屋之人，或称之为"旅人"……这类人当属秦国当时社会上的自由人②。刘乐贤先生否定"寄人"或"寄者"是特指某一身份的观点，认为"也许凡寄居于他人之处者皆可称谓寄人、寄者。"③王子今先生的观点与上述皆异，认为"此句其实宜与上句'生子毋弟，有弟必死'联读。'寄人'应是指将在生于结日的兄长之后出生的、预期'必死'的'弟'托寄他人，以避免灾祸。所谓'寄人必夺主室'，是说若采取这样的方式以求免灾，则收寄'弟'的人家将侵夺危害送托的主家。"④

　　夏按，诸说观点集中在：1. "寄人""寄者""寓人"是不是专有名词，是否特指一种身份？2. 该句是否可跟上句联读？而实际上第一个问题的解决，可附带解决第二个问题，下面就第一个问题进行探讨。

　　首先，"寄人"是不是"庸客"？李先生所言庸客之类，战国时代一般称"庸"（也作佣），属于被剥削阶级雇佣的人。睡简《封诊式·爰书》017—018："男子甲缚诣男子丙，辞曰：'甲故士五（伍），居某里，乃四月中盗牛，去亡以命。丙坐贼人□命。自昼甲见丙阴市庸中，而捕以来自出。甲毋

---

①李学勤《睡虎地秦简〈日书〉与楚、秦社会》，《江汉考古》1985 年第 4 期，第 62 页。
②贺润坤《云梦秦简〈日书〉"寓人""寄者""寄人"身份考》，《文博》1991 年第 3 期。
③刘乐贤《睡虎地秦简日书研究》，台北：文津出版社 1994 年，第 99 页。
④王子今《睡虎地秦简〈日书〉甲种疏证》，武汉：湖北教育出版社 2003 年，第 19 页。

（无）它坐。'"庸，整理小组注曰："《汉书·司马相如传》注：'即谓赁作者。'后世多写作'佣'。市庸，市场中所雇佣的人。"①

岳简涉及更多关于"庸"的条文，如：

> 岳简叁 055 正：达独私分猩。猩为乐等庸（佣），取铜草中。
> 岳简叁 143 正：同曰："归义。儌日未尽，为人庸（佣），除芝。"

也就是说，秦简中被雇佣的人同样被称为"庸"而非"寄人"或"寓人""客"，寄人、寓人、客不等于"庸客"。

那么，"寄人"或"寓人""寄者"是否为专有名词呢？贺润坤先生所据为以下诸简：

1. 睡简《日甲》059 正叁—060 正叁：入客：戊辰、己巳、辛酉、辛卯、己未、庚午、虚四彻不可入客、寓人及臣妾，必代居室。

2. 睡简《日甲》127 背：子、卯、午、酉不可入寄者及臣妾，必代居室。

3. 睡简《日乙》124：戌，庚申，己亥，壬寅，不可以入臣妾及寄者，有咎主。

4. 睡简《日乙》042 贰：凡五巳不可入寄者，不出三岁必代寄焉。

5. 睡简《日乙》121：毋以戊辰、己巳入寄者，入之，所寄之。

6. 睡简《日乙》131 又有《寄人室》篇：毋以戊辰、己巳入寄人，寄人，反寄之。辛酉、卯、癸卯，入寄之，必代当家。

据上，贺先生言："'客'者所接待之客人，但'寓人'显然是专有名词，应与'客'及臣妾有别。"②夏按，在所引前三条中，寓人、客、臣妾；寄者、臣妾并提，若"寓人"为专有名词，那"客、臣妾、寄者"诸词也应是专有名词。而事实上，"客"指来访者，"臣妾"指男女奴隶，皆为泛指。因此，寓人、寄者也当为泛指才妥。

那么"寄人"是否为专有名词呢？上述第 1、6 条，皆言禁忌之日（禁忌的时间几乎完全相同）不能让外人寄居自己家，否则"必代居室/当家"，意即代替屋主居住在房子里或代替屋主成为主人。睡简《日甲》002 正贰言：

①睡虎地秦墓竹简整理小组《睡虎地秦墓竹简》，北京：文物出版社 1990 年，第 150 页。
②贺润坤《云梦秦简〈日书〉"寓人""寄者""寄人"身份考》，《文博》1991 年第 3 期。

"结日，……以寄人，寄人必夺主室"；九简 28 也有言："巳、午、未、申、酉、戌、亥、子、丑、寅、卯、辰，是谓害日，以寓人，夺之室。"①"夺主室""夺之室"意思相同，皆为"夺取主人的房屋"。夺取主人的房屋，自然成为屋主，其意又与 1、6 条相同。又，"寄""寓"皆有"寄居"之意，可知，"寄人"即"寓人"。上述 002 正贰之"寄人"当如整理小组所训，理解为"让人寄居"，"以寄人"意思是"如果让人寄居"。而其后的"寄人必夺主室"承接上文，"寄人"则可理解为"寄居的人"。也就是说，这四处简文虽表述文字不同，然所言一事。即不要在不合适的日子接纳寄居的人，否则会给自己带来不利。其称外来寄居的人为"寄人"或"寓人"，皆为泛指，并非特指某一类人。

事实上，秦简中，外来寄居的人更多地被称为"寄者"。睡简中，"寄者"共出现 9 处涉 8 枚简，"寄人"虽出现 5 处但仅涉 2 简。除上述诸简外，"寄者"另有以下几简涉及：

> 睡简《日甲》042 正—043 正：阴，是谓乍阴乍阳，先辱而后有庆……不可入寄者。

> 睡简《日甲》057 正叁—058 正叁：毋以辛酉入寄者，入寄者必代居其室。己巳入寄者，不出岁亦寄焉。

> 睡简《日甲》155 背：晦日，利坏垣、彻屋、出寄者，毋歌。朔日，利入室，毋哭。望，利为囷仓。

我们注意到最后一简有"出寄者"一语，《日书》在涉及"出入"时多跟买卖有关。如：

> 睡简《日甲》046 正：结，是谓利以出货，不可以入。

> 睡简《日甲》110 正贰—111 正贰：毋以申出入臣妾、马牛、货财，是谓□□□。

> 睡简《日乙》062：彻，大彻，利战伐，不可以见人、取妻、嫁女，出入人民、畜生。

"出货"即卖出货物，"入"指买入（货物）。"出入臣妾、马牛、货财"指卖出或买入臣妾、马牛、货财。臣妾、马牛、货财可以买卖，是因为属于私人

---

① 湖北省文物考古研究所、北京大学中文系《九店楚简》，北京：中华书局 1999 年，第 48 页。

财产,主人有决定权,可以选择吉利的日子进行交易。照此逻辑,既然寄居的人(寄人或寄者)何时离开需要屋主来决定(择日出寄者),寄居者并没有随时离开的自由(除了禁忌之日,主人有随时赶走寄者的自由),那就说明寄居者一旦寄居某家,就失去自由。其与屋主之间可能有某种契约,屋主不允许其离开,便不能随意离开。可知,寄居者未寄居之前或许是自由人,但一旦寄居便失去自由。何时离开,并不由其说了算。

但寄居者不是奴隶(即臣或妾),这点从上述简文与"臣妾"往往放在一起言说就可看出。同样道理,也不属于客。简文"入客、寓人及臣妾"之所以将"客、寓人、臣妾"放在一起说,是因三者皆非屋主,都属外来者,而非为奴隶。但其与"客"有相似之处,如睡简《日甲》200 言:"何谓'旅人'? 寄及客,是谓'旅人'。"寄居和外来作客的人,称为"旅人"①。这也就可以确定,寄和客有一个共同特点,就是皆来自外地,非本地人。但需特别指出的是,"寄者不是奴隶"是说寄者不是户主的奴隶,但并不能因其与"臣妾"一起言说而判断其入寄前是不是奴隶。因为占算的人只是占算入寄者、臣妾或马牛的时日吉凶,并不是也无法判断寄者的身份。因此,由此判断"此类人当属秦国当时社会上的自由人"②,并据此得出寄者的身份或所属群体,显然是片面、不可信的。

那么,哪些人会来自外地且寄居他人之所,还有夺取主人之房屋的可能? 在讨论这个问题之前,有必要先排除一些人。施伟青先生认为"《日书》所说的寄人、寓人当就是《左传》提到的'隐民',他们大多属依附农,规避了国家的赋役负担,而只供其主人驱使。"③《左传·昭公二十五年》:"子家子曰:'君其许之! 政自之出久矣,隐民多取食焉,为之徒者众矣,日入慝作,弗可知也。'"杜预注:"隐,约,穷困。"杨伯峻注:"即贫民之投靠季氏者。"郭沫若《中国史稿》第二编第四章第二节:"春秋时代见于记载的'隐民''私属徒''宾萌'……'隐民'和'私属徒'也是指贵族们的隐蔽户口。虽然他们还不是自由的,但是,他们的身份却不同于奴隶。"夏按,据上可知"隐民"为穷困之人,不自由,但不同于奴隶,这个特点很像寄者。然穷困之人寄于贵族之家,本就无路可走,哪里有人力、物力、财力夺取贵族之房

①睡虎地秦墓竹简整理小组《睡虎地秦墓竹简》,北京:文物出版社 1990 年,第 141 页。

②贺润坤《云梦秦简〈日书〉"寓人""寄者""寄人"身份考》,《文博》1991 年第 3 期,第 77 页。

③施伟青《中国古代史论丛》,长沙:岳麓书社 2004 年,第 109 页。

屋成为屋子的主人！古也未见此例者。因此，《日书》所涉寄者不可能是隐民。我们只能从秦简找答案。

从秦简看，寄者可能是以下这些人。

1. 外来蛮夷。秦人称故塞徼外之人为"蛮夷"。这些人来秦地的目的各种各样。秦简显示，主要有如下几种：

1）来反城邑者。如：

> 岳简伍 170 正—172 正：谋以城邑反及道故塞徼外蛮夷来欲反城邑者，皆为以城邑反。知其情而舍之，与同皋。弗知，完为城旦春。以城邑反及舍者之室人存者，知情，与同皋，弗知，赎城旦春。典、老、伍人知弗告，完为城旦春，弗知，赀二甲。

"谋以城邑反及道故塞徼外蛮夷来欲反城邑者"指的是自己谋划带领城邑的人造反和为蛮夷带路来谋反两种情况。该简言"知其情而舍之"，意思是了解这种情况（造反）还让他们住自己家。下文岳简肆 180 正也涉此类。

2）外来诱者。为外来引诱秦人谋反的蛮夷。如：

> 岳简肆 179 正：隶臣捕道故徼外来诱而舍者一人，免为司寇，司寇为庶人。其捕数人者，以□◇。

从句意看，"道故徼外来诱而舍者"应该涉及三种人，一是为那些从旧边塞来引诱（谋反）者引路的人；二是让这些人住在自己家里的人。三为既引路又让他们寄居的人。这个旧边塞来的人，显然就是秦人所言的蛮夷。

3）来为间及来盗略人。即来做离间之事或劫掠人口。盗，指劫掠。略人，指掠夺人口。盗略人即劫掠人口。如：

> 岳简伍 180 正—182 正：数人共捕道故塞徼外蛮夷来为间及来盗略人、以城邑反及舍者，若讁告，皆共其赏。欲相移，许之。告道故塞徼外蛮夷来为间及来盗略人、以城邑反及舍者，令、丞必身听其告辞，善求情，毋令史治道故塞徼外蛮夷来为间及来盗略人、以城邑反及舍者，死罪不审，耐为司寇；城旦春罪不审，赀◇。

"道故塞徼外蛮夷<u>来</u>为间及来盗略人、以城邑反及舍者"之"道……

来"意思是"引导……前来"。从句意看,该句应该指的是为来作间谍或劫掠人或带领城邑的人谋反的蛮夷引路或者让他们入住的人。入住者显然就是为各种原因而来的蛮夷。

上述几种情况皆涉"舍",外来者住在本地人家里,自然就是寄居。然这些怀有不同目的(主要是谋反)而来的蛮夷,有一定经济实力,能够谋反应当也有一定的权力和武力,这种人入住,房主倒有被侵占房屋的可能。这点可与日书"夺主室""夺之室"的占算相对应。

2. 逃亡的盗贼、刑徒、奴隶、罪人,等

> 岳简肆 060 正—064 正:盗贼旞(遂)者及诸亡坐所、去亡与盗同法者、当黥城旦舂以上及命者、亡城旦舂、鬼薪、白粲舍人室、人舍、官舍,主舍者不知其亡,赎耐。其室人、舍人存而年十八岁者及典、田典不告,赀一甲。伍不告,赀一盾。当完为城旦舂以下到耐罪及亡收、司寇、隶臣妾、奴婢阑亡者舍人室、人舍、官舍,主舍者不知其亡,赀二甲。其室人、舍人存而年十八岁以上者及典、田典、伍不告,赀一盾。

上简出现可能寄居他人房屋者有:盗贼旞(遂)者、诸亡坐所、去亡与盗同法者、当黥城旦舂以上者、命者、亡城旦舂、鬼薪、白粲,当完为城旦舂以下到耐罪及亡收、司寇、隶臣妾、奴婢阑亡者。其中,命者,整理小组注:"逃亡的一类人,即被告示缉拿的逃亡者。"[1]去亡,为的是逃避犯罪、戍役或特定的身份[2],涉及逃亡的盗贼、从坐所逃亡的人、去亡按与盗同法处理的人、当黥城旦舂以上及被通缉的逃亡者、逃亡的城旦舂、鬼薪、白粲;当完为城旦舂以下到耐罪和逃亡的收人、司寇、隶臣妾、阑亡的奴婢。总的来说,除了盗贼就是逃亡时间不一、罪行不一的刑徒、奴隶。这些人逃亡除了一部分会回自己的家乡外,大部分会逃亡他乡,成为《日书》所言"寄""寄者"等寄居他人住所者。

寄居者肯定未必都是强盗或刑徒奴隶,如果只有这种人寄居,那么不会有人收留寄居者。因为收留了强盗可能受其害,但更根本的是官方对接纳逃亡者入住的人要严惩。如:

> 岳简肆 057 正:其亡居日都官、执法属官乚、禁苑乚、园乚、邑乚,

---

①睡虎地秦墓竹简整理小组《睡虎地秦墓竹简》,北京:文物出版社 1990 年,第 78 页。
②邹水杰《论秦及汉初简牍中有关逃亡的法律》,《湖南师范大学社会科学学报》2019 年第 1 期。

作务∟官道界中,其啬夫、吏、典、伍及舍者坐之,如此律。

岳简肆 075 正—076 正:取罪人、群亡人以为庸,知其情,为匿之;不知其情,取过五日以上,以舍罪人律论之。廿年后九月戊戌以来,取罪人、群亡人以为庸,虽前死及去而后觉者,论之如律。

从句意看,舍者,此处指留宿(逃亡者)的人。对于从居日都官、执法属官、禁苑等官方机构逃出来,又在官道界劳作的逃犯,其有关人员,如啬夫、吏、典、伍及舍者等要连坐。而对于到私人家庭劳作(充当庸)的罪人、各种类型的逃亡者,则以舍罪人律论之。《日书》有专门入寄者的禁忌时日,秦律又有专门的"舍罪人律",可知当时逃亡者寄居普通人家的普遍性,也说明入寄者是当时社会的常态。寄者除了上述蛮夷和各种逃犯外,更多的应该是普通身份的人,这就涉及下述第三、四种人。

3. 各种原因出逃的普通人

1)借东西、有公债逃亡

睡简《秦律十八种·金布律》077:百姓假公器及有债未偿,其日足以收责之,而弗收责,其人死亡……

夏按,死亡,指死或逃亡。

2)因偷盗而逃

睡简《法律答问》137:夫、妻、子十人共盗,当刑城旦,亡,今甲捕得其八人,问甲当购几何? 当购人二两。

睡简《封诊式》017—018:□捕(?)爰书:男子甲缚诣男子丙,辞曰:"甲故士伍,居某里,迺四月中盗牛,去亡以命。丙坐贼人□命。自昼甲见丙阴市庸中,而捕以来自出。甲无它坐。"

上述二简,十个人盗窃,其中二人逃亡。甲偷盗牛逃亡,皆为普通人的逃亡。

3)逃婚的女子

睡简《法律答问》166:女子甲为人妻,去亡,得及自出,小未盈六尺,当论不当? 已官,当论;未官,不当论。

睡简《法律答问》167:女子甲去夫亡,男子乙亦阑亡,相夫妻,甲弗告情,居二岁,生子,乃告情,乙即弗弃,而得,论何也? 当黥城旦舂。

睡简《法律答问》168：甲取人亡妻以为妻，不知亡，有子焉，今得，问安置其子？当畀。或入公，入公异是。

按照秦时主要以身高作为成年与否的标准看，"小未盈六尺"为未成年人。该女子显然为童养媳逃亡。秦律有三条皆涉逃婚的女子，也可见当时女子逃婚较为常见。初逃亡时，皆可能寄居他人之家。

4）各种原因逃亡的士伍

睡简《封诊式》013—014：覆　敢告某县主：男子某辞曰："士伍，居某县某里，去亡。"可定名事里，所坐论云何，何罪赦，或覆问无有，几籍亡，亡及逋事各几何曰，遣识者当腾，腾皆为报，敢告主。

睡简《封诊式》096—098 正：亡自出　乡某爰书：男子甲自诣，辞曰："士伍，居某里，以＝二月不识日去亡，无它坐，今来自出。"问之□名事定，以二月丙子将阳亡，三月中逋筑宫廿日，四年三月丁未籍一亡五月十日，无它坐，莫覆问。以甲献典乙相诊，今令乙将之诣论，敢言之。

这二条皆涉士伍逃亡。第一条逃亡原因不明，第二条从"三月中逋筑宫廿日"可以看出，是因修建宫室而逃亡，即为逃避劳役。徭役类的逃亡当较常见，秦有律文专门论及：

睡简《法律答问》164：何论"逋事"及"乏徭"？律所谓者，当徭，吏、典已令之，即亡弗会，为"逋事"；已阅及屯车食若行到徭所乃亡，皆为"乏徭"。

应服徭役的人逃亡分为两种，一种为在吏、典下服役令后逃亡，一种为检阅后已分配口粮在乘车去服役点途中逃亡或到服役点后逃亡。服徭役者众，这种逃亡当最为常见。否则不足以专门制定律文惩治。除了普通百姓因为各种原因逃亡外，秦简也有官吏逃亡的条文。

1. 官吏逃亡

1）吏及佐、群官属逃亡

睡简《置吏律》157—158：县、都官、十二郡免除吏及佐、群官属，以十二月朔日免除，尽三月而止之。其有死亡及故有缺者，为补之，毋须时。

　　夏按,"其有死亡及故有缺者"指有死或逃亡及因故出现缺员的。"死亡"并非单纯指死,而是指死或逃两种情况。

　　2)犯错的大夫

　　　　睡简《法律答问》127—128:大夫甲坚鬼薪,鬼薪亡,问甲何论? 当从事官府,须亡者得。今甲从事,又去亡,一月得,何论? 当赀一盾,复从事。从事又亡,卒岁得,何论? 当耐。

　　大夫甲因鞭打鬼薪,导致其逃亡,而大夫甲因需在官府劳作而屡次逃亡。陈松长先生曾指出:"所谓的'诸亡'者,都是指奴婢、收人、隶臣、隶臣妾、城旦舂等刑徒,此外是可以视为'民'的有公士、公士妻、女子等。……完全没有所谓'吏'逃亡的法律条文,有的都是跟《二年律令·亡律》差不多的最底层的庶民和服役的刑徒。"[①]从以上条文看,不尽如此。

　　秦法有其人性化的一面,如前述岳简肆 060 正—064 正惩罚"舍者"的条文,对不知情的处罚要轻于知情者。然严苛细密,涉及生活中的很多细枝末节,且惩罚极为严厉。作为管理人员的官吏,一不小心就可能被重罚,这种情况下逃亡也不足为奇了。如:

　　　　睡简《仓律》152:仓鼠穴几何而当论及谇? 廷行事鼠穴三以上赀一盾,二以下谇。鼷穴三当一鼠穴。

　　管理仓库,如果出现三个以上老鼠洞就要赀一盾。下文睡简《法律答问》153 条,吏发放粮食,应当发菽、麦,却发成了禾,因为禾要贵一点,就要被赀一甲。一甲、一盾都是很严重的处罚。岳简叁有一篇记录一个叫"暨"的官员被举劾的案例:

　　　　岳简叁 096 正—097 正:□溪乡仓天窗容鸟;公士豕田橘将阳,未斥自出,当复田橘,官令戍,录弗得;走偃未当傅,官傅弗得;除销史丹为江陵史,□未定(?);与从事廿一年库计,劾谬弩百。凡八劾。

　　暨被弹劾有八项,如:1.仓库天窗缝隙大可容鸟。2.公士豕逃亡,自首后应当继续种田,但官方令其守边,暨巡查时没发现。3.走偃不应当傅籍,官方却让其傅籍了。暨没发现。4.协办核查库存,弩计算错误达到一百

_____

①陈松长《岳麓秦简〈亡律〉初论》,https://www.sohu.com/a/197822559_692184,2017 年 10 月 12 日。

张……

3）发放粮食出错的吏

睡简《法律答问》153：有稟菽、麦，当出未出，即出禾以当菽、麦，菽、麦价贱禾贵，其论何也？当赀一甲。会赦未论，又亡，赦期已尽六月而得，当耐。

应当发放菽、麦，却发成了价格比菽、麦贵的禾，因被罚一甲而逃亡，所涉被处罚方显然为主管发放粮食的吏。

总之，"寄人"并非专有名词，而只是对外来寄居者的泛称。寄居前是不是奴隶并不知道，但寄居后不是。而一旦寄居，人身自由就会受到限制。其与客一样，是外来者。可能是外来蛮夷、逃亡的盗贼、刑徒、奴隶、罪人或因各种原因出逃的普通人，也有犯错受罚的官吏，等等。寄者身份、出逃原因之复杂，折射出秦时社会的混乱和民众安全感的严重缺失。

二、"为人治"小考

睡简《日甲》079 正壹：危，百事凶。生子，老为人治也，又数诣风雨。

治，整理小组训为："疑读为笞。"[1]刘乐贤肯定此说："治读为笞，习见于睡虎地秦简法律文书中。"[2]吴小强译为"生的孩子，将来年老时被人鞭打，还多次在风雨中受苦。"[3]取意同整理小组。王子今认为："据吴说，预想所生子年老时境遇，似乎过于遥远。"[4]然并未给出具体意见。

夏按，在日书中，危日不是一个好日子，各简无有例外，如：

睡简《日甲》079 正壹：危，百事凶。

周简 209：危：斗乘危，门有客，所言者危行事也。

放简《日甲》20：危日，可以责人及执人、系人，外征。

孔简 20：危日，可以责、捕人、攻□，射。

孔简 60：危，◇□□□数诣风雨，大凶。

---

①睡虎地秦墓竹简整理小组《睡虎地秦墓竹简》，北京：文物出版社 1990 年，第 193 页。
②刘乐贤《睡虎地秦简日书研究》，台北：文津出版社 1994 年，第 112 页。
③吴小强《秦简日书集释》，长沙：岳麓书社 2000 年，第 65—66 页。
④王子今《睡虎地秦简〈日书〉甲种疏证》，武汉：湖北教育出版社 2003 年，第 168 页。

在这一天,可以做的就是责(处罚)人、捕(捉捕)人、执(拒捕)人、系(拴缚)人、外出攻打等整治别人或被人整治的事,其他则"百事凶"。危日这天生的孩子,他的命运也在这个范围内选择,不是整治别人,就是被人整治。上述简文所言是"为人治",即被人整治。

"治"读为"笞",作"鞭打"解时,秦简是作为一种刑罚方式出现,且前文总有要笞打的原因,没有莫名其妙就"笞打"的,如睡简《秦律杂抄》20:"大车殿,赀司空啬夫一盾,徒治(笞)五十";睡简《厩苑律》14:"其以牛田,牛减絜,治(笞)主者寸十",等等。秦律刑罚之外的"治"尚未见到作"笞打"意的,如睡简《法律答问》079:"妻悍,夫殴治之,决其耳,若折肢指、肤体,问夫何论? 当耐。""治"有"惩治"义。又,睡简《为吏之道》042 贰—043 贰:"能审行此,无官不治。""治"作"治理"解。

总之,"治"读为"笞"作"鞭打"解时,指的是一种严肃的法律行为。除此而外,当作他解。如前所言,我们认为,日书中"为人治"的"治"理解为"整治"或较妥当。

三、盈志

  睡简《日甲》003 正贰:阳日……以蔡(祭),上下羣神乡(飨)之,乃盈志。

吴小强译文为:"阳日……祭祀神灵,天上和地下的各种神灵享受祭祀后,十分满意。"[1]显然,"盈志"被理解为十分满意。王子今认为"盈,此取圆满之意。""盈志,其义接近后世所谓志得意满"[2],而对于志得意满的主语没有提及,疑与吴氏意见同。夏按,结合其他吉凶日的占算,可知言及某日做某事时,后面紧跟的是做该事可能的结果,如:

  睡简《日甲》005 正贰:害日……祭门、行,吉。

  睡简《日甲》006 正贰:阴日……祭祀、嫁子、娶妇、入材,大吉。以
  见君上,数达,无咎。

害日祭门神、行神的话,会吉利。吉利是占算结果。阴日祭祀、嫁子、娶妇、入材,结果也是"吉利"。前面是占算的内容,后面是该天做某事的

---

①吴小强《秦简日书集释》,长沙:岳麓书社 2000 年,第 25 页。
②王子今《睡虎地秦简〈日书〉甲种疏证》,武汉:湖北教育出版社 2003 年,第 23 页。

吉凶判断。因此,"盈志"也应该是飨上下群神的结果,其隐藏的主语是做该事的个人或集体。秦简中的"盈"皆可理解为"足、满足"。如:

> 睡简《法律答问》007:或盗采人桑叶,赃不盈一钱,何论?

> 龙简041:赀二甲;不盈廿二钱到一钱,赀一盾;不盈一钱◇。

志,可理解为意愿、愿望。如:

> 睡简《日甲》23背贰:垣东方高西方之垣,君子不得志。

> 睡简《为吏之道》042贰—043贰:能审行此,无官不治,无志不彻。

综上,该句当理解为:阳日……祭祀神灵,天上和地下的各种神灵享受祭祀后,就会满足(祭祀者的)愿望。

四、孕鬼

> 睡简《日甲》40背壹—42背壹:一宅中无故室人皆疫,多梦寐死,是是匀鬼埋焉,其上无苴,如席处。掘而去之,则止矣。

"匀"整理小组释曰:"疑即'包'字。一说,即'孕'字。"王子今按曰:"匀鬼"或应读为"孕鬼",指未出生即死去的胎儿的鬼魂[1]。夏按,孕有"胎儿"之意,但从后文言"匀鬼埋焉",可知一家人生病是因为孕鬼埋在家里之故。既然能被埋葬,说明不是胎儿鬼。因为俗信未婚就夭折之人通常是不能入祖坟的,更何况未出生就死去的胎儿。另外,在医疗条件落后的战国秦汉时期,如果出现胎死腹中,母亲也一定难产而死,母体和胎儿不可能分离出来。因此,这里的匀,当理解为怀胎。孕鬼,即怀着胎死去的人变成的鬼。

五、从礼俗思想角度解读"宲人生为鬼"

> 睡简《日甲》43背壹—46背壹:人无故一室人皆疫,或死或病,丈夫女子堕须羸发黄目,是宲宲〈是是宲〉人生为鬼,以沙人一升搓其舂白,以黍肉食宲人,则止矣。

宲,整理小组注释为"宲,疑即宝字,此处疑读为殍。"吴小强与整理小

---

①王子今《睡虎地秦简〈日书〉甲种疏证》,武汉:湖北教育出版社2003年,第367页。

组意见同,译"宲人生为鬼"为"孚人饿死前变为鬼。"①郑纲认为"宲"读作"褓"(二字并从呆声),褓人即襁褓中人,指小儿。刘乐贤认为"宲人可能是指小童。本简说'人无故一室人皆疫',则作祟之鬼可能是疫鬼。古书中的疫鬼总是化为孩童之形,本简生为鬼的'宲人'也应该是孩童。但宲人不能指襁褓中的婴儿,因为对婴儿无'黍肉食'之之理。婴儿在本篇作'赤子',见六五简背贰"②。王子今认为可能是"宝母",即褓母。也即战国秦汉社会生活中的女巫,也就是说"家族中的妇女最容易狂迷而进入类似于萨满表演的精神状态。"但王氏似乎对自己的说法也不甚肯定,最后说:"但是,下层民众家族生活中一般是没有'保母,即褓母'这一身份的。"③

夏按,刘氏言一室人皆疫,则作祟之鬼可能是疫鬼,故认为宲人指孩童。其实,造成一室人皆疫的并非仅宲人生为鬼,还有棘鬼和孕鬼,而这些鬼作祟的特征也并非是孩童之状,如:

> 睡简《日甲》37 背壹—39 背壹:一宅中无故而室人皆疫,或死或病,是是棘鬼在焉,正立而埋,其上旱则淳,水则干。掘而去之,则之矣。

> 睡简《日甲》40 背壹—42 背壹:一宅中无故室人皆疫,多梦寐死,是是匀(孕)鬼埋焉,其上无草,如席处。掘而去之,则止矣。

故刘氏之说可商。而吴氏所谓女巫作法时的状态为"生为鬼"也缺乏说服力,女巫作法是职业的需要,作法完毕自可恢复常态,不需他人帮助,更谈不上"以黍肉食宲人,则止。"另外,女巫自有"巫"为称呼,没必要另以宲人称之。具体所指,我们认为有必要从民俗角度探讨。

宲人生为鬼应当指的是人魂魄分离的情况。古人认为人的灵魂由魂和魄两部分构成,《左传》昭公七年:"子产曰:人生始化曰魄,既生魄,阳曰魂。"孔颖达解释曰:"魂魄神灵之名,本从形气而有,形气既殊,魂魄各异,附形之灵为魄,附气之神为魂也。附形之灵者,谓初生之时,耳目心识手足运动啼呼为声,此则魄之灵也;附气之神者,谓精神性识渐有所知,此则附气之神也。"也就是说魂控制人的精神思维,而魄主宰肉体的感官活动,

①吴小强《秦简日书集释》,长沙:岳麓书社 2000 年,第 139 页。
②刘乐贤《睡虎地秦简日书研究》,台北:文津出版社 1994 年,第 237 页。
③王子今《睡虎地秦简〈日书〉甲种疏证》,武汉:湖北教育出版社 2003 年,第 369—370 页。

《礼记·郊特牲》:"魂气归于天,形魄归于地。"人死就是附于肉体的魄跟随肉体归入地下,魂则随精神升天。今天依然有给受了惊吓、重病或濒死之人叫魂之举。也就是说人死是由魂一去不返开始的。但如果附于肉体的魄和附于精神的魂分离,魂走而肉体还活在现实中(类似于所谓的行尸走肉),则应该就是本简所言之"生为鬼"现象。这种现象尹飞舟先生称其为"魂奔",它的表现是:"我们看到的只是该人的躯壳或化身,真身或魂身已去干现实中所不能干的事情去了。"①其例有《独异记》之《韦隐》:

> 大历中,将作少匠韩晋卿女,适尚衣奉御韦隐。隐奉使新罗,行及一程,怆然有思,因就寝。乃觉其妻在帐外,惊问之,答曰:"愍君涉海,志愿奔而随之,人无知者。"隐即诈左右曰:"俗纳一妓,将侍枕席。"人无怪者。及归,已二年,妻亦随至。隐乃启舅姑,首其罪,而室中宛存焉。及相近,翕然合体,其从隐者乃魂也。②

说的就是韦隐妻之魂随之到新罗,二年后还家,其魂妻与家中的魄妻合二为一的事。类似记录还有《幽明录·庞阿》中的石氏女迷恋美男子庞阿而魂身分离;《离魂记》中的倩女魂身分离追随王宙等。其共同点都是一个人以两个形体存在,一是魂体,一为魄体。魂离开肉体后魄依然作为一个活人存在于日常生活中,但没有魂的体魄是不健康的,往往以病态存在。而魂体又是以气体形式存世,也就是通常所谓的"鬼"。但其体魄依然活着(无论是健康的还是病态的),因此,这种现象应该就叫做生为鬼。那么,联系前文"人无故一室人皆疫,或死或病,丈夫女子堕须羸发黄目",可知一家人或死或病,活着的男女呈现"堕须羸发黄目"之形貌,显为寎人鬼附体所至,该形象是病态也可谓饥饿之状,故"寎人生为鬼"或可理解为将要饿死的人魂魄分离的状态,即前述吴先生所言"孚人饿死前变为鬼"。

《左传》昭公七年有言"用物精多,则魂魄强",反之将要饿死的人体魄弱阴气盛,魂很容易被勾走③,但其身体尚未死,就会出现所谓灵魂出窍、魂不守舍的情况,故言"生为鬼"。若要驱之,就需供给其黍和肉食(阳气

---

①尹飞舟《中国古代鬼神文化大观》,南昌:百花洲文艺出版社1992年,第113页。
②[宋]李昉等《太平广记:足本3》,北京:团结出版社1994年,第1684页。题目后括注"出《独异记》"。
③参见尹飞舟《中国古代鬼神文化大观》,南昌:百花洲文艺出版社1992年,第98—99页。

足），其体魄得到滋养，变得强壮，其魂也就不再作祟害人了。

由上可知，只有"宲"释为"孵"才是合乎礼俗思想的解释，其他几种解释无论从礼俗还是常理而言都无法说通。

六、独

睡简《日甲》58 背壹：寒风入人室，独也，它人莫为，洒以沙，则已矣。

连邵名言"'独'义同'一'，是'道'的别名。"意思是"精专"①。夏按，疑误。研究所涉秦简中"独"出现 17 次，皆训为"单独"或"独自"，未见"精专"例。本条后言"它人莫为"，也表明寒风仅仅进入某人房间，其他人的房间没有寒风，故疑为怪。否则寒风入室，应该是很平常的自然现象，不足为奇。"寒风入人室，独也"，"独"另说，意在强调它室没有这种现象，故该处"独"同其他秦简一样，当理解为"单独"。

---

① 连邵名《睡虎地秦简〈日书〉及〈诘篇〉补正》，《江汉考古》2001 年第 1 期，第 79 页。

主要参考文献

（按音序排列，若一个作者有多篇文章，
则音序之下按时间排列）

一、专著及学位论文

B

（日）白川静《字统》，东京：平凡社 1994 年

［东汉］班固撰《汉书》，［唐］颜师古注，北京：中华书局 2007 年

鲍扬佴《周易本经通诠》，北京：九州出版社 2017 年

北京大学出土文献与古代文明研究所《北京大学藏秦简牍（壹）》，上海：上海古籍出版社 2023 年

北京大学哲学系、外国哲学史教研室编译《古希腊罗马哲学》，北京：生活·读书·新知三联书店 1961 年

（英）彼得·伯克《历史学与社会理论》，姚朋等译，上海：上海人民出版社 2001 年

C

晁福林《先秦民俗史》，上海：上海人民出版社 2001 年

陈广忠译注《淮南子》，北京：中华书局 2022 年

陈来《古代思想文化的世界——春秋时代的宗教、伦理与社会思想》，上海：三联书店 2009 年

陈梦家《汉简缀述》，北京：中华书局 1980 年

［清］陈梦雷《古今图书集成》，成都：巴蜀书社 1985 年

［清］陈梦雷、蒋廷锡著《钦定古今图书集成（精华本）》第 6 册图文珍藏版，刘宇庚主编，北京：线装书局 2016 年

陈其南《文化的轨迹》，沈阳：春风文艺出版社 1987 年

陈松长《香港中文大学文物馆藏简牍》，香港：香港中文大学文物馆 2001 年

陈松长《岳麓书院藏秦简（壹-叁）释文修订本》，上海：上海辞书出版社
　　2018 年

陈伟《秦简牍合集（壹）》，武汉：武汉大学出版社 2014 年

陈伟《秦简牍合集（贰）》，武汉：武汉大学出版社 2014 年

陈伟《秦简牍合集（叁）》，武汉：武汉大学出版社 2014 年

陈伟《秦简牍合集（肆）》，武汉：武汉大学出版社 2014 年

陈志坚《诸子集成》，北京：燕山出版社 2008 年

程博丽《试论放马滩秦简〈日书〉所见之民间信仰》，复旦大学硕士论文
　　2013 年

程少轩《放马滩简式占古佚书研究》，复旦大学博士论文 2011 年

赤舟等《中国秘术大观》，西安：陕西人民教育出版社 1992 年

初师宾《中国简牍集成》，兰州：敦煌出版社 2001 年

D

丁毅华《丁毅华史学论文自选集》，武汉：湖北人民出版社 2002 年

董乐生、刘俊明、张泽栋《云梦风》，深圳：珠江文艺出版社 2015 年

董说《七国考》，北京：中华书局 1965 年

F

［宋］范晔撰《后汉书（全十二册）》，［唐］李贤等注，北京：中华书局
　　1973 年

方勇译注《墨子》，北京：中华书局 2015 年

方勇、李波译注《荀子》，北京：中华书局 2015 年

（英）弗雷泽《魔鬼的律师——为迷信辩护》，北京：东方出版社 1988 年

（英）弗雷泽《金枝》，北京：商务印书馆 2012 年

（奥）弗洛伊德《梦的解析》，周艳红、胡惠君译，上海：上海三联书店
　　2008 年

傅伟勋《死亡的尊严与生命的尊严》，台北：中正书局 1994 年

G

［晋］干宝《搜神记》，北京：华文出版社 2018 年

甘肃省文物考古研究所《天水放马滩秦简》，北京：中华书局 2009 年

高明、涂白奎《古文字类编（增订本）》，上海：上海古籍出版社 2008 年

葛兆光《思想史的写法——中国思想史导论》，上海：复旦大学出版社

2013 年

葛兆光《中国思想史》，上海：复旦大学出版社 2013 年

（日）工藤元南《睡虎地秦简所见秦代国家与社会》，（日）广濑熏雄、曹峰译，上海：上海古籍出版社 2010 年

古健青等《中国方术辞典》，广州：中山大学出版社 1991 年

（德）古斯塔夫·施瓦布《希腊古典神话》，上海：译林出版社 1995 年

（德）古斯塔夫·勒庞《乌合之众　大众心理研究》，北京：中央编译出版社 2005 年

顾颉刚《五德终始说下的政治和历史》，《古史辨（5）》下编，上海：上海古籍出版社 1982 年

郭仁成《楚国经济史新论》，长沙：湖南教育出版社 1990 年

［清］郭御青《白话大六壬全书》，西安：三秦出版社 1994 年

H

何飞燕《出土文字资料所见先秦秦汉祖先神崇拜的演变》，西安：陕西师范大学博士论文 2010 年

何双全《简牍》，兰州：敦煌文艺出版社 2004 年

［南宋］洪迈著《容斋随笔》，北京：北京燕山出版社 2007 年

胡文辉《中国早期方术与文献丛考》，广州：中山大学出版社 2000 年

胡新生《周代的礼制》，北京：商务印书馆 2016 年

湖北省博物馆《曾侯乙墓（下）》，北京：文物出版社 1939 年

湖北省荆沙铁路考古队《包山楚简》，北京：文物出版社 1991 年

湖北省荆州市周梁玉桥遗址博物馆《关沮秦汉墓简牍》，北京：中华书局 2001 年

湖北省文物考古研究所《江陵九店东周墓》，北京：科学出版社 1995 年

湖北省文物考古研究所《江陵望山沙冢楚墓》，北京：文物出版社 1996 年

湖北省文物考古研究所、北京大学中文系《九店楚简》，北京：中华书局 2000 年

湖北省文物考古研究所、随州市考古队《随州孔家坡汉墓简牍》，北京：文物出版社 2006 年

湖南省文物考古研究所《里耶发掘报告》，长沙：岳麓书社 2006 年

［东汉］桓谭撰《桓子新论》，孙冯翼辑，北京：中华书局 1985 年

黄金贵《中国古代文化会要》,杭州:西泠印社 2006 年

黄汝成《日知录集释》,上海:上海古籍出版社 2006 年

黄正建《敦煌占卜文书与唐五代占卜研究》,北京:学苑出版社 2014 年

J

贾振北《放马滩秦简所见秦人社会民生俗信研究》,西安:陕西师范大学硕
士学位论文 2016 年

江绍原《中国古代旅行之研究》,上海:上海文艺出版社 1989 年

蒋礼鸿《商君书锥指》,北京:中华书局 2001 年

金正耀《中国的道教》,北京:商务印书馆 1996 年

荆门市博物馆《郭店楚墓竹简》,北京:文物出版社 1998 年

荆州博物馆、武汉大学简帛研究中心编著,李志芳、李天虹主编《荆州胡家
草场西汉简牍选萃》,北京:文物出版社 2021 年

K

柯小杰《湖北民俗》,兰州:甘肃人民出版社 2008 年

(苏)科恩《自我论》,北京:生活·读书·新知三联出版社 1986 年

L

赖亚生《神秘的鬼魂世界——中国鬼文化探秘》,北京:人民中国出版社
1993 年

[宋]李昉等编《太平广记:足本 3》,北京:团结出版社 1994 年

[宋]李昉编纂《太平御览》第 8 卷,孙雍长、熊毓兰校点,石家庄:河北教育
出版社 1994 年

李菁叶《睡虎地与放马滩秦简〈日书〉生死问题研究》,重庆:西南大学硕士
学位论文 2012 年

李均明《古代简牍》,北京:文物出版社 2003 年

李玲璞《古代汉语精解》,上海:上海文艺出版社 1990 年

李零《中国方术概观》,北京:人民中国出版社 1993 年

李零《中国方术考》,北京:东方出版社 1999 年

李凭译注《古文观止》,杭州:浙江文艺出版社 2022 年

李学勤《字源(上中下)》,天津:天津古籍出版社;沈阳:辽宁人民出版社
2013 年

李玉洁《楚国史》,开封:河南大学出版社 2002 年

（法）列维·布留尔《原始思维》，丁由译，北京：商务印书馆 2010 年

林俊华《鱼通　一个古老而神秘的部族鱼通传统文化调研》，成都：四川民族出版社 2021 年

林义光《文源》，上海：中西书局 2012 年

林忠军《周易郑注导读》，北京：华龄出版社 2019 年

刘道超译注《择吉术注评——协纪辨方书》，南宁：广西人民出版社 1993 年

刘道超《神秘的择吉：传统求吉心理及习俗研究》，南宁：广西人民出版社 2004 年

刘道超《择吉与中国文化》，北京：人民出版社 2004 年

刘德仁《中国民俗史籍举要》，成都：四川民族出版社 1992 年

刘乐贤《睡虎地秦简日书研究》，台北：文津出版社 1994 年

刘文英《梦的迷信与梦的探索》，北京：中国社会科学出版社 1989 年

刘文英《中国古代的梦书》，北京：中华书局 1990 年

刘筱红《神秘的五行——五行说研究》，南宁：广西人民出版社 1994 年

刘信芳、梁柱《云梦龙岗秦简》，北京：科学出版社 1997 年

刘信芳《子弹库楚墓出土文献研究》，台北：艺文印书馆 2002 年

刘永明《增补四库未收术数类古籍大全》第 9 集，《术数集成（一）》，江苏：广陵古籍刻印社 1997 年

［南朝宋］刘义庆撰《幽明录》，郑晚晴辑，北京：文化艺术出版社 1988 年

刘钊《出土简帛文字丛考》，台北：台湾古籍出版有限公司 2004 年

刘铮《人口理论教程》，北京：中国人民大学出版社 1985 年

（日）柳田国男《妖怪谈义》，重庆：西南师范大学出版社 2017 年

龙海清《湖南民俗》，兰州：甘肃人民出版社 2003 年

（日）泷川资言《史记会注考证（全八册）》，上海：上海古籍出版社 2015 年

（德）路德维希·费尔巴哈《费尔巴哈哲学著作选集（下卷）》，荣振华、王太庆、刘磊等译，北京：商务印书馆 1984 年

（英）鲁惟一《汉代的信仰、神话和理性》，王浩译，北京：北京大学出版社 2009 年

［唐］陆德明《经典释文》，上海：上海古籍出版社 2013 年

逯凤华《泰山、岱庙、东岳庙祭祀用乐研究》，上海：上海音乐出版社 2019 年

罗义俊《老子译注》，上海：上海古籍出版社 2012 年

M

马伯英《中国医学文化史》，上海：上海人民出版社 2019 年

（英）马林诺夫斯基《巫术科学宗教与神话》，北京：中国民间文艺出版社 1986 年

马王堆汉墓帛书整理小组《马王堆汉墓帛书——五十二病方》，北京：文物出版社 1979 年

马王堆汉墓帛书整理小组《马王堆汉墓帛书（肆）》，北京：文物出版社 1985 年

Q

钱玄等注译《周礼》，长沙：岳麓书社 2001 年

秦简整理小组《秦汉简牍论文集》，兰州：甘肃人民出版社 1989 年

裘锡圭《古代文史研究新探》，南京：江苏古籍出版社 2000 年

裘锡圭《文字学概要》，北京：商务印书馆 2005 年

R

饶宗颐、曾宪通《云梦秦简日书研究》，香港：中文大学出版社 1982 年

饶宗颐、曾宪通《楚地出土文献三种研究》，北京：中华书局 1993 年

［清］阮元《十三经注疏》，北京：中华书局 2009 年

［清］阮元《十三经注疏（全二册）》，北京：中华书局 1980 年

S

商务印书馆（香港）有限公司《汉语大词典》2.0 版光盘，上海：上海辞书出版社 2013 年

［北宋］沈括《梦溪笔谈》卷七，成都：四川美术出版社 2018 年

施伟青《中国古代史论丛》，长沙：岳麓书社 2004 年

睡虎地秦墓竹简整理小组《睡虎地秦墓竹简》，北京：文物出版社 1990 年

［北宋］司马光《资治通鉴精华（上）》，傅春晓译注，沈阳：辽宁人民出版社 2018 年

［汉］司马迁撰《史记（全十册）》，［宋］裴骃集解，北京：中华书局 2009 年

宋公文、张君《楚国风俗志》，武汉：湖北教育出版社 1995 年

宋敬东《〈本草纲目〉全解》，天津：天津科学技术出版社 2014 年

宋兆麟《巫与巫术》，成都：四川民族出版社 1989 年

苏凤捷、程梅花注《墨子》，开封：河南大学出版社 2008 年

孙雪霞、陈桐生译注《风俗通义》,北京:中华书局 2021 年

孙占宇《〈天水放马滩秦简〉集释》,兰州:甘肃文化出版社 2013 年

T

谭维四《曾侯乙墓》,北京:文物出版社 2001 年

(日)藤田胜久《〈史记〉战国史料研究》,上海:上海古籍出版社 2008 年

W

[清]王国维《观堂集林·释礼》,北京:中华书局 1959 年

王德群点评《神农本草经》,北京:中国医药科技出版社 2018 年

王焕林《里耶秦简校诂》,北京:中国文联出版社 2007 年

王利器《风俗通义校注》,北京:中华书局 1981 年

王明《太平经合校》,北京:中华书局 1960 年

王世舜、王翠叶译注《尚书》,北京:中华书局 2023 年

王甜《〈龙岗秦简〉词汇语法研究》,天津:天津师范大学硕士学位论文
　2007 年

王伟光《民俗全书(典藏精品版)》,哈尔滨:黑龙江科学技术出版社
　2012 年

[清]王先谦《庄子集解·庄子集解内篇补正》,北京:中华书局 1987 年,

王秀梅《诗经译注》,北京:中华书局 2006 年

[东汉]王逸撰《楚辞章句》,黄灵庚校点,上海:上海古籍出版社 2017 年

王勇《楚文化与秦汉社会》,长沙:湖南大学出版社 2009 年

王子今《门祭与门神崇拜》,上海:三联书店 1996 年

王子今《睡虎地秦简〈日书〉甲种疏证》,武汉:湖北教育出版社 2003 年

王祖龙《楚书法史》,武汉:湖北美术出版社 2016 年

魏斌《古代长江中游社会研究》,上海:上海古籍出版社 2013 年

魏德胜《〈睡虎地秦墓竹简〉词汇研究》,北京:华夏出版社 2003 年

文彦生《中国鬼话》,上海:上海文艺出版社 1991 年

(韩)文镛盛《中国古代社会的巫觋》,北京:华文出版社 1999 年

吴小强《秦简日书集释》,长沙:岳麓书社 2000 年

吴义俊《老子译注》,北京:中华书局 2012 年

X

夏利亚《睡虎地秦简文字集释》,上海:上海交通大学出版社 2019 年

向顺荣《21世纪考古惊世大发现——里耶古城》,西宁:青海人民出版社2003年

(美)谢利·卡根《死亡哲学 耶鲁大学第一公开课》(典藏版),北京:北京联合出版公司2016年

[清]徐灏《说文解字注笺》卷十四下,收入《续修四库全书》编纂委员会《续修四库全书》第227册,上海:上海古籍出版社1995年

徐华龙《中国鬼文化》,上海:上海文艺出版社1991年

徐华龙《中国鬼文化大辞典》,南宁:广西民族出版社1994年

徐文武《楚国宗教概论》,武汉:武汉出版社2001年

徐无闻《甲金篆隶大字典》,成都:四川辞书出版社1991年

许嘉璐《中国古代礼俗辞典》,北京:中国友谊出版公司1991年

许万敬、刘向信《家庭学》,济南:山东友谊出版社1995年

许维遹《吕氏春秋集释》,北京:中华书局2009年

Y

(美)亚伯拉罕·马斯洛《动机与人格》,陈海滨译,南昌:江西美术出版社2021年

宴昌贵《巫鬼与淫祠——楚简所见方术宗教考》,武汉:武汉大学出版社2010年

杨伯峻《春秋左传注(修订本)》,北京:中华书局2000年

杨柳桥《庄子译注》,上海:上海古籍出版社2012年

杨向奎《宗周社会与礼乐文明(修订本)》,北京:人民出版社1997年

杨小英《睡虎地秦简与秦楚婚俗研究》,武汉大学硕士论文2006年

叶大兵、乌丙安《中国风俗辞典》,上海:上海辞书出版社1990年

叶大兵《头发与发饰民俗——中国的发文化》,沈阳:辽宁人民出版社2000年

易夫《俗界诸神》,北京:大众文艺出版社1999年

尹飞舟《中国古代鬼神文化大观》,南昌:百花洲文艺出版社1992年

雍际春《天水放马滩木板地图研究》,兰州:甘肃人民出版社2002年

于省吾《甲骨文字诂林》,北京:中华书局1996年

[清]俞樾《右台仙馆笔记》,上海:上海古籍出版社1986年

[金]元好问《续夷坚志》,北京:中华书局1986年

Z

曾运干《尚书正读》,北京:中华书局 1964 年

詹鄞鑫《神灵与祭祀》,南京:江苏古籍出版社 1992 年

张继禹《中华道藏》,北京:华夏出版社 2004 年

张家山二四七号汉墓竹简整理小组《张家山汉墓竹简(二四七号墓)(释文修订本)》,北京:文物出版社 2006 年

[宋]张君房《云笈七笺》,李永晟点校,北京:中华书局 2003 年

赵化成、高崇文《秦汉考古》,北京:文物出版社 2002 年

郑炳林《敦煌写本解梦书校录研究》,北京:民族出版社 2005 年

郑刚《〈睡虎地秦简日书疏证〉导论》,广州:中山大学硕士学位论文 1989 年

郑全雄等《张仲景方方族》,北京:中国医药科技出版社 2012 年

郑万耕《太玄校释》,北京:北京师范大学出版社 1989 年

郑晓江《善死与善终——中国人的死亡观》,昆明:云南人民出版社 1999 年

[汉]郑玄注《四库家藏　周礼注疏》,济南:山东画报出版社 2004 年

[汉]郑玄《周礼·仪礼·礼记》,陈戍国点校,长沙:岳麓书社 1989 年

郑有国《简牍学综论》,上海:华东师范大学出版社 2008 年

郑炳林、羊萍《敦煌本梦书》,兰州:甘肃文化出版社 1997 年

中共中央马恩列斯著作编译局《马克思恩格斯选集》,北京:人民出版社 1972 年

中国社会科学院考古研究所《里耶古城秦简与秦文化研究:中国里耶古城秦简与秦文化国际学术研讨会论文集》,上海:科学出版社 2009 年

中国文物研究所、甘肃省文物考古研究所编《敦煌悬泉月令诏条》,北京:中华书局 2001 年

钟炜《里耶秦简所见历史地理及相关问题》,武汉:武汉大学硕士学位论文 2004 年

周才珠、齐瑞端《墨子全译》,贵阳:贵州人民出版社 1995 年

周一谋、萧佐桃《马王堆医书考注》,天津:天津科学技术出版社 1988 年

周作明《民俗通书》,桂林:漓江出版社 1991 年

朱芳圃《殷周文字释丛》,北京:中华书局 1962 年

朱汉民、陈松长《岳麓书院藏秦简(壹)》,上海:上海辞书出版社 2010 年

祝鸿熹《古代汉语三百题》，北京：商务印书馆 2017 年

［梁］宗懔《荆楚岁时记》，宋金龙校注，太原：山西人民出版社 1987 年

二、期刊论文

A

安徽省文物工作队、阜阳地区博物馆、阜阳县文化局《阜阳双古堆西汉汝阴
  侯发掘简报》，《文物》1978 年第 8 期

B

白冰《论金文刑罚系列字》，《汉字文化》2006 年第 2 期

C

蔡靖泉《楚文化在秦统治时期的存在和影响》，《江汉考古》1997 年第 1 期

蔡万进《里耶秦简研读三题》，《湖南大学学报（社会科学版）》2007 年第
  1 期

曹旅宁《从天水放马滩秦简看秦代的弃市》，《广东社会科学》2000 年第
  5 期

曹旅宁《里耶秦简〈祠律〉考述》，《史学月刊》2008 年第 8 期

柴焕波《湖南龙山县里耶战国秦汉城址及秦代简牍》，《考古》2003 年第
  7 期

陈絜《卜辞中的"梦"字及其他》，《殷都学刊》2011 年第 4 期

陈侃理《北大秦简中的方术书》，《文物》2012 年第 6 期

陈梦家《汉简年历表叙》，《考古学报》1965 年第 2 期

陈荣杰《周家台秦简〈病方及其他〉构词法分析》，《乐山师范学院学报》
  2005 年第 9 期

陈松长《岳麓书院藏秦简中的郡名考略》，《湖南大学学报（社会科学版）》
  2009 年第 2 期

陈松长《岳麓书院藏秦简中的行书律令初论》，《中国史研究》2009 年第
  3 期

陈松长《岳麓书院所藏秦简综述》，《文物》2009 年第 3 期

陈伟《秦苍梧、洞庭二郡刍论》，《历史研究》2003 年第 5 期

陈伟《"州陵"与"江胡"——岳麓书院藏秦简中的两个地名小考》，荆楚历
  史地理与长江中游开发——2008 年中国历史地理国际学术研讨会，武

汉大学 2008 年 10 月

陈伟《放马滩秦简日书〈占病祟除〉与投掷式选择》,《文物》2011 年第 5 期

陈振裕《望山一号墓的年代与墓主》,《中国考古学会第一次年会论文集》,
　北京:文物出版社 1979 年

陈振裕《天星观一号楚墓》,《考古学报》1982 年第 1 期

陈治国《里耶秦简"守"和"守丞"释义及其他》,《中国历史文物》2006 年第
　3 期

陈治国《从里耶秦简看秦的公文制度》,《中国历史文物》2007 年第 1 期

程鹏万《周家台秦墓所出秦始皇三十六、三十七年历谱简的重新编联》,
　《史学集刊》2006 年第 3 期

长江流域第二期文物考古工作人员训练班《湖北江陵凤凰山西汉墓发掘简
　报》,《文物》1974 年第 6 期

D

戴家祥《社、杜、土古本一字考》,《古文字研究》第 15 辑,北京:中华书局
　1986 年

董涛《秦汉简牍〈日书〉所见"日廷图"探析》,《鲁东大学学报(哲学社会科
　学版)》2013 年第 5 期

杜林渊《从秦简〈日书〉看战国时期的相宅术》,《文博》2007 年第 5 期

F

方勇、于昕睿《读天水放马滩秦简札记三则》,《湖南省博物馆馆刊》2021 年
　00 辑

冯渝杰《先秦楚地之尚剑习俗与道教法剑信仰的兴起》,《江汉考古》2018
　年第 2 期

G

高兵《从〈睡虎地秦简〉看秦国的婚姻伦理观念》,《烟台师范学院学报(哲
　学社会科学版)》2005 年第 4 期

高恒《秦律中的徭、戍问题》,《考古》1980 年第 6 期

高敏《秦汉时期的亭》,《云梦秦简研究》,北京:中华书局 1981 年

高敏《秦汉邮传制度考略》,《历史研究》1985 年第 3 期

郭艾生、赵松涛《2007 年度里耶秦简研究综述》,《云梦学刊》2008 年第
　7 期

H

（日）海老根量介《放马滩秦简抄写年代蠡测》，《简帛》第 7 辑，上海：上海
　古籍出版社 2012 年

韩剑南、郝晋阳《〈周家台秦简〉虚词研究》，《淮北煤炭师范学院学报（哲学
　社会科学版）》2004 年第 4 期

郝勤建、彭浩《湖北江陵张家山 M336 出土西汉竹简概述》，《文物》2022 年
　第 9 期

何浩《颛顼传说中的神话与史实》，《历史研究》1992 年第 3 期

何双全《天水放马滩秦简甲种〈日书〉考述》，《考古》1989 年第 2 期；又收
　入《秦汉简牍论文集》，兰州：甘肃人民出版社 1989 年

何双全《天水放马滩秦简综述》，《文物》1989 年第 2 期

何直刚、刘世枢《定县 40 号汉墓出土竹简简介》，《文物》1981 年第 8 期

贺润坤《从〈日书〉看秦国的谷物种植》，《文博》1988 年第 3 期

贺润坤《云梦秦简〈日书〉"寓人""寄者""寄人"身份考》，《文博》1991 年
　第 3 期

贺润坤《云梦秦简〈日书〉所反映的秦国社会阶层》，《江汉考古》1995 年第
　1 期

贺润坤《云梦秦简〈日书〉"行"及有关秦人社会活动考》，《江汉考古》1996
　年第 1 期

贺润坤《云梦秦简〈日书〉所反映秦人的衣食状况》，《江汉考古》1996 年第
　4 期

胡澱咸《四川青川秦墓为田律木牍考释——并略论我国古代田亩制度》，
　《安徽师大学报（哲学社会科学版）》1983 年第 3 期

胡平生《〈青田律〉读史札记》，《文史》第 20 辑，北京：中华书局 1983 年

胡平生《云梦龙岗六号秦墓墓主考》，《文物》1996 年第 8 期

胡平生《云梦龙岗秦简考释校证》，《简牍学研究》，兰州：甘肃人民出版社
　1997 年第 12 辑

胡文辉《居延新简中的〈日书〉残文》，《文物》1995 年第 4 期

湖北省荆沙铁路考古队包山墓地整理小组《荆门市包山楚墓发掘简报》，
　《文物》1988 年第 5 期

湖北省荆州地区博物馆《江陵天星观 1 号楚墓》，《考古学报》1982 年第

1 期

湖北省文物考古研究所等《云梦龙岗 6 号秦墓及出土简牍》,《考古学集刊》1994 年第 8 集

湖北孝感地区第二期亦工亦农文物考古训练班《湖北云梦睡虎地十一号秦墓发掘简报》,《文物》1976 年第 6 期

湖北孝感地区第二期亦工亦农文物考古训练班《湖北云梦睡虎地十一座秦墓发掘简报》,《文物》1976 年第 9 期

湖南省文物考古研究所等《湖南龙山里耶战国——秦代古城一号井发掘简报》,《文物》2003 年第 1 期

宦伟《里耶秦简——一套珍贵的秦代百科全书》,《图书馆建设》2003 年第 5 期

黄海烈《里耶秦简与秦地方官制》,《北方论丛》2005 年第 6 期

黄杰《放马滩秦简〈丹〉篇与北大秦牍〈泰原有死者〉研究》,《人文论丛》2013 年卷

黄留珠《秦文化概说》,秦始皇兵马俑博物馆研究室编《秦文化论丛》第 1 辑,西安:西北大学出版社 1993 年

黄盛璋《青川新出秦田律木牍及其相关问题》,《文物》1982 年第 9 期

黄盛璋《青川秦牍〈田律〉争议问题总议》,《农业考古》1987 年第 2 期

J

季勋《云梦睡虎地秦简概述》,《文物》1976 年第 5 期

姜守诚《放马滩秦简〈志怪故事〉中的宗教信仰》,《世界宗教研究》2013 年第 5 期

金良年《"五种忌"研究——以云梦秦简〈日书〉为中心》,《史林》1999 年第 2 期

荆州地区博物馆《江陵张家山三座汉墓出土大批竹简》,《文物》1985 年第 1 期

L

黎明钊《里耶秦简:户籍档案的探讨》,《中国史研究》2009 年第 2 期

李鼎《"十二辰"及其他》,《上海中医药杂志》1984 年第 5 期

李家浩《王家台秦简"易占"为〈归藏〉考》,《传统文化与现代化》1997 年第 1 期

李解民《民和黔首——兼评秦始皇"更名民曰黔首"》,《文史》第 23 辑,北京:中华书局 1984 年

李菁叶《睡虎地秦简与放马滩秦简〈日书〉中的十二兽探析》,《南都学坛》2011 年第 5 期

李均明、何双全《四川青川县郝家坪 50 号秦墓木牍》,收入《散见简牍合集》,北京:文物出版社 1990 年

李零《春秋秦器试探》,《考古》1979 年第 6 期

李零《读九店楚简》,《考古学报》1999 年第 2 期

李零《北大秦牍〈泰原有死者〉简介》,《文物》2012 年第 6 期

李尚信《读王家台秦墓竹简"易占"札记》,《周易研究》2008 年第 2 期

李万鹏、姜文华《中国礼俗概说》,《民俗研究》1989 年第 1 期

李晓东、黄晓芬《从〈日书〉看秦人鬼神观及秦文化特征》,《历史研究》1987 年第 4 期

李晓东、黄晓芬《秦人鬼神观与殷周鬼神观比较》,《人文杂志》1989 年第 5 期

李学勤《青川郝家坪木牍研究》,《文物》1982 年第 10 期

李学勤《睡虎地秦简〈日书〉与楚、秦社会》,《江汉考古》1985 年第 4 期

李学勤《放马滩简中的志怪故事》,《文物》1990 年第 4 期

李学勤《睡虎地秦简中的〈艮山图〉》,《文物天地》1991 年第 4 期

李学勤《睡虎地秦简〈日书〉盗者章研究》,《庆祝饶宗颐教授七十五岁论文集》,香港:香港中文大学中国文化研究所 1993 年

李学勤《云梦龙岗木牍试释》,《简牍学研究(一)》,兰州:甘肃人民出版社 1997 年第 1 期

李学勤《初读里耶秦简》,《文物》2003 年第 1 期

李仰松《谈谈仰韶文化的瓮棺葬》,《考古》1976 年第 6 期

李昭和等《青川县出土秦更修田律木牍——四川青川县战国墓发掘简报》,《文物》1982 年第 1 期

李志文、张显成《放马滩秦简〈日书〉乙种疑难字词校读》,《简帛》2020 年第 2 辑

李重申、李金梅《甘肃放马滩"秦简"中的养生与体育符号》,《敦煌研究》2005 年第 6 期

栗劲《〈睡虎地秦墓竹简〉译注斟补》,《吉林大学社会科学学报》1984 年第
　　5 期

连邵名《睡虎地秦简〈日书〉及〈诘篇〉补正》,《江汉考古》2001 年第 1 期

连劭名《江陵王家台秦简〈归藏〉筮书考》,《中国哲学史》2001 年第 3 期

连劭名《云梦秦简〈诘〉篇考辨》,《考古学报》2002 年第 1 期

梁超《放马滩秦简日书所见"土忌"神煞考释》,《简帛研究》2016 年第 1 期

梁韦弦《王家台秦简"易占"与殷易〈归藏〉》,《周易研究》2002 年第 3 期

梁柱、周厚强、刘润清《云梦龙岗秦汉墓地第一次发掘简报》,《江汉考古》
　　1990 年第 3 期

廖名春《王家台秦简〈归藏〉管窥》,《周易研究》2001 年第 2 期

林剑鸣《青川秦墓木牍内容探讨》,《考古与文物》1982 年第 6 期

林剑鸣《从秦人价值观看秦文化的特点》,《历史研究》1987 年第 3 期

林雅芳《〈天水放马滩秦简〉〈周家台秦简〉及〈里耶秦简〉词语通释》,上
　　海:华东师范大学 2009 年硕士学位论文

林忠军《王家台秦简出土的易学价值》,《周易研究》2001 年第 2 期

凌文超《近年来龙山里耶秦简研究综述》,《湖南科技学院学报》2006 年第
　　2 期

刘道超《秦简〈日书〉择吉民俗研究》,《广西师范大学学报(哲学社会科学
　　版)》2004 年第 4 期

刘道超《秦简〈日书〉五行观念研究》,《周易研究》2007 年第 4 期

刘德银《江陵扬家山 135 号秦墓发掘简报》,《文物》1993 年第 8 期

刘德银《江陵王家台 15 号秦墓》,《文物》1995 年第 1 期

刘国胜《云梦龙岗简牍考释补正及相关问题的探讨》,《江汉考古》1997 年
　　第 1 期

刘金华《秦汉简牍"九九残表"叙论》,《文博》2003 年第 3 期

刘金华《周家台秦简医方试析》,《甘肃中医》2007 年第 6 期

刘来成《河北定县 40 号汉墓发掘简报》,《文物》1981 年第 8 期

刘乐贤《五行三合局与纳音说——读饶宗颐先生〈秦简中的五行说与纳音
　　说〉》,《江汉考古》1992 年第 1 期

刘乐贤《睡虎地秦简日书〈诘咎篇〉研究》,《考古学报》1993 年第 4 期

刘乐贤《睡虎地秦简日书"人字篇"研究》,《江汉考古》1995 年第 1 期

刘乐贤《楚秦选择术的异同及影响——以出土文献为中心》,《历史研究》
　2006 年第 6 期

刘信芳、梁柱《云梦龙岗秦简综述》,《江汉考古》1990 年第 3 期

刘信芳《〈天水放马滩秦简综述〉质疑》,《文物》1990 年第 9 期

刘信芳《秦简中的楚国〈日书〉试析》,《文博》1992 年第 4 期

刘信芳《〈日书〉四方四维与五行浅说》,《考古与文物》1993 年第 2 期

刘信芳《〈日书〉驱鬼术发微》,《文博》1996 年第 4 期

刘信芳《秦简"丹而复生"与"泰原有死者"合论》,《考古与文物》2020 第
　6 期

刘增贵《秦简〈日书〉中的出行礼俗与信仰》,《中研院史语所集刊》,2001
　年,第 72 本第 3 分

刘钊《谈秦简中的"鬼怪"》,《文物季刊》1997 年第 2 期

刘钊《秦简中的鬼怪》,《中国典籍与文化》1997 年第 3 期

刘钊《江苏高邮邵家沟汉代遗址出土木简神名考释》,《东南文化》2003 年
　第 1 期

刘志琴《礼俗互动是中国思想史的本土特色》,《东方论坛》2008 年第 3 期

龙永芳《古代孤虚术小议——兼论周家台秦简中的孤虚法》,《荆门职业技
　术学院学报》2007 年第 2 期

卢连成、杨满仓《陕西宝鸡县太公庙村发现秦公钟、秦公镈》,《考古》1978
　年第 11 期

陆忠发、夏利亚《论商代的"天"神》,《杭州师范大学学报(教育科学版)》
　2007 年第 1 期

吕亚虎《出土简帛资料所见出行巫术浅析》,《江汉论坛》2007 年第 11 期

吕亚虎《战国秦汉出土文献所见巫术研究》,西安:陕西师范大学博士学位
　论文 2008 年

吕亚虎《〈天水放马滩秦简〉校读札记》,《西安财经学院学报》2010 年第
　3 期

N

宁江英《秦及汉初家庭结构研究》,《西安财经学院学报》2009 年第 4 期

P

彭浩《湖北江陵出土前汉简牍概述》,关西大学东西学术研究所、大庭修

《汉简研究的现状与展望》,大阪:关西大学出版部 1993 年

彭锦华《关沮秦汉墓葬清理简报》,《文物》1999 年第 6 期

彭锦华《周家台 30 号秦墓竹简"秦始皇三十四年历谱"释文与考释》,《文物》1999 年第 6 期

彭开科、张浩《里耶秦简揭开秦史之谜》,《民族论坛》2002 年第 9 期

蒲慕州《睡虎地秦简〈日书〉的世界》,《中研院史语所集刊》第 62 本第 4 分册,1993 年

R

饶宗颐《秦简中的五行说与纳音说》,《古文字研究》第 14 辑,北京:中华书局 1979 年

饶宗颐《由明代"二酉山房"谈秦人藏书处与里耶秦简》,《中国历史文物》2003 年第 1 期

饶宗颐《睡虎地秦简日书研究》,《饶宗颐二十世纪学术文集》第 3 卷,台北:新文丰出版公司 2003 年

S

尚民杰《云梦〈日书〉十二时名称考辨》,《华夏考古》1997 年第 3 期

沈刚《睡虎地秦简〈日书〉所见的秦时民间信仰活动探微》,《西安财经学院学报》2009 年第 1 期

沈颂金《湘西里耶秦简的价值及其研究》,《中国史研究动态》2003 年第 8 期

施谢捷《简帛文字考释札记》,《简帛研究》第 3 辑,南宁:广西教育出版社 1989 年

宋恩常、董绍禹《云南省景洪县巴雅、巴夺两村基诺族宗教调查》,《世界宗教研究》1982 年第 1 期

宋艳萍《先秦秦汉丧葬习俗中的数术行为》,《管子学刊》2008 年第 2 期

宋镇豪《甲骨文中的梦与占梦》,《文物》2006 年第 6 期

孙占宇《放马滩秦简乙 360—366 号"墓主记"说商榷》,《西北师大学报（社会科学版）》2010 年第 5 期

T

天水市文化和旅游局（内部资料）《天水市非物质文化遗产资料汇编》,2020 年

田建、何双全《甘肃天水放马滩战国秦汉墓群的发掘》,《文物》1989 年第 2 期

田旭东《里耶秦简所见的秦代户籍格式和相关问题》,《四川文物》2009 年第 1 期

田宜钊、刘钊《青田律考释》,《考古》1983 年第 6 期

田勇、蒋鲁敬《荆州夏家台 M106 出土战国楚简〈日书〉概述》,《出土文献研究》第 19 辑,上海:中西书局 2020 年

田勇、蒋鲁敬、赵晓斌《荆州夏家台 106 号楚墓出土战国简〈日书〉》,《简帛》第 22 辑,上海:上海古籍出版社 2021 年

W

王崇礼《江陵岳山秦汉墓》,《考古学报》2000 年第 4 期

王贵元《秦简字词考释四则》,《中国语文》2001 年第 4 期

王桂钧《〈日书〉所见早期秦俗发微》,《文博》1988 年第 4 期

王焕林《里耶秦简释地》,《社会科学战线》2004 年第 3 期

王焕林《里耶秦简丛考》,《吉首大学学报(社会科学版)》2005 年第 4 期

王焕林《里耶秦简九九表初探》,《吉首大学学报(社会科学版)》2006 年第 1 期

王焕林《〈湘西里耶秦简选释〉补正》,《中国历史文物》2006 年第 4 期

王焕林《里耶秦简校诂》,《语言研究》2006 年第 4 期

王辉《王家台秦简〈归藏〉校释(28 则)》,《江汉考古》2003 年第 1 期

王明钦《王家台秦墓竹简概述》,北京大学新出简帛国际学术研讨会 2000 年

王襄天、韩自强《阜阳双古堆西汉汝阴侯墓发掘简报》,《文物》1978 年第 8 期

王胜利《云梦秦简〈日书〉初探商榷》,《江汉论坛》1987 年第 11 期

王伟《里耶秦简赀赎文书所见阳陵地望考》,《考古与文物》2007 年第 4 期

王子今《睡虎地秦简〈日书〉秦楚行忌比较》,《秦文化论丛》第 2 辑,西安:西北大学出版社 1993 年

王子今《睡虎地秦简〈日书〉所见行归宜忌》,《江汉考古》1994 年第 2 期

王子今《秦汉时期湘江洞庭水路邮驿的初步考察》,《湖南社会科学》2004 年第 5 期

王子今《说"黔首"称谓》,《出土文献研究》第 11 辑,上海:中西书局 2012 年

魏道明《从简牍资料看秦的家庭结构》,《青海师范大学学报(哲学社会科学版)》2003 年第 1 期

文物局古文献研究室、安徽省阜阳地区博物馆阜阳汉简整理组《阜阳汉简简介》,《文物》1983 年第 2 期

吴小强《试论秦人婚姻家庭生育观念》,《中国史研究》1989 年第 3 期

吴小强《秦人生育意愿初探》,《江汉论坛》1989 年第 11 期

吴小强《〈日书〉与秦社会风俗》,《文博》1990 年第 2 期

吴小强《从云梦秦简看战国秦代人口再生产类型》,《西北大学学报(哲学社会科学版)》1991 年第 2 期

吴小强《论秦人宗教思维特征》,《江汉考古》1992 年第 1 期

吴小强《论秦人的多神崇拜特点》,《文博》1992 年第 4 期

吴小强《论秦人宗教信仰的层次性》,《简牍学报》1992 年第 14 期

吴小强《秦简〈日书〉与秦汉社会的生命意识》,《广州师范学院学报(社科版)》1997 年第 1 期

吴小强《秦简〈日书〉与秦汉时期的生殖文化》,《简帛研究》第 3 辑,南宁:广西教育出版社 1998 年

伍成泉《近年来湘西里耶秦简研究综述》,《中国史研究动态》2007 年第 6 期

X

夏利亚《转喻在古汉字造字表词方法中的运用例说》,《中国文字研究》2010 年第 13 辑

夏利亚《三十六年来〈睡虎地秦墓竹简〉研究综述》,《古籍整理研究学刊》2013 年第 4 期

夏利亚《秦汉简帛中的俗文学资料及其研究价值》,《新疆大学学报(哲学·人文社会科学版)》2013 年第 3 期

夏利亚《睡虎地秦简〈语书〉篇释文商榷一则》,《江汉考古》2016 年第 3 期

晓菡《长沙马王堆汉墓帛书概述》,《文物》1974 年第 9 期

孝感地区第二期亦工亦农文物考古训练班《湖北云梦睡虎地十一号秦墓发掘简报》,《文物》1976 年第 6 期

肖灿、朱汉民《岳麓书院藏秦简〈数书〉中的土地面积计算》,《湖南大学学

报(社会科学版)》2009 年第 2 期

肖灿、朱汉民《从岳麓书院藏秦简〈数〉看周秦之际的几何学成就》,《中国
　史研究》2009 年第 3 期

肖灿、朱汉民《岳麓书院藏秦简〈数〉的主要内容及历史价值》,《中国史研
　究》2009 年第 3 期

肖永明《读岳麓书院藏秦简〈为吏治官及黔首〉札记》,《中国史研究》2009
　年第 3 期

辛德勇《秦始皇三十六郡新考》,《文史》2006 年第 1、2 期

邢文《秦简〈归藏〉与〈周易〉用商》,《文物》2000 年第 2 期

熊北生等《湖北云梦睡虎地 M77 发掘简报》,《江汉考古》2008 年第 4 期

熊北生等《湖北云梦睡虎地 77 号西汉墓出土简牍概述》,《江汉考古》2018
　年第 3 期

熊铁基《秦代的邮传制度》,《学术研究》1979 年第 3 期

胥仕元《秦国——秦朝统治中的礼治因素》,《学习与探索》2009 年第 3 期
　(总第 182 期)

徐新建《傩与鬼神世界》,《民间文学论坛》1989 年第 3 期

徐喜辰《"开阡陌"辨析》,《吉林大学社会科学学报》1986 年第 2 期

许嘉璐《论民族文化的雅与俗》,《北京师范大学学报(社会科学版)》2003
　年第 4 期

Y

闫喜琴《秦简〈日书〉涉禹出行巫术考论》,《中国史研究》2011 年第 4 期

晏昌贵《楚秦〈日书〉所见的居住习俗》,《民俗研究》2002 年第 2 期

杨华《战国秦汉时期的里社与私社》,《天津师范大学学报(社会科学版)》
　2006 年第 1 期

王胜利《睡虎地〈日书〉"除"篇、"官"篇月星关系考》,《中国历史文物》
　2004 年第 5 期

杨继承《式法与直日:周家台秦简〈二十八宿占〉新研》,《出土文献》2022
　年第 4 期

杨宽《释青川秦牍的田亩制度》,《文物》1982 年第 7 期

杨育彬等《灵宝张湾汉墓》,《文物》1975 年第 11 期

杨宗兵《里耶秦简释义商榷》,《中国历史文物》2005 年第 2 期

游自勇《敦煌本〈白泽精怪图〉校录——〈白泽精怪图〉研究之一》，中国敦煌
　　吐鲁番学会等编《敦煌吐鲁番研究》第十二卷，上海：上海古籍出版社 2011 年

于豪亮《秦简〈日书〉记时记月诸问题》，《云梦秦简研究》，北京：中华书局
　　1981 年

于振波《里耶秦简中的"除邮人简"》，《湖南大学学报（社会科学版）》2003
　　年第 3 期

于振波《说"县令"确为秦制——读里耶秦简札记》，《中国历史文物》2006
　　年第 3 期

于振波《秦律令中的"新黔首"与"新地吏"》，《中国史研究》2009 年第 3 期

袁仲一《从考古资料看秦文化的发展和主要成就》，秦始皇兵马俑博物馆
　　研究室编《秦文化论丛》第 1 辑，西安：西北大学出版社 1993 年

院文清《江陵张家山两座汉墓出土大批竹简》，《文物》1992 年第 9 期

Z

赵浴沛《睡虎地秦墓简牍所见秦社会婚姻、家庭诸问题》，《中国社会经济
　　史研究》2003 年第 4 期

赵浴沛《从秦简〈日书〉看秦代婚姻和家庭人际关系》，《河南师范大学学报
　　（社科版）》2005 年第 2 期

朱凤瀚等《北京大学藏秦简牍概述》，《文物》2012 年第 6 期

张昌平《随州市孔家坡墓地 M8 发掘简报》，《文物》2001 年第 9 期

张春龙、龙京沙《湘西里耶秦代简牍选释》，《中国历史文物》2003 年第 1 期

张春龙、龙京沙《湘西里耶秦简 8—455 号》，《简帛》2009 年第 4 辑

张存良、吴荭《水泉子汉简初识》，《文物》2009 年第 10 期

张富春《先秦民间祈财信仰研究——以睡虎地秦简〈日书〉为中心》，《四川
　　大学学报（哲学社会科学版）》2005 年第 6 期

张家山汉墓竹简整理小组《江陵张家山汉简概述》，《文物》1985 年第 1 期

张俊民《龙山里耶秦简二题》，《考古与文物》2004 年第 4 期

张铭洽《云梦秦简〈日书〉占卜术初探》，《文博》1988 年第 3 期

张伟权《屈赋"洞庭"与里耶秦简"洞庭"的解读》，《中南民族大学学报（人
　　文社会科学版）》2008 年第 5 期

张泽栋《湖北云梦木匠坟秦墓》，《文物》1992 年第 1 期

赵炳清《秦洞庭郡略论》，《江汉考古》2005 年第 2 期

赵炳清《秦代无长沙、黔中二郡论略——兼与陈伟、王焕林先生商榷》,《中国历史地理论丛》2005 年第 4 期

赵平安《云梦龙岗秦简释文注释订补》,《江汉考古》1999 年第 3 期

郑刚《论睡虎地秦简日书的结构特征》,《中山大学学报（社会科学版）》1993 年第 3 期

钟炜、晏昌贵《里耶秦简所见的阳陵与迁陵》,《中国历史地理论丛》2006 年第 4 期

钟炜《里耶秦简所见县邑考》,《河南科技大学学报（社会科学版）》2007 年第 2 期

周宏伟《传世文献中没有记载过洞庭郡吗?》,《湖南师范大学社会科学学报》2003 年第 3 期

周振鹤《从"九州岛异俗"到"六合同风"——两汉风俗区划的变迁》,《中国文化研究》1997 年第 4 期

周振鹤《秦代洞庭、苍梧两郡悬想》,《复旦学报（社会科学版）》2005 年第 5 期

朱红林《里耶秦简"金布"与〈周礼〉中的相关制度》,《华夏考古》2007 年第 2 期

朱玲、杨峰《睡虎地秦简〈日书〉医疗疾病史料浅析》,《中国中医基础医学杂志》2007 年第 5 期

朱哲《儒、墨、道死亡观比较》,《宗教学研究》1999 年第 1 期

中山大学中文系古文字研究室楚简整理小组《江陵昭固墓若干问题的探讨》,《中山大学学报》1977 年第 2 期

邹水杰《论秦及汉初简牍中有关逃亡的法律》,《湖南师范大学社会科学学报》2019 年第 1 期

三、报纸相关文章

C

陈永杰《抢救神秘秦简——岳麓书院馆藏秦简保护记》,《湖南日报》2008 年 5 月 8 日

H

《湖北省云梦县发掘十二座战国末年至秦的墓葬,出土一批秦代的法律、文

书竹简》,《人民日报》1976 年 3 月 28 日

华中师范京山分院政史系理论组《从云梦秦简看秦始皇的反复辟斗争》,
　《湖北日报》1976 年 4 月 21 日

胡平生《读里耶秦简札记》,《中国文物报》2003 年 9 月 7 日

湖北省化工厂工人理论组等《从云梦秦简看秦代的阶级变动》,《光明日
　报》1976 年 8 月 12 日

L

李政、曹砚农《关注里耶"湘西里耶秦简学术研讨会"扫描》,《中国文物报》
　2002 年 8 月 9 日

李兰香《秦朝不止 48 郡　岳麓书院秦简发现两个新郡》,《长沙晚报》2008
　年 4 月 22 日

M

明星、李颖《迄今我国最早的乘法口诀表惊现湘西里耶》,《中国文物报》
　2002 年 7 月 20 日

S

施正《从云梦秦简看秦始皇镇压复辟势力的必要性》,《光明日报》1976 年
　4 月 29 日

W

吴荣曾《秦简"快行"释义》,《人民日报海外版》2003 年 5 月 13 日第 8 版

王庆环《北大秦简牍整理发现中国最早数学理论论述》,《光明日报》2010
　年 10 月 25 日

X

晓涵《云梦秦简〈大事记〉简述》,《光明日报》1976 年 4 月 22 日

Y

云梦秦简整理小组等《云梦秦简部分释文:1. 南郡守腾文书　2. 大事记
　3. 从腾的文书看秦代的反复辟斗争》,《光明日报》1976 年 4 月 6 日

尹协理《商鞅"开阡陌"辨》,《光明日报》1988 年 5 月 16 日

Z

郑实《加强上层建筑领域中的革命专政——从〈南郡守腾文书〉看秦始皇
　坚持反复辟斗争》,《光明日报》1976 年 5 月 13 日

四、网站论文

C

曹方向《周家台秦简补释一则》,简帛网 http://www. bsm. org. cn/show_article. php？id＝985,2009 年 1 月 31 日

曹方向《读〈天水放马滩秦简〉小札》(1),简帛网 http://www. bsm. org. cn/show_article. php？id＝1156,2009 年 10 月 3 日

曹旅宁《岳麓书院秦简第 552 号与秦代傅籍之年》,简帛网 http://www. bsm. org. cn/show_article. php？id＝135,2009 年 4 月 20 日

曹旅宁《岳麓书院藏秦简"冯将军毋择"补考》,简帛网 http://www. bsm. org. cn/show_article. php？id＝141,2009 年 4 月 28 日

曹旅宁《岳麓秦简"奔警律"补考》,简帛网 http://www. bsm. org. cn/show_article. php？id＝138,2009 年 4 月 25 日

曹旅宁《岳麓秦简所见秦令杂考》,简帛网 http://www. bsm. org. cn/show_article. php？id＝142,2009 年 5 月 2 日

曹旅宁《岳麓秦简〈挟兵令〉考》,简帛网 http://www. bsm. org. cn/show_article. php？id＝143,2009 年 5 月 5 日

曹旅宁《岳麓秦简中的一条内史杂律》,简帛网 http://www. bsm. org. cn/show_article. php？id＝148,2009 年 5 月 9 日

曹旅宁《岳麓秦简中的一条关市律》,简帛网 http://www. bsm. org. cn/show_article. php？id＝154,2009 年 5 月 16 日

曹旅宁《岳麓秦简中涉及有罪罚当戍者的秦令》,简帛网 http://www. bsm. org. cn/show_article. php？id＝1129,2009 年 8 月 11 日

陈松长《岳麓秦简〈亡律〉初论》,简帛网 https://www. sohu. com/a/197822559_692184,2017 年 10 月 12 日

陈伟《岳麓书院秦简第 552 号小考》,简帛网 http://www. bsm. org. cn/show_article. php？id＝13,2009 年 4 月 19 日

陈伟《岳麓书院藏秦简"冯将军毋择"小考》,简帛网 http://www. bsm. org. cn/show_article. php？id＝131,2009 年 4 月 20 日

陈伟《岳麓书院秦简行书律令校读》,简帛网 http://www. bsm. org. cn/show_article. php？id＝1177,2009 年 11 月 21 日

陈伟《岳麓秦简〈为吏〉与〈说苑〉对读》,简帛网 http://www. bsm. org. cn/
　　show_article. php? id=1186,2009 年 12 月 1 日

F

方勇《读〈天水放马滩秦简〉小札》(1),简帛网 http://www. bsm. org. cn/
　　show_article. php? id=1156,2009 年 10 月 17 日

方勇《读岳麓书院藏秦简札记二则》,简帛网 http://www. bsm. org. cn/
　　show_article. php? id=118,2009 年 11 月 23 日

复旦大学出土文献与古文字研究中心读书会《岳麓简〈为吏治官及黔首〉
　　部分简文释文》,复旦大学出土文献与古文字研究中心网 http://www.
　　guwenzi. com/SrcShow. asp? Src_ID=100,2009 年 11 月 27 日

L

鲁家亮《读岳麓书院秦简行书律令札记》,简帛网 http://www. bsm. org. cn/
　　show_article. php? id=1178,2009 年 11 月 21 日

吕亚虎《读〈天水放马滩秦简〉小札》,简帛网 http://www. bsm. org. cn/
　　show_article. php? id=1159,2009 年 10 月 24 日

吕亚虎《周家台秦简注释商兑二则》,简帛网 http://www. bsm. org. cn/
　　show_article. php? id=1163,2009 年 10 月 27 日

吕亚虎《〈放简〉简序重排二则》,简帛网 http://www. bsm. org. cn/show_
　　article. php? id=1164,2009 年 10 月 28 日

吕亚虎《〈天水放马滩秦简〉缺、误字订补几则》,简帛网 http://www. bsm.
　　org. cn/show_article. php? id=1166,2009 年 10 月 31 日

吕亚虎《〈天水放马滩秦简〉识小一则》,简帛网 http://www. bsm. org. cn/
　　show_article. php? id=1167,2009 年 11 月 3 日

刘净《读放马滩简小札》,简帛网 http://www. bsm. org. cn/show_article.
　　php? id=982,2009 年 1 月 24 日

刘国胜《谈周家台秦简第 69-13 号的编排问题》,简帛网 http://www. bsm.
　　org. cn/show_article. php? id=863,2008 年 8 月 10 日

M

马怡《里耶秦简选校》,简帛网连载 http://www. bsm. org. cn/show_article.
　　php? id=86,2005 年 11 月 14 日 http://www. bsm. org. cn/show_article.
　　php? id=95,2005 年 11 月 18 日

P

彭浩《岳麓书院藏秦简〈数〉中的"救(求)"字》,简帛网 http://www. bsm. org. cn/show_article. php? id＝1184,2009 年 11 月 3 日

R

日安《里耶识小》,简帛研究网 http://www. jianbo. org/admin3/list. asp? id＝134,2003 年 11 月 2 日

W

王焕林《里耶秦简校诂》,简帛网 http://www. bsm. org. cn/show_article. php? id＝115,2005 年 11 月 25 日

王伟《岳麓书院藏秦简所见秦郡名称补正》,简帛网 http://www. bsm. org. cn/show_article. php? id＝118,2009 年 7 月 1 日

王贵元《周家台秦墓简牍释读补正》,简帛网 http://www. bsm. org. cn/show_article. php? id＝564,2007 年 4 月 30 日

Y

于薇《岳麓秦简第 48 简中的"阴密"》,简帛网 http://www. bsm. org. cn/show_article. php? id＝189,2009 年 6 月 16 日

于薇《试论岳麓秦简中"江胡郡"即"淮阳郡"》,简帛网 http://www. bsm. org. cn/show_article. php? id＝19,2009 年 6 月 17 日

晏昌贵《放马滩秦简中的〈大禹〉逸文》,简帛网 http://www. bsm. org. cn/show_article. php? id＝1154,2009 年 1 月 13 日

晏昌贵《放马滩秦简乙种〈日书〉有关五音的简文》,简帛网 http://www. bsm. org. cn/show_article. php? id＝1146,2009 年 9 月 22 日

Z

周运中《江胡郡即江夏郡考》,简帛网 http://www. bsm. org. cn/show_article. php? id＝1127,2009 年 8 月 8 日

周运中《岳麓秦简江胡郡新考》,简帛网 http://www. bsm. org. cn/show_article. php? id＝1142,2009 年 9 月 12 日

赵岩《放马滩秦简日书札记二则》,简帛网 http://www. bsm. org. cn/show_article. php? id＝1153,2009 年 10 月 10 日

赵宠亮《岳麓书院秦简行书律令释读补正》,简帛网 http://www. bsm. org. cn/show_article. php? id＝1189,2009 年 12 月 5 日

后　记

美国社会心理学家埃利奥特·阿伦森在其《社会性动物》一书的致谢辞中说："我的名字是作为此书唯一的作者出现在扉页上的。的确，我是此书的作者及主要构思者。同时我必须承认，我并非是单枪匹马完成此书的。"我要说的是，我也并非单枪匹马完成这个项目的。

我的硕士、博士专业皆是古文字学，博士后阶段有幸在华东师范大学哲学系聆听导师杨国荣教授的教诲。因为从小就对礼俗思想、文化感兴趣，博士阶段研究秦简，又选修过民俗学，因此博士后出站报告就选了本书的题目。但毕竟从古文字训诂考证的思路转换到阐释礼俗思想是一个不小的挑战。面对一个新的领域，有很多东西要重新思考，很多书要看，同时还要面对新的写作和思考问题的方式，一不小心就转入了原专业的文字论证，写起来可谓举步维艰。而这一切要在博士后两年的时间里完成，压力很大。但总有一个信念在支撑着，那就是：一旦突破了原专业的方法约束，前面就是一片开阔场地。在这个信念支撑下，再难的关都决心去突破了。

靠很多人的帮助，这个难关总算被我撬开了一条缝。透过这条缝，一缕希望的光芒招引着我，指引我向前的步伐，最终本文获得全国博士后面上资助项目，出站答辩时又被答辩委员会评为优秀论文，在 2021 年更有幸获得国家社会科学基金后期资助项目。结项之际，感慨万千，本项目能如期提交，离不了博士后阶段和 2022 年田野调查期间那些帮助我的单位和个人。

首先，要衷心感谢我的导师杨国荣教授，接纳我这个训诂学专业的学生，杨老师没说一个"不"字，只想成全一个学生开拓另一个领域的念想，全然没有考虑这个非哲学专业的学生会不会给他这个智者、学者丢脸。这种信任，使我终身感激，也更使我对学问不敢有半点懈怠。博士后期间翻阅的书籍，无论从数量还是从学科覆盖面上都远远超出了硕士和博士时的总量。但毕竟面对一个新的领域，时时有写不下去的困厄。每当此时，无论多忙，杨老师都会放下手头的工作，细致、耐心地帮我分析，找思路、找启发,以他的睿智,把我苦思不得的问题轻松化解,有力地保证了出站报告的如期完成。在找工作的困顿时期,杨老师也总是不厌其烦地伸出援助之手,让我在艰难的择业季感受到师长的无限温暖和关怀。杨老师渊博的学识、热心助人、开拓创新、追求真理的精神……使学生高山仰止,其通身闪耀的智慧的魅力和光芒更导引我前行的路,坚定我追求学问的步伐且乐此不疲。忝列杨老师门下,实是三生之幸。在此向您表示深深的感激和感恩。谢谢您,杨老师!

还要深深感谢我的博导詹鄞鑫先生,是您把学生引进秦简牍文字的大门,让学生看到它华丽的背影,追踪它的步伐,了解它博大的内容,被它深深吸引,并受用终身。学生现在的论文都是在博士阶段整理的秦简资料基础上展开,利用的数据库还是您的“灌神”。没有博士阶段的累积,就不可能开展博士后阶段的研究,更不可能有这个国家社科基金后期资助项目和已结项的一般项目。您的引导和帮助,使学生终身受益,谢谢您,詹老师。还要衷心感谢“灌神”的开发者詹凌云师兄,有一次因为电脑出了状况软件无法正常运转,詹师兄不厌其烦,花费了将近一个钟头来电话指导,其耐心、热心和敬业精神,实令人感佩!

硕士阶段的专业课老师汪少华先生,得知我在探讨礼俗思想,便把案头仅存的一套《中国古代文化汇要》丛书赠送给我,希望对我有所帮助。硕士时期,是汪老师手把手将训诂学的研究方法教给了我,使我的研究从此有了终身受用的“法器”。从硕士、博士、博士后到工作,一路走来都离不开汪老师的关心、帮助和指导,学生一直心怀感恩,终身不忘。谢谢您,汪老师! 还有我的硕导陆忠发先生,一直关心我的学业,其对学问的创新精神永远是我学习的榜样。

要感谢的人,还有很多。我的师兄方旭东老师,总是在关键时刻无私地伸出援手;吕志峰师兄,像一个兄长和亲人,从博士、博士后到工作,但凡碰到难题,都找他支招。而师兄,无论多忙,都会不厌其烦地帮忙出主意想办法,吕师兄是我困境中的一束光,指引着我前进。师妹汪冰冰、马玉萌、林雅芳更是无私提供汉简有关释文;师弟苟东锋、管骏捷、赵思木、鹏宇等,无论多忙,只要我有问题提出,都会提供帮助和支持。还有我的好友丁婵婵和王苗,师兄陈乔见、刘梁剑,都时时过问工作情况。谢谢你们,你们的帮助和支持,使我常常感到温暖。

　　2022年疫情时期，因项目的需要，在暑假期间，先后到湖北云梦、甘肃天水、浙江普陀山等地进行田野调查。虽然也碰到一些麻烦，但最终能够顺利完成，离不了这些地区有关人员的帮助和支持。

　　首先要衷心感谢原云梦县委书记、现孝感市政协主席张汉平，田野调查期间，全程帮忙联系有关人员，安排周到、考虑周全，调查能够顺利进行离不了其大力支持和帮助，也使我对当地留下了极其美好的印象。感谢云梦县博物馆馆长张宏奎和民俗学家刘俊明二位先生，赤日炎炎之下，一起寻找睡虎地秦简发现地，考察民俗街道、介绍有关情况等，为调查的进行提供了不可或缺的帮助；二位先生学问精专，对考古和民俗的热爱，令人敬佩！

　　感谢甘肃天水市文化旅游局的万可见主任和其他工作人员，帮忙联系民俗学家和有关事宜。感谢天水民俗学家李子伟先生，先生学识渊博，对天水民俗了如指掌，在天水灵俗思想方面提供了很多支持。还有浙江舟山的好友林红梅女士，在舟山田野调查期间，不惧烈日酷暑，一路陪同，录像录音，辛苦劳顿，感恩于心，在此深表谢意！

　　我的硕士生戴萌怡和王枝，前者在疫情时期陪我一起前往甘肃天水，度过了一段不容易的岁月；后者一直关注我和戴萌怡在天水的情况，为疫情期间的出行保驾护航；还有同事张琴，为云梦调研提供了很多帮助，在此一并表示感谢！

　　感谢我曾经的房东唐文忠先生和夫人，他们像亲人一样关心我帮助我，唐先生更是因为我忙于项目没时间装修房子而百忙之中跑前跑后、辛苦劳顿帮我装修，使我能够全身心扑在项目上，为项目的如期完成提供了有力的时间保障。

　　感恩我的父亲，无怨无悔一路供我读书，而当我可以表示感谢的时候，您早已到了另一个世界，"子欲养而亲不待"的悲哀和无奈，将激励我更加努力，争取做出好的成绩，以告慰您在天之灵。感谢我的母亲和姐妹，我能够在异乡安心做自己的事情，离不了你们的大力支持！

　　感谢该项目立项和结项时的几位专家学者，是你们的宝贵意见，使本书可以在总体上得到一个质的提升。感谢中华书局的编辑陈乔老师，做事干练、认真、一丝不苟，是书稿质量的守护神！感谢华东师范大学，从博士到博士后，是您培养了我。今天学生以您为荣，衷心希望将来您能够以学生为荣。

无论读书、田野调查还是工作期间，有太多人伸出过援助之手，在此一并表示感谢。这份热心和帮助是爱的光，照亮我前行的路，而我也将努力成为这束光，帮助需要帮助的人，将爱和明亮延续。